21世纪经济管理类精品教材

基础会计
（第5版）

陈国辉　陈文铭 ◎ 编著

清华大学出版社
北京

内 容 简 介

本书以讲解会计学基本原理、基本方法、基本技能为主，以最新发布的《中华人民共和国会计法》《企业会计准则》为依据，结合会计实际工作的需要，对会计核算和监督所涉及的原理和实务问题进行了深入浅出的阐述。同时，本书在每章后配备了思考题、练习题和知识拓展题，以帮助学生学习与理解教材内容。

本书适合会计专业、财务管理专业"基础会计"课程的教学，也可作为初学会计知识人员的入门教材。

本书封面贴有清华大学出版社防伪标签，无标签者不得销售。
版权所有，侵权必究。举报：010-62782989，beiqinquan@tup.tsinghua.edu.cn。

图书在版编目（CIP）数据

基础会计 / 陈国辉，陈文铭编著. —5 版. —北京：清华大学出版社，2020.4（2023.2重印）
21 世纪经济管理类精品教材
ISBN 978-7-302-55158-4

Ⅰ. ①基… Ⅱ. ①陈… ②陈… Ⅲ. ①会计学－高等学校－教材 Ⅳ. ①F230

中国版本图书馆 CIP 数据核字(2020)第 048860 号

责任编辑：邓　婷
封面设计：刘　超
版式设计：文森时代
责任校对：马军令
责任印制：丛怀宇

出版发行：清华大学出版社
　　　　网　　址：http://www.tup.com.cn，http://www.wqbook.com
　　　　地　　址：北京清华大学学研大厦 A 座　　邮　编：100084
　　　　社 总 机：010-83470000　　邮　购：010-62786544
　　　　投稿与读者服务：010-62776969，c-service@tup.tsinghua.edu.cn
　　　　质量反馈：010-62772015，zhiliang@tup.tsinghua.edu.cn
印 装 者：三河市科茂嘉荣印务有限公司
经　　销：全国新华书店
开　　本：185mm×260mm　　印　张：22.75　　字　数：577 千字
版　　次：2005 年 1 月第 1 版　　2020 年 5 月第 5 版　　印　次：2023 年 2 月第 4 次印刷
定　　价：59.80 元

产品编号：082268-02

前　言

经济越发展，会计越重要。会计作为一种"国际通用的商业语言"，在现代经济生活中发挥着越来越重要的作用。现代会计已成为社会经济制度、经济资源配置方式、企业内部控制和管理不可或缺的组成部分。

会计是始终处在发展与变化之中的。社会经济领域发生的重大变化，无不影响着会计的发展，因此，与时俱进是会计学科发展的动力和源泉，而教材也应该紧跟这种发展与变化。2007 年 1 月 1 日，我国财政部修订的《企业会计准则——基本准则》正式实施，标志着我国的会计准则已经实现了与国际财务报告准则的实质性趋同。这对企业的会计核算产生了重大影响，也给会计教学提出了新的要求。为满足会计准则的变化对会计教学提出的新要求，编者在 2005 年出版的《基础会计》第 1 版、2007 年出版的第 2 版、2010 年出版的第 3 版、2016 年出版的第 4 版的基础上，结合 2017 年财政部修订并发布的《企业会计准则第 14 号——收入》（财会〔2017〕22 号）、《企业会计准则第 22 号——金融工具确认和计量》（财会〔2017〕7 号）、《企业会计准则第 37 号——金融工具列报》（财会〔2017〕14 号），2018 年财政部和国家税务总局联合下发的《关于调整增值税税率的通知》（财税〔2018〕32 号）以及 2019 年财政部下发的《关于修订印发 2019 年度一般企业财务报表格式的通知》（财会〔2019〕6 号）等规范的新要求，对教材中所涉及的相关内容进行了较大幅度的修改，进而形成本书。

本书为第 5 版，主要修订内容包括以下几项。

（1）依据 2018 年财政部和国家税务总局联合下发的《关于调整增值税税率的通知》的要求，对全书相关章节出现的实际经济业务所涉及的增值税内容，一律改为按调整后的税率处理，包括章后的练习题、附录中的案例以及模拟题等。

（2）对第四章"企业主要经济业务的核算（上）"中的销售过程业务核算内容，按照 2017 年财政部修订并发布的《企业会计准则第 14 号——收入》的要求，进行全面整合。

（3）对第九章和附录 A 中涉及的财务报告的内容，依据 2019 年财政部下发的《关于修订印发 2019 年度一般企业财务报表格式的通知》的要求，按照新的报表项目和列报要求进行详细的梳理和调整。

（4）在每一章已有的思考题和练习题的基础上，本次修订专门增加了一个栏目——"知识拓展题"，以二维码的形式嵌入一部分客观题，便于读者对每章重点内容的进一步掌握。

另外，增加了本书附录 B 中的两套模拟题，便于读者进一步检查学习效果。

（5）在本书最后列出了所参考的相关文献资料，方便读者查阅。在此向相关参考文献的作者表示衷心的感谢。

本次修订的篇幅占全书的 20%以上，新修订发布和新发布的会计准则带来的变化基本在本版书中得以体现。

本书由东北财经大学陈国辉教授、陈文铭教授共同编著，由陈国辉教授总纂定稿。

鉴于考虑不周或水平有限，本书在体系安排和表述上的不足之处难以避免，恳请读者批评指正，以便再版时修改、充实和完善。

编　者

目 录

第一章 总论 ... 1
- 第一节 会计的含义 ... 1
- 第二节 企业与会计 ... 5
- 第三节 会计的职能、目标与作用 ... 9
- 第四节 会计信息质量特征 ... 14
- 第五节 会计假设 ... 18
- 第六节 会计学及其分支 ... 20
- 思考题 ... 21
- 练习题 ... 22
- 知识拓展题 ... 23

第二章 会计核算基础 ... 24
- 第一节 会计对象 ... 24
- 第二节 会计要素 ... 25
- 第三节 会计等式 ... 32
- 第四节 会计要素的确认与计量 ... 36
- 第五节 会计处理基础 ... 40
- 思考题 ... 42
- 练习题 ... 43
- 知识拓展题 ... 46

第三章 账户与复式记账 ... 47
- 第一节 会计的方法 ... 47
- 第二节 会计科目与账户 ... 50
- 第三节 复式记账法 ... 57
- 第四节 借贷记账法 ... 59
- 第五节 总分类账户和明细分类账户 ... 70
- 思考题 ... 74

练习题 75
　　知识拓展题 78

第四章　企业主要经济业务的核算（上） 79
　　第一节　企业主要经济业务概述 79
　　第二节　供应过程业务的核算 80
　　第三节　生产过程业务的核算 96
　　第四节　销售过程业务的核算 111
　　思考题 124
　　练习题 124
　　知识拓展题 127

第五章　企业主要经济业务的核算（下） 128
　　第一节　企业所有者权益资金筹集业务的核算 128
　　第二节　企业负债资金筹集业务的核算 133
　　第三节　企业财务成果形成业务的核算 140
　　第四节　企业财务成果分配业务的核算 153
　　第五节　企业主要经济业务核算综合实例 158
　　思考题 168
　　练习题 168
　　知识拓展题 170

第六章　会计凭证 171
　　第一节　会计凭证的意义与种类 171
　　第二节　原始凭证的填制与审核 179
　　第三节　记账凭证的填制与审核 183
　　第四节　会计凭证的传递与保管 186
　　思考题 188
　　练习题 188
　　知识拓展题 192

第七章　会计账簿 193
　　第一节　会计账簿的意义与种类 193
　　第二节　会计账簿的设置与登记 197
　　第三节　会计账簿的启用与登记规则 202
　　第四节　结账与对账 206
　　第五节　会计账簿的更换与保管 209
　　思考题 210

练习题···210

　　知识拓展题···213

第八章　财产清查···214

　　第一节　财产清查概述···214

　　第二节　财产清查的内容与方法···218

　　第三节　财产清查结果的处理···229

　　思考题···235

　　练习题···235

　　知识拓展题···238

第九章　财务会计报告···239

　　第一节　财务会计报告概述···239

　　第二节　资产负债表···242

　　第三节　利润表···251

　　第四节　现金流量表···257

　　第五节　所有者权益变动表···260

　　第六节　财务报表附注···261

　　思考题···263

　　练习题···263

　　知识拓展题···270

第十章　会计信息系统与内部控制···271

　　第一节　会计信息系统···271

　　第二节　电算化会计系统···273

　　第三节　内部控制···279

　　思考题···290

　　练习题···290

　　知识拓展题···292

第十一章　会计工作的组织与管理···293

　　第一节　会计工作组织的意义与要求·································293

　　第二节　会计机构与会计人员···295

　　第三节　企业会计工作的管理···299

　　第四节　会计职业道德···303

　　第五节　会计档案管理与会计工作交接制度·····················309

　　思考题···314

　　练习题···314

知识拓展题 …………………………………………………………………… 317

参考文献 ……………………………………………………………………… 318

附录 A　会计循环综合案例 ………………………………………………… 319

附录 B　《基础会计》模拟试题 …………………………………………… 336
　　模拟试题（一）………………………………………………………………… 336
　　模拟试题（二）………………………………………………………………… 345
　　模拟试题（一）参考答案 …………………………………………………… 353
　　模拟试题（二）参考答案 …………………………………………………… 353

第一章 总 论

第一节 会计的含义

会计是伴随着人类的生产实践和经济管理的客观需要而产生的一种活动,它是为管好经济而发挥作用的。要真正发挥会计的作用,有必要全面了解会计的概念及其产生与发展。

一、会计的产生与发展

在人类社会中,生产是人们赖以生存和发展的最基本的实践活动。人们的衣、食、住、行都需要消费一定的物质资料,而要取得这些物质资料,就要进行生产。人们在生产实践中,一方面要创造财富,另一方面要耗费物化劳动和活劳动。为了合理地安排劳动时间,以尽可能少的劳动耗费生产出尽可能多的物质财富,满足生产和生活的需要,就必须建立专门的职能,履行对物质财富生产过程占用、消耗及成果的记录、计算、分析和考核,实现以最少的占用、最小的消耗取得最满意的成果,这一专门职能就是会计。

由上可见,会计的产生是人类社会在其生存发展中对物质财富生产过程的占用、消耗的关系和管理的必然要求,是社会生产实践的需要。但是,并非人类一有生产实践活动就产生了会计思想和会计行为。在人类生产、生活水平还极端低下,人类生存受到严重威胁的时期,根本不可能产生会计思想和会计行为。"结绳记事""刻竹为书""垒石计数"都是最初的会计手段。这些原始的计量方式,适应了当时社会生产力的发展水平,较好地满足了早期人类社会狩猎、捕鱼、采集、牧养、取种、物物交换以及论功行赏的需要。但是,在当时的原始社会里,会计只是"生产职能的附带部分",没有成为一项专门的工作。只有当社会生产力发展到一定阶段,会计才逐渐从生产职能中分离出来,形成特殊的、专门的独立职能,成为专职人员从事的一项经济管理工作。

经过会计学家的考证,人类社会在奴隶社会的晚期,随着社会剩余产品的增多,才在劳动者之外出现了一些专门的阶层,为生产劳动提供一些辅助工作。在这些专门的阶层中,有专门用来记录、报告劳动的过程和结果的人员。这一阶层的出现,标志着会计萌芽的产生。

进入封建社会后,社会制度的发展呈现出一定的差异。中国产生的是以皇帝为统治者的高度中央集权的社会体制,整个社会是一个封建大家庭。同一时期的欧洲封建社会,则是以各封建主为中心形成了大大小小的庄园,各庄园主在自己的庄园内拥有至高无上的权力。这样就出现了两种不同的社会结构:一种是中央高度集权的社会体制;另一种则是各庄园主相对独立的社会体制。基于社会制度的这种发展，产生了两种侧重点不同的会计，即服务于奴隶主和后来封建王朝的、以财产记录与保管为主的官厅会计，以及中世纪服务于庄园主的、以最初报告委托与受托责任为目的的庄园会计。这一阶段的会计总体水平较低，不存在专门的记账方法，也不存在统一的货币计价，对财富和经济活动的记录是通过文字叙述的方式进行的。这一时期的会计基本上属于单式簿记，而单式簿记对经济活动采取序时流水登记的方法，仅仅起到"账房管家"的作用。

随着资本主义的产生，各种商业活动开始活跃起来，商人们在大量的商业交易中经常发生贷入和借出资金业务，此时，会计知识得到空前普及，但是单式簿记已很难满足商业经营管理对会计的基本要求。为适应经营管理的需要，较为成熟的复式簿记方法开始产生，并运用于地中海沿岸的威尼斯、热那亚和佛罗伦萨。1494年，意大利数学家卢卡·帕乔利（Luca Pacioli）出版了《算术、几何、比及比例概要》一书。在这本书中，以"计算与记录样论"为题，系统地介绍了流行在意大利威尼斯一带的复式簿记方法。这标志着会计从单式簿记时期进入复式簿记时期，成为会计发展史上的第一个里程碑。

股份有限公司这种经营形式的出现，使资产的所有权与经营权分离。投资者和债权人迫切要求公司公开财务报表，政府相应公布了有关法规，会计职业界为此制定了公开会计信息的基本规范——会计原则，于是形成了以提供对外财务信息为主要任务的财务会计，与此同时催生了以服务社会为目的的执业会计师制度。随着现代经济的不断发展，现代会计分化为财务会计和管理会计，会计方法不断创新，会计信息的处理手段从手工操作逐渐向电算化过渡，会计理论也空前繁荣。

会计的产生和发展的历史证明，会计是应人类生产实践和经济管理的客观要求而产生与发展的。经济愈发展，会计愈重要。正如马克思指出的，"生产过程越是按社会的规模进行，越是失去纯粹个人的性质，作为对过程的控制和观念总结的簿记就越是必要；因此，簿记对资本主义生产比对手工业和农业的分散生产更为重要，对公有生产比对资本主义生产更为重要。"

二、会计的概念

随着时代的变迁和社会的进步，人们对会计的认识和理解也在不断地深化。由于会计本身是在社会生产实践活动中产生的，是随着社会经济环境的不断演变和发展而发展的，社会经济环境的发展变化必然推动会计方法的逐步更新和会计理论的不断丰富。从不同的角度对会计进行观察会发现会计具有不同的含义，也就产生了不同的观点。

（一）会计信息系统论

所谓会计信息系统论，就是把会计的本质理解为一个经济信息系统。具体地讲，会计信息系统是指在企业或其他组织范围内，旨在反映和控制企业或组织的各种经济活动，而由若干具有内在联系的程序、方法和技术所组成，由会计人员加以管理，用以处理经济数据、提供财务信息和其他有关经济信息的有机整体。

企业依靠会计信息系统生成的会计信息流，在企业内部各部门之间、企业与外部环境之间，进行有效且有序的物质和能量之间的交换，进而实现企业的目标——在合理的范围内实现利益最大化。任何一个企业的日常经营管理活动都需要经济信息系统提供种类繁多、数量庞大的信息，因而需要有多个不同的信息系统，以适应有效管理的需要。作为经济信息系统的一个重要组成部分的会计信息系统提供的会计信息要能够同时满足企业内、外部两个方面的需要：一是向企业外部信息使用者提供反映企业财务状况、经营成果和现金流方面的信息，称为财务会计信息系统；二是向企业内部管理层提供关于企业未来经营决策和改善管理所需的预测、控制、决策等方面的信息，称为管理会计信息系统。

会计信息系统论的思想最早起源于美国会计学家A.C.利特尔顿。他在1953年出版的《会计理论结构》一书中指出："会计是一种特殊门类的信息服务""会计的显著目的在于对一个企业的经济活动提供某种有意义的信息"。

我国较早接受"会计是一个信息系统"这一思想的会计学家是余绪缨教授，他于1980年在《要从发展的观点看会计学的科学属性》一文中首先提出了这一观点。

我国会计界对"信息系统论"具有代表性的提法是由葛家澍教授、唐予华教授于1983年提出的。他们认为："会计是为提高企业和各单位的经济效益，加强经济管理而建立的一个以提供财务信息为主的经济信息系统。"

（二）会计管理活动论

会计需要记录经济过程中的所耗与所得，运用货币数量描述经济过程，评价经济得失，这种记录是数字和文字的结合，而文字说明是寄托在数量的基础之上的，这就离不开计量。会计的特点之一就是运用货币量度对企业经营过程中发生的各项经济活动进行确认、计量、记录和报告，通过记录和报告企业的经营过程，为有关方面提供会计信息。应该说，记录和报告不是会计的目的，而是手段，凭借这些手段，达到从一个特定角度管好一个单位的经营活动，进而提高经济效益的目的。从这一点看，会计是一种管理活动。

回顾会计的产生与发展过程，我们不难发现，在非商品经济条件下，会计是直接对财产物资进行管理的；在商品经济条件下，由于存在商品生产和商品交换，经济活动中的各项财产物资都是以价值形式表现的，因此会计是利用价值形式对财产物资进行管理的。如果说会计是一个信息系统，主要是对企业外部的有关信息使用者而言的，那么说会计是一种管理活动，则主要是对企业内部的管理而言的。从历史的发展和现实状况观察，会计是社会生产发展到一定阶段的产物，是适应生产发展和管理的要求而产生的，特别是随着商品经济的发展和市场竞争的出现，客观地要求通过管理对经济活动进行严格的控制。与此同时，会计的内容和形式也在不断地完善和变化，由开始的单纯的记账、算账，主要办理企业日常发生的经济业务的处理和对外报送会计报表，发展为参与事前经营预测、决策，对经济活动进行事中控制、监督，进而开展事后的分析、检查等。由此可见，会计无论是过去、现在还是将来，都是人们对经济进行管理的活动。

将会计作为一种管理活动并使用"会计管理"这一概念在西方管理理论学派中早已存在。"古典管理理论"学派的代表人物法约尔把会计活动列为经营的六种职能活动之一；美国人卢瑟·古利克则把会计管理列为管理化功能之一；20世纪60年代后出现的"管理经济会计学派"则认为进行经济分析和建立管理会计制度就是管理。

我国最早提出会计管理活动论的当数杨纪琬教授、阎达五教授。1980年，在中国会计学会成立大会上，他们做了题为《开展我国会计理论研究的几点意见——兼论会计学的科学属性》的报告。在报告中，他们指出：无论从理论上还是从实践上看，会计不仅仅是管理经济的工具，它本身就具有管理的职能，是人们从事管理的一种活动。管理活动论认为，会计作为经济管理的组成部分，它的核算和监督内容以及应达到的目的受不同社会制度的制约，"会计管理这个概念绝不是少数人杜撰出来的，它有充分的理论和实践依据，是会计工作发展的必然产物"。

无论是会计信息系统论还是会计管理活动论，其内涵都与会计的目标相联系。本书认为，会计管理活动论能够更好地反映会计的本质，应该以此为基础界定会计的概念：会计是经济管理工作的重要组成部分，是以货币为主要计量手段，采用专门的确认、计量、记录和报告的方法，对各单位的经济活动进行连续、系统、全面地反映和监督，以提供经济信息、提高经济效益为目的的一种管理活动。

三、会计的本质属性

会计的本质属性是指会计的性质。从会计产生和发展的历史过程中可以看出，会计所涉及的内容，既同生产力相联系，又与生产关系和上层建筑相联系，从而使会计既有技术性，又有社会性。

会计的技术性，主要表现在会计的某些方法反映了生产力的技术与组织的要求。会计是在社会实践中适应管理生产过程的需要而产生的，而生产过程是一种分工协作的集体化的大生产，是劳动者、劳动资料和劳动对象的结合，这种结合的基础是生产技术。因此，会计要全面地、综合地反映和监督生产过程，促使生产活动达到人们的预期效果，其技术方法和理论知识必然要随着生产技术的日益复杂、生产规模的日益扩大而发展，所以它经历了由简单到复杂、由低级到高级的过程。多少年来，人们总结了对经济活动进行记录、反映、分析、检查等的一套会计专门的科学方法，这是人类劳动和智慧的结晶，是人类共存的一种财富。它不仅能系统、真实地反映客观实际情况，用于管理生产时还可以促进生产的发展。

会计的社会性，是指会计作为一种经济管理活动，是企业管理的一个重要组成部分，必然牵涉到企业所有者、债权人、政府、企业管理当局、潜在投资者等一系列外部和内部利益主体，各利益主体从各自利益出发，自然要求会计工作符合自身的利益需求，以期达到有利于自己的经济后果。因而，会计工作就要协调各方面的利益需求，最终在各利益主体之间做出最优的权衡决策，满足不同利益主体的要求。这种协调最明显的例子就是会计准则的制定。会计准则的制定过程往往不仅仅是技术方法的研究过程，同时还是政治协调的过程，与强势集团的讨价还价对最终制定的准则有着相当程度的影响。

会计的双重性，决定了会计的科学管理属性，使它成为一门经济管理科学。关于管理科学的性质，马克思曾经指出："资本主义的管理就其内容而言是二重的，因为它所管理的生产过程本身具有二重性：一方面是创造产品的社会劳动过程，另一方面是资本的价值增值过程。"[①]也就是说，管理一方面具有同生产力相联系的自然属性，即技术性；另一方面

---

① 马克思，恩格斯. 马克思恩格斯全集：第 24 卷[M]. 北京：人民出版社，1972.

又具有同生产关系相联系的社会属性，即社会性。资本主义管理的二重性同样适用于社会主义管理。邓小平同志曾经指出："有些东西并不能说是资本主义的，比如说，技术问题是科学，生产管理是科学，在任何社会、对任何国家都是有用的。我们学习先进的技术、先进的科学、先进的管理来为社会主义服务，而这些东西并没有阶级性。"

正确认识会计的双重性质，对我们利用人类创造的会计科学财富，充分发挥会计的管理作用具有重大意义。从技术性方面看，凡是能促进生产力发展的会计理论和方法，是任何社会形态下共同需要的，都可以采用，这为我们充分借鉴国际上先进的会计理论和方法，为我国社会主义经济建设服务奠定了理论基础。从社会性方面看，会计要维护一定的生产关系，体现不同的管理目的，应划清社会主义会计和资本主义会计的本质界限，充分发挥社会主义会计保护社会主义生产关系和上层建筑的作用。

第二节　企业与会计

世界上绝大部分的工作都是通过各个组织来完成的，这些组织是由为实现一个或多个目标而一起工作的人们组成的团体。组织可以大致分为两大类：营利性组织和非营利性组织。营利性组织，也就是我们通常所说的企业，其主要目标是赚取利润；而非营利性组织则有其他的目标，如管理、提供社会服务或从事教育等。本书所讲的组织是企业。

一、企业的性质与类型

我们身边有许多企业，有大型企业，如可口可乐公司、波音公司、中国移动通信公司、中国银行等；也有一些小企业，如马路边的杂货店、饭馆、会计师事务所或诊所等。这些企业都有一个共同的特点：要运用各种资源——劳动力、原材料、房屋以及机器设备等——投入工作中。因此，企业是组合和处理诸如原材料和劳动力等资源投入，向顾客提供产品或服务，以盈利为目的，进行自主经营、独立核算的经济组织。作为企业，一般具备以下几个特点：

（1）任何企业都是以盈利为目的而产生和存在的，不以盈利为目的的政府、公立学校、家庭、社会团体等经济单位，不属于企业。

（2）企业能够将各种资源按照一定的方式组合起来，从而具备了生产活动的基本要素。

（3）企业属于微观层面的个体，其与其他的非营利组织共同构成了整个社会。

企业的目标是利润最大化。利润是企业向顾客收取的服务或商品价值与企业提供这些服务或商品所投入的价值之间的差额。企业就是利用这种方式来使自己的资本增值以实现自己的目标的。

（一）不同性质的企业

企业可以根据其性质不同分为三种类型：制造业企业、商品流通企业和服务业企业。每一种类别的企业都有其独有的特征。

（1）制造业企业。制造业企业是将原始的材料转变为可以销售给消费者的产品的组织。表 1-1 是一些制造业企业及其生产的产品的例子。

表 1-1　制造业企业及其生产的产品举例

制造业企业	产　　品
通用汽车公司	汽车
波音公司	飞机
可口可乐公司	饮料
耐克公司	运动鞋、运动服
诺基亚公司	手机、通信产品

（2）商品流通企业。商品流通企业向顾客销售商品，但自身并不生产产品，而是通过向其他企业购买产品再销售给顾客，它们将产品和顾客紧密联系起来。表 1-2 是一些商品流通企业及其经营产品的例子。

表 1-2　商品流通企业及其经营产品举例

商品流通企业	经营的产品
沃尔玛公司	日用百货
亚马逊公司	图书、影碟等
国美公司	家用电器

（3）服务业企业。服务业企业向顾客提供服务而不提供产品。表 1-3 是一些服务业企业及其所提供服务的例子。

表 1-3　服务业企业及其所提供服务举例

服务业企业	服　　务
迪士尼公司	娱乐
中国国际航空公司	航空运输
毕马威公司	审计与咨询

其实在日常生活中，也有许多与这些大型企业性质一样的小型企业。例如，生产雪糕的小加工厂是制造业企业；马路边或居民小区里的小卖店是商品流通企业；街边的修鞋铺、洗衣店是服务业企业，我们的生活与这些企业息息相关。

（二）企业的组织类型

企业的组织类型通常有以下三种：独资企业、合伙企业和公司制企业。

（1）独资企业。独资企业是一个个人主体所拥有的企业，通常称之为个体户。从数量上看，独资企业在所有企业中占比较大，因为其设立容易而且成本较低，但是这类企业的运营能力受到一定的限制，主要是因为个人所拥有的资源是有限的。常见的小餐馆、洗衣店、维修铺、小卖店等都属于独资企业。

（2）合伙企业。当独资企业规模逐渐扩大，需要更多资源时，就可以吸收更多的人加入到这个企业中来，这就可能成为合伙企业。合伙企业就是由两个或两个以上个人主体所拥有的企业。一般来说，汽车维修企业、会计师事务所、医疗诊所、律师事务所、小型服装店等都可以以合伙企业的形式存在。

（3）公司制企业。公司是根据国家有关法律法规设立的独立法人，通常包括两种形式：有限责任公司和股份有限公司。公司制企业的主要优点在于它可以通过发行股票获得大量资金，因此，大多数大型企业都以公司制企业的形式存在。例如，前面所列举的通用汽车公司、可口可乐公司及中国移动通信公司等都属于公司制企业。

综上所述，根据企业的经营性质可以将企业分为制造业企业、商品流通企业和服务业企业；企业的组织类型有独资企业、合伙企业和公司制企业三种。三种性质类型的企业都有可能采用三种组织类型中的任何一种。

二、企业利益相关者

企业利益相关者是其利益与企业的财务状况和经营业绩相关的个人或组织。这些利益相关者通常包括所有者、经营管理者、员工、债权人和政府等。

（一）所有者

所有者将资本投入企业中，其目的就是保证自己的资本能够保值、增值，因此，其利益很明显与企业经营的好坏直接相关。大多数的所有者希望能从投资中收回尽可能多的收益，因而只要企业是盈利的，所有者就能分享企业的利润；同时，所有者还可能在一定时间决定出售投资，而出售投资的总体经济价值也与所有者的利益息息相关，其中的经济价值既反映企业过去的经营业绩，也反映出对未来经营业绩的预期。

（二）经营管理者

现代企业的所有权和经营权是相分离的。经营管理者是所有者授权其经营管理企业的个人或组织。经营管理者能够根据企业的经营业绩得到相应的报酬。企业经营业绩也是所有者对经营管理者进行评价和考核的依据，其好坏会影响到其是否能够继续被所有者聘用。

（三）员工

员工向企业提供劳务并获得薪酬回报。企业经营业绩好就可能给员工更多的工资和更好的福利待遇，而企业也通常以业绩较差为借口降低薪酬或拒绝员工提高薪酬的要求。如果企业濒临倒闭，就会解雇员工。

（四）债权人

债权人与所有者一样，通过信贷等方式将资本投入企业，他们也关心企业的经营状况。但他们的目的与所有者的区别在于：他们只希望能保证收回本金，并按时收到相应的利息。

（五）政府

政府是经济的宏观管理部门，而税收是政府收入的重要来源。任何级别的政府税收部门都可以根据法律赋予的权限从企业获得税收收入。企业经营业绩越好，政府收到的税费就越多。除此之外，企业经营得好，还能帮助政府解决失业问题。

除上述利益相关者外，还可能存在的利益相关者包括顾客、财务分析师、供应商、竞争对手及社会公众等。

三、企业中的会计

企业需要会计，因为企业有许多的利益相关者，而这些利益相关者需要了解和评价企业的财务状况和经营业绩，以便进行决策。会计就是为利益相关者提供企业财务状况和经营业绩的信息系统。会计对外提供的信息统称会计信息。

会计信息是一种"商业语言"，任何利益相关者都可以利用这些信息进行决策。例如，可口可乐公司的会计人员提供了一份有关新产品盈利能力的会计报告，这份报告的提供可能会为以下利益相关者使用：可口可乐公司的经营管理者可据此做出是否生产该种产品的决策；潜在的投资者也可以运用这份会计报告决定是否购买可口可乐公司的股票；银行则通过审阅会计报告决定是否向可口可乐公司贷款或确定贷款的金额；供应商根据会计报告决定是否认可可口可乐公司的信用以供给原材料；政府税收部门根据会计报告确定可口可乐公司应缴纳的税额。

会计作为一个提供决策信息的系统，其向利益相关者提供信息的过程可以用图 1-1 表示。

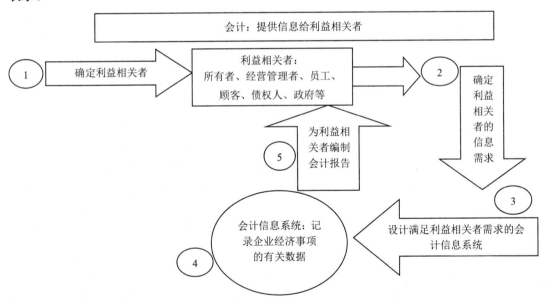

图 1-1 会计信息系统与企业利益相关者

从图 1-1 可以看出，首先，企业必须确定它有哪些利益相关者；其次，评价不同利益相关者对信息的不同需求；再次，设计满足利益相关者需求的会计信息系统；最后，对企业发生的经济事项进行记录并为利益相关者编制会计报告。

四、本书的计划

前面已经讲述了企业及企业中的会计，并对会计与企业的关系做了简单的描述。为使读者对会计的背景有进一步的认识，本章接下来将对会计的内涵做深入的讲解，主要包括会计的职能、目标与作用，会计信息的质量特征，会计假设，会计学及其分支等；第二章将阐述会计工作的对象及会计要素的内容，这能帮助我们认识会计工作的客体；从第三章开始，我们将以会计核算原理为主线，围绕会计核算的七种方法展开全面的论述。

第三节 会计的职能、目标与作用

一、会计的职能

会计的职能是指会计在经济管理中所具有的功能，具体来讲，就是会计是用来做什么的。它是伴随着会计的产生而产生的。对于会计职能这个问题，马克思曾有过精辟的论述。他指出："生产过程越是按社会的规模进行，越是失去纯粹个人的性质，作为对过程的控制和观念总结的簿记就越是必要。因此，簿记对资本主义生产比对手工业和农业的分散生产更为必要，对公有生产比对资本主义生产更为重要。"可见，马克思把会计的基本职能归纳为反映（观念总结）和监督（控制）。

马克思对会计的这一论述是十分准确的。现代会计的基本职能应当归纳为反映和监督。为了达到反映与监督的目的，现代会计在发展中逐步构建了它的两大工作系统，即会计的信息系统和会计的控制系统。

（一）会计的反映职能

会计的反映职能是指会计能够按照公认会计准则的要求，通过一定的程序和方法，全面、系统、及时、准确地将一个会计主体所发生的会计事项表达出来，以达到揭示会计事项的本质、为经营管理提供经济信息的目的。会计的反映职能具有以下几个明显的特征。

（1）会计以货币为主要计量单位，从价值量方面反映各单位的经济活动情况。会计在对各单位经济活动进行反映时，主要是从数量而不是从质量方面进行反映。例如，企业对固定资产进行会计反映时，只记录其数量、成本、折旧等数量或金额变化，而并不反映其技术水平、运行状况等。会计在反映各单位经济活动时主要使用货币量度，实物量单位、其他指标及其文字说明等都处于附属地位。因为企业最初的投资总是用货币度量的，所以对这些投资使用的追踪记录也只能使用货币量度。

（2）会计主要是反映过去已经发生的经济活动。会计反映经济活动就是要反映其事实，探索并说明其真相。因此，只有在每项经济业务发生或完成以后，才能取得该项经济业务完成的书面凭证。这种凭证具有可验证性，据以记录账簿，才能保证会计所提供的信息真实可靠。而这项工作必须是在经济业务已经发生或完成之后，至少在传统会计上是这样的。虽然管理会计等具有预测职能，其核算的范围可能扩大到未来的经济活动，但从编制财务会计报告、对外提供会计信息来看仍然是面向过去的。

（3）会计反映具有连续性、系统性和全面性。会计反映的连续性，是指对经济业务的记录是连续的，逐笔、逐日、逐月、逐年，不能间断；会计反映的系统性，是指对会计对象要按科学的方法进行分类，进而系统地加工、整理和汇总，以便提供管理所需要的各类信息；会计反映的全面性，是指对每个会计主体所发生的全部经济业务都应该进行记录和反映，不能有任何遗漏。

会计的反映职能在客观上体现为通过会计的信息系统对会计信息进行优化。这一过程又具体体现为记账、算账和报账三个阶段。记账就是把一个会计主体所发生的全部经济业务运用一定的程序和方法在账簿上予以记载；算账就是在记账的基础上，运用一定的程序和方法来计算该会计主体在生产经营过程中的资产、负债、所有者权益、收入、成本费用以及损益情况；报账就是在记账和算账的基础上，通过编制财务会计报告等方式将该会计主体的财务状况和经营成果向会计信息使用者报出。

反映职能是会计核算工作的基础。它通过会计信息系统所提供的信息，既服务于国家的宏观调控部门，又服务于会计主体的外部投资者、债权人和内部经营管理者。这种服务作用是具有能动性的，从这一角度来看，会计的反映职能也在一定程度上体现了管理精神。

（二）会计的监督职能

会计的监督职能是指会计按照一定的目的和要求，利用会计信息系统所提供的信息，对会计主体的经济活动进行控制、监察和督促，使之达到预期的目标。会计的监督职能就是监督经济活动按照有关的法规和计划进行。会计监督职能具有以下几个显著的特征。

（1）会计监督具有强制性和严肃性。会计监督是依据国家的财经法规和财经纪律来进行的，《中华人民共和国会计法》（以下简称《会计法》）不仅赋予会计机构和会计人员行使监督的权利，而且规定了监督者的法律责任。监督者放弃监督，听之任之，情节严重的，给予行政处分；给公共财产造成重大损失，构成犯罪的，依法追究刑事责任。因此，会计监督以国家的财经法规和财经纪律为准绳，具有强制性和严肃性。

（2）会计监督具有连续性。社会再生产过程不间断，会计反映就要不断地进行下去，而在整个持续过程中，始终离不了会计监督。各会计主体每发生一笔经济业务，都要通过会计进行反映，在反映的同时还要审查它们是否符合法律、制度、规定和计划。会计反映具有连续性，会计监督也就具有连续性。

（3）会计监督具有完整性。会计监督不仅体现在已经发生或已经完成的业务方面，还体现在业务发生过程中及尚未发生之前，包括事前监督、事中监督和事后监督。事前监督是指会计部门或会计人员在参与制定各种决策以及相关的各项计划或费用预算时，就依据有关政策、法规、准则等的规定对各项经济活动的可行性、合理性、合法性和有效性等进行审查，它是对未来经济活动的指导；事中监督是指在日常会计工作中，随时审查所发生的经济业务，一旦发现问题，及时提出建议或改进意见，促使有关部门或人员采取措施予以改正；事后监督是指以事先制定的目标、标准和要求为依据，利用会计反映取得的资料对已经完成的经济活动进行考核、分析和评价。会计事后监督可以为制订下期计划、预算提供资料，也可以预测今后经济活动的发展趋势。

监督职能在会计行为实施之前就发挥作用，同时又是会计工作的落脚点。它通过会计信息系统与会计控制系统的有机结合，突出地表现了会计在企业单位经营管理中的能动性作用，在一定程度上体现了会计是一种管理活动的基本思想。

就会计两大基本职能的关系而言，反映职能是监督职能的基础，没有反映职能提供的信息，就不可能进行会计监督，因为如果没有会计反映提供可靠、完整的会计资料，会计监督就没有客观依据，也就无法进行；而监督职能又是反映职能的保证，没有监督职能进行控制和提供有力的保证，会计反映就不可能提供真实可靠的会计信息，也就不能发挥会计管理的能动作用，会计反映也就失去了存在的意义。因此，会计的反映职能和监督职能是紧密结合、密不可分、相辅相成的，同时又是辩证统一的。

随着社会的发展、技术的进步、经济关系的复杂化和管理理论的提高，会计的基本职能得到了不断的发展和完善，会计的新职能不断出现。会计职能不但有反映和监督"两职能"说，还有"三职能"说直至"九职能"说。目前，在我国会计学界比较流行的是"六职能"说。这一学说认为，会计具有"反映经济情况、监督经济活动、控制经济过程、分析经济效果、预测经济前景、参与经济决策"六项职能，并认为这六项职能是密切结合、相辅相成的。其中，前两项基本职能是后四项新职能的基础，而后四项新职能又是前两项基本职能的延伸和提高。

二、会计的目标

会计的目标是会计系统所应达到的境地，在会计系统中具有十分重要的地位，是构建会计确认、计量、记录和报告的原则，也是选择会计方法和开展会计工作的基本出发点。

（一）会计目标的含义

会计作为一个信息系统，必须制定自己的目标。所谓会计的目标，就是会计信息系统运行的目标。由于会计信息系统以财务报告的提供作为其最终的"产品"，因此，需要准确、合理地确定财务报告的使用者群体及其信息需求。可以说，会计的目标既是财务报告编制的出发点，也是会计准则建设与发展的立足点。本书所界定的会计目标是"对会计自身所提供经济信息的内容、种类、时间、方式及质量等方面的具体要求"。

（二）会计目标的内容

根据会计目标的含义可以看出，会计目标是要回答会计应干些什么的问题，即为了有助于利益相关者更好地做出经济决策，需要清楚地界定会计信息的具体使用者有哪些、这些使用者具有什么样的特征、他们在什么时候需要什么样的会计信息等。

前已述及，企业的利益相关者主要包括企业的所有者、经营管理者、员工、债权人和政府等，他们也是会计信息的主要使用者。会计信息的使用者是指在社会经济活动中，需要根据会计信息进行经济决策的组织和个人。

任何一个企业都必须有一定量的资本，因而也就有相应的所有者。根据所有者决策有用目标，财务报告所提供的信息应当如实反映企业的财务状况、经营成果和现金流量情况，从而有助于现在或潜在的投资者正确、合理地评价企业的资产质量、盈利能力和营运效率，进而帮助所有者做出理性的投资决策。

企业的经营管理者包括董事会成员、经理、企业的财务、计划、供应、技术等部门的管理人员，是会计信息的最大使用者。经营管理者需要通过会计信息了解企业的经营管理情况，以便进行恰当的预测、决策、控制和分析等，达到改善企业经营管理的目的。

员工与企业的利益是息息相关的，每一个员工都希望能在一个具有稳定、长远发展前景的企业中工作。在选择和判断是否成为某一企业的员工、成为该企业的员工后何时离开、待遇是否最优等时，会计信息就能够帮助员工评估企业的经济地位、存在的风险和发展潜力等，进而做出相关的决策。

只要存在商业信用，债权债务关系就不可避免。债权人是指向企业提供贷款或持有企业债券等的个人或组织。它可以是银行等金融机构，也可以是一般公众，还可以是原材料供应商等。债权人通过会计信息评估企业的偿债能力和财务风险，以便做出最佳的贷款、购买债券或赊销的决策。

在任何一个国家——无论是一般的市场经济还是社会主义市场经济，政府作为社会经济活动的组织者和协调者都会不同程度地发挥自身对市场的调节作用，包括宏观调控、课征税收、管制特定行业等，因此，政府部门就需要根据企业提供的会计信息对国民经济总体运行状况做出判断，从而制定正确、合理、有效的调控和管理措施，促进国民经济协调有序地发展。

不同的会计信息使用者出于不同的目的，需要不同的会计信息。会计作为一个经济信息系统，要实现其提供会计信息的目标，就必须采用专门的方法和手段，通过收集信息、处理信息、储存信息和传输信息等环节生成不同的会计信息，满足各个利益相关者的需要。

一般而言，企业财务报告提供的信息是企业财务状况、经营成果和现金流量的真实反映，因此，财务报告应该具有唯一性。尽管财务报告的信息使用者包括多个群体，但最受法律保护的应该是所有者和债权人。不同的所有者和债权人，对会计信息的需求也存在较大的差异，有的是利用会计信息做出投资决策，还有的是用来评价管理当局的经营业绩，由此也就形成了西方会计目标理论中的"受托责任观"和"决策有用观"两种观点。

"受托责任观"认为，财务会计的目标既是受托责任的履行情况，同时，由于最有效的反映受托责任履行情况的信息是关于经营业绩的信息，因而财务报告以反映经营业绩及其评价为重心。"受托责任观"产生的经济背景，是企业所有权与经营权相分离，并且投资人与经营者之间有明确的委托与受托关系。作为财务会计核心的财务报表，就是在这种环境下发展起来的。现时的投资者和债权人是通过过去已经发生的经济活动评价企业管理当局对其投入资源的利用效果的。因此，财务报表中的信息是反映过去的，并且为了保证财务报表信息的可靠性、可比性和相关性，进入财务报表的信息都经过严格的确认和计量程序，并经过审计的审核和鉴定。

"决策有用观"认为，会计的目标就是向会计信息使用者提供对其决策有用的信息。换言之，会计应当为现时的和潜在的投资者、信贷者和其他信息使用者提供有利于其投资和信贷决策及其他决策的信息。"决策有用观"更强调会计信息的相关性，即要求信息具有预测价值、反馈价值和及时性，更关注与企业未来现金流量有关的信息。为了满足会计的决策有用性，财务会计对外传输信息的手段由财务报表扩大到财务报告。

我国的资本市场正好融合了上述两种观点，因此，我国财政部在2006年2月15日发布、2014年7月23日修改的《企业会计准则——基本准则》第四条所确立的财务报告的目标是"向财务会计报告使用者提供与企业财务状况、经营成果和现金流量等有关的会计信息，反映企业管理层受托责任履行情况，有助于财务会计报告使用者做出经济决策"。

（三）会计目标的作用

任何研究领域的起点都是提出其研究的界限和确定它的目标，会计研究也是如此。西方会计理论的研究经历了逻辑起点由会计假设到会计目标的转变，研究方法由归纳法到演绎法的不断反复。因此，会计目标的提出为我们重新构建现代会计理论模式提供了一条新思路。会计目标是沟通会计信息系统与会计环境的桥梁和纽带，因此，准确地定位会计目标具有非常重要的作用，具体包括以下几点。

（1）会计目标的准确确定帮助我们明确了有哪些会计信息使用者，会计信息使用者需要做出哪些经济决策，在决策过程中需要什么样的会计信息。这就要求企业编制的财务报告做到"按需定产"，满足不同的信息使用者的需求。

（2）前已述及，会计的目标有两种观点，即"受托责任观"和"决策有用观"。在"受托责任观"下，会计信息更加强调可靠性，会计计量主要采用历史成本；在"决策有用观"下，会计信息更多地强调相关性，会计计量除坚持历史成本外，还采用其他能够提供更加相关信息的结论属性。因此，会计目标的定位决定着会计信息的质量特征、会计要素的确认与计量的原则，是会计信息系统的核心与灵魂。

（3）会计目标指明了会计实践活动的目的和方向，同时也明确了会计在经济管理活动中的使命，成为会计发展的导向。制定科学的会计目标，对于把握会计发展的趋势，确定会计未来发展的步骤和措施，调动会计工作者的积极性和创造性，促进会计工作规范化、标准化、系统化，更好地为社会主义市场经济服务等具有重要的作用。

三、会计的作用

会计的作用是指会计的各项职能在特定的历史时期、特定的社会经济制度下实现和利用之后所产生的效果。会计作用的发挥取决于两个重要因素：一是会计所处的外部环境因素，即会计工作所处的社会历史时期和社会政治、经济制度；二是与会计自身的内在本质有关的因素，即会计的职能被人们所认识和利用的程度。

从我国目前的会计实践工作来看，会计的作用包括两方面的内容：一方面是会计的正面作用、积极作用；另一方面是会计的负面作用、消极作用。也就是说，会计工作既能完善和加强经济管理，也能弱化经济管理。

会计的正面作用，从目前看主要有以下四点。

（1）为国家进行宏观调控、制定经济政策提供信息。

（2）加强经济核算，为企业经营管理提供数据。

（3）保证企业投入资产的安全和完整。

（4）为投资者提供财务报告，便于其进行正确的投资决策。

可以看出，目前我国的会计工作更多地停留在记账、算账、报账阶段，会计的预策、决策、控制和分析职能还没有得到充分发挥，甚至有些职能还没有真正实施。如何充分地发挥会计职能、更好地实现会计的作用已成为我国会计工作中迫切需要解决的问题。

会计的消极作用，当前主要表现为会计信息的失真。会计信息失真直接导致了国有资产流失、偷逃税款等现象的出现。尽管对会计信息失真这一问题的成因和对策尚无定论，但毋庸置疑，会计信息失真是会计工作所产生的一种负效应。这一点是认识会计作用时不应被忽视的。

第四节　会计信息质量特征

会计作为一项管理活动，其主要目的之一是向企业的利益相关者提供反映经营者受托责任和提供投资者决策有用的会计信息。要达到这个目的，就必须要求会计信息具有一定的质量特征。会计信息质量特征也称会计信息质量要求、会计信息质量标准。根据我国2014年7月23日修改发布的《企业会计准则——基本准则》的规定，会计信息质量特征包括以下八项：可靠性、相关性、可理解性、可比性、实质重于形式、重要性、谨慎性和及时性。其中，可靠性、相关性、可理解性和可比性是会计信息的首要质量要求，是企业财务报告中所提供会计信息应具备的基本质量特征；实质重于形式、重要性、谨慎性和及时性是会计信息的次级质量要求，是对可靠性、相关性、可理解性和可比性等首要质量要求的补充和完善，尤其是在对某些特殊交易或者事项进行处理时，需要根据这些质量要求来把握其会计处理原则。另外，及时性还是会计信息相关性和可靠性的制约因素，企业需要在相关性和可靠性之间寻求一种平衡，以确定信息及时披露的时间。这些质量特征要求会计人员在处理会计业务、提供会计信息时，遵循这些对会计信息的质量要求，以便更好地为企业的利益相关者服务。

一、可靠性

《企业会计准则——基本准则》第十二条规定："企业应当以实际发生的交易或者事项为依据进行会计确认、计量和报告，如实反映符合确认和计量要求的各项会计要素及其他相关信息，保证会计信息真实可靠、内容完整。"

可靠性，也称客观性、真实性，是对会计信息质量的一项基本要求。会计所提供的会计信息是投资者、债权人、政府及其有关部门和社会公众的决策依据，如果会计数据不能客观、真实地反映企业经济活动的实际情况，势必无法满足各有关方面了解企业财务状况和经营成果以进行决策的需要，甚至可能导致错误的决策。可靠性要求会计核算的各个阶段，包括会计确认、计量、记录和报告，必须力求真实客观，必须以实际发生的经济活动及表明经济业务发生的合法凭证为依据。

一项信息是否可靠取决于以下三个因素：真实性、可核性和中立性。真实性是指如实表达，会计信息应内容真实、数字准确、资料可靠。可核性也称为可验证性，是指会计信息应经得住复核和验证，由不同的、独立的专业人员采用同一种计量方法，分别对同一事项加以确认和计量，能够得出相同或相似的结论。中立性是指会计信息应不偏不倚，不能因个人意愿、偏好等而对会计信息做出特殊安排。

在会计实务中，有些数据只能根据会计人员的经验或对未来的预计予以计算。例如，固定资产的折旧年限、对制造费用分配方法的选择等，都会受到一定程度的个人主观意志的影响。不同会计人员对同一经济业务的处理出现不同的计量结果是在所难免的。但是，会计人员应在统一标准的条件下将可能发生的误差降低到最低程度，以保证会计核算提供的会计资料真实可靠。

二、相关性

《企业会计准则——基本准则》第十三条规定："企业提供的会计信息应当与财务会计报告使用者的经济决策需要相关，有助于财务会计报告使用者对企业过去、现在或者未来的情况做出评价或者预测。"

相关性，也称有用性，也是会计信息质量的一项基本要求。资料要成为有用的信息，就必须与使用者的决策需要相关。当信息通过帮助使用者评估过去、现在或未来的事项或者通过确证或纠正使用者过去的评价，影响到使用者的经济决策时，信息就具有相关性。

一项信息是否具有相关性取决于以下三个因素：预测价值、反馈价值、及时性。预测价值是指信息能够帮助决策者对过去、现在和未来的事项产生的可能结果进行测试，从而根据测试的结果做出最佳选择。反馈价值是指通过信息将过去决策所产生的结果反馈给决策者，使之与当初预测的结果相比较，验证过去的决策是否有误，防止以后的决策出现错误。及时性是指在决策之前就要将与决策相关的信息提供给决策者，防止信息失效。

信息的预测价值和反馈价值是可以统一的。例如，关于企业拥有资产的数量和结构的信息，对使用者来说，既可以用来预测企业利用现有机遇和应付不利形势的能力，也可以证明过去对企业资产数量和结构以及计划经营活动的预测与结果的相一致性。同时，预测未来的财务状况和经营业绩以及股利和工资的支付、证券价格的变动等使用者关心的其他事宜，常常以财务状况和过去经营业绩的相关信息为基础。

虽然可靠性要求会计信息尽量基于已发生的经济业务，但是，完全建立在历史事件基础上的信息，其相关性程度可能受到影响，这就形成了可靠性与相关性两者不能兼得的矛盾。因此，在实际工作中，需要会计人员履行必要的职业判断，在可靠性和相关性之间进行权衡。

三、可理解性

《企业会计准则——基本准则》第十四条规定："企业提供的会计信息应当清晰明了，便于财务会计报告使用者理解和使用。"

可理解性，也称明晰性，是对会计信息质量的一项重要要求。提供会计信息的目的在于使用，而要使用就必须了解会计信息的内涵，明确会计信息的内容，否则就谈不上会计信息对决策有用。信息能否被使用者所理解，取决于信息本身是否易懂，也取决于使用者理解信息的能力。可理解性是决策者与决策有用性的连接点。如果信息不能被决策者所理解，那么这种信息就毫无用处。因此，可理解性不仅是信息的一种质量标准，也是一个与信息使用者有关的质量标准。会计人员应尽可能传递易被人理解的会计信息,而使用者也应设法提高自身的综合素养,以增强自身理解会计信息的能力。

四、可比性

《企业会计准则——基本准则》第十五条规定:"企业提供的会计信息应当具有可比性。"为了明确企业财务状况和经营业绩的变化趋势,使用者必须能够比较企业不同时期的财务报表。为了评估不同企业相对的财务状况、经营业绩和现金流量,使用者还必须能够比较不同企业的财务报表。因此,对整个企业及其不同时点以及对不同企业而言,同类交易或其他事项的计量和报告,都必须采用一致的方法。

可比性也是会计信息质量的一项重要要求。它包括两个方面的含义,即同一企业在不同时期的纵向可比,不同企业在同一时期的横向可比。要做到这两个方面的可比,就必须做到:①同一企业不同时期发生的相同或者相似的交易或者事项,应当采用一致的会计政策,不得随意变更;确需变更的,应当在附注中说明。②不同企业发生的相同或者相似的交易或者事项,应当采用规定的会计政策,确保会计信息口径一致、相互可比。

五、实质重于形式

《企业会计准则——基本准则》第十六条规定:"企业应当按照交易或者事项的经济实质进行会计确认、计量和报告,不应仅以交易或者事项的法律形式为依据。"

如果要真实地反映拟反映的交易或其他事项,那就必须根据它们的实质和经济现实,而不是仅仅根据它们的法律形式进行核算和反映。交易或其他事项的实质,并非与它们的法律形式的外在面貌相一致。"实质重于形式"就是要求在对会计要素进行确认和计量时,应重视交易的实质,而不管其采用何种形式。在这一方面最典型的例子当数对融资租入固定资产的确认与计量。从形式上看,该项固定资产的所有权在出租方,企业只是拥有使用权和控制权。也就是说,该项固定资产并不是企业购入的固定资产,所以不能将其作为企业的固定资产加以核算。但是,由于融资租入固定资产的租赁期限一般超过了固定资产可使用期限的大部分,而且到期时企业可以以一定的价格购买该项固定资产,因此,为了正确地反映企业的资产和负债状况,对于融资租入的固定资产,一方面应作为企业的自有固定资产加以核算,另一方面应作为企业的一项长期负债加以反映。

当企业将一项资产处理给另一单位时,可以在文件中声称将法律所有权转让给该单位。但是,还可能存在协议,以保证企业继续享有该项资产所包含的未来的经济利益。在这种情况下,报告中的销售收入就不可能真实地反映所达成的交易。

六、重要性

《企业会计准则——基本准则》第十七条规定:"企业提供的会计信息应当反映与企业财务状况、经营成果和现金流量等有关的所有重要交易或者事项。"

重要性是指财务报告在全面反映企业的财务状况和经营成果的同时,应当区别经济业务的重要程度，采用不同的会计处理程序和方法。具体来说，对于重要的经济业务，应单独核算、分项反映、力求准确，并在财务报告中做重点说明；对于不重要的经济业务，在不影响会计信息真实性的情况下，可适当简化会计核算或合并反映，以便集中精力抓好关键。

重要性的意义在于：对会计信息使用者来说，对经营决策有重要影响的会计信息是最需要的，如果会计信息不分主次，反而会有损于使用，甚至影响决策。而且，对不重要的经济业务简化核算或合并反映，可以节省人力、物力和财力，符合成本效益原则。

需要明确的是，重要性具有相对性，并不是同样的业务对不同的企业都是重要或不重要的事项。对某项会计事项判断其重要性，在很大程度上取决于会计人员的职业判断。一般来说，重要性可以从质和量两个方面进行判断。从性质方面来说，如果某会计事项发生可能对决策产生重大影响，则该事项属于具有重要性的事项；从数量方面来说，如果某会计事项的发生达到一定数量或比例可能对决策产生重大影响，则该事项属于具有重要性的事项。

七、谨慎性

《企业会计准则——基本准则》第十八条规定："企业对交易或者事项进行会计确认、计量和报告应当保持应有的谨慎，不应高估资产或者收益、低估负债或者费用。"

谨慎性，又称稳健性，是指在处理不确定性经济业务时，应持谨慎态度，如果一项经济业务有多种处理方法可供选择，应选不导致夸大资产、虚增利润的方法。在进行会计核算时，应当合理预计可能发生的损失和费用，而不应预计可能发生的收入和过高估计资产的价值。

谨慎性的要求体现于会计核算的全过程，在会计上的应用是多方面的。例如，对应收账款提取坏账准备，就是对预计不能收回的货款先行作为本期费用，计入当期损益，以后确实无法收回时冲销坏账准备；固定资产采用加速折旧法等。

遵循谨慎性，对于企业存在的经营风险加以合理估计，对防范风险起到预警作用，有利于企业做出正确的经营决策，有利于保护投资者和债权人的利益，有利于提高企业在市场上的竞争能力。但是，企业在运用谨慎性时，不能滥用，不能以谨慎性原则为由任意计提各种准备，即秘密准备。例如，按照有关规定，企业应当计提坏账准备、存货跌价准备等减值准备。但是，在实际执行时，有些企业滥用会计准则给予的会计政策，在前一年度大量计提减值准备，待后一年度再予以转回。这种行为属于滥用谨慎性，计提秘密准备，是会计准则所不允许的。

八、及时性

《企业会计准则——基本准则》第十九条规定："企业对于已经发生的交易或者事项，应当及时进行会计确认、计量和报告，不得提前或者延后。"

信息的报告如果不适当地拖延，就可能失去其相关性。当然，及时提供可能会损坏可靠性。企业需要权衡及时报告与提供可靠信息的优缺点。为了在及时的基础上提供信息，在了解某一交易或其他事项的所有方面之前，就可能要做出报告，这就会损害可靠性。相反，如果推迟到了解所有方面之后再报告，信息可能极为可靠，但是对于必须在事中决策的使用者，用处可能很小。要在相关性和可靠性之间达到平衡，决定性的问题是如何最佳地满足使用者的经济决策需要。

上述八项会计信息的质量特征，在实务中常常需要进行权衡或取舍，其目的一般是保持质量特征之间的适当平衡，以便实现财务报告的目标。质量特征在不同情况下的相对重要性，属于会计人员的职业判断问题。

第五节　会计假设

会计核算的对象是资金运动，而在市场经济条件下，经济活动的复杂性决定了资金运动也是一个复杂的过程，因此，面对变化不定的经济环境，摆在会计人员面前的一系列问题必须首先得到解决。例如，会计核算的范围有多大；会计为谁核算、给谁记账；会计核算的资金运动能否持续不断地进行下去；会计应该在什么时候记账、算账、报账；在核算过程中应该采用什么计量手段；等等。这些都是进行会计核算工作必须首先明确的前提条件。

会计核算的基本前提是指为了保证会计工作的正常进行和会计信息的质量，对会计核算的范围、内容、基本程序和方法所做的基本假定。由于这些假定都是以合理推断或人为的规定而做出的，所以也称为会计假设。会计假设，是人们在长期的会计实践中逐步认识和总结形成的。结合我国实际情况，企业在组织会计核算时应遵循的会计假设包括会计主体假设、持续经营假设、会计分期假设和货币计量假设。

一、会计主体假设

会计主体是会计工作为其服务的特定单位或组织。会计主体假设是指会计核算应当以企业发生的各项经济业务为对象，记录和反映企业本身的各项生产活动。也就是说，会计核算只反映一个特定企业的经济业务，只记本主体的账，只核算本主体的业务。尽管企业本身的经济活动总是与其他企业、单位或个人的经济活动相联系，但对于会计来说，其核算的范围既不包括企业所有者本人，也不包括其他企业的经济活动。会计主体假设明确了会计工作的空间范围。

会计主体与法律主体不是同一概念。一般来说，法律主体必然是会计主体，但会计主体不一定就是法律主体。会计主体可以是一个有法人资格的企业，也可以是由若干家企业通过控股关系组织起来的集团公司，还可以是企业、单位下属的二级核算单位。独资、合伙形式的企业都可以作为会计主体，但都不是法人。

会计主体假设是持续经营假设、会计分期假设和全部会计原则的基础，因为如果不划定会计的空间范围，会计核算工作就无法进行，指导会计核算工作的原则也就失去了存在的意义。

二、持续经营假设

持续经营是指会计主体的生产经营活动将无限期地延续下去，在可以预见的未来不会因破产、清算、解散等而不复存在。持续经营假设是指会计核算应当以企业持续、正常的生产经营活动为前提，选择会计程序及会计处理方法，进行会计核算，而不考虑企业是否破产清算等。尽管客观上企业会由于市场激烈的竞争而面临被淘汰的危险，但只有假定作为会计主体的企业是持续、正常经营的，会计原则和会计程序及方法才有可能建立在非清算的基础之上，不采用破产清算的处理方法，这样才能保持会计信息处理的一致性和稳定性。持续经营假设明确了会计工作的时间范围。

会计核算所使用的一系列原则和方法都是建立在会计主体持续经营的基础之上的。例如，只有在持续经营的前提下，企业的资产和负债才区分为流动的和长期的，企业的资产计价才能采用历史成本原则，企业才有必要确立会计分期假设和配比、划分收益性支出和资本性支出、权责发生制等会计原则。

三、会计分期假设

会计分期是指把企业持续不断的生产经营过程划分为较短的相对等距的会计期间。会计分期假设的目的在于通过会计期间的划分，分期结算账目，按期编制会计报表，从而及时地向有关方面提供反映财务状况和经营成果的会计信息，满足有关方面的需要。从理论上来说，在企业持续经营的情况下，要反映企业的财务状况和经营成果，只有等到企业所有的生产经营活动结束后，才能通过收入和费用的归集与比较进行准确的计算，但那时提供的会计信息已经失去了应有的作用，因此，必须人为地将这个过程划分为较短的会计期间。

会计分期假设是对会计工作时间范围的具体划分，主要是确定会计年度。中外各国所采用的会计年度一般都与本国的财政年度相同。我国以公历年度作为会计年度，即从每年的1月1日至12月31日为一个会计年度。会计年度确定后，一般按公历确定会计中期，凡是短于一个完整的会计年度的报告期间均称为中期。中期包括会计半年度、会计季度和会计月度。

会计分期假设有着重要的意义。有了会计分期，才产生了本期与非本期的区别，才产生了收付实现制和权责发生制、划分收益性支出和资本性支出、配比等原则。只有正确地划分会计期间，才能准确地提供财务状况和经营成果的资料，才能进行会计信息的对比。

四、货币计量假设

货币计量是指会计主体在会计核算过程中应采用货币作为计量单位，记录、反映会计主体的经营情况。企业使用的计量单位较多，为了全面、综合地反映企业的生产经营活动，会计核算客观上需要一种统一的计量单位作为计量尺度。货币作为商品的一般等价物，能用以计量一切资产、负债和所有者权益，以及收入、费用和利润，也便于综合计算，因此，会计必须以货币计量为前提。需要说明的是，其他计量单位，如实物、劳动工时等，在会计核算中也要使用，但不占主要地位。

在我国，要求企业对所有经济业务采用同一种货币作为统一尺度来进行计量。若企业的经济业务由两种以上的货币计量，应该选用一种作为基准，称为记账本位币。记账本位币以外的货币则称为外币。我国有关会计法规规定，企业会计核算以人民币为记账本位币。业务收支以外币为主的企业，也可以选定某种外币作为记账本位币，但编制的会计报表应当折算为人民币反映。

货币本身也有价值，它是通过货币的购买力或物价水平表现出来的，但在市场经济条件下，货币的价值也在发生变动，币值很不稳定，甚至有些国家出现比较恶劣的通货膨胀，对货币计量提出了挑战。因此，一方面，我们在确定货币计量假设时，必须同时确立币值稳定假设，即假设币值是稳定的，不会有大的波动，或前后波动能够被抵消；另一方面，如果发生恶性通货膨胀，就需要采用特殊的会计原则，如采用物价变动会计原则来处理有关的经济业务。

综上所述，会计假设虽然是人为确定的，但完全是出于客观的需要，有充分的客观必然性。没有这些会计假设，会计核算工作就无法进行。这四项假设缺一不可，既有联系也有区别，共同为会计核算工作的开展奠定了基础，也是确定会计原则的基础。

第六节　会计学及其分支

会计学是人们对会计实践进行科学总结而形成的知识体系。

尽管会计实践出现得较早，但会计学的出现却相对较晚。我国第一部论及会计业务的会计著作是唐代史官李吉甫于公元 807 年撰写的《元和国计簿》一书，比会计实践的产生晚了三千多年。西方会计论著的出现要更晚一些，意大利数学家卢卡·帕乔利于 1494 年出版的《算术、几何、比及比例概要》是西方的第一部会计著作。然而，那时的会计学还仅仅停留在"簿记学"阶段。直到 20 世纪初，英国出版了劳伦斯·罗伯特·迪克西的《高等会计学》（1903 年）和乔治·利司尔的《会计学全书》（1903 年），才标志着真正意义上的会计学的产生。

随着资本主义的产生和发展，会计越发显得重要，会计方法和会计组织工作也日益完善起来。经过长期实践经验的积累，并把实践中的感性认识上升为理性认识，会计学逐渐形成了比较完整的理论、方法体系。在我国，会计学是研究如何收集、整理、分析和运用财务成本资料，以为企业管理经济进而实现最优经济效益的一门应用科学。

会计实践是不断发展和不断丰富的，相应地，会计学理论也在不断地发展和完善。会计实践的发展和丰富推动了会计学的发展和完善。会计学是经济管理科学的一个分支，属于应用管理学。会计学研究的对象是全部会计工作，既包括会计理论研究工作，又包括会计实践工作。随着会计学研究领域的不断扩展，会计学分化出许多分支，每一分支都形成了一个独立的学科。例如，按会计学研究的内容划分，其分支有基础会计学、财务会计学、高级财务会计学、管理会计学、成本会计学、会计史学等。又如，按会计主体来划分，其分支有宏观会计学和微观会计学，其中宏观会计学包括总预算会计、社会会计、国际会计等，而微观会计学包括企业会计、非营利性组织会计等。这些学科相互促进、相互补充，构成了一个完整的会计学科体系，其内容大致如图1-2所示。

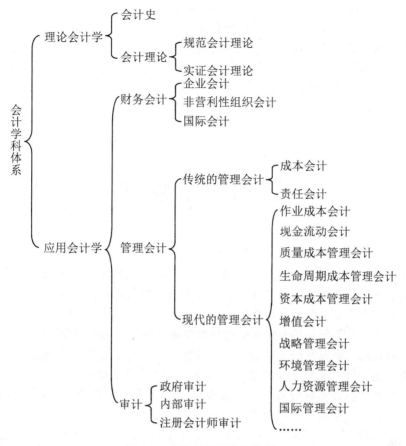

图1-2 会计学及其分支关系

研究会计学及其分支，对于了解会计学研究的内容，把握会计研究的方向，掌握每个分支学科在整个会计学科中的位置具有十分重要的现实意义，也可以为今后科学地学习和研究会计学奠定基础。

思 考 题

1. 什么是会计？会计是怎样产生和发展的？
2. 会计的本质属性如何？
3. 什么是企业？会计在企业中能起到哪些作用？
4. 有哪些不同性质的企业？有哪些不同组织类型的企业？二者之间有什么联系？
5. 企业有哪些利益相关者？
6. 什么是会计的职能？会计的基本职能有哪些？
7. 会计的基本职能各有什么特征？会计的反映职能与监督职能的关系如何？

8. 什么是会计的目标？会计目标的作用如何？
9. 会计的作用有哪几个方面？各有哪些内容？
10. 会计信息质量要求有哪些？各有什么特征？
11. 什么是会计假设？为什么要确定会计假设？
12. 会计假设有哪些内容？各个假设的意义何在？如何理解这些假设之间的关系？
13. 会计主体假设解决了什么问题？如何理解会计主体与法律主体的关系？
14. 如何划分会计期间？我国企业单位的会计期间包括哪些？
15. 我国会计法规中，对记账本位币的选择是如何规定的？
16. 会计学科体系包括哪些内容？

练 习 题

1. 目的：理解会计的含义。

资料：在本章内容的阐述过程中，我们对会计的含义作了比较全面的介绍。对于会计的含义，站在不同的角度，可能产生不同的理解和解释：第一种观点认为"会计是政府依法征税的依据，是为了确保国家财政收入的一种手段"；第二种观点认为"会计是企业的一种经济管理的工具，是企业领导用来管理日常经济活动的"；第三种观点认为"会计提供的数据可以帮助我们了解客户的偿债能力，从而降低贷款风险"；第四种观点认为"会计是以货币为主要计量手段，采用专门的方法，对各单位的经济活动进行反映和监督，以提供经济信息、提高经济效益为目的的一种管理活动"；第五种观点认为"会计能够使我们及时、准确地了解企业的财务状况和经营成果，据此可以做出正确的投资决策"。以上五种观点分别来自：A. 会计学教授；B. 银行家；C. 政府官员；D. 证券分析师；E. 企业家。

要求：将题中给出的观点分别与相应身份的人对应起来；然后谈谈你个人对会计含义的理解。

2. 目的：讨论会计信息提供的问题。

资料：王志是星海公司的总裁，他准备向工商银行申请一笔2 000 000元的贷款。银行要求他提供星海公司的财务报表，审查通过后才能同意发放这笔贷款。王志告诉他的会计人员只给银行提供资产负债表，不提供其他的财务报表，因为星海公司去年发生了亏损。

要求：根据以上资料讨论：

（1）王志不提供其他的财务报表这一行为合理吗？

（2）所有者愿意提供给银行什么类型的企业信息？不愿意提供给银行什么类型的信息？

（3）在同意发放贷款之前，银行需要什么类型的信息？

（4）银行和企业所有者之间有什么共同利益？

3. 目的：理解会计假设。

资料：（1）正阳公司的总经理带着全家外出旅游归来，将其全家的旅游机票和餐宿费作为差旅费要求公司予以报销。总经理认为公司是自己的，因此个人支出理应由公司负担。

（2）正阳公司的一个下属分公司因经营不善而濒临破产，正阳公司在编制合并报表时对其与其他分公司按照同样的标准编制。

（3）正阳公司自 2×19 年 1 月 8 日开始建设一条生产线，至 2×19 年 8 月 20 日完工。因此，公司直到该生产线完工才编制了 2×19 年 1 月 8 日至 2×19 年 8 月 20 日的报表。

（4）正阳公司在美国设立了分公司，主要的业务也集中在美国。该分公司在向国内报送会计报表时，其采用的记账本位币为美元。

要求：针对正阳公司的上述活动，逐个分析违背了哪项会计假设的要求。

4．**目的**：辨析会计假设、会计原则。

资料：某会计师事务所是由李欣、张立冬合伙创建的，最近发生了下列经济业务，并由会计做了相应的处理。

（1）6 月 10 日，李欣从事务所出纳处拿了 650 元现金给自己的孩子购买玩具，会计将 650 元记为事务所的办公费支出，理由是：李欣是事务所的合伙人，事务所的钱也有李欣的一部分。

（2）6 月 15 日，会计将 7 月 1 日至 15 日的收入、费用汇总后计算出半个月的利润，并编制了财务报表。

（3）6 月 20 日，事务所收到某外资企业支付的业务咨询费 2 000 美元，会计没有将其折算为人民币反映，而直接记到美元账户中。

（4）6 月 30 日，计提固定资产折旧，采用年数总和法，而此前计提折旧均采用直线法。

（5）6 月 30 日，事务所购买了一台电脑，价值 12 000 元。为了少计利润，将 12 000 元一次性全部计入当期管理费用。

（6）6 月 30 日，收到达成公司的预付审计费用 3 000 元，会计将其作为 6 月份的收入处理。

（7）6 月 30 日，在事务所编制的对外报表中显示"应收账款"360 000 元，但没有"坏账准备"项目。

（8）6 月 30 日，支付本季度银行借款利息 4 200 元，会计将其全部作为 6 月份的财务费用处理。

要求：根据上述资料，分析该事务所的会计在处理这些经济业务时是否完全正确；若有错误，请指出其主要违背了哪项会计假设或会计原则。

知识拓展题

第二章 会计核算基础

第一节 会 计 对 象

会计对象就是会计所要反映和监督的具体内容,即会计所要反映和监督的客体。在社会主义制度下,会计对象就是社会再生产过程中的资金运动。

任何一个企业单位要想从事经营活动,必须拥有一定的物资基础。例如,制造业企业若想制造产品,必须拥有厂房、建筑物、机器设备、材料物资等,并将这些劳动资料、劳动对象和劳动者相结合后,才能生产出产品。可见,这些物资基础是进行生产经营的前提。而在市场经济条件下,这些物资又都属于商品,有商品就要有衡量商品价值的尺度,即商品价值一般等价物——货币。当用货币来计量各项财产物资的价值时,我们就得到一个会计概念,即资金。资金是社会再生产过程中各项财产物资的货币表现以及货币本身,也就是说,进行生产经营活动的前提是必须拥有资金。

企业所拥有的资金不是闲置不动的,而是随着物资流的变化而不断地运动、变化的。例如,制造业企业进行生产经营活动时,首先要用货币资金去购买材料物资,为生产过程做准备;生产产品时,再到仓库领取材料物资;生产出产品后,还要对外出售,售后还应收回已售产品的货款。这样,制造业企业的资金就陆续经过供应过程、生产过程和销售过程。在这一过程中资金的形态也在发生变化,用货币购买材料物资的时候,货币资金转化为储备资金(材料物资等所占用的资金);车间为生产产品领用材料物资时,储备资金又转化为生产资金(生产过程中各种在产品所占用的资金);将车间加工完毕的产品验收到产成品库后,生产资金又转化为产成品资金(待售产成品或自制半成品占用的资金,简称成品资金);将产成品出售又收回货币资金时,成品资金又转化为货币资金。我们把资金从货币形态开始,依次经过储备资金、生产资金、成品资金,最后又回到货币资金这一运动过程称为资金循环,把周而复始的资金循环称为资金周转。制造业企业的资金是不断地循环与周转的,其循环与周转的过程如图 2-1 所示。

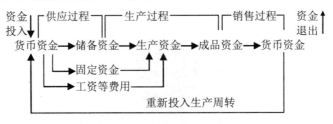

图 2-1 资金循环与周转过程

上述资金循环和周转过程也可以划分为三个具体阶段,即供应过程、生产过程和销售过程。制造业企业的资金在供、产、销三个阶段不断地循环与周转,这些资金在空间序列上同时存在,在时间序列上依次继起。

上述只是资金在企业内部的循环与周转,就整个资金运动而言,还应包括资金的投入和资金的退出。资金的投入包括所有者的资金投入和债权人的资金投入。前者构成了企业的所有者权益,后者形成了企业的债权人权益,即企业的负债。投入企业的资金一部分形成流动资产,另一部分形成企业的非流动资产,统称为资产。资金的退出包括按法定程序返回投资者的投资、偿还各项债务及向所有者分配利润等内容,这使一部分资金离开企业,游离于企业资金运动之外。

从上述内容可以看出,企业因资金的投入、循环与周转、资金的退出等经济活动而引起的各项资源的增减变化、各项成本费用的形成和支出、各项收入的取得以及损益的发生、实现和分配,共同构成了会计对象的内容。

商品流通企业的职能是组织商品流通,为工农业生产服务。商品流通企业的经营过程分为商品购进和商品销售两个过程。在前一个过程中,主要是采购商品,此时货币资金转换为商品资金;在后一个过程中,主要是销售商品,此时资金又由商品资金转换为货币资金。在商业经营过程中,还要消耗一定的人力、物力和财力,它们表现为商品流通费用。在销售过程中,也会获得销售收入和实现销售业务成果。因此,商品流通企业的资金是沿着"货币资金—商品资金—货币资金"方向进行运动的,其具体内容也是资产、负债、所有者权益、收入、费用和利润等。

综上所述,不论是制造业企业、商业流通企业,还是其他类型的企业,都是社会再生产过程中的基层单位,其会计反映和监督的对象都是资金运动过程。正因为如此,我们可以把会计对象概括为社会再生产过程中的资金运动。

第二节 会 计 要 素

一、会计要素的含义

前已述及,会计对象是社会再生产过程中的资金运动。但是,这一概念的涉及面过于广泛,而且很抽象。在会计实践中,为了进行分类核算,从而提供各种分门别类的会计信息,必须对会计对象的具体内容进行适当的分类,由此就形成了会计要素。

会计要素是对会计对象的基本分类,是会计对象的具体化,是反映会计主体的财务状况和经营成果的基本单位。

由于多种原因,各个国家以及国际会计准则所规定的会计要素在名称、含义和数量等方面有所不同。例如,美国会计准则确立的会计要素有10个,包括资产、负债、权益、业主投资、派给业主款、收入、费用、利得、损失、综合收益等;国际会计准则委员会颁布的会计准则确立的会计要素有5个,包括资产、负债、权益、收入、费用等。我国财政部于2006年2月15日发布并于2014年7月23日修改的《企业会计准则——基本准则》对会计要素做了详细的规定和说明，按照这个基本准则的要求，我国企业单位的会计要素包括资产、负债、所有者权益、收入、费用和利润等。2009年6月，财政部又发布了《企业会计准则解释第3号》，引入了综合收益的概念。可以说综合收益也是一个重要的报表要素，但限于篇幅，本书在此不作专门介绍。

《企业会计准则——基本准则》确立的六大会计要素按照其与会计报表的关系又可以划分为以下两大类。

（1）反映财务状况的会计要素，又称资产负债表要素，是构成资产负债表的基本单位，包括资产、负债和所有者权益。

（2）反映经营成果的会计要素，又称利润表要素，是构成利润表的基本单位，包括收入、费用和利润。

下面详细阐述各会计要素的具体内容。

二、会计要素的内容

（一）资产

资产是指企业过去的交易或者事项形成的、由企业拥有或者控制的、预期会给企业带来经济利益的资源。

1. 资产的特征

根据资产的定义，资产具有以下几个特征。

（1）资产是由企业过去的交易或者事项形成的。资产应当由企业过去的交易或者事项所形成，而过去的交易或者事项包括购买、生产、建造行为或者其他交易或事项。换句话说，只有过去的交易或者事项才能产生资产，企业预期在未来发生的交易或者事项不形成资产。例如，企业有购买某存货的意愿或者计划，但是购买行为尚未发生，就不符合资产的定义，不能因此而确认为存货资产。

（2）资产应为企业拥有或者控制的资源。资产的内涵是资源，非资源不是企业的资产。资产作为一项资源，应当由企业拥有或者控制，具体是指企业享有某项资源的所有权，或者虽然不享有某项资源的所有权，但该资源能被企业所控制。

企业享有资产的所有权，通常表明企业能够排他性地从资产中获取经济利益。通常在判断资产是否存在时，所有权是考虑的首要因素。有些情况下，资产虽然不为企业所拥有，即企业并不享有其所有权，但企业实际控制了这些资产，同样表明企业能够从资产中获取经济利益，符合会计上对资产的定义。这里的"实际控制"包括形式上的控制和实质上的控制，形式上的控制是指企业对该项资源具有实际经营管理权，企业能够自主地运用它从事经营活动，从而获得经济利益；实质上的控制是指企业享有与该资源的所有权有关的经济利益，并承担相应的风险。例如，某企业以融资租赁方式租入一项固定资产，尽管企业并不拥有其所有权，但是如果租赁合同规定的租赁期相当长，接近于该资产的使用寿命，表明企业控制了该资产的使用及其所能带来的经济利益，应当将其作为企业资产予以确认、计量和报告。

（3）资产预期会给企业带来经济利益。这是指资产直接或者间接导致现金和现金等价物流入企业的潜力。这种潜力可以来自企业日常的生产经营活动,也可以来自非日常活动;带来的经济利益可以是现金或者现金等价物形式,也可以是能转化为现金或者现金等价物形式,或者是可以减少现金或者现金等价物流出的形式。

资产预期能否为企业带来经济利益是资产的重要特征。例如,企业采购的原材料、购置的固定资产等可以用于生产经营过程,制造商品或者提供劳务,对外出售后收回货款,货款即为企业所获得的经济利益。如果某一项目预期不能给企业带来经济利益,那么就不能将其确认为企业的资产。前期已经确认为资产的项目,如果不能再为企业带来经济利益,就不能再确认为企业的资产。例如,某企业在年末盘点存货时发现存货毁损,企业以该存货管理责任不清为由,将毁损的存货记入"待处理财产损溢",并在资产负债表中作为流动资产予以反映。因为"待处理财产损溢"预期不能为企业带来经济利益,不符合资产的定义,因此不应再在资产负债表中将其确认为一项资产。当然,原来不能为企业提供经济利益,因而不属于企业资产的某些内容,如果随着科学技术的进步而转化为企业可用的某些内容,也就应将其列为企业的资产,如现在可以有效利用的"三废"等。

2. 资产的内容

企业的资产按其流动性的不同可以划分为流动资产和非流动资产。

(1)流动资产。流动资产是指可以在1年或者超过1年的一个营业周期内变现或者耗用的资产,主要包括货币资金、交易性金融资产、应收及预付款项、存货等。

① 货币资金是指停留在货币形态、可以随时用作购买手段和支付手段的资金。货币资金一般包括库存现金、银行存款和其他货币资金。

② 交易性金融资产是指企业分类为以公允价值计量且其变动计入当期损益的金融资产,如企业以赚取差价为目的从二级市场购买的股票、债券、基金等。

③ 应收及预付款项是指企业在日常生产经营过程中发生的各项债权,包括应收款项(应收票据、应收账款、其他应收款等)和预付账款等。

④ 存货是指企业在日常的生产经营过程中持有以备出售,或者仍然处在生产过程中将要消耗,或者在生产或提供劳务的过程中将要耗用的各种材料或物料,包括库存商品、半成品、在产品以及各类材料等。

(2)非流动资产。非流动资产是指不能在1年或者超过1年的一个营业周期内变现或者耗用的资产,主要包括债权投资、其他债权投资、其他权益工具投资、长期股权投资、固定资产、无形资产等。

① 债权投资是指按摊余成本计量的金融资产。

② 其他债权投资和其他权益工具投资是指按公允价值计量且其变动计入其他综合收益的金融资产。

③ 长期股权投资是指投资方对被投资单位实施控制、重大影响的权益性投资,以及对其合营企业的权益性投资。

④ 固定资产是指同时具有下列特征的有形资产:为生产商品、提供劳务、出租或经营管理而持有,使用寿命超过一个会计年度。固定资产包括房屋、建筑物、机器、机械、运输工具以及其他与生产、经营有关的设备、器具、工具等。

⑤ 无形资产是指企业拥有或者控制的、没有实物形态的可辨认非货币性资产。无形资产包括专利权、非专利技术、商标权、著作权、土地使用权等。

（二）负债

负债是指企业过去的交易或者事项形成的、预期会导致经济利益流出企业的现时义务。

1. 负债的特征

根据负债的定义，负债具有以下特征。

（1）负债是由企业过去的交易或者事项形成的。换句话说，只有过去的交易或者事项才形成负债，企业在未来发生的承诺、签订的合同等交易或者事项，不形成负债。

（2）负债是企业承担的现时义务。负债必须是企业承担的现时义务，这是负债的一个基本特征。其中，现时义务是指企业在现行条件下已承担的义务。未来发生的交易或者事项形成的义务，不属于现时义务，不应当确认为负债。这里所指的义务可以是法定义务，也可以是推定义务。其中，法定义务是指具有约束力的合同或者法律法规规定的义务，通常必须依法执行。例如，企业购买原材料形成的应付账款，企业向银行贷入款项形成的借款，企业按照税法规定应当缴纳的税款等，均属于企业承担的法定义务，需要依法予以偿还。推定义务是指企业多年来的习惯做法、公开的承诺或者公开宣布的政策导致企业将承担的责任，这些责任也使有关各方形成了企业将履行义务解脱责任的合理预期。例如，某企业多年来制定了一项销售政策，即对于售出商品提供一定期限内的售后保修服务，那么预期将为售出商品提供的保修服务就属于推定义务，应当将其确认为一项负债。

（3）负债预期会导致经济利益流出企业，这也是负债的一个本质特征。只有企业在履行义务时会导致经济利益流出企业的，才符合负债的定义，否则就不符合负债的定义。在履行现时义务清偿负债时，导致经济利益流出企业的形式多种多样。例如，用现金偿还或以实物资产形式偿还；以提供劳务形式偿还；以部分转移资产、部分提供劳务形式偿还；将负债转为资本等。

2. 负债的内容

负债通常是按照其流动性进行分类的。这样分类的目的在于了解企业流动资产和流动负债的相对比例，大致反映出企业的短期偿债能力，从而向债权人揭示其债权的相对安全程度。负债按照其流动性不同，可以分为流动负债和非流动负债。

（1）流动负债。流动负债是指将在 1 年（含 1 年）或者超过 1 年的一个营业周期内偿还的债务，包括短期借款、应付及预收款项等。

① 短期借款是指企业从银行或其他金融机构借入的期限在 1 年以下的各种借款，如企业从银行取得的、用来补充流动资金不足的临时性借款。

② 应付及预收款项是指企业在日常生产经营过程中发生的各项债务，包括应付款项（应付票据、应付账款、应付职工薪酬、应交税费、应付股利、其他应付款等）和预收账款等。

（2）非流动负债。非流动负债是指偿还期在 1 年或者超过 1 年的一个营业周期以上的债务，包括长期借款、应付债券、长期应付款等。

① 长期借款是指企业从银行或其他金融机构借入的期限在 1 年以上的各项借款。企业借入长期借款，主要是为了开展长期工程项目。

② 应付债券是指企业为筹集长期资金而实际发行的长期债券。

③ 长期应付款是指除长期借款和应付债券以外的其他长期应付款项，包括融资租入固

定资产应付款等。

（三）所有者权益

所有者权益是指企业资产扣除负债后，由所有者享有的剩余权益。公司的所有者权益又称为股东权益。所有者权益是所有者对企业资产的剩余索取权，它是企业资产中扣除债权人权益后应由所有者享有的部分，既可反映所有者投入资本的保值增值情况，又可体现保护债权人权益的理念。所有者权益的来源包括所有者投入的资本、直接计入所有者权益的利得和损失、留存收益等，通常由实收资本（或股本）、资本公积（含资本溢价或股本溢价、其他资本公积）、盈余公积和未分配利润构成。

1. 所有者投入的资本

所有者投入的资本是指所有者投入企业的资本，既包括构成企业注册资本或者股本部分的金额，也包括投入资本超过注册资本或者股本部分的金额，即资本溢价或者股本溢价。资本溢价或股本溢价被计入了资本公积，并在资产负债表中的资本公积项目下反映。

2. 直接计入所有者权益的利得和损失

直接计入所有者权益的利得和损失，是指不应计入当期损益、会导致所有者权益发生增减变动的、与所有者投入资本或者向所有者分配利润无关的利得或者损失。其中，利得是指由企业非日常活动所形成的、会导致所有者权益增加的、与所有者投入资本无关的经济利益的流入。利得包括直接计入所有者权益的利得和直接计入当期利润的利得。损失是指由企业非日常活动所引发的、会导致所有者权益减少的、与向所有者分配利润无关的经济利益的流出。损失也包括直接计入所有者权益的损失和直接计入当期利润的损失。直接计入所有者权益的利得和损失也反映在资本公积项目中。

3. 留存收益

留存收益是企业历年实现的净利润留存于企业的部分，主要包括累计计提的盈余公积和未分配利润。盈余公积是企业逐年累积的，依据法规、企业章程提取的，用于企业发展等目的的净利润；未分配利润是除盈余公积之外的留存利润。

（四）收入

收入是指企业在日常活动中形成的、会导致所有者权益增加的、与所有者投入资本无关的经济利益的总流入。收入的实质是企业经济活动的产出过程，即生产经营活动的结果。收入只有在经济利益很可能流入从而导致资产增加或者负债减少，而且经济利益的流入额能够可靠计量时才能予以确认。

1. 收入的特征

根据收入的定义，收入具有以下特征。

（1）收入是企业在日常活动中形成的，而不是从偶发事项中产生的。日常活动是指企业为完成其经营目标所从事的经常性活动以及与之相关的活动。例如，工业企业制造并销售产品、商业企业销售商品、咨询公司提供咨询服务、软件企业为客户开发软件、安装公司提供安装服务等，均属于企业的日常活动。明确界定日常活动是为了将收入与利得相区分，因为企业非日常活动所形成的经济利益的流入不能确认为收入，而应当计入利得。

（2）收入会导致所有者权益的增加。与收入相关的经济利益的流入会导致所有者权益的增加，不会导致所有者权益增加的经济利益的流入不符合收入的定义，不应确认为收入。例如，企业向银行借入款项，尽管也导致了企业经济利益的流入，但该流入并不导致所有者权益的增加，反而使企业承担了一项现时义务。企业对于因借入款项所导致的经济利益的增加，不应将其确认为收入，应当确认为一项负债。

（3）收入是与所有者投入资本无关的经济利益的总流入。收入会导致经济利益的流入，从而导致资产的增加。例如，企业销售商品，应当收到现金或者在未来有权收到现金，才表明该交易符合收入的定义。但是，经济利益的流入有时是所有者投入资本的增加所导致的，而所有者投入资本的增加不应当确认为收入，应当将其直接确认为所有者权益。

2. 收入的内容

收入主要包括主营业务收入、其他业务收入和投资收益等。

（1）主营业务收入，也称基本业务收入，是指企业在其基本或主流业务活动中所获得的收入，如工商企业的商品销售收入、服务业的劳务收入等。

（2）其他业务收入，也称附营业务收入，是指企业在非主流业务活动中所获得的收入，如工业企业通过销售原材料、出租包装物等取得的收入。

（3）投资收益是指企业对外投资所取得的收益减去发生的投资损失后的净额。

应该予以强调的是，上面所说的收入是指狭义的收入，它是营业收入的同义词。广义的收入还包括计入当期损益的"利得"，即营业外收入。营业外收入是指企业发生的与其生产经营活动无直接关系的各项收入，主要包括报废毁损非流动资产利得、债务重组利得、政府补助利得、罚没利得、盘盈利得、捐赠利得以及无法偿还的应付款项等。

（五）费用

费用是指企业在日常活动中发生的、会导致所有者权益减少的、与向所有者分配利润无关的经济利益的总流出。费用只有在经济利益很可能流出，从而导致企业资产减少或者负债增加且经济利益的流出额能够可靠计量时才能予以确认。

1. 费用的特征

根据费用要素的定义，费用具有以下特征。

（1）费用是企业在日常活动中形成的。费用必须是企业在其日常活动中所形成的，这些日常活动的界定与收入定义中涉及的日常活动的界定相一致。日常活动所产生的费用通常包括销售成本（营业成本）、管理费用等。将费用界定为日常活动所形成的，目的是将其与损失相区分，即企业非日常活动所形成的经济利益的流出不能确认为费用，而应当计入损失。

（2）费用会导致所有者权益的减少。与费用相关的经济利益的流出应当会导致所有者权益的减少，因此，不会导致所有者权益减少的经济利益的流出不符合费用的定义，不应确认为费用。

（3）费用是与向所有者分配利润无关的经济利益的总流出。费用的发生应当会导致经济利益的流出，从而导致资产的减少或者负债的增加（最终也会导致资产的减少）。费用的表现形式包括现金或者现金等价物的流出，存货、固定资产和无形资产等的流出或者消耗等。虽然企业向所有者分配利润也会导致经济利益的流出，但是该经济利益的流出显然属于所有者权益的抵减项目，所以不应确认为费用，应当将其排除在费用的定义之外。

2. 费用的构成

这里所说的费用要素包括两个方面的内容，即成本和其他费用。

（1）成本。成本是指企业为生产产品、提供劳务而发生的各种耗费，包括为生产产品、提供劳务而发生的直接材料费用、直接人工费用和各种间接费用。企业应当在确认收入时，将已销售产品或已提供劳务的成本等从当期收入中扣除计入当期损益。

（2）其他费用。其他费用一般是指企业在日常活动中发生的营业税费、期间费用和资产减值损失等。

① 营业税费，是指企业营业活动应当负担并根据销售收入确定的各种税费，如消费税、城建税和教育费附加等。

② 期间费用，是指本期发生的、不能直接或间接归属于某种产品成本、直接计入当期损益的各项费用，包括销售费用、管理费用和财务费用。

销售费用是指企业在销售商品的过程中发生的各项费用，包括企业在销售商品的过程中发生的运输费、装卸费、包装费、保险费、展览费和广告费，以及为销售本企业的商品而专设的销售机构（含销售网点、售后服务网点等）的职工薪酬等经营费用。

管理费用是指企业为组织和管理生产经营活动而发生的各项费用，包括企业的董事会和行政管理部门的职工薪酬、固定资产修理费、办公费和差旅费等公司经费，以及聘请中介机构费、咨询费（含顾问费）、业务招待费等费用。管理费用的受益对象是整个企业，而不是企业的某个部门。

财务费用是指企业为筹集生产经营所需资金而发生的各项费用，包括应当作为期间费用的利息支出（减利息收入）、汇兑损失（减汇兑收益）、现金折扣以及相关的手续费等。

③ 资产减值损失，是指企业计提的坏账准备、存货跌价准备和固定资产减值准备等所形成的损失。

其他费用与成本既有联系又有区别。其他费用是和期间相联系的，而成本是和产品等受益对象相联系的；成本要有实物承担者，而其他费用一般没有实物承担者。但是，二者都反映资金的耗费，都意味着企业经济利益的减少，也都是由过去已经发生的经济活动引起或形成的。

上面所定义的费用亦是狭义上的概念。广义的费用还包括计入当期损益的"损失"，即营业外支出。营业外支出是指企业发生的与其生产经营活动无直接关系的各项支出，包括非流动资产报废毁损损失、债务重组损失、罚款支出、公益性捐赠支出、非常损失、盘亏损失等。

（六）利润

利润是指企业在一定会计期间的经营成果。通常情况下，如果企业实现了利润，表明企业的所有者权益将增加，业绩得到了提升；反之，如果企业发生了亏损（即利润为负数），表明企业的所有者权益将减少，业绩下滑了。利润往往是评价企业管理层业绩的一项重要指标，也是投资者等财务报告使用者进行决策时的重要参考。

利润包括收入减去费用后的净额、直接计入当期利润的利得和损失等。其中，收入减去费用后的净额反映的是企业日常活动的经营业绩；直接计入当期利润的利得和损失反映的是企业非日常活动的业绩。直接计入当期利润的利得和损失，是指应当计入当期损益、最终会引起所有者权益发生增减变动的、与所有者投入资本或者向所有者分配利润无关的利得或者损失。企业应当严格区分收入和利得、费用和损失之间的区别，以更加全面地反映企业的经营业绩。

利润可以划分为三类：营业利润、利润总额和净利润。

1. 营业利润

营业利润是指企业在其正常生产经营过程中产生的经营成果。营业利润是由营业收入扣除营业成本、税金及附加、期间费用、资产减值损失，加（或减）公允价值变动净损益、加（或减）投资净损益、加（或减）资产处置净损益、加其他收益等计算得出的。

2. 利润总额

利润总额是指企业在一定会计期间内产生的各种经营成果的总额，包括正常经营过程中的利润和非正常经营过程中的利润。正常经营过程中的利润即营业利润；非正常经营过程中的利润是营业外收入减去营业外支出后的金额。

3. 净利润

净利润是指利润总额减去所得税费用后的金额，即税后利润。净利润是广义收入与广义费用相对比后的结果。

第三节　会　计　等　式

一、会计等式的含义

会计等式也称为会计平衡公式，是表明各会计要素之间基本关系的恒等式。会计对象可概括为资金运动，具体表现为会计要素。每一项经济业务都是资金运动的一个具体过程，每一个资金运动过程都必然涉及相应的会计要素，因此，全部资金运动所涉及的会计要素之间存在一定的相互联系。会计要素之间的这种内在关系可以通过会计平衡等式表现出来，这种平衡等式就称为会计等式。

二、会计等式的具体内容

会计等式具体包括基本会计等式、动态会计等式和扩展的会计等式。

（一）基本会计等式

1. 基本会计等式的表现形式

任何一个企业要进行正常的生产经营活动，都必须拥有一定数量的资产，而这些资产又必定有其相应的来源，即资产的提供者对这些资产拥有要求权。我们将这个要求权统称为权益。资产和权益分别从运用和来源两个侧面表达了企业经营所需资金，从数量的角度进行考察，一个企业有多少资产，就一定对应着多少权益；反之，有多少权益，也一定会带来多少资产。因此，在某一确定的日期，企业的资产总额一定等于权益总额，即

$$资产总额=权益总额 \qquad (2\text{-}1)$$

这一会计等式既表明了某一会计主体在某一特定时点所拥有的各种资产，同时也表明了这些资产的产权归属关系。

企业拥有的资产在企业经营过程中会以各种不同的形态存在，成为企业开展生产经营活动的基础。企业所拥有的这些资产的来源渠道一般有两个：一是债权人的借入，形成企业的负债；二是投资者的投入，或投入资金的增值（留存收益），形成企业的所有者权益。由此可见，资产、负债和所有者权益分别代表了企业资金的两个侧面。其中，负债、所有者权益表明了企业资金的来源渠道；资产反映了企业所拥有资金的存在形态。资金的存在金额必然恒等于资金的来源金额，也就是说，一定数额的资产必然对应着相同数额的负债与所有者权益，而一定数额的负债与所有者权益也必然对应着相同数额的资产。基于此，我们可以将上面的会计等式表达为

$$资产总额=负债总额+所有者权益总额 \qquad (2\text{-}2)$$

式（2-2）就是基本会计等式，也称为第一会计等式、静态会计等式、会计恒等式等，它表明了反映企业财务状况的三个会计要素之间的数量关系。基本会计等式是设置账户、复式记账以及编制报表中的资产负债表等会计核算方法建立的理论依据，在会计核算体系中有着举足轻重的地位。

2. 会计事项的发生对基本会计等式的影响

企业在生产经营过程中，不断地发生各种会计事项。这些会计事项的发生会对有关的会计要素产生影响，但却不会破坏上述等式的恒等关系。这是因为一个企业的会计事项虽然数量多、花样繁，但归纳起来不外乎以下几种。

（1）会计事项的发生，仅引起等式一边发生增减变化，但增减金额相等，总额不变。这里又可分为以下五种情形。

① 会计事项的发生，导致等式左边的资产项目此增彼减，但增减金额相等，故等式保持平衡。

② 会计事项的发生，导致等式右边的负债项目此增彼减，但增减金额相等，故等式保持平衡。

③ 会计事项的发生，导致等式右边的所有者权益项目此增彼减，但增减金额相等，故等式保持平衡。

④ 会计事项的发生，导致等式右边的负债项目增加，而所有者权益项目减少，但增减金额相等，故等式保持平衡。

⑤ 会计事项的发生，导致等式右边的所有者权益项目增加，而负债项目减少，但增减金额相等，故等式保持平衡。

（2）会计事项的发生，引起等式两边都发生同时增加或减少的变化，但增加或减少的金额相等，等式保持平衡，而两边的总额或增加或减少，这里又可分为以下四种情形。

① 会计事项的发生，导致等式左边的资产项目增加，同时导致等式右边的负债项目亦增加相同金额，故等式保持平衡。

② 会计事项的发生，导致等式左边的资产项目增加，同时导致等式右边的所有者权益项目亦增加相同金额，故等式保持平衡。

③ 会计事项的发生，导致等式左边的资产项目减少，同时导致等式右边的负债项目亦减少相同金额，故等式保持平衡。

④ 会计事项的发生，导致等式左边的资产项目减少，同时导致等式右边的所有者权益项目亦减少相同金额，故等式保持平衡。

为了说明问题，下面举例加以论证。

【例 2-1】光明公司 2×19 年 1 月 1 日的资产、负债及所有者权益情况为（单位：万元）：

$$资产 = 负债 + 所有者权益$$
$$1\,200 = 530 + 670$$

该公司 2×19 年 1 月发生如下会计事项：

（1）从银行取得短期借款 120 万元，存入开户银行。

（2）购买原材料 30 万元，用银行存款支付。

（3）用银行存款归还前欠某公司货款 65 万元。

（4）以应付票据抵付应付账款 45 万元。

根据上述会计事项，可以分析它们对会计等式的影响情况，具体如下。

（1）这项会计事项的发生，使企业的负债（短期借款）增加了 120 万元，同时使企业的资产（银行存款）增加了 120 万元。它对会计等式的影响为

$$资产 = 负债 + 所有者权益$$
$$1\,200 + 120 = 530 + 120 + 670$$
$$1\,320 = 650 + 670$$

（2）这项会计事项的发生，使企业的一项资产（原材料）增加 30 万元，同时使企业的另一项资产（银行存款）减少 30 万元。它对会计等式的影响为

$$资产 = 负债 + 所有者权益$$
$$1\,320 - 30 + 30 = 650 + 670$$
$$1\,320 = 650 + 670$$

（3）这项会计事项的发生，使企业的资产（银行存款）减少 65 万元，同时使企业的负债（应付账款）减少 65 万元。它对会计等式的影响为

$$资产 = 负债 + 所有者权益$$
$$1\,320 - 65 = 650 - 65 + 670$$
$$1\,255 = 585 + 670$$

（4）这项会计事项的发生，使企业的一项负债（应付账款）减少 45 万元，同时使另一项负债（应付票据）增加了 45 万元。它对会计等式的影响为

$$资产 = 负债 + 所有者权益$$
$$1\,255 = 585 + 45 - 45 + 670$$
$$1\,255 = 585 + 670$$

通过以上分析，可以得出如下结论。

（1）一项会计事项的发生，可能仅涉及资产与负债和所有者权益中的一方，也可能涉及双方，但无论如何，结果一定是基本会计等式的恒等关系保持不变。

（2）一项会计事项的发生，如果仅涉及资产与负债和所有者权益中的一方，则既不会影响到双方的恒等关系，也不会使双方的总额发生变动。

（3）一项会计事项的发生，如果涉及资产与负债和所有者权益中的双方，则虽然不会影响到双方的恒等关系，但会使双方的总额发生同增或同减变动。

（二）动态会计等式

企业存在的目标是通过开展生产经营活动获得收入。市场经济是一个等价交换的经济，企业为了取得收入，就必然会发生一定的费用。企业通过实现的收入与发生的费用的对比，确定企业在本期的经营结果是实现了利润还是发生了亏损，收入大于费用的差额为利润；反之，收入小于费用的差额则为亏损。由此，收入、费用和利润之间的关系可用下列公式表示

$$收入-费用=利润 \tag{2-3}$$

式（2-3）就是动态会计等式，也称为增量等式。动态会计等式反映了企业在某一会计期间收入、费用和利润之间的数量关系，表明了企业在某一期间经营成果的实现过程，是编制利润表的理论基础。

（三）扩展的会计等式

上面对基本会计等式的分析仅考虑了资产、负债和所有者权益三个会计要素，如果再将收入、费用和利润这三个会计要素考虑进去，那么情况会怎么样呢？

由于企业的经营目标是通过赚取利润进而增加所有者权益，因此企业总是力求增加收入、减少费用，从而使得净收入增加，也就是利润增加。根据会计要素的概念我们可以看出，收入会导致所有者权益增加，费用会导致所有者权益减少，而会计要素中的收入、费用和利润这三项利润表要素之间的关系前已述及，即收入-费用=利润，所以利润的增减必然影响所有者权益的变化。因此，如果考虑收入、费用和利润这三个会计要素，则基本会计等式就会演变为

$$资产=负债+所有者权益+利润$$
$$=负债+所有者权益+（收入-费用） \tag{2-4}$$

将式（2-4）右边的费用移至左边，则

$$资产+费用=负债+所有者权益+收入 \tag{2-5}$$

我们将式（2-5）这一等式称为扩展会计等式。下面来考察企业会计事项的发生对该等式的影响。

（1）企业收入的取得，或者表现为资产要素和收入要素同时、同等金额的增加，或者表现为收入要素的增加和负债要素同等金额的减少，结果，等式仍然保持平衡。

（2）企业费用的发生，或者表现为负债要素和费用要素同时、同等金额的增加，或者表现为费用要素的增加和资产要素同等金额的减少，结果，等式仍然保持平衡。

（3）在会计期末，将收入与费用相减得出企业的利润。利润在按规定程序进行分配以后，留存企业的部分（包括盈余公积金和未分配利润）转化为所有者权益的增加（或减少），同时，要么是资产要素相应增加（或减少），要么是负债要素相应减少（或增加），结果，等式仍然保持平衡。

由于收入、费用和利润这三个要素的变化实质上都可以表现为所有者权益的变化，因此，上述三种情况都可以归纳到前面总结的九种业务类型中去。也正因为如此，上述扩展的会计等式才会始终保持平衡。

以上分析说明，资产、负债、所有者权益、收入、费用和利润这六大会计要素之间存在着一种恒等关系。会计等式反映了这种恒等关系，因而它始终成立，任何会计事项的发生都不会破坏会计等式的平衡关系。

第四节　会计要素的确认与计量

会计的目标是提供会计信息，会计信息的载体是财务报告，财务报告由会计要素组成，对会计要素进行报告之前必须进行会计要素的确认与计量，在对会计要素进行确认与计量时，必须遵循一定的要求。

一、会计要素确认与计量的含义

（一）会计要素的确认

会计要素的确认是指决定将交易或事项中的某一项目作为一项会计要素加以记录和列入财务报告的过程，是财务会计的一项重要程序。确认主要解决某一个项目应否确认、如何确认和何时确认三个问题，换言之，会计确认实际上涉及这样三个方面的问题：第一，哪些经济业务或项目应该进入会计系统；第二，进入会计系统的项目应作为什么会计要素加以记录；第三，在不同时间确认经济业务对会计要素有哪些影响。会计确认包括在会计记录中的初始确认和在财务报表中的最终确认，凡是确认必须具备一定的条件。

我国《企业会计准则——基本准则》中规定了会计要素的确认条件。

1. 初始确认条件

会计要素的初始确认条件主要包括以下几方面。

（1）符合要素的定义。有关经济业务确认为一项要素，首先必须符合该要素的定义。

（2）有关的经济利益很可能流入或流出企业。这里的"很可能"表示经济利益流入或流出的可能性在50%以上。

（3）有关的价值以及流入或流出的经济利益能够可靠地计量。如果不能可靠计量，确认就没有意义。

举例来说，《企业会计准则——基本准则》第二十一条规定的资产确认条件为："符合本准则第二十条规定的资产定义的资源，在同时满足以下条件时，确认为资产：（一）与该资源有关的经济利益很可能流入企业；（二）该资源的成本或者价值能够可靠地计量。"

2. 在报表中列示的条件

经过确认、计量后，会计要素应该在报表中列示。资产、负债、所有者权益在资产负债表中列示，而收入、费用、利润在利润表中列示。

根据准则规定，会计要素在报表中列示的条件是：符合要素定义和要素确认条件的项目，才能列示在报表中；仅仅符合要素定义而不符合要素确认条件的项目，不能在报表中列示。

举例来说，《企业会计准则——基本准则》第二十二条规定："符合资产定义和资产确认条件的项目，应当列入资产负债表；符合资产定义、但不符合资产确认条件的项目，不应当列入资产负债表。"

（二）会计要素的计量

会计通常被认为是一个对会计要素进行确认、计量和报告的过程，其中，会计计量在会计确认和报告之间起着十分重要的作用。在明确了企业发生的经济活动所影响的会计要素之后，就要进一步确定其影响的程度，也就是要确定对有关会计要素的数量增减变化会产生多大的影响，这就要进行会计计量。所谓计量，是指从数量角度描述事物的过程，也就是在资产负债表和利润表中列示会计要素并确定其金额的过程。我国的《企业会计准则——基本准则》中明确指出："企业在将符合确认条件的会计要素登记入账并列报于会计报表及其附注时，应当按照规定的会计计量属性进行计量，确定其金额。"会计要素的计量主要涉及两个方面的内容：一是计量单位；二是计量属性。

1. 计量单位

计量单位是指计量对象采用某一属性进行计量时，具体使用的标准量度。计量的单位取决于计量对象的性质。在商品经济条件下，要计量企业经济活动中的价值方面，一般都是以货币作为标准计量尺度。货币是唯一可以衡量商品价值存在的形式，所以会计的计量单位主要是货币单位。我国《企业会计准则——基本准则》第八条规定："企业会计应当以货币计量。"同时在《企业会计准则第19号——外币折算》第四条中规定："记账本位币，是指企业经营所处的主要经济环境中的货币。企业通常应选择人民币作为记账本位币。业务收支以人民币以外的货币为主的企业，可以按照本准则第五条规定选定其中一种货币作为记账本位币。但是，编报的财务报表应当折算为人民币。"

作为一种计量尺度，货币应该有其自身量度上的统一性，也就是在不同时期保持稳定。但是，在现实经济生活中，货币作为一种特殊的商品，其本身的价值具有不稳定性，实际的货币购买力总是处于不断的变化之中，因此，会计的计量单位有不同形式的选择。

（1）名义货币单位。名义货币单位是指没有调整不同时期货币购买力的货币单位。在物价基本不变或变动幅度不太激烈（即货币购买力发生变动的幅度较小或在一定时期内相互抵消）的条件下，名义货币单位还是相对稳定的，这符合"币值稳定"的会计假设。作为会计计量单位的货币通常采用一个国家或地区的名义货币单位进行计量，如中国使用人民币、美国使用美元、英国使用英镑等。

（2）一般购买力货币单位。一般购买力货币单位是以一定时期的货币购买力为基础，调整和折算不同时期的名义货币单位，从而使不同时期的货币保持在不变价值的基础上。在价格波动较大，尤其是恶性通货膨胀的情况下，货币币值的剧烈变动会导致以名义货币单位计量的会计信息不准确，严重影响其可靠性。要消除这种影响，可以采用一般购买力货币单位作为会计计量尺度。只要不同时期货币的购买力不同，在会计计量中，就必须以一定时日的货币购买力调整不同时期的名义货币单位，从而使不同时期的货币保持在不变的计量单位上。

2. 计量属性

计量属性是指计量对象可予以计量的特性或外在表现形式。在企业经营过程中发生的各种交易或事项可以从多个方面进行计量，如资产的原始取得成本和现行成本等，从而就有了各种不同的计量属性。美国财务会计准则委员会认为"每一个会计要素都有多种属性可以计量，而在编制财务报表之前，必须先确定予以计量的属性"。

（1）会计计量属性的种类。我国《企业会计准则——基本准则》第四十二条规定，会计计量属性主要包括以下几项。

① 历史成本。在历史成本计量下，资产按照购置时支付的现金或者现金等价物的金额，或者按照购置资产时所付出的对价的公允价值计量。负债按照因承担现时义务而实际收到的款项或者资产的金额，或者承担现时义务的合同金额，或者按照日常活动中为偿还负债预期需要支付的现金或者现金等价物的金额计量。

② 重置成本。在重置成本计量下，资产按照现在购买相同或者相似资产所需支付的现金或者现金等价物的金额计量。负债按照现在偿付该项债务所需支付的现金或者现金等价物的金额计量。

③ 可变现净值。在可变现净值计量下，资产按照其正常对外销售所能收到现金或者现金等价物的金额扣减该资产至完工时估计将要发生的成本、估计的销售费用以及相关税费后的金额计量。

④ 现值。在现值计量下，资产按照预计从其持续使用和最终处置中所产生的未来净现金流入量的折现金额计量。负债按照预计期限内需要偿还的未来净现金流出量的折现金额计量。

⑤ 公允价值。在公允价值计量下，资产和负债按照市场参与者在计量日发生的有序交易中，出售资产所能收到或者转移一项负债所需支付的价格计量。

如何更好地理解这些定义？以资产为例，实际上可以这样理解：在某一个时点上对资产进行计量时，历史成本是这项资产取得时的公允价值；重置成本是这个时点上取得这项资产的公允价值；可变现净值是这个时点上出售这项资产的公允价值；现值是这个时点上，不重新购买，也不出售，继续持有会带来的经济利益的公允价值；公允价值是在任何时候只要是市场参与者在计量日发生的有序交易中愿意收到或支付的价值。

对五种计量属性的理解如表 2-1 所示。

表 2-1　五种会计计量属性的理解

计量属性	对资产的计量	对负债的计量
历史成本	按照购置时的金额	按照承担现时义务时的金额
重置成本	按照现在购买时的金额	按照现在偿还时的金额
可变现净值	按照现在销售时的金额	
现值	按照将来的金额折现	
公允价值	市场参与者在计量日发生的有序交易中，出售一项资产所能收到或转移一项负债所需支付的价格，即脱手价格	

（2）会计计量属性的选择。《企业会计准则——基本准则》第四十三条还规定："企业在对会计要素进行计量时，一般应当采用历史成本，采用重置成本、可变现净值、现值、公允价值计量的，应当保证所确定的会计要素金额能够取得并可靠计量。"这是对会计计量属性选择的一种限定性条件，即一般应当采用历史成本，如果要用其他计量属性，必须保证金额能够取得并可靠计量。

二、会计要素确认与计量的要求

对会计要素进行确认与计量不仅要符合一定的条件，而且还要在确认与计量过程中遵循以下要求：划分收益性支出与资本性支出、收入与费用配比和历史成本计量。

（一）划分收益性支出与资本性支出

会计核算应当合理划分收益性支出和资本性支出。凡支出的效益仅与本会计年度（或一个营业周期）相关的，应当作为收益性支出；凡支出的效益与几个会计年度（或几个营业周期）相关的，应当作为资本性支出。

划分收益性支出和资本性支出的目的在于正确确定企业的当期（一般指一个会计年度）损益。具体来说，收益性支出是为取得本期收益而发生的支出，应当作为本期费用，计入当期损益，列于利润表中，如已销售商品的成本、期间费用、所得税等。资本性支出是为形成生产经营能力，为以后各期取得收益而发生的各种支出，应当作为资产反映，列于资产负债表中，如购置固定资产和无形资产的支出等。

如果一项收益性支出按资本性支出处理，就会造成少计费用而多计资产，出现当期利润虚增而资产价值偏高的现象。如果一项资本性支出按收益性支出处理，则会出现多计费用而少计资产，导致当期利润虚减而资产价值偏低。

（二）收入与费用配比

正确确定一个会计期间的收入和与其相关的成本、费用，以便计算当期的损益，这是配比的要求。

收入与费用配比包括两个方面的问题：一是收入和费用在因果联系上的配比，即取得一定的收入是发生了一定的支出，而发生这些支出就是为了取得这些收入；二是收入和费用在时间意义上的配比，即一定会计期间的收入和费用的配比。

（三）历史成本计量

历史成本计量，又称实际成本计量或原始成本计量，是指企业的各项财产物资应当按取得或购建时发生的实际支出进行计价。物价变动时，除国家另有规定者外，不得调整账面价值。

以历史成本为计价基础有助于对各项资产、负债项目的确认和对计量结果的验证与控制；同时，按照历史成本原则进行核算，也使得收入与费用的配比建立在实际交易的基础上，防止企业随意改动资产价格造成经营成果虚假或任意操纵企业的经营业绩。

用历史成本计价比较客观，有原始凭证作证明，可以随时查证和防止随意更改。但这样做是建立在币值稳定假设基础之上的，如果发生物价变动导致币值出现不稳定的情况，则需要研究、使用其他的计价基础，如现行成本、重置成本等。

第五节 会计处理基础

由于会计分期假设的存在，为了使收入与费用相配比，计算企业的盈利，客观上就要明确某项经济业务的后果应归属的期间：是在与该项经济业务有关的现金收支的期间记录，还是在该项经济业务所产生实际影响的期间记录。由此就产生了会计处理基础的内容，即权责发生制和收付实现制。

企业会计要素的确认、计量和报告应当以权责发生制为基础。权责发生制要求，凡是当期已经实现的收入和已经发生或应当负担的费用，无论款项是否收付，都应当作为当期的收入和费用，记入利润表；凡是不属于当期的收入和费用，即使款项已在当期收付，也不应当作为当期的收入和费用。

在实务中，企业交易或者事项的发生时间与相关货币收支时间有时并不完全一致。例如，款项已经收到，但销售并未实现；或者款项已经支付，但并不是为本期生产经营活动而发生的。为了更加真实、公允地反映特定会计期间的财务状况和经营成果，《企业会计准则——基本准则》明确规定，企业在会计确认、计量和报告中应当以权责发生制为基础。

收付实现制是与权责发生制相对应的一种会计基础，它是以收到或支付的现金作为确认收入和费用等的依据。目前，我国的行政单位会计采用收付实现制，事业单位会计除经营业务可以采用权责发生制外，其他大部分业务均采用收付实现制。

一、收付实现制

收付实现制亦称现收现付制。它以款项是否实际收到或付出作为确定本期收入和费用的标准。凡是本期实际收到款项的收入和付出款项的费用，不论其是否归属于本期，都作为本期的收入和费用处理。反之，凡是本期没有实际收到和付出的款项，即使应归属于本期，也不作为本期的收入和费用处理。可以看出，按照收付实现制的要求，收入和费用的归属期间与款项的收付行为的发生与否紧密地联系在一起。也就是说，款项收付行为在其发生的期间全部记作收入和费用，而不考虑与款项收付行为相关的经济业务实质上是否发生。由于款项的收付以实际的现金收付为准，所以一般称为现金制，举例说明如下。

（1）企业于 7 月 10 日销售商品一批，7 月 25 日收到货款，存入银行，应作为 7 月份的收入记账。

（2）企业于 7 月 10 日销售商品一批，8 月 10 日收到货款，存入银行，应作为 8 月份的收入记账。

（3）企业于 7 月 10 日收到购货单位一笔货款，存入银行，但按合同规定于 9 月份交付商品，应作为 7 月份的收入记账。

（4）企业于 12 月 30 日预付明、后两年的房租，应作为 12 月份的费用记账。

（5）企业于 12 月 30 日购入办公用品一批，但款项在次年的 3 月份支付，应作为次年 3 月份的费用记账。

（6）企业于 12 月 30 日用银行存款支付本月水电费，应作为 12 月份的费用记账。

从上面的举例可以看出，无论收入的权利和支出的义务归属于哪一期，只要款项的收付在本期，就应确认为本期的收入和费用，不考虑预收收入和预付费用，以及应计收入和应计费用的存在。到会计期末根据账簿记录确定本期的收入和费用，因为实际收到和付出的款项必然已经登记入账，所以不存在对账簿记录于期末进行调整的问题。这种方法核算手续简单，但强调财务状况的切实性，不同时期缺乏可比性，不能公正地表达主体各期的经营成果，所以它主要适用于行政、事业单位。

二、权责发生制

权责发生制亦称应收应付制，是指企业按收入的权利和支出的义务是否归属于本期来确认收入、费用的标准，而不是按款项的实际收支是否在本期发生，也就是以应收应付为标准。在权责发生制下，凡是属于本期实现的收入和发生的费用，不论款项是否实际收到或实际付出，都应作为本期的收入和费用入账。凡是不属于本期的收入和费用，即使款项在本期收到或付出，也不作为本期的收入和费用处理。由于它不管款项的收付，而以收入和费用是否归属本期为准，所以称为应计制。以前文收付实现制所举例子说明如下。

在权责发生制下，（1）和（6）收入与费用的归属期和款项的实际收付同属相同的会计期间，确认的收入与费用与收付实现制相同。（2）应作为 7 月份的收入，因为收入的权利在 7 月份就实现了，尽管货款在 8 月份收到。（3）应作为 9 月份的收入，因为 7 月份只是收到款项，并没有实现收入的权利。（4）应作为明、后两年的费用，因为支出的义务应在明、后两年。（5）应作为 12 月份的费用，因为 12 月份已经发生支出的义务了。

与收付实现制相反，权责发生制下，必须考虑预收、预付和应收、应付行为。由于企业日常的账簿记录不能完全地反映本期的收入和费用，因而需要在会计期末对账簿记录进行调整，使未收到款项的应计收入和未付出款项的应付费用，以及收到款项而不完全属于本期的收入和付出款项而不完全属于本期的费用，归属于相应的会计期间，以便正确地计算本期的经营成果。采用权责发生制核算比较复杂，但反映本期的收入和费用比较合理、真实，所以适用于企业单位。

为了进一步说明问题，下面再举几个例子以列表的方式对两种原则加以比较，如表 2-2 所示。

表 2-2 权责发生制与收付实现制的比较

序号	举例	权责发生制	收付实现制
1	出租房屋的租金收入，1月一次收讫今、明两年的租金	1月：租金收入为全部款项的 1/24；其余部分在 1 月来看为预收收入	全部作为 1 月的收入
2	1月把今、明两年的房租一次付讫	1月：房租费仅为整笔支出的 1/24；其余部分在 1 月来看为预付费用	全部作为 1 月的费用
3	与购货单位签订合同，分别在 1、2、3 月供给购货单位三批产品，货款于 3 月末一次收讫	分别作为 1、2、3 月的收入；1、2 月应收而未收的收入为应计收入	全部作为 3 月的收入
4	1月向银行借入为期三个月的借款，利息到期即 3 月份一次偿还	分别作为 1、2、3 月的费用；1、2 月应付而未付的费用为应计费用	全部作为 3 月的费用
5	本期内收到的款项就是本期应获得的收入，本期内支付的款项就是本期应负担的费用，按权责发生制和收付实现制确认收入和费用的结果是完全相同的		

会计期末，确定本期收入和费用时，采用收付实现制不需对账簿记录进行账项调整，而采用权责发生制则必须进行必要的账项调整（后面章节进行阐述）。因此，就会计处理手续而言，收付实现制比权责发生制简单，但就所确定的本期收入和费用，从而计算企业的盈亏而言，权责发生制比收付实现制更为合理。

思 考 题

1. 什么是会计对象？会计对象的一般表达如何？
2. 什么是资金的循环与周转？
3. 制造业企业经营资金的运动方式如何？
4. 为什么要划分会计要素？我国的会计法规中是如何划分会计要素的？
5. 什么是资产？资产的特征有哪些？
6. 资产按照流动性不同可以划分为哪些种类？各包括哪些内容？
7. 什么是负债？负债有哪些特征？
8. 负债按照流动性不同可以划分为哪些种类？各包括哪些内容？
9. 所有者权益包括哪些内容？它与资产、负债有何关系？
10. 我国会计准则或制度中规定的收入与费用采用的是广义的还是狭义的？各包括哪些内容？
11. 收入有哪些特点？费用有哪些特点？
12. 生产成本与期间费用有何不同？
13. 什么是利润？利润可以划分为哪几个层次？如何计算？
14. 什么是会计等式？会计等式的意义何在？
15. 会计事项的发生对基本会计等式的影响如何？为什么说无论发生什么会计事项都

不会破坏会计等式的恒等关系？

16. 收入和费用的发生对资产、负债及所有者权益会产生哪些影响？
17. 什么是会计要素的确认？确认的条件有哪些？
18. 什么是会计要素的计量？有哪些计量属性？
19. 如何区分收益性支出和资本性支出？如果混淆二者，对企业损益的计算会有什么影响？
20. 企业常用的会计处理基础是什么？为什么要采用这种会计处理基础？

练 习 题

1. 目的：对会计要素进行分类，并掌握它们之间的关系。

资料：万达公司 2×19 年 3 月末有关项目余额如下：

（1）银行里的存款 180 000 元。
（2）投资者投入资本 10 500 000 元。
（3）向银行借入两年期的借款 900 000 元。
（4）出纳处存放现金 2 250 元。
（5）向银行借入半年期的借款 750 000 元。
（6）仓库里存放的原材料价值 778 500 元。
（7）应付外单位货款 120 000 元。
（8）机器设备价值 3 750 000 元。
（9）房屋及建筑物价值 630 000 元。
（10）仓库里存放的产成品价值 291 000 元。
（11）应收外单位货款 150 000 元。
（12）以前年度尚未分配的利润 1 125 000 元。
（13）正在加工中的产品价值 113 250 元。
（14）对外长期投资 7 500 000 元。

要求：（1）判断上列资料中各项目的类别（资产、负债、所有者权益），并将各项目金额填入表 2-3。

表 2-3　万达公司资产、负债和所有者权益状况表

项　目	金　额		
	资　产	负　债	所有者权益
合计			

（2）计算表内资产总额、负债总额、所有者权益总额，并检验是否符合会计基本等式。

2. 目的：练习会计要素之间的相互关系。

资料：假设某企业 12 月 31 日的资产、负债和所有者权益的状况如表 2-4 所示。

表 2-4 某企业资产、负债和所有者权益状况表

资产	金额（元）	负债及所有者权益	金额（元）
库存现金	14 500	短期借款	145 000
银行存款	391 500	应付账款	464 000
应收账款	507 500	应交税费	130 500
原材料	754 000	长期借款	B
长期股权投资	A	实收资本	3 480 000
固定资产	2 900 000	资本公积	333 500
合计	5 437 500	合计	C

要求：根据表 2-4 回答：

（1）表中应填的数据为：

　　A：_____　　B：_____　　C：_____

（2）计算该企业的流动资产总额。

（3）计算该企业的负债总额。

（4）计算该企业的净资产总额。

3. 目的：掌握经济业务的类型及其对会计等式的影响。

资料：星海公司 2×19 年 7 月 31 日的资产负债表显示资产总计 4 687 500 元，负债总计 1 400 000 元，该公司 2×19 年 8 月发生如下经济业务：

（1）用银行存款购入全新机器一台，价值 375 000 元。

（2）投资者投入原材料，价值 125 000 元。

（3）以银行存款偿还所欠供应单位账款 62 500 元。

（4）收到购货单位前欠账款 100 000 元，收存银行。

（5）将一笔长期负债 625 000 元转化为债权人对企业的投资。

（6）按规定将 250 000 元资本公积金转增资本金。

要求：（1）根据 8 月份发生的经济业务，分析说明会计要素的变化。

（2）计算 8 月份末星海公司的资产总额、负债总额和所有者权益总额。

4. 目的：练习权责发生制和收付实现制下收入和费用的确定。

资料：某公司 2×19 年 1 月发生了如下的与收入、费用有关的经济业务：

（1）公司销售产品 1 372 000 元，其中 882 000 元收款并存入银行；另有 490 000 元货款尚未收到。

（2）公司收到上个月对外提供劳务的款项 13 720 元，存入银行。

（3）公司通过银行支付本月的水电费 16 660 元。

（4）公司通过银行预付今、明两年的房租（管理部门用房）216 000 元。

（5）公司本月对外提供劳务获得收入 218 050 元，款项未收到。

（6）公司按合同规定预收某单位的订货款 588 000 元，存入银行。
（7）公司本月通过银行支付上年度第四季度的短期借款利息 87 465 元。
（8）公司上年度已预收款的产品本月发货，价款 463 050 元。
（9）公司预提应由本月负担的银行借款利息 29 155 元。
（10）公司月末确定应由本月负担的月初已付款的房租 9 000 元。

要求：（1）分别按收付实现制和权责发生制计算公司 2×19 年 1 月的收入、费用和利润各是多少，并填入表 2-5 中。
（2）比较两种会计处理基础下的利润额，并对其进行简要评价。

表 2-5　不同会计处理基础下的损益计算表

业务序号	收付实现制		权责发生制	
	收　入	费　用	收　入	费　用
业务 1				
业务 2				
业务 3				
业务 4				
业务 5				
业务 6				
业务 7				
业务 8				
业务 9				
业务 10				
利润	收入-费用=		收入-费用=	

5. 目的：练习会计要素及会计等式的内容。

资料：王浩原在某事业单位供职，月薪 4 580 元。2×19 年 1 月 1 日王浩辞去事业单位工作，准备自己创业。1 月 1 日他从银行取得借款 400 000 元开办了信合租赁有限公司，从事场地和设备的租赁业务。公司在 2×19 年 1 月 1 日开业至年底，发生了下列有关收入和支出的业务：

（1）公司购买设备支出 112 000 元，其中本年应负担的设备折旧 28 500 元。
（2）公司出租场地收入 205 000 元。
（3）公司兼营其他业务获得收入 142 000 元。
（4）公司发生各种费用 182 000 元。
（5）公司支付各种税金 9 800 元。
（6）公司支付职工薪酬 101 500 元。
（7）公司获得设备租赁收入 420 000 元。
（8）王浩个人从公司支付的家庭支出 45 200 元。
（9）公司年初从银行借入的款项年利率为 6%。
（10）公司支付 2×19 年和 2×20 年两年的房租 240 000 元，其中本年度应负担的房租 120 000 元（每月均衡负担）。

要求：计算确定信合租赁有限公司 2×19 年的经营成果，即利润或亏损是多少，并对王浩的辞职进行简要评价。

提示：王浩个人家庭的支出不能作为公司的支出看待；在评价王浩辞职问题时要考虑王浩在事业单位工作时每个月的工资为 4 580 元。

知识拓展题

第三章　账户与复式记账

第一节　会计的方法

一、会计方法的含义与内容

会计方法是用来反映和监督会计对象，实现会计职能的手段。研究和运用会计方法是为了实现会计的目标，更好地发挥会计的作用。

会计方法是从会计实践中总结出来的，并随着社会实践的发展、科学技术的进步以及管理要求的提高而不断地发展和完善。会计对象的多种多样、错综复杂，决定了预测、反映、监督、检查和分析会计对象的手段不是单一的，而是由一个方法体系所构成的。随着会计职能的扩展和管理要求的提高，这个方法体系也将不断地发展和完善。

会计方法主要是用来反映会计对象的，而会计对象是资金运动。资金运动是一个动态过程，是由各个具体的经济活动来体现的。会计要反映资金运动过程，使其按照人们预期的目标运行，必须首先具备条件提供已经发生或已经完成的经济活动，即历史会计信息的方法体系。会计要利用经济活动的历史信息，预测未来、分析和检查过去，因而，会计还要具备条件提供反映预计发生的经济活动情况，即未来会计信息的方法体系。为了检查和保证历史信息和未来信息的质量，并对检查结果做出评价，会计还必须具备检查的方法体系。长期以来，人们把评价历史信息的方法归结为会计分析的方法。因此，会计对经济活动的管理是通过会计核算（反映）方法、会计分析方法以及会计检查方法来进行的。

会计核算（反映）方法是通过对各单位一定期间已经发生的经济活动所产生的数据进行加工、整理，进而形成各单位当期的经营成果、现金流量和期末财务状况的财务报告的过程。会计分析方法主要是利用会计核算的资料，考核并说明各单位经济活动的效果，在分析过去的基础上，提出指导未来经济活动的计划、预算和备选方案，并对它们的报告结果进行分析和评价。会计检查方法（亦属于审计范畴），主要是根据会计核算资料检查各单位的经济活动是否合理合法、会计核算资料是否真实正确，以及根据会计核算资料编制的未来时期的计划、预算是否可行、有效等。

上述各种会计方法紧密联系、相互依存、相辅相成，形成了一个完整的会计方法体系。其中，会计核算（反映）方法是基础，会计分析方法是会计核算（反映）方法的继续和发展，会计检查方法是会计核算（反映）方法和会计分析方法的保证。

作为广义的会计方法，它们既相互联系，又有相对的独立性。它们所应用的具体方法各不相同，并有各自的工作和研究对象，形成了较独立的方法系统。学习会计首先应从基础开始，即要从掌握会计核算（反映）方法入手，而且通常所说的会计方法，一般是指狭义的会计方法，即会计核算（反映）方法。学生在"基础会计"这门课程中主要是学习会计核算（反映）方法，至于会计分析方法、会计检查方法以及其他会计方法将在以后的专业课中陆续学习。

二、会计核算（反映）方法

会计核算（反映）方法是指会计对企业已经发生的经济活动进行连续、系统和全面地反映和监督所采用的方法。

（一）会计核算（反映）方法的具体内容

会计核算（反映）方法是对会计对象进行确认、计量、记录和报告的方法，由于会计对象具有多样性和复杂性，因此用来对其进行反映和监督的会计核算（反映）方法不能采用单一的方法形式，而应该采用方法体系的模式来进行。会计核算（反映）方法具体由七种方法构成：设置账户、复式记账、填制和审核凭证、登记账簿、成本计算、财产清查和编制财务会计报告。它们构成了一个完整的、科学的方法体系。

1. 设置账户

账户是对会计对象的具体内容，按其不同的特点和经济管理的需要，分门别类地进行反映的项目。设置账户就是根据会计对象的特点和经济管理的要求，科学地确定这些项目的过程。进行会计核算之前，首先应将多种多样、错综复杂的会计对象的具体内容进行科学的分类，通过分类地反映和监督，才能提供管理所需要的各种指标。每个会计账户只能反映一定的经济内容，将会计对象的具体内容划分为若干项目，即设置若干个会计账户，就可以使所设置的账户既有分工又有联系地反映整个会计对象的内容，提供管理所需要的各种信息。

2. 复式记账

复式记账就是对每笔经济业务，都以相等的金额在相互关联的两个或两个以上账户中进行登记的一种专门方法。复式记账有着明显的特点：它对每项经济业务都必须以相等的金额，在相互关联的两个或两个以上账户中进行登记，使每项经济业务所涉及的两个或两个以上的账户之间产生对应关系。通过账户的对应关系，可以了解经济业务的内容；通过账户的相等关系，可以检查有关经济业务的记录是否正确。复式记账既可以相互联系地反映经济业务的全貌，又便于检查账簿记录是否正确。例如，用银行存款 5 000 元购买原材料，一方面要在"银行存款"账户中记减少 5 000 元，另一方面又要在"原材料"账户中记增加 5 000 元，使"银行存款"账户和"原材料"账户相互联系地分别记下 5 000 元。这样既可以了解这笔经济业务的具体内容，又可以反映该项经济活动的来龙去脉，完整、系统地记录资金运动的过程和结果。

3. 填制和审核凭证

填制和审核凭证是指为了审查经济业务是否合理合法，保证账簿记录正确、完整而采用的一种专门方法。会计凭证是记录经济业务、明确经济责任的书面证明，是登记账簿的重要依据。经济业务是否发生、执行和完成，关键看是否取得或填制了会计凭证。取得或填制了会计凭证，就证明该项经济业务已经发生或完成。对已经完成的经济业务还要经过会计部门、会计人员的严格审核，在保证符合有关法律、制度、规定而又正确无误的情况下，才能据以登记账簿。填制和审核凭证可以为经济管理提供真实可靠的会计信息。

4. 登记账簿

登记账簿亦称记账，就是把所有的经济业务按其发生的顺序分门别类地记入有关账簿。账簿是用来全面、连续、系统地记录各项经济业务的簿籍，也是保存会计信息的重要工具。它具有一定的结构、格式，应该根据审核无误的会计凭证序时、分类地进行登记。在账簿中应该开设相应的账户，把所有的经济业务记入账簿中的账户里后，还应定期计算和累计各项核算指标，并定期结账和对账，使账证之间、账账之间、账实之间保持一致。账簿所提供的各种信息，是编制财务会计报告的主要依据。

5. 成本计算

成本计算是指归集一定计算对象上的全部费用，借以确定各对象的总成本和单位成本的一种专门方法，通常是指对制造业产品进行的成本计算。例如，按制造业企业供应、生产和销售三个过程分别归集生产经营所发生的费用，并分别与其采购、生产和销售材料、产品的品种、数量联系起来，计算它们的总成本和单位成本。通过成本计算，可以考核和监督企业经营过程中所发生的各项费用是否节约，以便采取措施降低成本，提高经济效益。通过成本计算，还对确定生产补偿尺度、正确计算和分配国民收入、确定价格政策等具有重要作用。

6. 财产清查

财产清查就是通过盘点实物、核对账目来查明各项财产物资和资金的实有数，并查明实有数与账存数是否相符的一种专门方法。在日常会计核算过程中，为了保证会计信息真实正确，必须定期或不定期地对各项财产物资、货币资金和往来款项进行清查、盘点和核对。在清查中，如果发现账实不符，应查明原因，调整账簿记录，使账存数额同实存数额保持一致，做到账实相符。通过财产清查，还可以查明各项财产物资的保管和使用情况，以便采取措施挖掘物资潜力和加速资金周转。总之，财产清查对于保证会计核算资料的正确性和监督财产的安全与合理使用等都具有重要的作用，它是会计核算必不可少的方法之一。

7. 编制财务会计报告

财务会计报告是根据账簿记录，以一定的表格形式，定期总括地反映企业、事业单位一定时期的经济活动情况和期末财务状况的书面报告。编制财务会计报告是对日常会计核算资料的总结，就是将账簿记录的内容定期地加以分类、整理和汇总，形成经营管理所需要的各种指标。会计信息使用者根据财务会计报告可以做出决策。财务会计报告所提供的一系列核算指标，是考核和分析财务计划和预算执行情况以及编制下期财务计划和预算的重要依据，也是进行国民经济综合平衡所必不可少的资料。编制完成财务会计报告，就意味着这一期间会计核算工作已经结束。

（二）会计核算（反映）方法之间的关系

上述会计核算（反映）的各种方法是相互联系、密切配合的。在会计对经济业务进行记录和反映的过程中，不论是采用手工处理方式，还是使用计算机数据处理系统方法，对于日常所发生的经济业务，首先要取得合法的凭证，按照所设置的账户进行复式记账，然后根据账簿的记录进行成本计算，最后在财产清查保证账实相符的基础上编制财务会计报告。会计核算的七种方法相互联系，一环套一环，缺一不可，形成一个完整的方法体系。结合会计工作的基本步骤，我们可以将会计核算（反映）方法之间的关系用图 3-1 表示。

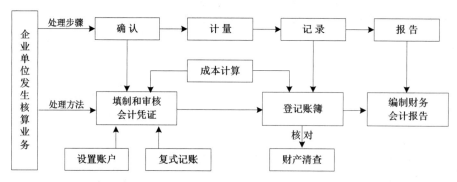

图 3-1　会计核算（反映）方法之间的关系

第二节　会计科目与账户

通过第二章内容的学习，我们已了解了会计要素及会计等式，据此可以对企业日常发生的经济活动中涉及的会计要素加以描述，但是，会计等式反映的只是每个会计要素的存量或流量，尚不能全面、详细地反映企业各项经济业务所涉及的具体内容。为此，我们有必要对会计要素做进一步的细化和具体化，由此就产生了会计科目和账户的内容。

一、会计科目

前已述及，会计的对象是资金运动。在企业实际工作中，会计为了记录经济业务，提供会计信息，又将资金运动按照一定的标准具体划分为资产、负债、所有者权益、收入、费用和利润这六个会计要素。这仅是对资金运动的初步分类，尽管比资金运动的提法具体得多，但客观地说，这种分类仍然比较粗，尚难适应编制报表和满足信息使用者的需要。会计信息的使用者可以通过会计要素的分类得到关于企业的总括核算资料，而为了决策和管理经济活动，除了总括资料以外，还需要详细的资料。例如，要了解一个企业拥有或控制的经济资源有多少，直接看企业的资产有多少就可以了。但在知道了企业拥有多少资产以后，还需要了解企业的资产都由哪些部分组成，这就不是会计要素提供的资料所能满足的。因此，在会计要素的基础上还要进一步分类，以便全面、系统地反映和监督各项会计要素的增减变动情况，分门别类地为经济管理提供会计核算资料。

（一）设置会计科目的意义

会计科目就是对会计对象的具体内容（即会计要素）进一步分类核算而确立的项目，并以此为依据设置账户。例如，为了反映和监督各项资产的增减变动，就需要设置"库存现金""原材料""固定资产""无形资产"等科目；为了反映和监督负债的增减变动，就需要设置"短期借款""应付账款""长期借款"等科目；为了反映和监督各项所有者权益的增减变动，就需要设置"实收资本""资本公积""盈余公积"等科目。

当然，在实际工作中，会计科目是事先通过会计规范确定的。它是设置账户、进行账务处理所必须遵循的规则和依据，是正确进行会计核算的一个重要条件。

（二）设置会计科目的原则

要达到设置会计科目的目的，会计科目的设置就不能随心所欲，而应遵循一定的原则。具体地说，设置会计科目应遵循以下几项原则。

1. 要能全面、系统地反映会计要素的特点和内容

会计科目作为对会计要素进行分类核算的项目，就每个会计科目而言，应能分门别类地反映各会计要素的某一方面。也就是说，每个会计科目都应具备独特内容，能独立地说明会计要素的某一方面；就会计科目的整体而言，所有会计科目组成的科目体系则应能全面、系统地反映会计要素及整个会计对象。同时，会计科目的设置还必须反映会计要素的特点。不同的行业或企业，其主要的经营活动有所不同，会计要素所包含的内容也各有特点，因此，在设置会计科目时，除了各行各业的共性会计科目外，还应根据各行业会计要素的具体特点，设置相应的会计科目。例如，制造业的主要经营活动是制造产品，因而需要设置反映生产耗费的科目，如"生产成本"，以及生产成果的科目，如"库存商品"等。又如，商品流通企业的主要经营活动是购进和销售商品，不进行产品生产，一般不需要设置"生产成本"科目，但需要设置反映商品采购、商品销售，以及在购、销、存等环节发生的各项费用的会计科目。

2. 要能满足信息使用者的需要

总的来说，企业会计信息的使用者可以分为外部和内部两大类：前者主要有国家有关政府部门、企业的投资者、债权人及其他有关方面；后者主要是企业内部经营管理部门。不同的信息使用者对企业提供的会计信息的要求有所不同。因此，在设置会计科目时要兼顾对外报告和企业内部经营管理的需要，并根据需要确定提供数据的详细程度，分设总分类科目和明细分类科目。总分类科目提供的是总括核算指标，基本上能满足企业外部信息使用者的需要，如"固定资产""实收资本"等科目。明细分类科目提供的是明细核算资料，主要是为企业内部管理服务，如在"固定资产"总分类科目下按照固定资产的类别分设的二级科目和明细科目。

3. 既要适应经济业务发展需要，又要保持相对稳定

会计科目的设置，要适应社会经济环境的变化和本单位业务发展的需要。例如，随着商业信用的发展，为了核算和监督商品交易中的延期交货或提前付款而形成的债权债务关系，核算中应单独设置"预收账款"和"预付账款"科目，即把预收、预付货款的核算从"应收账款"和"应付账款"科目中分离出来。再如，随着技术市场的形成和《中华人民共和国专利法》《中华人民共和国商标法》的实施，对企业拥有的专有技术、专利权、商标权等无形资产的价值及其变动情况，有必要专设"无形资产"科目予以反映。但是，会计科目的设置应保持相对稳定，以便在一定范围内综合汇总和在不同时期对比分析其所提供的核算指标。

4. 统一性与灵活性相结合

所谓统一性，是指在设置会计科目时，应根据提供会计信息的要求，按照《企业会计准则——应用指南》对一些主要会计科目的设置及其核算内容作统一规定，以保证会计核算指标在一个部门，乃至全国范围内综合汇总、分析利用。所谓灵活性，是指在保证提供统一核算指标的前提下，各会计主体可以根据本单位的具体情况和经济管理要求，对统一规定的会计科目作必要的增补或合并。例如，统一规定的会计科目，虽然未设置"废品损失"和"停工损失"科目，但企业如果需要单独核算废品损失和停工损失，则可以增设"废品损失"和"停工损失"科目。

5. 会计科目要简明、适用

每一个会计科目都应有特定的核算内容，各科目之间既要有联系，又要有明确的界限，不能含糊不清。因此，在设置会计科目时，对每一个科目的特定核算内容必须严格地、明确地界定。会计科目的名称应与其核算的内容相一致，并要含义明确，通俗易懂。科目的数量和粗细程度应根据企业规模的大小、业务的繁简和管理的需要而定，同时，对所设置的会计科目要进行分类、编号。

（三）会计科目的类别

会计科目作为一个体系包括科目的内容和级次。科目的内容反映各科目之间的横向联系，科目的级次反映科目内部的纵向联系，会计科目可以按其内容和级次进行分类。

1. 会计科目按其内容分类

会计科目是会计要素的具体分类项目。某一个会计科目的内容也就是其反映的会计要素的内容。会计要素分为资产、负债、所有者权益、收入、费用和利润，相应地，会计科目也就分为资产类、负债类、所有者权益类、收入类、费用类和利润类。但收入类和费用类科目都是用来反映企业损益的会计科目，因此，可将其合并称为损益类会计科目。企业实现的利润或发生的亏损，其最终承担者是所有者，所以又可将其归并到所有者权益类科目里。在企业中，生产产品或提供劳务的成本计算是一项重要的经济业务，有必要单独设置成本类会计科目。我国《企业会计准则——应用指南》中规定的会计科目表（部分）如表 3-1 所示。

表 3-1　会计科目表

顺　序　号	编　号	会计科目名称	顺　序　号	编　号	会计科目名称
		一、资产类			二、负债类
1	1001	库存现金	41	2001	短期借款
2	1002	银行存款	42	2201	应付票据
3	1012	其他货币资金	43	2202	应付账款
4	1101	交易性金融资产	44	2203	预收账款
5	1121	应收票据	45	2211	应付职工薪酬
6	1122	应收账款	46	2221	应交税费
7	1123	预付账款	47	2231	应付利息
8	1131	应收股利	48	2232	应付股利
9	1132	应收利息	49	2241	其他应付款
10	1221	其他应收款	50	2501	长期借款
11	1231	坏账准备	51	2502	应付债券
12	1401	材料采购	52	2701	长期应付款
13	1402	在途物资			三、所有者权益类
14	1403	原材料	53	4001	实收资本
15	1404	材料成本差异	54	4002	资本公积
16	1405	库存商品	55	4101	盈余公积
17	1406	发出商品	56	4103	本年利润
18	1408	委托加工物资	57	4104	利润分配
19	1411	周转材料	58	4105	其他综合收益
20	1471	存货跌价准备			四、成本类
21	1501	债权投资	59	5001	生产成本
22	1502	债权投资减值准备	60	5101	制造费用
23	1503	其他债权投资	61	5201	劳务成本
24	1504	其他权益工具投资	62	5301	研发支出
25	1511	长期股权投资			五、损益类
26	1512	长期股权投资减值准备	63	6001	主营业务收入
27	1521	投资性房地产	64	6051	其他业务收入
28	1531	长期应收款	65	6101	公允价值变动损益
29	1601	固定资产	66	6111	投资收益
30	1602	累计折旧	67	6301	营业外收入
31	1603	固定资产减值准备	68	6401	主营业务成本
32	1604	在建工程	69	6402	其他业务成本
33	1605	工程物资	70	6403	税金及附加
34	1606	固定资产清理	71	6601	销售费用
35	1621	生产性生物资产	72	6602	管理费用
36	1701	无形资产	73	6603	财务费用
37	1702	累计摊销	74	6701	资产减值损失(信用减值损失)
38	1703	无形资产减值准备	75	6711	营业外支出
39	1801	长期待摊费用	76	6801	所得税费用
40	1901	待处理财产损溢	77	6115	资产处置损益
			78	6901	以前年度损益调整

企业在不违反会计准则中确认、计量和报告规定的前提下,可以根据本单位的实际情况自行增设、分拆、合并会计科目。企业不存在的交易或事项,可不设置相关会计科目。对于明细科目,企业可以比照《企业会计准则——应用指南》中的规定自行设置。会计科目的编号供企业填制会计凭证、登记会计账簿、查阅会计账目、采用会计软件参考,企业可结合实际情况自行确定会计科目编号。

2. 会计科目按级次分类

会计科目按级次,也就是按其提供指标(信息)的详细程度,可以分为以下两类。

(1)总分类科目。总分类科目也称一级科目,是对会计要素的具体内容进行总括分类的会计科目,是反映总括性核算指标的科目,如"原材料""固定资产""短期借款""应付账款"等。按我国现行会计准则规定,总分类科目一般由财政部或企业主管部门统一制定。上述会计科目表中的科目都是总分类科目。

(2)明细分类科目。明细分类科目是对总分类科目的内容再作详细分类的科目,它是反映核算指标详细、具体情况的科目。例如,在"应付账款"总分类科目下按具体应付单位分设明细科目,具体反映应付哪个单位的货款。按我国现行准则规定,明细分类科目除会计制度规定设置的以外,各单位可根据实际需要自行设置。

在实际工作中,有时在总分类科目下设置的明细分类科目太多,为了适应管理工作的需要,可在总分类科目与明细分类科目之间增设二级科目(也称子目),它所提供的指标或信息介于总分类科目和明细分类科目之间。因此,会计科目可分为二级或三级,即总分类科目下设若干明细分类科目,或者总分类科目下设若干二级科目,再在每个二级科目下设置明细科目。

为了简化说明,一般将二级科目(子目)也算作明细分类科目的一个组成部分,二级科目所属的科目称为明细科目(也称细目)。因此,明细分类科目包括二级科目(子目)和明细科目(细目)。

会计科目按提供指标详细程度的分类如表 3-2 所示。

表 3-2 会计科目按级次的分类

总分类科目	明细分类科目	
(一级科目)	二级科目(子目)	明细科目(细目)
固定资产	机器设备	A 机床
		B 机床
	运输工具	卡车(10 吨)
		客车(55 座)
		轿车
生产成本	一车间	A 产品
		B 产品
	二车间	C 产品
		D 产品

二、账户

会计科目的设置只是确定了对会计要素具体内容进行分类核算的项目。这些项目的本身仅表示其所反映的会计要素的内容,而经济业务的发生所引起的会计要素的变化不能在这些项目中来反映或加以说明。要想序时、连续、系统地记录由于经济业务发生所引起的会计要素的增减变动,以提供会计信息,就必须根据规定的会计科目来开设账户,对会计要素进行分类核算。

(一)账户的含义

所谓账户,是指具有一定格式,用来分类、连续地记录经济业务,反映会计要素增减变动及其结果的一种工具。

账户是根据会计科目开设的,会计科目就是账户的名称。但它们是两个既有区别又相互联系的概念。从联系来说,会计科目和账户都是分门别类地反映会计要素的具体内容,即两者所反映的经济内容是相同的。它们之间的主要区别是:会计科目只表明某项会计要素的具体内容,而账户不仅表明相同的内容,还具有一定的结构、格式,可以对会计对象进行连续、系统的记录,以反映某项经济内容的增减变化及其结果。在实际工作中,由于账户是根据会计科目开设的,有什么样的会计科目就有什么样的账户,而且账户按会计科目命名,二者完全一致,因此,通常将二者作为同义语来理解,互相通用,不加区别。

(二)账户的基本结构

账户必须具有一定的结构。账户的基本结构是由会计要素的数量变化情况决定的。会计要素的数量变化是由经济业务所引起的,而经济业务的发生所导致的各项会计要素的变化,从数量上看只有两种情况:增加或减少。因此,账户的基本结构也相应地分为两个基本部分,即划分为左右两方,一方登记增加数,另一方登记减少数。我们用一个简化的"T"字形账户来说明,如图3-2所示。

图3-2 简化的"T"字形账户的基本结构

在账户中,如果左方用来登记增加数,那么右方就一定用来登记减少数;反之,亦然。究竟账户的哪一方登记增加数,哪一方登记减少数,这对不同性质的账户来说是无法统一的。一般来说,决定的因素有两个:一是账户所反映的经济内容,也就是账户所反映的会计要素的具体内容;二是在实际工作中所采用的记账方法。

账户的左右两方分别用来登记增加数或减少数,增减相抵后的差额,称为账户的余额。在一个会计期间内,账户的增加数一般大于账户的减少数,所以账户的余额一般在账户的增加方。一个会计期间开始时记录的余额称为期初余额,结束时记录的余额称为期末余额。

因此,账户一般有四项金额,即期初余额、本期增加发生额、本期减少发生额和期末余额。这四项金额的关系可以表示为

$$期末余额=期初余额+本期增加发生额-本期减少发生额 \qquad (3-1)$$

在连续登记账户的情况下,账户的本期期末余额即为下期期初余额。例如,某企业某一期间"库存现金"账户的记录如图3-3所示(单位:元)。

左方		库存现金	右方
期初余额	3 500		
本期增加	4 800	本期减少	4 300
本期发生额	4 800	本期发生额	4 300
期末余额	4 000		

图 3-3 账户记录

根据图3-3所示的账户记录,可以了解到该企业期初结余的现金为3 500元,本期增加了现金4 800元,本期减少了现金4 300元,期末企业结余4 000元现金。

上面所举的账户都是简化格式,对于一个完整的账户而言,除了反映增加数和减少数以外,还包括其他栏目,用以反映其他相关内容,而这些在账簿中才能体现。因此,在实际工作中,账户不是独立开设的,而是依附于账簿开设的。账簿的具体内容和格式在后面的章节中进行详述。

(三)账户的类别

1. 按照账户提供信息的详细程度分类

账户是根据会计科目开设的,会计科目分为总分类科目和明细分类科目,因此,根据总分类科目开设总分类账户,根据明细分类科目开设明细分类账户。

(1)总分类账户。总分类账户提供的是总括核算指标,一般只用货币计量。例如,根据"固定资产"科目开设的"固定资产"账户,能够提供企业所拥有的固定资产总额。

(2)明细分类账户。明细分类账户是用来提供详细核算资料的账户,除可以用货币计量外,有的还用实物量度(件、千克、吨等)辅助计量。例如,根据"应付账款"科目下属的各明细科目开设的明细账户,就可以了解企业应付有关债权单位货款的金额。

在总分类账户和明细分类账户之间,根据二级科目开设的二级账户,我们也将其归入明细分类账户中。

2. 按照账户的经济内容分类

账户的经济内容是指账户反映的会计要素的具体内容。账户之间最本质的差别在于其反映的内容不同。会计对象可以分为六个会计要素,会计要素进一步划分成为会计科目。会计科目有六大类,则根据会计科目开设的账户也有以下六大类。

(1)资产类账户。资产类账户是用来反映企业资产的增减变动及其结存情况的账户。例如,"库存现金""银行存款""应收账款""原材料""库存商品""固定资产""长期股权投资""累计折旧""无形资产""长期待摊费用"等账户。

(2) 负债类账户。负债类账户是用来反映企业负债增减变动及其结存情况的账户。例如，"短期借款""应付账款""应付职工薪酬""长期借款""应付债券"等账户。

(3) 所有者权益类账户。所有者权益类账户是用来反映企业所有者权益增减变动及其结存情况的账户。例如，"实收资本""资本公积""盈余公积"等账户。

(4) 收入类账户。收入类账户是用来反映企业生产经营过程中取得各种营业收入情况的账户。例如，"主营业务收入""其他业务收入"等账户。

(5) 费用类账户。费用类账户是用来反映企业生产经营过程中所发生的各种耗费情况的账户。例如，"主营业务成本""税金及附加""其他业务成本""销售费用""管理费用""财务费用"等账户。

(6) 利润类账户。利润类账户是用来反映企业利润的实现和分配情况的账户。例如，"本年利润""利润分配"等账户。

资产类账户、负债类账户和所有者权益类账户是反映企业财务状况的三类账户，期末一般都有余额，因此，也称为实账户。它们的余额是编制资产负债表的数据来源，也可以将其称为资产负债表账户。收入类、费用类和利润类账户是反映企业经营成果的三类账户，期末经过结转一般没有余额，因此，也称为虚账户。它们的发生额是编制利润表的主要依据，也可以称其为利润表账户。

我们将账户按其反映的经济内容分为六类，每个账户的基本结构也都分为左右两方。在已经知道账户的经济内容的条件下，哪一方记增加数，哪一方记减少数，就取决于所采用的记账方法。

我们也可以按照会计科目的归类方式，将账户归纳为资产类、负债类、所有者权益类、损益类和成本类。各类账户所包括的范围与会计科目一致。

第三节　复式记账法

一、记账方法的意义和种类

记账方法是指按照一定的规则，使用一定的符号，在账簿中登记各项经济业务的技术方法。会计上所采用的记账方法最初是单式记账法，随着社会经济的发展，人们逐渐对记账方法加以改进，从而演变为复式记账法。

（一）单式记账法

单式记账法是指对发生的经济业务，除了有关债权、债务的现金收付业务以外，只在一个账户中进行记录的记账方法。例如，用银行存款购买材料的业务，只在账户中记录银行存款的付出业务，而对材料的收入业务却不在账户中记录。再如，企业赊购一项设备所增加的固定资产不予登记，只是记录企业应付款增加。

单式记账法是一种比较简单、不完整的记账方法。采用这种方法，只是记录现金和银行存款的收付业务，以及债权、债务方面发生的经济业务，而不登记实物的收付业务。除了对债权、债务进行的现金收付业务需要在两个或两个以上账户中进行记录外，其他业务都只在一个账户中登记。因此，一般只需要设置"库存现金""银行存款""应收账款""应付账款"等账户。虽然它的记账规则比较简单，但是由于没有一套完整的账户体系，账户之间不能形成相互对应的关系，因此，不能全面、系统地反映经济业务的来龙去脉，也不便于对全部账户记录的正确性进行全面检查。

单式记账法适用于经济业务简单的企业，在会计产生、发展的早期应用比较普遍，但目前一般不采用。

（二）复式记账法

复式记账法是指对发生的每一项经济业务，都要以相等的金额在相互关联的两个或两个以上账户中进行记录的记账方法。例如，用银行存款购买原材料的业务，不仅要在银行存款账户中记录银行存款的付出，还要在原材料账户中记录原材料收入，并且两个账户中记录的金额要相等。这样，银行存款账户和原材料账户之间就形成了一种对应关系。再如，企业赊购一台设备业务，一方面要在应付账款账户中记录欠款的增加，另一方面要在固定资产账户中记录固定资产的增加。固定资产账户与应付账款账户之间也形成了一种对应关系。

为了更清楚地观察单式记账法和复式记账法之间的区别，举例说明如下。

（1）企业用 2 800 元现金购买原材料。
（2）企业赊购一台价值 15 000 元的设备交付车间使用。
（3）企业的生产车间从仓库领用价值 50 000 元的材料用于产品的生产。

上述三笔经济业务分别运用单式记账法和复式记账法处理的结果如表 3-3 所示。

表 3-3　单式记账法和复式记账法的比较

经济业务	单式记账法	复式记账法
1	"库存现金"账户减少 2 800 元	"原材料"账户增加 2 800 元，同时"库存现金"账户减少 2 800 元
2	"应付账款"账户增加 15 000 元	"固定资产"账户增加 150 000 元，同时"应付账款"账户增加 150 000 元
3	不做记录	"生产成本"账户增加 50 000 元，同时"原材料"账户减少 50 000 元

二、复式记账法的原理

（一）复式记账法的理论依据

复式记账法是一种科学的记账方法，建立在会计等式的基础上，并以此作为理论依据。

前已述及，基本的会计等式为：资产=负债+所有者权益。若加以扩展，将收入和费用进行综合，则会计等式变为：资产=负债+所有者权益+（收入-费用）。会计等式反映了企业资金运动的内在规律性，任何经济业务的发生都会对会计要素产生影响，但都不会破坏会计等式的平衡，即遵循资金运动的规律。复式记账针对任何经济业务的发生都在两个或两个以上账户中以相等的金额加以记录，也同样遵循资金运动的规律。因此，复式记账的理论依据是会计等式。

（二）复式记账法的基本原理

复式记账法的基本原理包括以下几个方面。

（1）对于每一项经济业务，都必须在两个或两个以上相互联系的账户中进行记录。需要强调说明的是，复式记账法所记录的对象是企业发生的所有经济业务，不能有所遗漏。每项业务所涉及的账户至少有两个，而这些账户之间存在着一种对应关系。也正因为如此，我们通过账户记录不仅可以全面、清晰地反映出经济业务的来龙去脉，还能够全面、系统地反映经济活动的过程和结果。

（2）对于每一项经济业务，必须以相等的金额进行记录。不仅在相互联系的账户中记录，还要以相等的金额进行记录。这样，我们可以很容易检查账户记录是否正确。检查的方法是进行试算平衡。试算平衡将在后面的章节中详述。

复式记账法由于具备上述特点，因而被世界各国公认为一种科学的记账方法而被广泛采用。目前，我国的企业和行政、事业单位采用的记账方法都是复式记账法。复式记账法从其发展历史看，曾经有"借贷记账法""增减记账法""收付记账法"等。但我国有关法规规定一律采用借贷记账法。一方面，借贷记账法经过多年的实践已被全世界的会计工作者普遍接受，是一种比较成熟、完善的记账方法；另一方面，从会计实务角度看，统一记账方法对企业间横向经济联系和加强国际交往等都会带来极大的方便，并且对会计核算工作的规范和更好地发挥会计的作用具有重要意义。因此，本书只详细阐述借贷记账法的具体内容。

第四节　借贷记账法

一、借贷记账法的产生

早在公元 13 世纪，意大利佛罗伦萨市就出现了专做贷金业的经纪人，也就是高利贷者。他们用"借"和"贷"来反映债权和债务的发生情况，称为佛罗伦萨式簿记法。公元 14 世纪，热那亚市政厅为适应商业记账的需要，将账户分为左右两方，左方为借，右方为贷，通过借贷对照结出余额，称为热那亚式簿记法。公元 15 世纪，威尼斯商人在热那亚式簿记法的基础上增加了损益账户和资本账户，使所有账户都能平衡，称为威尼斯式簿记法。1494年，意大利数学家卢卡·帕乔利将威尼斯式簿记法系统地总结成书——《算术、几何、比及比例概要》，传播至世界各地。借贷记账法以其科学性和广泛的适用性为世界各国会计所采纳，进而成为会计的国际语言。

所谓借贷记账法，是以"借"和"贷"作为记账符号，反映会计要素增减变化过程和结果的一种复式记账方法。

二、借贷记账法的主要内容

借贷记账法是一种复式记账方法，其理论依据仍然是静态会计等式，即资产=负债+所有者权益。借贷记账法主要包括以下几个方面的具体内容。

（一）借贷记账法的记账符号

"借"和"贷"最初是从借贷资本家的角度来解释的。借贷资本家以经营货币资金为主要业务，对于收进来的存款，记在贷主的名下，表示自身的债务，即"欠人"的增加；对于付出去的放款，记在借主的名下，表示自身的债权，即"人欠"的增加。"借"和"贷"也就是表示债权（应收款）和债务（应付款）的增减变动。随着社会经济的发展，经济活动内容的日益复杂，记录的经济业务已不局限于货币资金的收付业务，而逐渐扩展到财产物资、经营损益和经营资本等的增减变化。这时，为了求得账簿记录的统一，对于非货币资金的收付活动，也利用"借""贷"两字来记录其增减变动情况。这样，"借""贷"两字逐渐失去了原来的含义，而转化为纯粹的记账符号。

"借""贷"两个符号与具体的账户相结合，具有不同的含义，具体如下。

（1）在一个账户中，"借"和"贷"表示两个固定且对立的部位，每一个账户均设立这两个部位以记录某一内容的增减变化，同时确立每个账户左方为借方，右方为贷方。

（2）"借"和"贷"两个符号与具体账户相结合，对该账户所反映的内容具有增加或减少的意义，但绝不可以说"借"就表示增加、"贷"就表示减少；反之，亦然。

（二）借贷记账法的账户结构

在前面有关账户的内容中，把账户分为左右两方，不同类型的账户在登记增加或减少时的方向，主要取决于所采用的记账方法。借贷记账法的确定使这个问题得到解决。在借贷记账法下，账户的基本结构是：左方为借方，右方为贷方。记账时，账户的借贷两方必须作相反方向的记录，即对于每一个账户来说，如果借方用来登记增加额，则贷方就用来登记减少额；反之，亦然。在一个会计期间内，借方登记的合计数称为借方发生额；贷方登记的合计数称为贷方发生额。借贷两方相抵后的差额若在借方，则称为借方余额；相抵后的差额若在贷方，则称为贷方余额。但究竟哪一方登记增加数，哪一方登记减少数，则要根据账户反映的经济内容，也就是账户的性质来决定。下面我们将分析六类不同账户的结构特点与登记规则。

1. 资产类、负债类、所有者权益类账户

前已述及，资产类、负债类与所有者权益类账户是反映企业财务状况的账户，期末一般有余额，但从账户设置的基础——会计等式——可以看出资产类、负债类与所有者权益类账户有着不同的性质。我们规定，资产类账户的期初余额登记在借方，本期的增加额记在借方，本期的减少额记在贷方，期末余额一般在借方。而负债类与所有者权益类账户的期初余额记在贷方，本期增加额记在贷方，本期减少额记在借方，期末余额一般在贷方。

资产类账户期末余额的计算公式为

$$\text{资产类账户期末借方余额}=\text{期初借方余额}+\text{本期借方发生额}-\text{本期贷方发生额} \quad (3-1)$$

负债类与所有者权益类账户期末余额的计算公式为

$$\text{负债类与所有者权益类账户期末贷方余额}=\text{期初贷方余额}+\text{本期贷方发生额}-\text{本期借方发生额} \quad (3-2)$$

上述各类账户的内容和登记方法如图 3-4 所示。

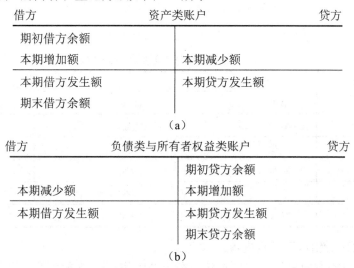

图 3-4　资产类、负债类和所有者权益类账户的结构

2. 收入类、费用类、利润类账户

同样，前已述及，收入类、费用类、利润类账户是用来反映企业一定时期内经营成果的账户，期末一般经过结转没有余额，也就是说，这类账户一般只有本期的发生额。但根据会计等式，收入、利润的增加可以表示为所有者权益的增加，而费用的增加可以表示为资产的转化，在抵消收入之前可以将其看作是一种资产。因此，收入类、利润类账户可以比照负债类与所有者权益类账户的登记方法，费用类账户可以比照资产类账户的登记方法。

收入类、利润类账户的增加额记在贷方，减少额或期末转销额记在借方，期末一般没有余额。但也有例外，若有余额则表示本期所有者权益的变动额，若余额在贷方，表示所有者权益的增加额；若余额在借方，则表示所有者权益的减少额。

费用类账户的增加额记在借方，减少（或转销）额记在贷方，期末结转后一般没有余额。若有余额，则表示期末尚未结转的费用，一般在借方。

上述各类账户的内容和登记方法如图 3-5 所示。

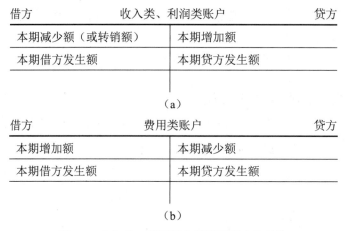

图 3-5 收入类、费用类和利润类账户的结构

综上所述,可将借贷记账法下各类账户的结构归纳为表 3-4。

表 3-4 借贷记账法下各类账户的结构

账 户 类 别	借 方	贷 方	余 额 方 向
资产类	增加	减少	借方
负债类	减少	增加	贷方
所有者权益类	减少	增加	贷方
收入类	减少(或转销)	增加	一般无余额
费用类	增加	减少(或转销)	一般无余额
利润类	减少(或转销)	增加	一般无余额

从表 3-4 可以看出以下几点内容。

（1）从登记的方向来看,可以把账户分为两大类:一是资产类、费用类,增加记借方,减少记贷方;二是负债类、所有者权益类、收入类、利润类,增加记贷方,减少记借方。

（2）从余额的方向来看,只有资产类、负债类与所有者权益类账户期末一般有余额。资产类账户的余额一般在借方,负债类与所有者权益类账户的余额一般在贷方。从每一个账户来说,无论期初余额还是期末余额,只能在账户的一方,并可以根据账户余额所在的方向判断账户的性质,即账户若是借方余额,则表示资产类账户;账户若是贷方余额,则表示负债类或所有者权益类账户。

（3）在借贷记账法下,可以设置双重性质的账户。双重性质账户是指既可以用来反映资产,又可以反映负债的账户。例如,应收账款是资产,如果多收了,多收部分就转化成应退还给对方的款项,变为负债。这类账户需要在期末根据账户余额的方向确定其反映的经济业务性质。如果该类账户的期初余额和期末余额的方向相同,说明账户登记项目的资产、负债与所有者权益的性质未变;如果期初余额在借方,期末余额在贷方,说明该账户登记项目已从期初的资产变为期末的负债或所有者权益;如果期初余额在贷方,期末余额在借方,说明该账户登记项目已从期初的负债或所有者权益变为期末的资产。

（4）如果用一个账户来登记所有要素的增减变动情况，就可以用图 3-6 来表示。

借方	账户	贷方
资产的增加 费用的增加 负债的减少 所有者权益的减少 收入的减少 利润的减少		资产的减少 费用的减少 负债的增加 所有者权益的增加 收入的增加 利润的增加
余额在借方，表示资产		余额在贷方，表示负债或所有者权益

图 3-6　账户登记的内容示意图

（三）借贷记账法的记账规则

根据复式记账原理，任何一项经济业务都必须以相等的金额，在两个或两个以上相互关联的账户中进行记录。如何记录呢？先举几个例子加以说明。

1. 用银行存款 40 000 元购买原材料

这项业务的发生，使同属于资产的原材料和银行存款两个项目发生变动：原材料增加，银行存款减少。按照借贷记账法下的账户结构，资产增加记借方，资产减少记贷方，而且两者金额相等。因此，可做分析如表 3-5 所示。

表 3-5　经济业务 1 分析表

单位：元

受影响的账户	账户类别	金额的变化方向	借方	贷方
原材料	资产	增加	40 000	
银行存款	资产	减少		40 000

2. 向银行借入短期借款 1 200 000 元，直接偿还前欠货款

这项经济业务的发生，使同属于负债的短期借款和应付账款发生变动：短期借款增加，应付账款减少。按照借贷记账法下的账户结构，负债增加记贷方，负债减少记借方，而且两者金额相等。因此，可做分析如表 3-6 所示。

表 3-6　经济业务 2 分析表

单位：元

受影响的账户	账户类别	金额的变化方向	借方	贷方
应付账款	负债	减少	1 200 000	
短期借款	负债	增加		1 200 000

3. 接受某单位投入的全新设备一台，价值 5 000 000 元

这项经济业务的发生，使属于所有者权益的实收资本和属于资产的固定资产发生变动：实收资本增加，固定资产增加。按照借贷记账法下的账户结构，资产增加记借方，所有者权益增加记贷方，而且两者金额相等。因此，可做分析如表 3-7 所示。

表 3-7　经济业务 3 分析表

单位：元

受影响的账户	账户类别	金额的变化方向	借方	贷方
固定资产	资产	增加	5 000 000	
实收资本	所有者权益	增加		5 000 000

4. 用银行存款 1 000 000 元归还长期借款

这项经济业务的发生，使属于负债的长期借款和属于资产的银行存款发生变动：长期借款减少，银行存款减少。按照借贷记账法下的账户结构，负债减少记借方，资产减少记贷方，而且两者金额相等。因此，可做分析如表 3-8 所示。

表 3-8　经济业务 4 分析表

单位：元

受影响的账户	账户类别	金额的变化方向	借方	贷方
长期借款	负债	减少	1 000 000	
银行存款	资产	减少		1 000 000

5. 销售商品一批，价值 600 000 元，货款暂未收

这项经济业务的发生，使属于资产的应收账款和属于收入的主营业务收入发生变动：应收账款增加，主营业务收入增加。按照借贷记账法下的账户结构，资产增加记借方，主营业务收入增加记贷方，而且两者金额相等。因此，可做分析如表 3-9 所示。

表 3-9　经济业务 5 分析表

单位：元

受影响的账户	账户类别	金额的变化方向	借方	贷方
应收账款	资产	增加	600 000	
主营业务收入	收入	增加		600 000

6. 用库存现金 1 200 元购买办公用品

这项经济业务的发生，使属于费用的管理费用和属于资产的库存现金发生变动：管理费用增加，现金减少。按照借贷记账法下的账户结构，费用增加记借方，资产减少记贷方，而且两者金额相等。因此，可做分析如表 3-10 所示。

表 3-10　经济业务 6 分析表

单位：元

受影响的账户	账户类别	金额的变化方向	借方	贷方
管理费用	费用	增加	1 200	
库存现金	资产	减少		1 200

总结以上几个例子可以看出，在借贷记账法下，对任何经济业务进行分析，都会涉及两个或两个以上的账户。不论引起账户增加还是减少，如果一个账户记在借方，那么另一个账户一定就记在贷方，而且两者所记的金额相等。因此，我们可以得出借贷记账法的记账规则是：有借必有贷，借贷必相等。

如果遇到复杂的经济业务需要记在一个账户的借方和几个账户的贷方，或记在一个账户的贷方和几个账户的借方，即一借多贷或一贷多借时，会怎样呢？我们再举两个例子。

7. 用银行存款 30 000 元，从某单位购买价值 20 000 元的原材料，剩余 10 000 元用于偿还前欠该单位的货款

这项经济业务的发生，使属于资产的原材料、银行存款和属于负债的应付账款发生变动：原材料增加，银行存款减少，应付账款减少。因此，可做分析如表 3-11 所示。

表 3-11　经济业务 7 分析表

单位：元

受影响的账户	账户类别	金额的变化方向	借　方	贷　方
原材料	资产	增加	20 000	
应付账款	负债	减少	10 000	
银行存款	资产	减少		30 000

8. 生产车间领用材料 5 000 元，用于车间一般耗用，并用银行存款 2 000 元支付本月水电费

这项经济业务的发生，使属于资产的原材料、银行存款和属于费用的制造费用发生变动：制造费用增加，原材料和银行存款减少。因此，可做分析如表 3-12 所示。

表 3-12　经济业务 8 分析表

单位：元

受影响的账户	账户类别	金额的变化方向	借　方	贷　方
制造费用	费用	增加	7 000	
银行存款	资产	减少		2 000
原材料	资产	减少		5 000

从上面的例子可以看出，复杂业务的处理也遵循该记账规则。

（四）借贷记账法下的会计分录

从上面的分析中可以看出，在运用借贷记账法时，有关账户之间会形成应借、应贷的相互关系，这种关系叫作账户对应关系。存在对应关系的账户称为对应账户。

以第一个例子说明：用银行存款 40 000 元购买材料。在这项经济业务中，计入原材料账户的借方 40 000 元和记入银行存款账户的贷方 40 000 元之间就是一种对应关系，两个账户就是对应账户，如图 3-7 所示。

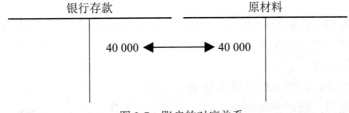

图 3-7　账户的对应关系

为了保证账户对应关系的正确性，在处理经济业务时，必须认真分析经济业务对会计要素的影响情况，确定正确的账户及其借贷方向和金额。

在实际工作中，我们不是用图 3-7 所示的方式来表示账户之间的对应关系，而是借助于编制会计分录来表示这种对应关系。会计分录就是表明某项经济业务应借、应贷账户的名称及其金额的记录，一般是根据经济业务的原始凭证在记账凭证或日记账中编制的。

会计分录必须具备三个要素，即账户名称、借贷方向和金额，缺一不可，也可以用下面的形式来表示（以第一个例子说明）。

借：原材料　　　　　　　　　　　　　　　　　　　　40 000
　　贷：银行存款　　　　　　　　　　　　　　　　　　40 000

对于初学者来说，编制会计分录应该逐步分析，按以下步骤进行。

（1）一项经济业务发生后，分析这项经济业务涉及的会计要素是资产、费用，还是负债、所有者权益、收入、利润。

（2）分析经济业务是引起这些要素增加还是减少。

（3）根据会计科目表，从中选择合适的账户。

（4）结合借贷记账法的账户结构要求，明确应记入账户的方向，是借方还是贷方。

（5）检查会计分录中应借、应贷账户是否正确；借贷方金额是否相等，有无错误。

以用银行存款 1 000 000 元归还长期借款为例，按上述步骤分析，这项业务涉及的是资产和负债两个要素；资产减少，负债减少；资产减少记贷方，负债减少记借方；反映银行存款和长期借款增减变动的账户是"银行存款"和"长期借款"两个账户。据此，编制如下会计分录。

借：长期借款　　　　　　　　　　　　　　　　　　1 000 000
　　贷：银行存款　　　　　　　　　　　　　　　　　1 000 000

会计分录有两种：简单会计分录和复合会计分录。简单会计分录是指一个账户借方只同另一个账户贷方发生对应关系的会计分录，即一借一贷的会计分录。上述例子中前六项业务所涉及的账户只有两个，根据它们所做的会计分录都是简单会计分录。复合会计分录是指一个账户借方同几个账户贷方发生对应关系、一个账户贷方同几个账户借方发生对应关系或几个账户的借方同几个账户的贷方发生对应关系的会计分录，即一借多贷、多借一贷或多借多贷的会计分录。上述第七、八项经济业务所涉及的账户都在两个以上，根据它们所做的会计分录都是复合会计分录。有的复合会计分录是由若干个简单会计分录合并而成的，目的是简化记账手续；而有的复合会计分录可以集中反映某项经济业务的全面情况。需要注意的是，为了保持账户对应关系清楚，一般不宜把不同类型的经济业务合并在一起编制多借多贷的会计分录。

（五）借贷记账法的试算平衡

为了保证或检查一定时期内所发生的经济业务在账户中登记的正确性和完整性，需要在一定时期终了时对账户记录进行试算平衡。在借贷记账法下，定期检验全部账户记录的正确和完整是很简单的。

采用借贷记账法，因为对任何经济业务都是按照"有借必有贷、借贷必相等"的记账规则记入各有关账户，所以不仅每一笔会计分录借贷发生额相等，而且当一定会计期间的全部经济业务都记入相关账户后，所有账户的借方发生额合计数必然等于贷方发生额合计

数。这个平衡用公式表示为

$$全部账户本期借方发生额合计=全部账户本期贷方发生额合计 \quad (3-3)$$

这种利用记账规则来检验一定时期内账户发生额是否正确的方法称作发生额试算平衡法。

到某一会计期末，将所有账户的期末余额计算出来以后，由于所有账户的期初借方与贷方余额合计数是相等的，因此，所有账户的期末借方合计数余额也必然等于贷方余额合计数。这个平衡用公式表示为

$$全部账户期末借方余额合计=全部账户期末贷方余额合计 \quad (3-4)$$

这种利用会计等式的原理来检验一定会计期末账户余额是否正确的方法称作余额试算平衡法。

试算平衡通常是通过编制试算平衡表进行的。试算平衡表的格式及计算方法见下文"（六）借贷记账法的具体运用——实例"的举例。

必须指出，试算平衡只是通过借贷金额是否平衡来检查账户记录是否正确的一种方法。如果借贷双方发生额或余额相等，可以表明账户记录基本正确，但不足以说明账户记录完全没有错误。这是因为有些错误并不影响借贷双方的平衡，如漏记或重记某项经济业务，或者应借应贷科目用错，或者借贷方向颠倒，或者借方和贷方都多记或少记相同的金额等。如果经试算的借贷双方金额不等，则可以肯定账户记录或计算有误，需要进一步查实。

（六）借贷记账法的具体运用——实例

下面通过举例进一步说明借贷记账法的具体运用。

1. 星海股份有限公司 2×19 年 10 月初有关账户余额如表 3-13 所示

表 3-13　星海股份有限公司 2×19 年 10 月初有关账户余额

单位：元

账户名称	期初余额	
	借方	贷方
银行存款	600 000	
固定资产	1 000 000	
短期借款		200 000
应付账款		160 000
实收资本		1 000 000
资本公积		240 000
合计	1 600 000	1 600 000

2. 该公司 10 月份发生下列经济业务

（1）收到某单位投入的资本 800 000 元，存入银行。

（2）用银行存款 100 000 元偿还前欠某企业账款。

（3）用银行存款 200 000 元购入一台全新的机器设备。

（4）将资本公积金 160 000 元按法定程序转增资本。

（5）签发并承兑一张面额 40 000 元、为期两个月的商业汇票，用以抵付应付账款。

（6）购进原材料 30 000 元，其中 20 000 元货款已用银行存款付讫，其余 10 000 元货款尚未支付（不考虑增值税）。

（7）以银行存款 60 000 元，偿还银行短期借款 40 000 元和前欠某单位货款 20 000 元。

3. 根据上述经济业务编制会计分录

（1）借：银行存款　　　　　　　　　　　　　　800 000
　　　贷：实收资本　　　　　　　　　　　　　　　　800 000
（2）借：应付账款　　　　　　　　　　　　　　100 000
　　　贷：银行存款　　　　　　　　　　　　　　　　100 000
（3）借：固定资产　　　　　　　　　　　　　　200 000
　　　贷：银行存款　　　　　　　　　　　　　　　　200 000
（4）借：资本公积　　　　　　　　　　　　　　160 000
　　　贷：实收资本　　　　　　　　　　　　　　　　160 000
（5）借：应付账款　　　　　　　　　　　　　　 40 000
　　　贷：应付票据　　　　　　　　　　　　　　　　 40 000
（6）借：原材料　　　　　　　　　　　　　　　 30 000
　　　贷：银行存款　　　　　　　　　　　　　　　　 20 000
　　　　　应付账款　　　　　　　　　　　　　　　　 10 000
（7）借：短期借款　　　　　　　　　　　　　　 40 000
　　　　　应付账款　　　　　　　　　　　　　　 20 000
　　　贷：银行存款　　　　　　　　　　　　　　　　 60 000

4. 将会计分录的记录记入有关账户（见图 3-8）

银行存款			
期初余额	600 000	（2）	100 000
（1）	800 000	（3）	200 000
		（6）	20 000
		（7）	60 000
本期发生额	800 000	本期发生额	380 000
期末余额	1 020 000		

(a)

原材料			
（6）	30 000		
本期发生额	30 000	本期发生额	0
期末余额	30 000		

(b)

固定资产			
期初余额	1 000 000		
（3）	200 000		
本期发生额	200 000	本期发生额	0
期末余额	1 200 000		

(c)

短期借款			
（7）	40 000	期初余额	200 000
本期发生额	40 000	本期发生额	0
		期末余额	160 000

(d)

图 3-8　将会计分录记入有关账户

应付账款			
（2）	100 000	期初余额	160 000
（5）	40 000	（6）	10 000
（7）	20 000		
本期发生额	160 000	本期发生额	10 000
		期末余额	10 000

(e)

应付票据			
		（5）	40 000
本期发生额 0		本期发生额	40 000
		期末余额	40 000

(f)

实收资本			
		期初余额	1 000 000
		（1）	800 000
		（4）	160 000
本期发生额 0		本期发生额	960 000
		期末余额	1 960 000

(g)

资本公积			
（4）	160 000	期初余额	240 000
本期发生额	160 000	本期发生额	0
		期末余额	80 000

(h)

图 3-8 将会计分录记入有关账户（续）

5. 根据账户记录编制发生额试算平衡表（见表 3-14）、余额试算平衡表（见表 3-15）和发生额及余额试算平衡表（见表 3-16）。

表 3-14 总分类账户发生额试算平衡表

2×19 年 10 月 31 日　　　　　　　　　　　　　　　　　　　　　　　单位：元

账 户 名 称	本期发生额	
	借 方	贷 方
银行存款	800 000	380 000
原材料	30 000	
固定资产	200 000	
短期借款	40 000	
应付账款	160 000	10 000
应付票据		40 000
实收资本		960 000
资本公积	160 000	
合计	1 390 000	1 390 000

表 3-15 总分类账户余额试算平衡表

2×19 年 10 月 31 日　　　　　　　　　　　　　　　　　　　　　　　单位：元

账 户 名 称	期 末 余 额	
	借 方	贷 方
银行存款	1 020 000	
原材料	30 000	
固定资产	1 200 000	

续表

账户名称	期末余额	
	借方	贷方
短期借款		160 000
应付账款		10 000
应付票据		40 000
实收资本		1 960 000
资本公积		80 000
合计	2 250 000	2 250 000

表 3-16　总分类账户发生额及余额试算平衡表

2×19 年 10 月 31 日　　　　　　　　　　　　　　　单位：元

账户名称	期初余额		本期发生额		期末余额	
	借方	贷方	借方	贷方	借方	贷方
银行存款	600 000		800 000	380 000	1 020 000	
原材料			30 000		30 000	
固定资产	1 000 000		200 000		1 200 000	
短期借款		200 000	40 000			160 000
应付账款		160 000	160 000	10 000		10 000
应付票据				40 000		40 000
实收资本		1 000 000		960 000		1 960 000
资本公积		240 000	160 000			80 000
合计	1 600 000	1 600 000	1 390 000	1 390 000	2 250 000	2 250 000

第五节　总分类账户和明细分类账户

一、总分类账户和明细分类账户的设置

在会计核算工作中，为了适应经济管理上的需要，对于一切经济业务都要在有关账户中进行登记，既要提供总括的核算资料，又要提供详细的核算资料。各会计主体日常使用的账户，按其提供资料的详细程度不同，可以分为总分类账户和明细分类账户两种。

总分类账户（亦称一级账户），是按照总分类科目设置，仅以货币计量单位进行登记，用来提供总括核算资料的账户。本章第四节举例中的账户，都是总分类账户。通过总分类账户提供的各种总括核算资料，可以概括地了解一个会计主体各项资产、负债及所有者权益等会计要素增减变动的情况和结果。但是，总分类账户并不能提供关于各项会计要素增减变动过程及其结果的详细资料，也就难以满足经济管理上的具体需要。因此，各会计主体在设置总分类账户的同时，还应根据实际需要，在某些总分类账户的统驭下，分别设置

若干明细分类账户。

明细分类账户，是按照明细分类科目设置，用来提供详细核算资料的账户。例如，要具体了解各种材料的收、发、结存情况，就有必要在"原材料"总分类账户下，按照材料的品种分别设置明细分类账户。又如，要具体掌握企业与各往来单位之间的货款结算情况，就应在"应付账款"总分类账户下，按各债权单位的名称分别设置明细分类账户。在明细分类账户中，除了以货币计量单位进行金额核算外，必要时还要运用实物计量单位进行数量核算，以便通过提供数量方面的资料，对总分类账户进行必要的补充。

除了总分类账户和明细分类账户以外，各会计主体还可根据实际需要设置二级账户。二级账户是介于总分类账户和明细分类账户之间的一种账户。它提供的资料比总分类账户详细、具体，但比明细分类账户概括和综合。例如，在"原材料"总分类账户下，可以先按原料及主要材料、辅助材料、燃料等材料类别设置若干二级账户，其下再按材料的品种等设置明细分类账户。设置二级账户后，总分类账户可以把它作为中间环节来控制所属明细分类账户，这对于加强经营管理有一定的作用，但也会增加核算工作量。因此，二级账户一般不宜多设，也可不设。在不设置二级账户的情况下，所需数据可根据有关明细分类账户的记录汇总求得。

二、总分类账户与明细分类账户的平行登记

总分类账户是所属明细分类账户的统驭账户，对所属明细分类账户起着控制作用；而明细分类账户则是某一总分类账户的从属账户，对其所隶属的总分类账户起着辅助作用。某一总分类账户及其所属明细分类账户的核算对象是相同的，它们所提供的核算资料互相补充，只有把两者结合起来，才能既总括又详细地反映同一核算内容。因此，总分类账户和明细分类账户必须平行登记。

（一）总分类账户与明细分类账户平行登记的要点

（1）同内容。凡在总分类账户下设有明细分类账户的，对于每一项经济业务，一方面要记入有关总分类账户，另一方面要记入各总分类账户所属的明细分类账户。

（2）同方向。在某一总分类账户及其所属的明细分类账户中登记经济业务时，方向必须相同，即在总分类账户中记入借方，在它所属的明细分类账户中也应记入借方；在总分类账户中记入贷方，在其所属的明细分类账户中也应记入贷方。

（3）同金额。记入某一总分类账户的金额必须与记入其所属的一个或几个明细分类账户的金额合计数相等。

（二）总分类账户与明细分类账户平行登记的方法

下面分别以"原材料"账户为例，说明总分类账户和明细分类账户平行登记的方法。

假设星海公司"原材料"总分类账户所属明细分类账户的期初余额为

甲种材料	50 吨	每吨 300 元	共计 15 000 元
乙种材料	200 件	每件 400 元	共计 80 000 元
合　计			95 000 元

该公司本期有关材料的收入和发出业务如下。

(1) 购入下列各种原材料，货已验收入库，款项尚未支付（不考虑增值税）。

甲种材料	40 吨	每吨 300 元	共计 12 000 元
乙种材料	100 件	每件 400 元	共计 40 000 元
丙种材料	20 箱	每箱 500 元	共计 10 000 元
合　计			62 000 元

对于这项经济业务，应编制会计分录如下：

借：原材料——甲种材料　　　　　　　12 000
　　　　　——乙种材料　　　　　　　40 000
　　　　　——丙种材料　　　　　　　10 000
　　贷：应付账款　　　　　　　　　　62 000

(2) 仓库发出下列各种材料直接用于产品生产。

甲种材料	60 吨	每吨 300 元	共计 18 000 元
乙种材料	150 件	每件 400 元	共计 60 000 元
丙种材料	8 箱	每箱 500 元	共计　4 000 元
合　计			82 000 元

对于这项经济业务，应编制会计分录如下：

借：生产成本　　　　　　　　　　　　82 000
　　贷：原材料——甲种材料　　　　　18 000
　　　　　　——乙种材料　　　　　　60 000
　　　　　　——丙种材料　　　　　　 4 000

根据以上资料，在"原材料"总分类账户及其所属的"甲种材料""乙种材料"和"丙种材料"三个明细分类账户中进行登记的程序如下。

(1) 将原材料的期初余额 95 000 元，记入"原材料"总分类账户的借方；同时，在"甲种材料"和"乙种材料"明细分类账户的收入方（即借方）分别登记甲、乙两种材料的期初结存数量和金额，并注明计量单位和单价。

(2) 将本期入库的材料总额 62 000 元，记入"原材料"总分类账户的借方；同时，将入库的甲、乙、丙三种材料的数量、金额分别记入有关明细分类账户的收入方（即借方）。

(3) 将本期发出的材料总额 82 000 元，记入"原材料"总分类账户的贷方；同时，将发出的甲、乙、丙三种材料的数量、金额分别记入有关明细分类账户的发出方（即贷方）。

(4) 期末，根据"原材料"总分类账户和有关明细分类账户的记录，结出本期发生额和期末余额。

按照上述步骤，在"原材料"总分类账户及其所属的明细分类账户中登记结果，如表 3-17～表 3-20 所示。

表 3-17　总分类账户

账户名称：原材料　　　　　　　　　　　　　　　　　　　　　　　　　　　　　金额单位：元

2×19年		摘要	借方	贷方	借或贷	余额
月	日					
		期初余额			借	95 000
		购入材料	62 000		借	157 000
		发出材料		82 000	借	75 000
		本期发生额及余额	62 000	82 000	借	75 000

表 3-18　"原材料"明细分类账户（甲种材料）

材料名称：甲种材料　　　　　　　　　　　　　　　　　　　　　　　　　　　　金额单位：元

2×19年		摘要	计量单位	单价	收入		发出		余额	
月	日				数量	金额	数量	金额	数量	金额
		期初余额	吨	300					50	15 000
		购入材料	吨	300	40	12 000			90	27 000
		发出材料	吨	300			60	18 000	30	9 000
		发生额及余额	吨	300	40	12 000	60	18 000	30	9 000

表 3-19　"原材料"明细分类账户（乙种材料）

材料名称：乙种材料　　　　　　　　　　　　　　　　　　　　　　　　　　　　金额单位：元

2×19年		摘要	计量单位	单价	收入		发出		余额	
月	日				数量	金额	数量	金额	数量	金额
		期初余额	件	400					200	80 000
		购入材料	件	400	100	40 000			300	120 000
		发出材料	件	400			150	60 000	150	60 000
		发生额及余额	件	400	100	40 000	150	60 000	150	60 000

表 3-20　"原材料"明细分类账户（丙种材料）

材料名称：丙种材料　　　　　　　　　　　　　　　　　　　　　　　　　　　　金额单位：元

2×19年		摘要	计量单位	单价	收入		发出		余额	
月	日				数量	金额	数量	金额	数量	金额
		购入材料	箱	500	20	10 000			20	10 000
		发出材料	箱	500			8	4 000	12	6 000
		发生额及余额	箱	500	20	10 000	8	4 000	12	6 000

从以上"原材料"总分类账户及其所属明细分类账户平行登记的结果中可以看出，"原材料"总分类账户的期初余额 95 000 元，借方本期发生额 62 000 元，贷方本期发生额 82 000 元，期末余额 75 000 元，分别与其所属的三个明细分类账户的期初余额之和 95 000（15 000+80 000）元，借方本期发生额之和 62 000（12 000+40 000+10 000）元，贷方本期发生额之和 82 000（18 000+60 000+4 000）元，以及期末余额之和 75 000（9 000+60 000+6 000）元完全相等。

利用总分类账户与其所属明细分类账户平行登记所形成的有关数字必然相等的关系，还可以通过定期核对双方有关数字来检查账户的记录是否正确、完整。如果通过核对发现有关数字不等，则表明账户的登记必有差错，应及时查明原因，予以更正。在实际工作中，这项核对工作通常是以月末编制"明细分类账户本期发生额及余额表"的形式来进行的。例如，根据前例中星海公司原材料明细分类账户的记录，编制其本期发生额及余额表，如表3-21所示。

表3-21 "原材料"明细分类账户本期发生额及余额表

金额单位：元

材料名称	计量单位	单价	期初余额		本期发生额				期末余额	
					收 入		发 出			
			数量	金额	数量	金额	数量	金额	数量	金额
甲种材料	吨	300	50	15 000	40	12 000	60	18 000	30	9 000
乙种材料	件	400	200	80 000	100	40 000	150	60 000	150	60 000
丙种材料	箱	500			20	10 000	8	4 000	12	6 000
合计				95 000		62 000		82 000		75 000

由表3-21可以看出，表中合计栏各项数额分别与"原材料"总分类账户的期初余额、本期发生额、期末余额相等，表明"原材料"总分类账户与其所属明细分类账户的平行登记未发生差错。

思 考 题

1. 什么是会计方法？会计方法体系由哪些具体方法构成？
2. 什么是会计核算（反映）方法？会计核算（反映）方法包括哪些具体的方法？
3. 会计核算（反映）方法之间的关系如何？
4. 什么是会计科目？为什么要设置会计科目？设置会计科目应遵循哪些原则？
5. 会计科目有哪些分类标准？分别可以分为哪几类会计科目？
6. 账户与会计科目的关系如何？
7. 账户的基本结构是怎样的？
8. 单式记账法和复式记账法的主要区别是什么？
9. 复式记账的理论依据是什么？复式记账法有哪些特点？
10. 在借贷记账法下，账户的结构如何？
11. 举例说明借贷记账法的记账规则。
12. 什么是会计分录？它有哪些种类？如何编制会计分录？
13. 借贷记账法的试算平衡方法有哪些？
14. 总分类账户和明细分类账户的关系如何？
15. 平行登记的要点有哪些？

练 习 题

1. 目的：练习常用会计科目的分类。

资料：某企业在日常会计处理过程中，经常使用以下会计科目：

银行存款	实收资本	在途物资	原材料	制造费用
应付账款	应收账款	生产成本	库存商品	主营业务收入
主营业务成本	短期借款	固定资产	累计折旧	库存现金
财务费用	应付利息	长期待摊费用	利润分配	盈余公积
销售费用	管理费用			

要求：将上列会计科目分别归类（按照会计科目表中的类别进行划分）。

2. 目的：练习账户的结构及账户金额的计算方法。

资料：星海公司2×19年12月31日有关账户的资料如表3-22所示。

表3-22　星海公司有关账户记录表

单位：元

账户名称	期初余额		本期发生额		期末余额	
	借方	贷方	借方	贷方	借方	贷方
固定资产	400 000		220 000	10 000	（　）	
银行存款	60 000		（　）	80 000	90 000	
应付账款		80 000	70 000	60 000		（　）
短期借款		45 000	（　）	10 000		30 000
应收账款	（　）		30 000	50 000	20 000	
实收资本		350 000	—	（　）		620 000
其他应收款	25 000		25 000	—		（　）

要求：根据账户期初余额、本期发生额和期末余额的计算方法，填写表3-22中的空缺部分。

3. 目的：熟悉各类账户的登记方法。

资料：老师在黑板上列出下列内容：

（1）资产类账户
（2）负债类账户　　　　　A. 增加记贷方，减少记借方，余额一般在贷方
（3）所有者权益类账户　　B. 增加记借方，减少记贷方，余额一般在借方
（4）费用类账户　　　　　C. 增加记贷方，减少记借方，期末一般无余额
（5）收入类账户　　　　　D. 增加记借方，减少记贷方，期末一般无余额
（6）利润类账户

要求：将左右两边相关内容用线连起来。

4. 目的：掌握复式记账原理。

资料：（1）某企业 2×19 年 12 月 31 日资产总额 252 000 元。

（2）2×19 年 1 月 1 日权益总额 238 000 元。

（3）2×19 年全年收入总额 135 000 元。

要求：根据上述资料，假定本年企业的权益没有发生增减变化，计算 2×19 年度的费用，并列出期末资产与权益的会计等式。

5. 目的：练习账户对应关系及会计分录的编制。

资料：星海公司 2×19 年 8 月有关账户记录（单位：元）如下（见图 3-9）：

库存现金	
期初余额 150	
（1） 500	（5） 350
（9） 100	
期末余额 400	

（a）

原材料	
期初余额 98 000	
（2） 82 000	（4） 150 000
（7） 58 600	
期末余额 88 600	

（b）

银行存款	
期初余额 89 600	（1） 500
（6） 15 800	（5） 70 000
（8） 30 000	（7） 58 600
（9） 20 000	（10） 20 000
期末余额 6 300	

（c）

应收账款	
期初余额 45 800	
	（6） 15 800
	（9） 20 100
期末余额 9 900	

（d）

固定资产	
期初余额 370 000	
（3） 124 000	
期末余额 494 000	

（e）

实收资本	
	期初余额 483 000
	（3） 124 000
	期末余额 607 000

（f）

生产成本	
期初余额 42 280	
（4） 150 000	
期末余额 192 280	

（g）

应付账款	
	期初余额 35 800
（5） 70 350	（2） 82 000
	期末余额 47 450

（h）

短期借款	
	期初余额 84 320
（10） 20 000	（8） 30 000
	期末余额 94 320

（i）

图 3-9　星海公司 2×19 年 8 月账户记录

要求：根据上述账户记录，补编会计分录，并简要说明每笔经济业务的内容。

6. **目的**：练习借贷记账法的应用及试算平衡表的编制。

资料：星海公司 2×19 年 10 月初有关账户余额如表 3-23 所示。

表 3-23　星海公司有关账户余额表

单位：元

资　产	金　额	负债及所有者权益	金　额
库存现金	18 750	短期借款	2 437 500
银行存款	562 500	应付账款	1 781 250
原材料	1 125 000	应交税费	112 500
应收账款	596 250	长期借款	2 325 000
库存商品	750 000	实收资本	3 802 500
生产成本	281 250	资本公积	1 750 000
长期股权投资	2 250 000	盈余公积	875 000
固定资产	7 500 000		
合计	13 083 750	合计	13 083 750

该公司本月发生下列经济业务：

（1）购进机器设备一台，价值 125 000 元，以银行存款支付。

（2）从银行提取现金 12 500 元。

（3）投资者投入企业原材料一批，作价 250 000 元。

（4）生产车间向仓库领用材料一批，价值 500 000 元，投入生产。

（5）以银行存款 281 250 元偿还应付供货单位货款。

（6）向银行取得长期借款 1 875 000 元，存入银行。

（7）用银行存款上缴所得税 112 500 元。

（8）收到捐赠人赞助现金 62 500 元。

（9）收到购货单位前欠货款 225 000 元，其中 200 000 元存入银行，其余部分收到现金。

（10）用银行存款 600 000 元，归还银行短期借款 250 000 元和应付购货单位账款 350 000 元。

要求：（1）根据以上资料编制会计分录，并记入有关账户。

（2）编制总分类账户发生额及余额试算平衡表。

7. **目的**：练习总分类账户与明细分类账户的平行登记。

资料：（1）星海公司 2×19 年 8 月 31 日有关总分类账户和明细分类账户余额如下：

① 总分类账户：

"原材料"账户借方余额 400 000 元。

"应付账款"账户贷方余额 100 000 元。

② 明细分类账户：

"原材料——甲材料"账户 1 600 千克，单价 150 元，借方余额 240 000 元。

"原材料——乙材料"账户 400 千克，单价 100 元，借方余额 40 000 元。

"原材料——丙材料"账户 1 000 千克,单价 120 元,借方余额 120 000 元。

"应付账款——A 公司"账户贷方余额 60 000 元。

"应付账款——B 公司"账户贷方余额 40 000 元。

(2)该公司 2×19 年 9 月发生部分经济业务如下(不考虑增值税):

① 以银行存款偿还 A 公司前欠货款 30 000 元。

② 购进甲材料 200 千克,单价 150 元,价款 30 000 元,以银行存款支付,材料入库。

③ 生产车间向仓库领用材料一批,其中甲材料 400 千克,单价 150 元;乙材料 200 千克,单价 100 元;丙材料 500 千克,单价 120 元,共计领用材料金额 140 000 元。

④ 用银行存款偿还 B 公司前欠货款 20 000 元。

⑤ 向 A 公司购入乙材料 200 千克,单价 100 元,材料入库,货款 20 000 元暂欠。

⑥ 向 B 公司购入丙材料 300 千克,单价 120 元,材料入库,货款 36 000 元暂欠。

要求:(1)根据资料(2)的内容,编制会计分录。

(2)开设"原材料""应付账款"总分类账户和明细分类账户,登记期初余额,并平行登记总分类账户和明细分类账户,结出各账户本期发生额和期末余额。

(3)编制"原材料""应付账款"的总分类账户和明细分类账户本期发生额及余额明细表。

知识拓展题

第四章 企业主要经济业务的核算（上）

第一节 企业主要经济业务概述

企业是一种具有不同规模的、以盈利为目的的经济组织。企业主要是通过对各种资源的组合和处理进而向其他单位或个人（企业的顾客）提供它们所需要的产品或服务。企业能够将最原始的投入转变为顾客所需要的商品或服务，这个转变不仅需要自然资源、人力资源，而且还需要资本。作为一种重要的企业组织类型，现代企业制度下的产品制造业企业，不仅要将原始的材料转换为可以销售给单位或个人消费者的商品，而且要在市场经济的竞争中不断谋求发展，对其拥有的资产实现保值、增值。这就决定并要求制造业企业的管理是复杂且应该是完善的。对过去的交易、事项的结果和计划中的未来经营的可能效果进行分析、评价，是管理职能的精髓所在，而企业的会计作为一个为其内、外部利益相关者提供信息的职能部门，对制造业企业的经营过程进行核算，必定有助于这个过程的完善。

制造业企业是产品的生产单位，其完整的生产经营过程由供应过程、生产过程和销售过程所构成。企业要进行其生产经营活动，生产出适销对路的产品，就必须拥有一定数量的经营资金，而这些经营资金又都是从一定的来源渠道取得的。经营资金在生产经营过程中被具体运用时表现为不同的占用形态，一般可以分为货币资金、储备资金、生产资金、成品资金形态等，而且随着生产经营过程的不断进行，这些资金形态不断转化，形成经营资金的循环与周转。

企业首先要从各种渠道筹集生产经营所需要的资金，完成筹资任务，即所有者权益资金筹集业务和发展资金筹集业务。筹集的资金投入企业，企业就可以运用这些资金开展正常的经营业务，进入供应、生产、销售过程。筹资的渠道主要包括接受投资人的投资和向债权人借入各种款项。

企业筹集到的资金最初一般表现为货币资金形态，也可以说，货币资金形态是资金运动的起点。企业筹集到的资金首先进入供应过程。供应过程是企业产品生产的准备过程。在这个过程中，企业用货币资金购买机器设备等劳动资料形成固定资产，购买原材料等劳动对象形成储备资金，为生产产品做好物资上的准备，货币资金分别转化为固定资金形态和储备资金形态。由于劳动资料大多是固定资产，一旦购买完成将长期供企业使用，因而供应过程的主要核算内容是用货币资金（或形成结算债务）购买原材料的业务，包括支付材料价款和税款、发生采购费用、计算采购成本、材料验收入库结转成本等。完成了供应过程的核算内容，为生产产品做好了各项准备，就进入了生产过程。

生产过程是制造业企业经营过程的中心环节。在生产过程中，劳动者借助劳动资料对劳动对象进行加工，生产出各种各样适销对路的产品，以满足社会的需要。生产过程既是产品的制造过程，又是物化劳动和活劳动的耗费过程，即费用、成本的发生过程。从消耗或加工对象的实物形态及其变化过程看，原材料等劳动对象通过加工形成在产品，而随着生产过程的不断进行，在产品终究要转化为产成品；从价值形态来看，生产过程中发生的各种耗费形成企业的生产费用。具体而言，为生产产品要耗费材料形成材料费用，耗费活劳动形成工资及福利等人工费用，使用厂房、机器设备等劳动资料形成折旧费用等，生产过程中发生的这些生产费用总和构成产品的生产成本（亦称制造成本）。制造业企业的资金形态从固定资金、储备资金和一部分货币资金形态转化为生产资金形态；随着生产过程的不断进行，产成品生产出来并验收入库之后，其资金形态又转化为成品资金形态。生产费用的发生、归集和分配，以及完工产品生产成本的计算等就构成了生产过程核算的基本内容。

销售过程是产品价值的实现过程。在销售过程中，企业通过销售产品，并按照销售价格与购买单位办理各种款项的结算，收回货款，从而使得成品资金形态转化为货币资金形态，回到了资金运动的起点状态，完成了资金的一次循环。另外，销售过程中还要发生各种诸如包装、广告等销售费用，因此，计算并及时缴纳各种销售税金，结转销售成本，也属于销售过程的核算内容。

对于制造业企业而言，生产并销售产品是其主要的经营业务，即主营业务。在主营业务之外，制造业企业还要发生一些诸如销售材料、出租固定资产等附营业务，以及进行对外投资以获得收益的投资业务。主营业务、其他业务以及投资业务构成了企业的全部经营业务。在营业活动之外，企业还会经常发生非营业业务，从而获得营业外的收入以及发生营业外的支出。企业在生产经营过程中所获得的各项收入遵循配比的要求抵偿了各项成本、费用之后的差额，形成企业的所得，即利润。企业实现的利润，一部分要以所得税的形式上缴国家，形成国家的财政收入；另一部分，即税后利润，要按照规定的程序在各有关方面进行合理分配。企业如果发生了亏损，还要按照规定的程序进行弥补。通过利润分配，一部分资金要退出企业，另一部分资金要以公积金等形式继续参加企业的资金周转。上述这些业务内容综合在一起，形成制造业企业会计核算的全部业务内容。

综合上述内容可知，企业在经营过程中发生的主要经济业务包括所有者权益资金筹集业务、负债资金筹集业务、供应过程业务、生产过程业务、销售过程业务、财务成果形成业务、财务成果分配业务。

上述七种业务我们将分两章进行阐述。本章将围绕制造业企业在经营过程中所发生的供应过程、生产过程和销售过程的经济业务的处理进行阐述。

第二节　供应过程业务的核算

资金在企业经营过程的不同阶段，其运动的方式和表现的形态不同，因而核算的内容也就不同。我们一般将企业的经营过程划分为供应过程、生产过程和销售过程，其中，供应过程是为生产产品做准备的过程。为了生产产品，就要做好多方面的物资准备工作，其中较为重要的就是准备劳动资料（即购建固定资产）和准备劳动对象（即购买原材料等）。

一、固定资产购置业务的核算

企业在其经营过程中，需要使用不同的固定资产，如设备、房屋、车辆、工具器具等。因此，必须加强对固定资产的核算与管理。

（一）固定资产的含义及特征

固定资产是企业经营过程中使用的长期资产，包括房屋建筑物、机器设备、运输车辆以及工具器具等。《企业会计准则第4号——固定资产》规定，固定资产是指同时具有下列两个特征的有形资产：为生产商品、提供劳务、出租或经营管理而持有的；使用寿命超过一个会计年度。这里的使用寿命是指企业使用固定资产的预计期间，或者该固定资产所能生产产品或提供劳务的数量。

从固定资产的含义可以看出，固定资产具有以下特征。

（1）固定资产是有形资产。一般而言，企业所拥有的资产中，除了无形资产、应收款项外，都具有实物形态。对于固定资产来说，这一特征更为明显，也就是说，固定资产具有实物形态，可以看得见、摸得着。

（2）固定资产是企业为生产商品、提供劳务、出租或经营管理而持有，也就是说，企业持有固定资产不是为了对外投资或出售。这一特征将企业的固定资产与存货区别开来。

（3）固定资产的使用年限超过一年。一般来说，企业拥有的固定资产的耐用年限至少超过一年或超过一年的一个生产经营周期，且最终要废弃或重置。固定资产的这一特征体现了对固定资产计提折旧的必要性，同时也表明企业为了获得固定资产并把它投入生产经营活动而发生的支出属于资本性支出，而不是收益性支出。固定资产的这一特征，将其与流动资产区别开来。

（4）固定资产的单位价值较高。固定资产的这一特征将其与包装物、低值易耗品等周转材料区别开来。

固定资产是企业资产中比较重要的一部分内容。从一定程度上说，它代表着企业的生产能力和生产规模，因此，对其正确地加以确认与计量就成为会计核算过程中一个非常重要的内容。确认固定资产时应考虑：一是该固定资产包含的经济利益很可能流入企业；二是该固定资产的成本能够可靠地计量。

由于固定资产要长期地参加企业的生产经营活动，因而其价值周转与其实物补偿并不同步。固定资产的这一特点显然也不同于流动资产。由于固定资产的价值一部分随其磨损，脱离其实物形态，而另一部分仍束缚在使用价值形态上，因此，固定资产的计价可以用取得时的实际成本和经磨损之后的净值来同时表现。

（二）企业取得固定资产入账价值的确定

对固定资产进行核算，既要采用实物计量单位，从实物数量方面反映固定资产的增减变动情况，也要对固定资产进行货币计价，以便更好地确定固定资产的价值。正确地对固定资产进行货币计价，是合理地计提折旧、做好固定资产综合核算的必要条件。固定资产的计量是指以货币为计量单位计算固定资产的价值额，是进行固定资产价值核算的重要内容。为此,《企业会计准则第 4 号——固定资产》规定,固定资产应当按照成本计量。

固定资产取得时的实际成本是指企业单位购建固定资产达到预定可使用状态前所发生的一切合理的、必要的支出。它反映的是固定资产处于可使用状态时的实际成本。对于所建造的固定资产已达到预定可使用状态,但尚未办理竣工决算的,会计制度规定应自达到预定可使用状态之日起,根据工程决算、造价或工程实际成本等相关资料,按估计的价值转入固定资产,并计提折旧。这就意味着是否达到"预定可使用状态"是衡量可否作为固定资产进行核算和管理的标准,而不再拘泥于"竣工决算"这个标准。这也是实质重于形式原则的一个具体应用。企业的固定资产在达到预定可使用状态前发生的一切合理的、必要的支出中既有直接发生的,如支付的固定资产的买价、包装费、运杂费、安装费等,也有间接发生的,如固定资产建造过程中应予以资本化的借款利息等。这些直接的和间接的支出对形成固定资产的生产能力都有一定的作用,理应计入固定资产的价值。一般来说,构成固定资产取得时实际成本的具体内容包括买价、运输费、保险费、包装费、安装成本等。

由于企业单位可以从各种渠道取得固定资产,而不同的渠道形成的固定资产,其价值构成的具体内容可能不同,因而,固定资产取得时的入账价值应根据具体情况和涉及的具体内容分别确定。其中,外购固定资产的成本包括购买价款、进口关税和其他税费,使固定资产达到预定可使用状态前所发生的可归属于该项资产的场地整理费、运输费、装卸费、安装费和专业人员服务费等(以一笔款项购入多项没有单独标价的固定资产,应当按照各项固定资产公允价值比例对总成本进行分配,分别确定各项固定资产的成本)。购买固定资产的价款超过正常信用条件而延期支付的,实质上具有融资性质。固定资产的成本以购买价款的现值为基础确定,实际支付的价款与购买价款之间的差额除应资本化的以外,应当在信用期间内计入当期损益。自行建造完成的固定资产,以建造该项固定资产达到预定可使用状态前所发生的一切合理的、必要的支出作为其入账价值。至于其他途径,如接受投资取得固定资产、接受抵债取得固定资产等的入账价值的确定将在其他有关专业课程中介绍。

(三)固定资产的核算

为了核算企业购买和自行建造完成固定资产价值的变动过程及其结果,需要设置以下账户。

(1)"固定资产"账户。该账户属于资产类,用来核算企业持有固定资产原价的增减变动及其结余情况。该账户的借方登记固定资产原价的增加,贷方登记固定资产原价的减少。期末余额在借方,表示固定资产原价的结余额。该账户应按照固定资产的种类设置明细账户,进行明细分类核算。在使用该账户时,只有固定资产达到预定可使用状态,其原价已经形成,才可以记入"固定资产"账户。

"固定资产"账户的结构如下:

固定资产	
固定资产取得成本的增加	固定资产取得成本的减少
期末余额:原价的结余	

(2)"在建工程"账户。该账户属于资产类,用来核算企业单位为进行固定资产基建、安装、技术改造以及大修理等工程而发生的全部支出(包括安装设备的价值),并据以计算确定各该工程成本。该账户的借方登记工程发生的全部支出,贷方登记结转完工工程的成本。期末余额在借方,表示未完工工程的成本。"在建工程"账户应按工程内容,如建筑工程、安装工程、在安装设备、待摊支出以及单项工程等设置明细账户,进行明细核算。

"在建工程"账户的结构如下:

在建工程	
工程发生的全部支出	结转完工工程成本
期末余额:未完工工程成本	

企业单位购买的固定资产,有的购买完成之后当即可以投入使用,也就是当即达到预定可使用状态,因而可以立即形成固定资产;有的安装之后方可投入使用。对于需要安装的固定资产,在交付使用之前,也就是达到预定可使用状态之前,由于没有形成其完整的取得成本(原始价值),因而必须通过"在建工程"账户进行核算,同时在购建过程中所发生的全部支出都应归集在"在建工程"账户,待工程达到可使用状态形成固定资产之后,方可将该工程成本从"在建工程"账户转入"固定资产"账户。由此可以看出,这两种情况在核算上是有区别的。因此,在对固定资产进行核算时,一般将其区分为不需要安装固定资产和需要安装固定资产进行处理。

以下分别举例说明企业购买的不需要安装固定资产和需要安装固定资产的核算内容。

【例 4-1】星海股份有限公司购入一台不需要安装的设备,该设备的买价为 362 500 元,增值税为 47 125 元,包装运杂费①等为 5 800 元,全部款项通过银行支付,设备当即投入使用。

这是一台不需要安装的设备,购买完成之后就意味着达到了预定可使用状态。在购买过程中发生的全部支出合计 415 425(362 500+47 125+5 800)元,其中 368 300(362 500+5 800)元形成固定资产的取得成本。这项经济业务的发生,一方面使得公司固定资产取得成本增加 368 300 元,应交增值税进项税额增加 47 125 元;另一方面使得公司的银行存款减少 415 425 元。该笔业务涉及"固定资产""应交税费"和"银行存款"三个账户。固定资产的增加是资产的增加,增值税进项税额的增加是负债的减少,应分别记入"固定资产"和"应交税费"账户的借方;银行存款的减少是资产的减少,应记入"银行存款"账户的贷方。因而这项经济业务应编制的会计分录如下:

借:固定资产　　　　　　　　　　　　　　　　368 300
　　应交税费——应交增值税(进项税额)　　　 47 125
　　贷:银行存款　　　　　　　　　　　　　　　415 425

【例 4-2】星海股份有限公司用银行存款购入一台需要安装的设备,有关发票等凭证显示其买价为 1 392 000 元,税金为 180 960 元,包装运杂费等 14 500 元,设备投入安装。

由于这是一台需要安装的设备,因而购买过程中发生的各项支出构成购置固定资产的安装工程成本。在设备达到预定可用状态前这些支出应先在"在建工程"账户中进行归集。

---

① 本书例题中的运费均不考虑增值税的问题。

因而，这项经济业务的发生，一方面使得公司的在建工程支出增加 1 406 500（1 392 000+14 500）元，应交税费进项税额增加 180 960 元；另一方面使得公司的银行存款减少 1 587 460（1 392 000+ 180 960+14 500）元。该笔业务涉及"在建工程""应交税费"和"银行存款"三个账户。在建工程支出的增加是资产的增加，应记入"在建工程"账户的借方；增值税进项税额的增加是负债的减少，应记入"应交税费"账户的借方；银行存款的减少是资产的减少，应记入"银行存款"账户的贷方。因而这项经济业务应编制的会计分录如下：

借：在建工程　　　　　　　　　　　　　　　　　　　　1 406 500
　　应交税费——应交增值税（进项税额）　　　　　　　　180 960
　　贷：银行存款　　　　　　　　　　　　　　　　　　　　　1 587 460

【例 4-3】承前例，星海股份有限公司的上述设备在安装过程中发生的安装费如下：领用本企业的原材料 34 800 元，应付本企业安装工人的薪酬为 66 120 元。

设备在安装过程中发生的安装费也构成固定资产安装工程支出。这项经济业务的发生，一方面使得公司固定资产安装工程支出（安装费）增加 100 920（34 800+66 120）元；另一方面使得公司的原材料成本减少 34 800 元，应付职工薪酬增加 66 120 元。该笔业务涉及"在建工程""原材料""应付职工薪酬"三个账户。在建工程支出的增加是资产的增加，应记入"在建工程"账户的借方；原材料的减少是资产的减少，应记入"原材料"账户的贷方；未付职工薪酬的增加是负债的增加，应记入"应付职工薪酬"账户的贷方。因而这项经济业务应编制的会计分录如下：

借：在建工程　　　　　　　　　　　　　　　　　　　　　100 920
　　贷：原材料　　　　　　　　　　　　　　　　　　　　　　　34 800
　　　　应付职工薪酬　　　　　　　　　　　　　　　　　　　　66 120

【例 4-4】承前例，上述设备安装完毕，达到预定可使用状态，并经验收合格办理竣工决算手续，现已交付使用，结转工程成本。

工程安装完毕，交付使用，意味着固定资产的取得成本已经形成，就可以将该工程在安装过程中发生的全部支出转入"固定资产"账户。在本例题中，其工程的全部成本为 1 507 420（1 406 500+100 920）元。这项经济业务的发生，一方面使得公司固定资产取得成本增加 1 507 420 元，另一方面使得公司的在建工程成本减少 1 507 420 元。该笔业务涉及"固定资产"和"在建工程"两个账户。固定资产取得成本的增加是资产的增加，应记入"固定资产"账户的借方；在建工程成本的结转是资产的减少，应记入"在建工程"账户的贷方。这项经济业务应编制的会计分录如下：

借：固定资产　　　　　　　　　　　　　　　　　　　　　1 507 420
　　贷：在建工程　　　　　　　　　　　　　　　　　　　　　1 507 420

【例 4-5】某企业赊购一台不需要安装的设备（假设该设备不涉及增值税），其购买价款 261 000 元，设备当即交付使用。

这是一台不需要安装的设备，购买完成即意味着达到可用状态。与此同时，设备价款没有支付，就形成了企业的应付账款。这项经济业务的发生，一方面使得企业的固定资产增加，应记入"固定资产"账户的借方；另一方面使得企业的应付账款增加，应记入"应付账款"账户的贷方。这项经济业务应编制的会计分录如下：

借：固定资产　　　　　　　　　　　　　　　　　　　　　261 000
　　贷：应付账款　　　　　　　　　　　　　　　　　　　　　261 000

综上所述，星海股份有限公司固定资产购置业务的总分类核算过程如图4-1所示。

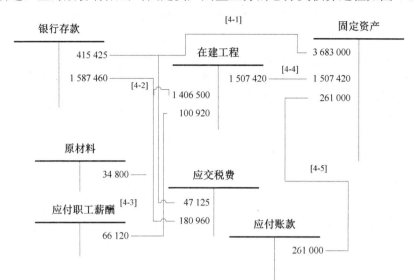

图 4-1　固定资产购置核算

二、材料采购业务的核算

企业要进行正常的产品生产经营活动，就必须购买和储备一定品种和数量的原材料。原材料是制造业企业生产产品不可缺少的物质要素。在生产过程中，材料经过加工而改变其原来的实物形态，构成产品实体的一部分，或者实物消失但有助于产品的生产。因此，产品制造企业要有计划地采购材料，既要保证及时、按质、按量地满足生产上的需要，同时又要避免储备过多，不必要地占用资金。

企业储存备用的材料，通常都是向外单位采购而得。在材料采购过程中，一方面是企业从供应单位购进各种材料，要计算购进材料的采购成本；另一方面企业要按照经济合同和约定的结算办法支付材料的买价和各种采购费用，并与供应单位发生货款结算关系。在材料采购业务的核算过程中，还涉及增值税进项税额的计算与处理问题。为了完成材料采购业务的核算，需要设置一系列的账户。

按照《企业会计准则第 1 号——存货》的要求，存货应当按照成本进行初始计量，存货的成本包括采购成本、加工成本和其他成本。其中，存货的采购成本是指在采购过程中所发生的支出，包括购买价款、相关税费、运输费、装卸费、保险费以及其他可归属于存货采购成本的费用。对于制造业企业原材料的核算，其中一个非常重要的问题就是原材料成本的确定，包括取得原材料成本的确定和发出原材料成本的确定。对于取得原材料成本的确定，通过不同方式取得的原材料，其成本的确定方法不同，成本构成内容也不同。购入的原材料，其实际采购成本由以下几项内容组成。

（1）购买价款，是指购货发票所注明的货款金额。

（2）采购过程中发生的运杂费，包括运输费、包装费、装卸费、保险费、仓储费等，不包括按规定根据运输费的一定比例计算的可抵扣的增值税额。

(3) 材料在运输途中发生的合理损耗[1]。

(4) 材料入库之前发生的整理挑选费用，包括整理挑选中发生的人工费支出和必要的损耗，并减去回收的下脚废料价值。

(5) 按规定应计入材料采购成本中的各种税金，如从国外进口材料支付的关税等。

(6) 其他费用，如大宗物资的市内运杂费等。这里需要注意的是市内零星运杂费、采购人员的差旅费以及采购机构的经费等不构成材料的采购成本，而是计入期间费用。

以上第（1）项应当直接计入所购材料的采购成本。第（2）、（3）、（4）、（5）、（6）项中，凡能分清的，可以直接计入材料的采购成本；不能分清的，应按材料的重量等标准分配计入材料采购成本。

对于材料采购过程中发生的物资毁损、短缺等，合理损耗部分应当作为材料采购费用计入材料的采购成本；其他损耗如从供应单位、外部运输机构等收回的物资短缺、毁损赔款，不得计入材料采购成本，而应冲减材料采购成本。

按照我国会计规范的规定，企业的原材料可以按照实际成本计价组织收发核算，也可以按照计划成本计价组织收发核算，具体采用哪一种方法，由企业根据具体情况自行决定。

（一）原材料按实际成本计价的核算

当企业的经营规模较小，原材料的种类不是很多，而且原材料的收、发业务的发生也不是很频繁时，可以按照实际成本计价方法组织原材料的收、发核算。原材料按照实际成本计价方法进行日常的收、发核算，其特点是从材料的收、发凭证到材料明细分类账和总分类账全部按实际成本计价。

$$购入材料的实际采购成本 = 实际买价 + 采购费用 \qquad (4-1)$$

原材料按实际成本计价组织收、发核算时应设置以下几个账户。

(1) "在途物资"账户。该账户属于资产类，用来核算企业外购材料的买价和各种采购费用，并据以计算确定购入材料的实际采购成本。该账户的借方登记购入材料的买价和采购费用（实际采购成本），贷方登记结转完成采购过程、验收入库材料的实际采购成本。期末余额在借方，表示尚未运达企业或者已经运达企业但尚未验收入库的在途材料的成本。"在途物资"账户应按照购入材料的品种或种类设置明细账户，进行明细分类核算。

"在途物资"账户的结构如下：

在途物资	
购入材料的买价和采购费用	结转完成采购过程、验收入库材料的实际采购成本
期末余额： 在途材料成本	

对于"在途物资"账户，在具体使用时，要注意以下两个问题。

① 对于购入尚未入库的材料，不论是否已经付款，一般都应该先记入该账户，在材料

---

[1] 材料在运输途中发生的损耗包括合理损耗、不合理损耗和意外损耗等。其中，合理损耗计入材料采购成本，不合理损耗应向责任人或责任单位索取赔偿，意外损耗扣除保险公司给予的赔偿以及残值后的净损失计入营业外支出，除以上各项以外的其他损失计入管理费用。

验收入库结转成本时，再将其成本转入"原材料"账户。

② 购入材料过程中发生的除买价之外的采购费用，如果能够分清是由某种材料直接负担的，可直接计入该材料的采购成本，否则就应进行分配。分配时，首先根据材料的特点确定分配的标准（一般来说，可以选择的分配标准有材料的重量、体积、买价等），然后计算材料采购费用分配率，最后计算各种材料的采购费用负担额，即

$$材料采购费用分配率=共同性采购费用额÷分配标准的合计数 \qquad (4-2)$$

$$某材料应负担的采购费用额=该材料的分配标准×材料采购费用分配率 \qquad (4-3)$$

（2）"原材料"账户。该账户属于资产类，是用来核算企业库存原材料实际成本的增减变动及其结存情况的账户。该账户的借方登记已验收入库材料实际成本的增加，贷方登记发出材料的实际成本（即库存材料实际成本的减少）。期末余额在借方，表示库存材料实际成本的期末结余额。"原材料"账户应按照材料的保管地点、材料的种类或类别设置明细账户，进行明细分类核算。

"原材料"账户的结构如下：

原材料	
已验收入库材料实际成本的增加	库存材料实际成本的减少
期末余额：库存材料实际成本结余额	

（3）"应付账款"账户。该账户属于负债类，用来核算企业因购买原材料、商品和接受劳务供应等经营活动应支付的款项。该账户的贷方登记应付供应单位款项（买价、税金和代垫运杂费等）的增加，借方登记应付供应单位款项的减少（即偿还）。期末余额一般在贷方，表示尚未偿还的应付款的结余额。该账户应按照供应单位的名称设置明细账户，进行明细分类核算。

"应付账款"账户的结构如下：

应付账款	
应付供应单位款项的减少	应付供应单位款项的增加
	期末余额：尚未偿还的应付款结余额

（4）"预付账款"账户。该账户属于资产类，用来核算企业按照合同规定向供应单位预付购料款而与供应单位发生的结算债权的增减变动及其结余情况。该账户的借方登记结算债权的增加（即预付款的增加），贷方登记收到供应单位提供的材料物资而应冲销的预付款债权（即预付款的减少）。期末余额一般在借方，表示尚未结算的预付款的结余额。该账户应按照供应单位的名称设置明细账户，进行明细分类核算。

"预付账款"账户的结构如下:

预付账款	
预付款的增加	预付款的减少
期末余额: 尚未结算的预付款结余额	

(5)"应付票据"账户。该账户属于负债类,用来核算企业采用商业汇票结算方式购买材料物资等而开出、承兑商业汇票的增减变动及其结余情况。该账户的贷方登记企业开出、承兑商业汇票的增加,借方登记到期商业汇票的减少。期末余额在贷方,表示尚未到期的商业汇票的期末结余额。该账户应按照债权人的不同设置明细账户,进行明细核算,同时设置"应付票据备查簿",详细登记商业汇票的种类、号数、出票日期、到期日、票面金额、交易合同号和收款人姓名或收款单位名称,以及付款日期和金额等资料。应付票据到期结清时,在备查簿中注销。

"应付票据"账户的结构如下:

应付票据	
到期商业汇票的减少(不论是否已经付款)	开出、承兑商业汇票的增加
	期末余额: 尚未到期商业汇票的结余额

应付票据是由出票人出票、承兑人承兑、付款人在指定日期无条件支付确定的金额给收款人或持票人的商业汇票。我国商业汇票的付款期限最长不超过 6 个月。商业汇票按承兑人的不同可以分为商业承兑汇票和银行承兑汇票。商业承兑汇票可由付款人或收款人签发,其承兑人应为付款人,为收款人或被背书人所持有。银行承兑汇票是由收款人或承兑申请人签发,由承兑申请人向其开户银行申请承兑,经银行审查同意承兑的汇票。

(6)"应交税费"账户。该账户属于负债类,用来核算企业按税法规定应缴纳的各种税费(印花税等不需要预计税额的税种除外)与实际缴纳情况。该账户的贷方登记计算出的各种应交而未交税费的增加,包括计算出的增值税、消费税、城市维护建设税、所得税、资源税、房产税、土地使用税、车船使用税、教育费附加、矿产资源补偿费等;借方登记实际缴纳的各种税费,包括支付的增值税进项税额。期末余额方向不固定,如果在贷方,表示未交税费的结余额;如果在借方,表示多交的税费。"应交税费"账户应按照税费种类设置明细账户,进行明细分类核算。

在材料采购业务中设置"应交税费"账户主要是核算增值税。增值税是对在我国境内销售货物或者提供劳务,以及进口货物的单位和个人,就其取得的货物或应税劳务销售额计算税款,并实行税款抵扣制的一种流转税。增值税是对商品生产或流通各个环节的新增价值或商品附加值进行征税。增值税是一种价外税,采取两段征收法,分为增值税进项税额和销项税额。当期应纳税额=当期销项税额-当期进项税额。其中,销项税额是指纳税人销售货物或提供应税劳务,按照销售额和规定的税率计算并向购买方收取的增值税额,销项税额=销售货物或劳务价款×增值税税率。进项税额是指纳税人购进货物或接受应税劳务所支付或负担的增值税额，进项税额=购进货物或劳务价款×增值税税率。增值税的进项税额与销项税额是相对应的，销售方的销项税额就是购买方的进项税额。

"应交税费"账户的结构如下：

应交税费	
实际缴纳的各种 税费 （增值税进项税额）	计算出的应交而 未交税费的增加 （增值税销项税额）
期末余额： 多交的税费	期末余额： 未交税费的结余额

下面举例说明原材料按实际成本计价业务的总分类核算。

【例 4-6】星海股份有限公司从友谊工厂购入下列材料：甲材料 5 000 千克，单价为 69.60 元；乙材料 2 000 千克，单价为 55.10 元，增值税税率为 13%，全部款项通过银行付清。

对于这项经济业务，首先要计算购入材料的买价和增值税进项税额。甲材料的买价为 348 000（69.60×5 000）元，乙材料的买价为 110 200（55.10×2 000）元，甲、乙两种材料的买价共计 458 200（348 000+110 200）元，增值税进项税额为 59 566（458 200×13%）元。这项经济业务的发生，一方面使得公司购入甲材料的买价增加 348 000 元，乙材料的买价增加 110 200 元，增值税进项税额增加 59 566 元；另一方面使得公司的银行存款减少 517 766（348 000+110 200+ 59 566）元。该笔业务涉及"在途物资""应交税费——应交增值税""银行存款"三个账户。材料买价的增加是资产的增加，应记入"在途物资"账户的借方；增值税进项税额的增加是负债的减少，应记入"应交税费——应交增值税"明细账户的借方；银行存款的减少是资产的减少，应记入"银行存款"账户的贷方。这项业务应编制的会计分录如下：

  借：在途物资——甲材料　　　　　　　　　　　348 000
      ——乙材料　　　　　　　　　　　110 200
   应交税费——应交增值税（进项税额）　　　　59 566
   贷：银行存款　　　　　　　　　　　　　　　517 766

【例 4-7】星海股份有限公司用银行存款 20 300 元支付上述购入甲、乙材料的外地运杂费，按照材料的重量比例进行分配。

首先需要对甲、乙材料应共同负担的 20 300 元外地运杂费进行分配：

$$\text{分配率} = 20\ 300 \div (5\ 000 + 2\ 000) = 2.90\ （元/千克）$$

$$\text{甲材料负担的采购费用} = 5\ 000 \times 2.90 = 14\ 500\ （元）$$

$$\text{乙材料负担的采购费用} = 2\ 000 \times 2.90 = 5\ 800\ （元）$$

这项经济业务的发生，一方面使得公司的材料采购成本增加 20 300 元，其中甲材料采购成本增加 14 500 元，乙材料采购成本增加 5 800 元；另一方面使得公司的银行存款减少 20 300 元。该项业务涉及"在途物资"和"银行存款"两个账户。材料采购成本的增加是资产的增加，应记入"在途物资"账户的借方；银行存款的减少是资产的减少，应记入"银行存款"账户的贷方。这项业务应编制的会计分录如下：

  借：在途物资——甲材料　　　　　　　　　　　14 500
      ——乙材料　　　　　　　　　　　5 800
   贷：银行存款　　　　　　　　　　　　　　　20 300

【例 4-8】星海股份有限公司从红星工厂购进丙材料 7 200 千克，发票注明的价款为 626 400 元，增值税税额为 81 432（626 400×13%）元，红星工厂代该公司垫付材料的运杂费 11 600 元。材料已运达企业并已验收入库。账单、发票已到，但材料价款、税金及运杂费尚未支付。

这项经济业务的发生，一方面使得公司的材料采购成本增加计 638 000（626 400+11 600）元，增值税进项税额增加 81 432 元；另一方面使得公司应付供应单位款项增加计 719 432（638 000+81 432）元。因此，这项经济业务涉及"在途物资""应交税费——应交增值税""应付账款"三个账户。材料采购成本的增加是资产的增加，应记入"在途物资"账户的借方；增值税进项税额的增加是负债的减少，应记入"应交税费——应交增值税"账户的借方；应付账款的增加是负债的增加，应记入"应付账款"账户的贷方。这项经济业务应编制的会计分录如下：

借：在途物资——丙材料　　　　　　　　　　　　　638 000
　　应交税费——应交增值税（进项税额）　　　　　　81 432
　　贷：应付账款——红星工厂　　　　　　　　　　　719 432

【例 4-9】星海股份有限公司按照合同规定用银行存款预付给胜利工厂订货款 522 000 元。

这项经济业务的发生，一方面使得公司预付的订货款增加 522 000 元；另一方面使得公司的银行存款减少 522 000 元。该笔业务涉及"预付账款"和"银行存款"两个账户。预付订货款的增加是资产（债权）的增加，应记入"预付账款"账户的借方；银行存款的减少是资产的减少，应记入"银行存款"账户的贷方。这项经济业务应编制的会计分录如下：

借：预付账款——胜利工厂　　　　　　　　　　　　522 000
　　贷：银行存款　　　　　　　　　　　　　　　　　522 000

【例 4-10】星海股份有限公司收到胜利工厂发运来的、前已预付货款的丙材料，并验收入库。随货物附来的发票注明该批丙材料的价款为 1 218 000 元，增值税进项税额为 158 340 元，除冲销原预付款 522 000 元外，不足款项立即用银行存款支付。另外，发生运杂费 14 500 元，用现金支付。

这项经济业务的发生，一方面使得公司的材料采购支出（丙材料的买价和采购费用）增加 1 232 500（1 218 000+14 500）元，增值税进项税额增加 158 340 元；另一方面使得公司的预付款减少 522 000 元，银行存款减少 854 340（1 218 000+158 340-522 000）元，库存现金减少 14 500 元。该笔业务涉及"在途物资""应交税费——应交增值税""预付账款""银行存款""库存现金"五个账户。材料采购支出的增加是资产的增加，应记入"在途物资"账户的借方；增值税进项税额的增加是负债的减少，应记入"应交税费——应交增值税"账户的借方；预付款的减少是资产的减少，应记入"预付账款"账户的贷方；银行存款的减少是资产的减少，应记入"银行存款"账户的贷方；现金的减少是资产的减少，应记入"库存现金"账户的贷方。这项经济业务应编制的会计分录如下：

借：在途物资——丙材料　　　　　　　　　　　　　1 232 500
　　应交税费——应交增值税（进项税额）　　　　　　158 340
　　贷：预付账款——胜利工厂　　　　　　　　　　　522 000
　　　　银行存款　　　　　　　　　　　　　　　　　854 340
　　　　库存现金　　　　　　　　　　　　　　　　　 14 500

这里请注意，这项经济业务所编制的会计分录是多借多贷的会计分录，要结合经济业务内容理解所涉及的各个账户之间的对应关系。

【例 4-11】星海股份有限公司签发并承兑一张商业汇票购入丁材料，该批材料的含税总价款为 1 173 166 元，增值税税率为 13%，材料未到。

这笔业务中出现的是含税总价款 1 173 166 元，应将其分解为不含税价款和税额两部分：

不含税价款=含税价款÷(1+税率)=1 173 166÷(1+13%)=1 038 200（元）

增值税额=1 173 166-1 038 200=134 966（元）

这项经济业务的发生，一方面使得公司的材料采购支出增加 1 038 200 元，增值税进项税额增加 134 966 元；另一方面使得公司的应付票据增加 1 173 166 元。该笔业务涉及"在途物资""应交税费——应交增值税""应付票据"三个账户。材料采购支出的增加是资产的增加，应记入"在途物资"账户的借方；增值税进项税额的增加是负债的减少，应记入"应交税费——应交增值税"账户的借方；应付票据的增加是负债的增加，应记入"应付票据"账户的贷方。这项经济业务应编制的会计分录如下：

借：在途物资——丁材料　　　　　　　　　　　　1 038 200
　　应交税费——应交增值税（进项税额）　　　　　 134 966
　　贷：应付票据　　　　　　　　　　　　　　　　　　　1 173 166

【例 4-12】星海股份有限公司签发并承兑一张商业汇票，用以抵付本月（例 4-8）从红星工厂购入丙材料的价税款和代垫的运杂费。

本月从红星工厂购入的丙材料的价款为 626 400 元，增值税为 81 432（626 400×13%）元，代垫运杂费为 11 600 元，合计为 719 432 元。这项经济业务的发生，一方面使得公司的应付账款减少 719 432 元；另一方面使得公司的应付票据增加 719 432 元。该笔业务涉及"应付账款"和"应付票据"两个账户。应付账款的减少是负债的减少，应记入"应付账款"账户的借方；应付票据的增加是负债的增加，应记入"应付票据"账户的贷方。这项经济业务应编制的会计分录如下：

借：应付账款——红星工厂　　　　　　　　　　　　719 432
　　贷：应付票据　　　　　　　　　　　　　　　　　　　　719 432

【例 4-13】本月购入的甲、乙、丙、丁材料已经验收入库，结转各种材料的实际采购成本。

首先计算本月购入的各种材料的实际采购成本：

甲材料实际采购成本=348 000+14 500=362 500（元）

乙材料实际采购成本=110 200+5 800=116 000（元）

丙材料实际采购成本=626 400+11 600+1 218 000+14 500=1 870 500（元）

丁材料实际采购成本为 1 038 200 元。

这项经济业务的发生，一方面使得公司已验收入库材料的实际采购成本增加 3 387 200（362 500+116 000+1 870 500+1 038 200）元；另一方面使得公司的材料采购支出结转 3 387 200 元。该笔业务涉及"原材料"和"在途物资"两个账户。库存材料实际成本的增加是资产的增加，应记入"原材料"账户的借方；材料采购支出的结转是资产的减少，应记入"在途物资"账户的贷方。这项经济业务应编制的会计分录如下：

借：原材料——甲材料　　　　　　　　　　　　　362 500
　　　　——乙材料　　　　　　　　　　　　　116 000
　　　　——丙材料　　　　　　　　　　　　1 870 500
　　　　——丁材料　　　　　　　　　　　　1 038 200
　　贷：在途物资——甲材料　　　　　　　　　　　362 500
　　　　　　——乙材料　　　　　　　　　　　　116 000
　　　　　　——丙材料　　　　　　　　　　　1 870 500
　　　　　　——丁材料　　　　　　　　　　　1 038 200

综上所述,星海股份有限公司购入材料按实际成本计价业务的总分类核算过程如图 4-2 所示。

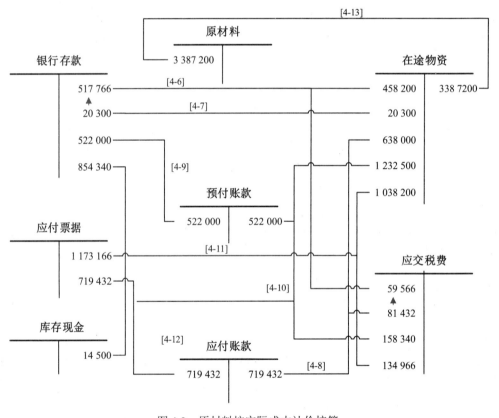

图 4-2　原材料按实际成本计价核算

（二）原材料按计划成本计价的核算

前面我们已经对原材料按实际成本计价核算的内容作了比较全面的介绍。材料按照实际成本进行计价核算，能够比较全面、完整地反映材料资金的实际占用情况，可以准确地计算出生产过程所生产产品的成本中的材料费用额。但是，当企业材料的种类比较多，收发次数又比较频繁时，其核算的工作量就比较大，而且也不便于考核材料采购业务成果，分析材料采购计划的完成情况。因此，在我国一些大、中型制造业企业中，材料就可以按照计划成本计价组织收、发核算。材料按计划成本计价进行核算，就是材料的收发凭证按计划成本计价，材料总账及明细账均按计划成本登记，通过增设"材料成本差异"账户来核算材料实际成本与计划成本之间的差异额，并在会计期末对计划成本进行调整，以确定库存材料的实际成本和发出材料应负担的差异额，进而确定发出材料的实际成本。

具体地说，材料按计划成本组织收、发核算的基本程序如下。

首先，企业应根据各种原材料的特点、实际采购成本等资料确定原材料的计划单位成本。计划单位成本一经确定，在年度内一般不作调整。

其次，平时购入或其他方式取得原材料，按其计划成本和计划成本与实际成本之间的差异额分别在有关账户中进行分类登记。

再次，平时发出的材料按计划成本核算，月末再将本月发出材料应负担的差异额进行分摊，随同本月发出材料的计划成本记入有关账户，其目的就在于将不同用途消耗的原材料的计划成本调整为实际成本。发出材料应负担的差异额必须按月分摊，不得在季末或年末一次分摊。另外，企业会计准则规定，对于发出材料应负担的成本差异，除委托外部加工物资而发出的材料可按上月（即月初）差异率计算外，都应使用当月的差异率，除非当月差异率与上月差异率相差不大。

原材料按计划成本组织收、发核算时，应设置以下几个账户。

（1）"原材料"账户。原材料按计划成本核算所设置的"原材料"账户与按实际成本核算设置的"原材料"账户基本相同，只是将其实际成本改为计划成本，即"原材料"账户的借方、贷方和期末余额均表示材料的计划成本。

（2）"材料采购"账户。该账户是资产类，用来核算企业购入材料的实际成本和结转入库材料的计划成本，并据以计算确定购入材料成本差异额。该账户的借方登记购入材料的实际成本和结转入库材料实际成本小于计划成本的节约差异，贷方登记入库材料的计划成本和结转入库材料的实际成本大于计划成本的超支差异。期末余额在借方，表示在途材料的实际成本。该账户应按照材料的种类设置明细账户，进行明细分类核算。

"材料采购"账户的结构如下：

材料采购

（1）购入材料的实际采购成本	（1）结转入库材料的计划成本
（2）结转入库材料的节约差异额	（2）结转入库材料的超支差异额
期末余额：在途材料的实际成本	

（3）"材料成本差异"账户。该账户是资产类（比较特殊，注意理解），是用来核算企业库存材料实际成本与计划成本之间的超支差异额或节约差异额的增减变动及其结余情况的账户。该账户的借方登记结转入库材料的超支差异额和结转发出材料应负担的节约差异额（实际成本小于计划成本的差异），贷方登记结转入库材料的节约差异额和结转发出材料应负担的超支差异额（实际成本大于计划成本的差异额）。期末余额如果在借方，表示库存材料的超支差异额；如果在贷方，表示库存材料的节约差异额。

"材料成本差异"账户的结构如下：

材料成本差异

（1）结转入库材料的超支差异额	（1）结转入库材料的节约差异额
（2）结转发出材料应负担的节约差异额	（2）结转发出材料负担的超支差异额
期末余额：库存材料的超支差异额	期末余额：库存材料的节约差异额

材料按计划成本计价核算，除上述三个账户外，其他的账户与材料按实际成本计价核算所涉及的账户相同。

下面举例说明原材料按计划成本计价的总分类核算。

【例 4-14】星海股份有限公司用银行存款购入甲材料 3 000 千克，发票注明其价款为 348 000 元，增值税额为 45 240 元。另外用现金 8 700 元支付该批甲材料的运杂费。

这项经济业务的发生，一方面使得公司的材料采购支出增加计 356 700（348 000+8 700）元，增值税进项税额增加 45 240 元；另一方面使得公司的银行存款减少 393 240（348 000+45 240）元，库存现金减少 8 700 元。该笔业务涉及"材料采购""应交税费""银行存款""库存现金"四个账户。材料采购支出的增加是资产的增加，应记入"材料采购"账户的借方；增值税进项税额的增加是负债的减少，应记入"应交税费——应交增值税"账户的借方；银行存款的减少是资产的减少，应记入"银行存款"账户的贷方；现金的减少是资产的减少，应记入"库存现金"账户的贷方。这笔经济业务应编制的会计分录如下：

```
借：材料采购——甲材料                       356 700
    应交税费——应交增值税（进项税额）         45 240
    贷：银行存款                             393 240
        库存现金                               8 700
```

【例 4-15】承前例，上述甲材料验收入库，其计划成本为 348 000 元，结转该批甲材料的计划成本和差异额。

由于该批甲材料的实际成本为 356 700 元，计划成本为 348 000 元，因而可以确定甲材料成本的超支差异额为 8 700（356 700-348 000）元。结转验收入库材料的计划成本，使得公司的材料采购支出（计划成本）减少 348 000 元和库存材料计划成本增加 348 000 元；结转入库材料成本超支差异额，使得库存材料成本超支差异额增加 8 700 元和材料采购支出减少 8 700 元。该笔业务涉及"原材料""材料采购""材料成本差异"三个账户。库存材料成本的增加是资产的增加，应记入"原材料"账户的借方；材料采购成本的结转是资产的减少，应记入"材料采购"账户的贷方。该项经济业务应编制如下两笔会计分录：

```
（1）借：原材料——甲材料                    348 000
       贷：材料采购——甲材料                348 000
（2）借：材料成本差异                          8 700
       贷：材料采购——甲材料                  8 700
```

假如本例中甲材料的计划成本为 362 500 元，则可以确定甲材料成本的节约差异额为 5 800（356 700-362 500）元，其会计分录为：

```
借：原材料——甲材料                         362 500
    贷：材料采购——甲材料                    362 500
```

借：材料采购——甲材料　　　　　　　　　　　　　　5 800
　　贷：材料成本差异　　　　　　　　　　　　　　　　　　5 800
或者将上述两笔分录合并为：
借：原材料——甲材料　　　　　　　　　　　　　　362 500
　　贷：材料采购——甲材料　　　　　　　　　　　　　　356 700
　　　　材料成本差异　　　　　　　　　　　　　　　　　　5 800

【例4-16】星海股份有限公司本月生产产品领用甲材料计划成本总额为535 000元(领用材料的会计分录略)。月末计算确定发出甲材料应负担的差异额，并予以结转。假设期初库存甲材料计划成本为870 000元，成本差异额为超支差异15 660元。

为了计算产品的实际生产成本，在会计期末，就需要将计划成本调整为实际成本。运用差异率对计划成本进行调整，可以求得实际成本。材料成本差异率的计算方法有两种，即

$$月初材料成本差异率 = \frac{月初库存材料成本差异额}{月初库存材料的计划成本} \times 100\% \quad (4-4)$$

$$本月材料成本差异率 = \frac{月初库存材料差异额+本月购入材料差异额}{月初库存材料计划成本+本月入库材料计划成本} \times 100\% \quad (4-5)$$

$$发出材料应负担的差异额 = 成本差异率 \times 发出材料的计划成本 \quad (4-6)$$

根据本例资料，采用本月差异率的计算公式可以得到：

$$本月材料成本差异率 = \frac{15\,660 + 8\,700}{870\,000 + 348\,000} \times 100\% = \frac{24\,360}{1\,218\,000} \times 100\% = 2\%$$

$$发出材料应负担的差异额 = 2\% \times 535\,000 = 10\,700（元）$$

结转发出材料应负担的差异额时，一方面应记入"生产成本"等账户的借方；另一方面应记入"材料成本差异"账户的贷方。如果是超支差异，则借记"生产成本"账户，贷记"材料成本差异"账户；如果是节约差异，则借记"材料成本差异"账户，贷记"生产成本"账户。本例中发出材料应负担的是超支差异额，所以编制的会计分录如下：

借：生产成本　　　　　　　　　　　　　　　　　　10 700
　　贷：材料成本差异　　　　　　　　　　　　　　　　　10 700

综上所述，星海股份有限公司原材料按计划成本计价的核算过程如图4-3所示。

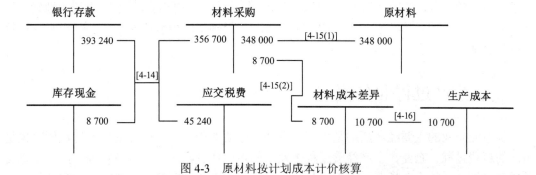

图4-3　原材料按计划成本计价核算

第三节　生产过程业务的核算

企业在其经营过程中要发生各种各样的费用，不仅在生产过程中会产生各种费用，供应过程和销售过程也是如此，只是以生产过程为重。因此，我们在介绍生产过程核算内容之前，有必要对费用的含义及其确认的有关内容作一个介绍。

费用是指企业在日常活动中所发生的、会导致所有者权益减少的、与向所有者分配利润无关的经济利益的总流出，其实质就是资产的耗费或债务的形成。从理论上说，企业之所以要发生各种资产的耗费，其内在的动因就是要取得各种收入。因此，费用的确认就应该与收入的确认保持一致。在会计上，有关收入和费用的确认基础包括划分收益性支出和资本性支出、配比原则和权责发生制会计处理基础等。

按照划分收益性支出和资本性支出的要求，当某项支出的受益期长于一个会计年度时，应将该项支出计入其所获得资产的价值，即将该项支出予以资本化；反之，则予以费用化，确认为该期间的费用。应该说，这个要求为费用的确认界定了一个总体的时间界限，但时间跨度太大，无法确定我们会计上的最基本时间单位（月）的费用界限。例如，一月初支付今、明两年的房租，如果按照该要求进行判断的话，这是一项收益性支出，但到底是在一月份付款时确认，还是在其他时间确认，就不得而知。因此，就需要一个更为具体的确认基础，这就是权责发生制会计处理基础。

权责发生制会计处理基础就是在支出的义务实际发生，即支出的效用真正发挥时进行确认，而不管其款项的具体支付时间。在实际工作中，义务的发生和款项的实际支付存在三种可能，即义务产生的同时支付款项、义务产生在先而款项的支付在后和义务的产生在后而款项的支付在先。对于后两种情况，我们就需要按照权责发生制会计处理基础的要求根据发挥效用的具体时间进行确认。据此，我们就可以对上述的举例做出解释：由于一月初支付的房租是为今、明两个年度服务的，也就是这项支出发挥效用的期间是今、明两个年度的各月内，因此，这项支出理所当然就应该由今、明两个年度内的各个月份分别负担，而不应该只由支付款项的一月份负担。

当然，权责发生制会计处理基础为我们解决了费用（收入也是如此）归属的具体会计期间的问题。在此基础上，我们还要依据配比原则的要求将已经有了归属期间的收入和费用进行彼此的结合，即所谓的"收入应与其相关的成本、费用相互配比"，以正确地确定该期间内各项业务的具体结果。其后的有关收入和费用确认的内容都是在上述几个会计核算基础的总体要求下所产生的具体结果。

一、生产过程业务概述

制造业企业的主要经济活动是生产符合社会需要的产品，而产品的生产过程同时也是生产的耗费过程。企业在生产经营过程中发生的各项耗费，是企业为获得收入而预先垫支并需要得到补偿的资金耗费，因而也是收入形成、实现的必要条件。企业要生产产品，就要发生各种生产耗费，包括生产资料中的劳动手段（如机器设备）、劳动对象（如原材料）、劳动力等方面的耗费。制造业企业在生产过程中发生的、用货币额表现的生产耗费叫作生产费用。这些费用最终都要归集、分配到一定种类的产品上去，从而形成各种产品的成本。换言之，企业为生产一定种类、一定数量产品所支出的各种生产费用的总和对象化于产品就形成了这些产品的成本。由此可见，费用与成本有着密切的联系：费用的发生过程也就是成本的形成过程，即费用是产品成本形成的基础。但是，费用与成本也有一定的区别：费用是在一定期间为了进行生产经营活动而发生的各项耗费，费用与发生的期间直接相关，即费用强调"期间"；而成本则是为生产某一产品或提供某一劳务所消耗的费用，成本与负担者直接相关，即成本强调"对象"。

生产费用按其计入产品成本的方式的不同，可以分为直接费用和间接费用。直接费用是指企业生产产品过程中实际消耗的直接材料和直接人工费用。间接费用是指企业为生产产品和提供劳务而发生的各项间接支出，通常称为制造费用。上述三个项目是生产费用按其经济用途进行的分类，在会计上我们一般将其称为成本项目。各个产品成本项目的具体构成内容可以分述如下。

（1）直接材料费用，是指企业在生产产品和提供劳务的过程中所消耗的、直接用于产品生产，构成产品实体的各种原材料及主要材料、外购半成品以及有助于产品形成的辅助材料等的费用。

（2）直接人工费用，是指企业在生产产品和提供劳务的过程中，直接从事产品生产的工人工资、津贴、补贴和福利费等薪酬费用。

（3）制造费用，是指企业为生产产品和提供劳务而发生的各项间接费用。制造费用的构成内容比较复杂，包括间接的薪酬费、折旧费、办公费、水电费、机物料消耗、季节性停工损失等。

在会计核算过程中，必须按照划分收益性支出和资本性支出、历史成本和权责发生制会计处理基础的要求，对各项费用的发生额及其应归属的期间加以确认与计量，并按照各项费用的构成内容和经济用途正确地进行反映。因此，在产品生产过程中费用的发生、归集和分配以及完工产品成本的形成，就构成了产品生产业务核算的主要内容。

二、生产费用的归集与分配

产品的生产过程是制造业企业生产经营活动的中心环节。生产过程实际上是劳动耗费的过程。在这个过程中，既有劳动资料的耗费，又有劳动对象的耗费；既有物化劳动的耗费，又有活劳动的耗费。也就是说，为了生产产品，要消耗各种材料，发生活劳动耗费，磨损固定资产等。这些都将构成生产费用，都要归集、分配到一定种类和数量的产品上去，形成各种产品的生产成本。

（一）材料费用的归集与分配

产品制造企业通过供应过程采购的各种原材料，经过验收入库之后，就形成了生产产品的物资储备，而生产产品及其他方面领用时，就形成了材料费。完整意义上的材料费包括消耗的原材料、主要材料和辅助材料等。在确定材料费用时，应根据领料凭证区分车间、部门和不同用途，然后按照确定的结果将发出材料的成本分别计入"生产成本""制造费用"

"管理费用"等账户和产品生产成本明细账。对于直接用于某种产品生产的材料费，应直接计入该产品生产成本明细账中的直接材料费项目。对于由几种产品共同耗用、应由这些产品共同负担的材料费，应选择适当的标准在各种产品之间进行分配之后，计入各有关成本计算对象。对于为创造生产条件等需要而间接消耗的各种材料费，应先在"制造费用"账户中进行归集，然后再同其他间接费用一起分配计入有关产品成本中。总而言之，材料是构成产品实体的一个重要组成部分，对材料费的归集与分配的核算是生产过程核算中非常重要的内容。

为了反映和监督产品在生产过程中各项材料费用的发生、归集和分配情况，正确地计算产品生产成本中的材料费用，应设置以下账户。

（1）"生产成本"账户。该账户属于成本类，是用来核算企业为生产产品而发生的各项生产费用，并据以正确地计算产品生产成本的账户。该账户的借方登记应记入产品生产成本的各项费用，包括直接记入产品生产成本的直接材料费、直接人工费和期末按照一定的方法分配记入产品生产成本的制造费用；贷方登记结转完工验收入库产成品的生产成本。期末如有余额在借方，表示尚未完工产品（在产品）的成本，即生产资金的占用额。该账户应按产品种类或类别设置明细账户，进行明细分类核算。

"生产成本"账户的结构如下：

生产成本

记入产品生产成本的各项费用：	结转完工验收入库产
（1）直接材料费	成品的生产成本
（2）直接人工费	
（3）制造费用	
期末余额：在产品成本	

（2）"制造费用"账户。该账户属于成本类，用来归集和分配企业生产车间（基本生产车间和辅助生产车间）范围内为组织和管理产品的生产活动而发生的各项间接生产费用。所谓间接生产费用包括车间范围内发生的管理人员的薪酬、折旧费、办公费、水电费、机物料消耗等。该账户的借方登记实际发生的各项制造费用，贷方登记期末经分配转入"生产成本"账户借方（应计入产品制造成本）的制造费用。期末在费用结转后该账户一般没有余额。该账户应按不同车间设置明细账户，按照费用项目设置专栏进行明细分类核算。

"制造费用"账户的结构如下：

制造费用

车间范围内实际发生的各项制造费用	期末经分配转入"生产成本"账户借方的制造费用

产品制造企业采购到的材料，经验收入库，形成生产的物资储备。生产部门领用时，填制领料单，向仓库办理领料手续，领取所需材料。仓库发出材料后，要将领料凭证传递到会计部门。会计部门将领料单汇总，编制"发出材料汇总表"，据以将本月发生的材料费用按其用途分配记入生产费用和其他有关费用。

以下举例说明材料费用归集与分配的总分类核算过程。

【例 4-17】星海股份有限公司本月仓库发出材料①，其用途如表 4-1 所示。

表 4-1　发出材料汇总表

用　　途	甲　材　料		乙　材　料		材料耗用 合计（元）
	数量（千克）	金额（元）	数量（千克）	金额（元）	
制造产品领用：					
A 产品耗用	8 000	580 000	6 000	348 000	928 000
B 产品耗用	10 000	725 000	4 000	232 000	957 000
小　　计	18 000	1 305 000	10 000	580 000	1 885 000
车间一般耗用	5 000	362 500	2 000	116 000	478 500
合　　计	23 000	1 667 500	12 000	696 000	2 363 500

从表 4-1 所列资料可以看出，该企业的材料费用可以分为两个部分：一部分为直接用于产品生产的直接材料费用，A、B 两种产品共耗用 1 885 000（928 000+957 000）元，另一部分为车间一般性消耗的材料费 478 500 元。这项经济业务的发生，一方面使得公司生产产品的直接材料费增加 1 885 000 元，间接材料费增加 478 500 元；另一方面使得公司的库存材料减少 2 363 500 元。该笔业务涉及"生产成本""制造费用"和"原材料"三个账户。生产产品的直接材料费和间接材料费的增加是费用的增加，应分别记入"生产成本"和"制造费用"账户的借方；库存材料的减少是资产的减少，应记入"原材料"账户的贷方。这项经济业务应编制的会计分录如下：

```
借：生产成本——A 产品                     928 000
          ——B 产品                     957 000
    制造费用                           478 500
    贷：原材料——甲材料                  1 667 500
          ——乙材料                      696 000
```

（二）人工费用的归集与分配

职工为企业劳动，理应从企业获得一定的报酬，也就是企业应向职工支付一定的薪酬。

《企业会计准则第 9 号——职工薪酬》（2014）规定："职工薪酬，是指企业为获得职工提供的服务或解除劳动关系而给予的各种形式的报酬或补偿。职工薪酬包括短期薪酬、离职后福利、辞退福利和其他长期职工福利。企业提供给职工配偶、子女、受赡养人、已故员工遗属及其他受益人等的福利，也属于职工薪酬。"也就是说，从性质上凡是企业为获得职工提供的服务给予或付出的各种形式的对价，都构成职工薪酬，作为一种耗费构成人工成本，与这些服务产生的经济利益相匹配。与此同时，企业与职工之间因职工提供服务形成的关系，大多数构成企业的现时义务，将导致企业未来经济利益的流出，从而形成企业的一项负债。

---

① 在材料按实际成本核算的情况下，对于发出材料单位成本的确定方法包括先进先出法、加权平均法、个别计价法等。这部分内容将在本书第八章中进行介绍。为了简化核算，我们这里假定按本月购入的甲、乙材料的单位成本确定，即甲材料单位成本为 72.5 元，乙材料的单位成本为 58 元。

1. 职工的范围

《企业会计准则第 9 号——职工薪酬》所称的职工与《中华人民共和国劳动法》中所指的职工相比，既有重合，又有拓展，具体包括以下三类人员。

（1）与企业订立劳动合同的所有人员，含全职、兼职和临时工，即与企业订立了固定期限、无固定期限和以完成一定的工作量作为期限的劳动合同的所有人员。

（2）未与企业订立劳动合同，但由企业正式任命的人员，如董事会成员、监事会成员等。按照《中华人民共和国公司法》的规定，公司应当设立董事会和监事会，为企业的战略发展提出建议、进行相关监督等，从而提高企业整体经营管理水平，而对其支付的津贴、补贴等报酬从性质上看属于职工薪酬。

（3）在企业的计划和控制下，虽未与企业订立劳动合同或未由企业正式任命，但为企业提供与职工类似服务的人员，也属于职工薪酬准则所称的"职工"，如企业与有关中介机构签订劳务用工合同所涉及的相关务工人员等。

2. 职工薪酬的内容

职工薪酬是企业因职工提供服务而支付或放弃的所有对价。企业在确定应当作为职工薪酬进行确认和计量的项目时需要进行综合考虑，确保企业人工成本核算的完整性和准确性。职工薪酬准则所确定的职工薪酬主要包括以下几项内容。

（1）短期薪酬，是指企业预期在职工提供相关服务的年度报告期间结束后十二个月内将全部予以支付的职工薪酬，因解除与职工的劳动关系给予的补偿除外。短期薪酬具体包括以下几个方面。

① 职工工资、奖金、津贴和补贴，是指企业按照构成职工工资总额的计时工资、计件工资、支付给职工的超额劳动报酬和增收节支的劳动报酬、为补偿职工特殊或额外的劳动消耗和因其他特殊原因支付给职工的津贴，以及为保证职工工资水平不受物价影响支付给职工的物价补贴等。其中，企业按照短期奖金计划向职工发放的奖金属于短期薪酬，而按照中长期奖金计划向职工发放的奖金属于其他长期职工福利。

② 职工福利费，是指企业向职工提供的生活困难补助费、丧葬补助费、抚恤费、职工异地安家费、防暑降温费等职工福利支出。

③ 医疗保险费、工伤保险费和生育保险费等社会保险费，是指企业按照国家规定的基准和比例计算，向社会保险经办机构缴纳的医疗保险费、养老保险费、失业保险费、工伤保险费和生育保险费等。

④ 住房公积金，是指企业按照国家规定的基准和比例计算，向住房公积金管理机构缴存的住房公积金。

⑤ 工会经费和职工教育经费，是指企业为了改善职工文化生活、为职工学习先进技术和提高文化水平与业务素质，开展工会活动和职工教育及职业技能培训等的相关支出。

⑥ 短期带薪缺勤，是指职工虽然缺勤但企业仍向其支付报酬的安排，包括年休假、病假、婚假、产假、丧假、探亲假等。

⑦ 短期利润分享计划，是指因职工提供服务而与职工达成的基于利润或其他经营成果提供薪酬的协议。

⑧ 其他短期薪酬，是指除上述薪酬以外的其他为获得职工提供的服务而给予的短期薪酬。

（2）离职后福利，是指企业为获得职工提供的服务而在职工退休或与企业解除劳动关系后，提供的各种形式的报酬和福利，短期薪酬和辞退福利除外。

（3）辞退福利，是指企业在职工劳动合同到期之前解除与职工的劳动关系，或者为鼓励职工自愿接受裁减而给予职工的补偿。辞退福利主要包括两种：一是在职工劳动合同到期前，不论职工本人是否愿意，企业决定解除与职工的劳动关系而给予的补偿；二是在职工劳动合同尚未到期前，为鼓励职工自愿接受裁减而给予的补偿，不过职工有权利选择继续在职或接受补偿离职。另外，职工虽然没有与企业解除劳动合同，但未来不再为企业提供服务，不能为企业带来经济利益，企业承诺提供实质上具有辞退福利性质的经济补偿的，如发生"内退"的情况，在其正式退休日期之前应当比照辞退福利处理；在其正式退休日期之后，应当按照离职后福利处理。

（4）其他长期职工福利，是指除短期薪酬、离职后福利、辞退福利之外所有的职工薪酬，包括长期带薪缺勤、长期残疾福利、长期利润分享计划等。

总而言之，职工薪酬具体包括在职和离职后提供给职工的所有货币性和非货币性薪酬，能够量化给职工本人和提供给职工集体享有的福利，提供给职工本人、配偶、子女或其他赡养人福利，以及以商业保险形式提供给职工的保险待遇等。

在对企业职工的薪酬进行核算时，应根据工资结算汇总表或按月编制的"职工薪酬分配表"的内容登记有关的总分类账户和明细分类账户，进行相关的账务处理。应由生产产品、提供劳务负担的职工薪酬，计入产品成本或劳务成本。生产产品、提供劳务的直接生产人员和直接提供劳务人员发生的职工薪酬，根据《企业会计准则第1号——存货》的规定，计入存货成本，但非正常消耗的直接生产人员和直接提供劳务人员的职工薪酬，应在发生时确认为当期损益。应由在建工程、无形资产负担的职工薪酬，计入固定资产或无形资产成本。除直接生产人员、直接提供劳务人员、建造固定资产人员、开发无形资产人员以外的职工，包括公司总部管理人员、董事会成员、监事会成员等人员相关的职工薪酬，因难以确定直接对应的受益对象，均应在发生时确认为当期损益。

如果企业采用的是计件工资制，生产工人的计件工资和福利费属于直接费用，应直接计入有关产品的成本。生产工人以外的其他生产管理人员的工资和福利费则属于间接费用，应记入"制造费用"等账户。如果企业采用计时工资制，当只生产一种产品时，生产工人的工资及福利费也是直接费用，可直接计入产品成本；当生产多种产品时，则需采用一定的分配标准（实际生产工时或定额生产工时）将生产工人的工资和福利费分配计入产品成本。

为了核算职工薪酬的发生和分配的内容，需要设置"应付职工薪酬"账户。"应付职工薪酬"账户属于负债类，用来核算企业应付给职工各种薪酬总额的计算与实际发放，反映和监督企业与职工薪酬结算情况。该账户的贷方登记本月计算的应付职工薪酬总额，包括各种工资、奖金、津贴和福利费等，同时将应付的职工薪酬作为一项费用按其经济用途分配记入有关的成本、费用账户；借方登记本月实际支付的职工薪酬数。月末如为贷方余额，表示本月应付职工薪酬大于实付职工薪酬的差额，即应付未付的职工薪酬。"应付职工薪酬"账户可以按照"工资""职工福利""社会保险费""住房公积金"等进行明细核算。

"应付职工薪酬"账户的结构如下：

应付职工薪酬

本月实际支付的职工薪酬	本月计算的应付职工薪酬
	期末余额：应付未付的职工薪酬

企业发生的职工薪酬的用途是不同的,有的直接用于产品的生产,有的用于管理活动等。因此,在确定本月应付职工薪酬时,应该按用途分别在有关的账户中进行核算,特别是生产多种产品的企业,其共同性的职工薪酬应在各种产品之间按照一定的标准进行分配。职工薪酬核算的具体程序包括提取现金、支付工资及福利费、分配工资、计提社会保险费等环节。

以下举例说明生产过程中发生的职工薪酬中的短期薪酬部分内容的归集与分配业务的总分类核算。

【例 4-18】星海股份有限公司职工工资结算汇总表如表 4-2 所示,公司通过银行办理相关付款业务。

表 4-2　职工工资结算汇总表

单位:元

项目		应发工资	代扣款项				实发工资
			社会保险	住房公积金	个人所得税	小计	
生产工人	A	3 580 000	680 000	320 000	135 000	1 135 000	2 445 000
	B	2 420 000	435 000	210 000	100 000	745 000	1 675 000
车间管理人员		456 000	85 000	42 000	28 000	155 000	301 000
行政管理人员		285 000	52 000	26 500	16 000	94 500	190 500
工程人员		120 000	24 000	12 000	6 800	42 800	77 200
合计		6 861 000	1 276 000	610 500	285 800	2 172 300	4 688 700

这项经济业务的发生,涉及以下多项内容。

(1)发放工资。企业应按照工资结算汇总表中的实发工资额 4 688 700 元发放工资,一方面使得公司欠付职工的工资这项负债减少 4 688 700 元;另一方面使得公司的银行存款减少 4 688 700 元。该笔业务涉及"应付职工薪酬"和"银行存款"两个账户。欠付职工工资的减少是负债的减少,应记入"应付职工薪酬"账户的借方;银行存款的减少是资产的减少,应记入"银行存款"账户的贷方。这笔经济业务应编制的会计分录如下:

借:应付职工薪酬——工资　　　　　　　　　　　　4 688 700
　贷:银行存款　　　　　　　　　　　　　　　　　　4 688 700

(2)结转代扣款项。各种代扣款项是由职工个人负担、由企业代缴的款项,在没有缴纳之前形成企业的负债,一方面使得公司欠付职工的工资这项负债减少 2 172 300 元;另一方面使得应支付给保险公司等的款项增加。该笔业务涉及"应付职工薪酬""其他应付款""应交税费"等账户。欠付职工工资的减少是负债的减少,应记入"应付职工薪酬"账户的借方;应支付保险公司等款项的增加是负债的增加,应分别记入"其他应付款""应交税费"等账户的贷方。这笔经济业务应编制的会计分录如下:

借:应付职工薪酬——工资　　　　　　　　　　　　2 172 300
　贷:其他应付款——保险公司　　　　　　　　　　　1 276 000
　　　　　　　　——住房公积金　　　　　　　　　　　610 500
　　　应交税费——应交个人所得税　　　　　　　　　　285 800

(3)支付保险费等。公司向保险公司等部门支付代扣的保险费等,一方面使得公司的其他应付款这项负债减少 1 886 500(1 276 000+610 500)元;另一方面使得公司的银行存款这项资产减少 1 886 500 元。该笔业务涉及"其他应付款"和"银行存款"两个账户。其他应付款的减少是负债的减少,应记入"其他应付款"账户的借方;银行存款的减少是资产的减少,应记入"银行存款"账户的贷方。这笔经济业务应编制的会计分录如下:

  借:其他应付款——保险公司   1 276 000
       ——住房公积金   610 500
   贷:银行存款   1 886 500

(4)缴纳个人所得税。个人所得税是由个人负担、公司代缴的。公司代缴个人所得税,一方面使得公司的负债减少 285 800 元;另一方面使得公司的银行存款减少 285 800 元。该笔业务涉及"应交税费"和"银行存款"两个账户。应交税费的减少是负债的减少,应记入"应交税费"账户的借方;银行存款的减少是资产的减少,应记入"银行存款"账户的贷方。这笔经济业务应编制的会计分录如下:

  借:应交税费——应交个人所得税   285 800
   贷:银行存款   285 800

【例 4-19】星海股份有限公司根据当月的考勤记录和产量记录等,计算分配的本月职工工资如表 4-3 所示。

表 4-3 职工工资分配汇总表

单位:元

应借科目	生产工人		车间管理人员	行政管理人员	销售人员	合计
	A 产品	B 产品				
生产成本	3 200 000	2 800 000				6 000 000
制造费用			640 000			640 000
管理费用				420 000		420 000
销售费用					140 000	140 000
合计	3 200 000	2 800 000	640 000	420 000	140 000	7 200 000

  这项经济业务的发生,一方面使得公司应付职工薪酬增加了 7 200 000 元;另一方面使得公司的生产费用和期间费用增加了 7 200 000(3 200 000+2 800 000+640 000+420 000+140 000)元。车间生产工人和管理人员的工资作为一种生产费用应分别记入产品的生产成本(直接计入)和制造费用,厂部管理人员的工资应记入期间费用。因此,这项经济业务涉及"生产成本""制造费用""管理费用""销售费用"和"应付职工薪酬"五个账户。生产工人的工资作为直接生产费用应记入"生产成本"账户的借方,车间管理人员的工资作为间接生产费用应记入"制造费用"账户的借方,行政管理人员的工资作为期间费用应记入"管理费用"账户的借方,销售人员的工资作为期间费用应记入"销售费用"账户的借方,上述职工工资尚未支付形成企业负债的增加,应记入"应付职工薪酬"账户的贷方。根据上述分析,应编制的会计分录如下:

  借:生产成本——A 产品   3 200 000
       ——B 产品   2 800 000
    制造费用   640 000
    管理费用   420 000
    销售费用   140 000
   贷:应付职工薪酬——工资   7 200 000

【例 4-20】星海股份有限公司按本月各自工资额的一定比例计提社会保险等薪酬内容，如表 4-4 所示。

表 4-4　公司职工薪酬明细表

单位：元

薪酬		工资总额	医疗保险（10%）	养老保险（20%）	住房公积金（10%）	工会经费（2%）	职工教育经费（1.5%）	合计
基本生产车间	A 产品	3 200 000	320 000	640 000	320 000	64 000	48 000	1 392 000
	B 产品	2 800 000	280 000	560 000	280 000	56 000	42 000	1 218 000
车间管理部门		640 000	64 000	128 000	64 000	12 800	9 600	278 400
行政管理部门		420 000	42 000	84 000	42 000	8 400	6 300	182 700
销售部门		140 000	14 000	28 000	14 000	2 800	2 100	60 900
合计		7 200 000	720 000	1 440 000	720 000	144 000	108 000	3 132 000

医疗保险、养老保险等社会保险是按国家规定由企业和职工个人共同负担的费用。住房公积金是按国家规定由企业和职工个人共同负担用于解决职工住房问题的资金。工会经费是按国家规定由企业负担的用于公会活动方面的费用。职工教育经费是按国家规定由企业负担的用于职工教育培训方面的经费。公司按工资额的一定比例计提这些项目，一方面使得公司当期的各种费用增加 3 132 000 元；另一方面使得公司的负债增加 3 132 000 元。该笔业务涉及"生产成本""制造费用""管理费用""销售费用"和"应付职工薪酬"等账户。当期费用增加应分别记入"生产成本""制造费用""管理费用"和"销售费用"账户的借方，负债的增加应记入"应付职工薪酬"账户的贷方。这笔经济业务应编制的会计分录如下：

借：生产成本——A 产品　　　　　　　　1 392 000
　　　　　　——B 产品　　　　　　　　1 218 000
　　制造费用　　　　　　　　　　　　　278 400
　　管理费用　　　　　　　　　　　　　182 700
　　销售费用　　　　　　　　　　　　　60 900
　　贷：应付职工薪酬——社会保险　　　　2 160 000
　　　　　　　　　——住房公积金　　　　720 000
　　　　　　　　　——工会经费　　　　　144 000
　　　　　　　　　——职工教育经费　　　108 000

【例 4-21】星海股份有限公司本月以银行存款支付职工福利费 1 008 000 元，其中生产工人的福利费为 859 600 元（A 产品生产工人的为 459 200 元，B 产品生产工人的为 400 400 元），车间管理人员的福利费为 89 600 元，行政管理人员的福利费为 38 800 元，销售人员的福利费为 20 000 元。

企业为了保证职工的身体健康和提高职工的福利待遇，根据国家规定，企业可以按照职工工资总额的一定比例在成本费用中列支职工福利费。支付职工福利费，一方面使得银行存款等资产减少；另一方面使得应付职工薪酬这项负债减少。因此，这项业务首先应记入"应付职工薪酬"账户的借方和"银行存款"账户的贷方。

另外，列支职工福利费，一方面使得公司当期的费用成本增加；另一方面使得公司的应付职工薪酬增加；对于费用成本的增加应区分不同人员的福利费，分别在不同的账户中列支。其中，A 产品生产工人的福利费为 459 200 元、B 产品生产工人的福利费为 400 400

元，属于产品生产成本的增加，应记入"生产成本"账户的借方；车间管理人员的福利费为 89 600 元，属于生产产品所发生的间接费用的增加，应记入"制造费用"账户的借方；行政管理人员的福利费为 38 800 元，属于期间费用的增加，应记入"管理费用"账户的借方；销售人员的福利费为 20 000 元，属于期间费用的增加，应记入"销售费用"账户的借方；支付的职工福利费 1 008 000 应记入"应付职工薪酬"账户的贷方。根据上述分析，这项业务应编制的会计分录如下：

（1）支付福利费时：

借：应付职工薪酬——职工福利　　　　　　　　　　1 008 000
　　贷：银行存款　　　　　　　　　　　　　　　　　　1 008 000

（2）列支福利费时：

借：生产成本——A 产品　　　　　　　　　　　　　　459 200
　　　　　　——B 产品　　　　　　　　　　　　　　400 400
　　制造费用　　　　　　　　　　　　　　　　　　　　89 600
　　管理费用　　　　　　　　　　　　　　　　　　　　38 800
　　销售费用　　　　　　　　　　　　　　　　　　　　20 000
　　贷：应付职工薪酬——职工福利　　　　　　　　　　1 008 000

（三）制造费用的归集与分配

制造费用是产品制造企业为了生产产品和提供劳务而发生的各种间接费用。其主要内容是企业的生产部门（包括基本生产车间和辅助生产车间）为组织和管理生产活动以及为生产活动服务而发生的费用，如车间管理人员的工资及福利费，车间生产使用的照明费、取暖费、运输费、劳动保护费等。在生产多种产品的企业里，制造费用在发生时一般无法直接判定其归属的成本核算对象，因而不能直接计入所生产的产品成本中，必须将上述各种费用按照发生的不同空间范围在"制造费用"账户中予以归集汇总，然后选用一定的标准（如生产工人工资、生产工时、机器设备的运转台时等），在各种产品之间进行合理分配，以便于准确地确定各种产品应负担的制造费用额。在制造费用的归集过程中，要按照权责发生制核算基础的要求，正确地处理跨期间的各种费用，使其摊配于应归属的会计期间。

制造费用包括的具体内容又可以分为以下三部分。

（1）间接用于产品生产的费用，如机物料消耗费用，车间生产用固定资产的折旧费、保险费，车间生产用的照明费、劳动保护费等。

（2）直接用于产品生产，但管理上不要求或者不便于单独核算，因而没有单独设置成本项目进行核算的某些费用，如生产工具的摊销费、设计制图费、试验费以及生产工艺用的动力费等。

（3）车间用于组织和管理生产的费用，如车间管理人员的工资及福利费，车间管理用的固定资产折旧费，车间管理用具的摊销费，车间管理用的水电费、办公费、差旅费等。

为了归集和分配各种间接费用的发生情况，需要设置与间接费用的发生有关的账户。下面我们详细讲解"累计折旧"账户。

"累计折旧"账户属于资产类，是用来核算企业固定资产已提折旧累计情况的账户。它的贷方登记按月提取的折旧额，即累计折旧的增加；借方登记因减少固定资产而减少的累计折旧。期末余额在贷方，表示已提折旧的累计额。该账户只进行总分类核算，不进行明细分类核算。如果要查明某项固定资产已提折旧的具体情况，可以通过固定资产卡片（台账）来了解。

"累计折旧"账户的结构如下：

累计折旧	
固定资产折旧的减少（注销）	提取的固定资产折旧的增加
	期末余额：现有固定资产累计折旧额

关于固定资产的折旧需要注意：为了给固定资产的管理提供有用的会计信息，真实、准确地反映企业固定资产价值的增减变动及其结存情况，在会计核算过程中设置了"固定资产"账户。虽然固定资产在其较长的使用期限内保持原有实物形态，而且其价值随着固定资产的损耗而逐渐减少，但是其实物未被报废清理之前，总有一部分价值相对固定在实物形态上，因此，固定资产管理要求原价与实物口径相一致，以考核固定资产的原始投资规模。固定资产由于损耗而减少的价值就是固定资产的折旧。固定资产的折旧应该作为折旧费用计入产品成本和期间费用，这样做不仅是为了使企业在将来有能力重置固定资产，更主要的是为了实现期间收入与费用的正确配比。计提固定资产折旧，通常是根据期初固定资产的原价和规定的折旧率按月计算提取的。

会计上所使用的"折旧"一词所表达的含义是指提供固定资产更新时所需要的货币资金。固定资产折旧不像其他费用那样会引发当期的货币资金流出，而仅仅是将固定资产的成本记入到当期的费用中去，并不会引起货币资金的增加或减少。也就是说，折旧并不影响现金流量。但是，折旧这项内容的存在能起到两个方面的作用：一是在资产负债表上通过固定资产原值与折旧的关系，可以反映企业固定资产净值；二是将折旧作为一种费用看待，能够保证企业净损益计算的准确性。

基于固定资产的上述特点，要使"固定资产"账户能按固定资产的取得成本反映其增减变动和结存情况，并便于计算和反映固定资产的账面净值（折余价值），就需要专门设置一个用来反映固定资产损耗价值（即折旧额）的账户，即"累计折旧"账户。每月计提的固定资产折旧记入该账户的贷方，表示固定资产因损耗而减少的价值。对于固定资产因出售、报废等原因引起的取得成本的减少，在注销固定资产的取得成本时，贷记"固定资产"账户，同时还应借记"累计折旧"账户，注销其已提取的折旧额。"累计折旧"账户期末应为贷方余额，表示现有固定资产已提取的累计折旧额。将"累计折旧"账户的贷方余额抵减"固定资产"账户的借方余额即可求得固定资产的净值。

下面举例说明制造费用的归集（部分业务）与分配的总分类核算。

【例4-22】星海股份有限公司租用厂房，用银行存款34 800元支付其后两年的房租。

按照权责发生制的要求，企业应按支出的义务是否属于本期来确认费用的入账时间。也就是说，凡是本期发生的费用，不论款项是否在本期支付，都应作为本期的费用入账；凡不属于本期的费用，即使款项在本期支付，也不应作为本期的费用处理。公司用银行存款预付两年的房租，款项虽然在本期支付，但其付款的义务显然不全部在本期发生，而是在两年期限内产生付款责任，所以本期付款时，应将其作为一种等待摊销的费用处理。因此，这项经济业务的发生，一方面使得公司等待摊销的费用增加了，属于资产增加，应记入"长期待摊费用"账户的借方;另一方面用银行存款支付款项,意味着银行存款这项资产减少,应记入"银行存款"账户的贷方。根据上述分析,应编制的会计分录如下:

借:长期待摊费用　　　　　　　　　　　　　34 800
　　贷:银行存款　　　　　　　　　　　　　　　　　34 800

【例 4-23】星海股份有限公司月末摊销应由本月负担的、年初已付款的车间用房的房租 12 180 元。

这项经济业务实际上是一笔权责发生制核算基础应用的业务。题中房租的款项虽然在以前已经支付,但其责任却是在本期产生,因而应将其作为本期的费用入账。因此,摊销车间房租这项业务的发生,一方面使得公司的制造费用增加 12 180 元;另一方面使得公司的以前期付款等待摊销的费用减少 12 180 元。该项业务涉及"制造费用"和"长期待摊费用"两个账户。制造费用的增加是费用的增加,应记入"制造费用"账户的借方;长期待摊费用的减少是资产的减少,应记入"长期待摊费用"账户的贷方。这项经济业务应编制的会计分录如下:

借:制造费用　　　　　　　　　　　　　　　12 180
　　贷:长期待摊费用　　　　　　　　　　　　　　　12 180

【例 4-24】星海股份有限公司用银行存款 10 150 元支付车间水电费。

该项经济业务的发生,一方面使得公司的制造费用增加 10 150 元;另一方面使得公司的银行存款减少 10 150 元。该项业务涉及"制造费用"和"银行存款"两个账户。制造费用的增加是费用的增加,应记入"制造费用"账户的借方;银行存款的减少是资产的减少,应记入"银行存款"账户的贷方。这项经济业务应编制的会计分录如下:

借:制造费用　　　　　　　　　　　　　　　10 150
　　贷:银行存款　　　　　　　　　　　　　　　　　10 150

【例 4-25】星海股份有限公司于月末计提本月固定资产折旧,其中车间固定资产折旧额为 28 560 元,厂部固定资产折旧额为 13 050 元。

企业的固定资产由于使用等原因会磨损其价值,即折旧,因而对固定资产应通过提取折旧的方式将其磨损的价值记入到当期成本或损益中去。提取固定资产折旧,一方面意味着当期的费用成本增加,应区分不同的空间范围记入不同的费用成本类账户,其中车间固定资产提取的折旧额应记入"制造费用"账户的借方,厂部固定资产提取的折旧额应记入"管理费用"账户的借方;另一方面,固定资产已提折旧额的增加,实际上是固定资产价值的减少,本应记入"固定资产"账户,但是由于"固定资产"账户只能记录固定资产的取得成本(在固定资产使用期内,一般是不变的),因此,固定资产提取的折旧额应记入"累计折旧"账户的贷方,表示固定资产已提折旧的增加。这项业务应编制的会计分录如下:

借:制造费用　　　　　　　　　　　　　　　28 560
　　管理费用　　　　　　　　　　　　　　　13 050
　　贷:累计折旧　　　　　　　　　　　　　　　　　41 610

【例 4-26】星海股份有限公司用现金 2 610 元购买车间的办公用品。

这项经济业务的发生,使得公司车间的办公用品费增加 2 610 元,同时库存现金减少 2 610 元。这笔业务涉及"制造费用"和"库存现金"两个账户。其中,办公用品费的增加是费用的增加,应记入"制造费用"账户的借方;现金的减少是资产的减少,应记入"库存现金"账户的贷方。这项经济业务应编制的会计分录如下:

借：制造费用　　　　　　　　　　　　　　　　　　　　　　　　　2 610
　　贷：库存现金　　　　　　　　　　　　　　　　　　　　　　　　2 610

【例 4-27】星海股份有限公司在月末将本月发生的制造费用按照生产工时比例分配计入 A、B 产品生产成本。其中，A 产品生产工时为 6 000 个，B 产品生产工时为 4 000 个。

企业发生的制造费用属于间接费用，所以需要采用一定的标准在各种产品之间进行合理的分配。制造费用的分配标准可以采用的有：按生产工人工资比例分配；按生产工人工时比例分配；按机器设备运转台时分配；按耗用原材料的数量或成本分配；按产品产量分配等。企业可以根据自身管理的需要、产品的特点等选择采用某种标准，但是，标准一经确定，应遵循可比性的要求，不得随意变更。

对于产品生产过程这项经济业务，首先归集本月发生的制造费用额，即根据材料费用归集、人工费用归集、制造费用归集等业务内容确定公司本月发生的制造费用为 1 540 000（478 500+ 640 000+278 400+89 600+12 180+10 150+28 560+2 610）元；然后按照生产工时比例进行分配，即：

$$制造费用分配率 = \frac{制造费用总额}{生产工时总和} = \frac{1\,540\,000}{6\,000 + 4\,000} = 154（元/工时）$$

A 产品负担的制造费用额 = 6 000×154 = 924 000（元）

B 产品负担的制造费用额 = 4 000×154 = 616 000（元）

将分配的结果计入产品成本，一方面使得产品的生产费用增加 1 540 000 元；另一方面使得公司的制造费用减少 1 540 000 元。这项业务涉及"生产成本"和"制造费用"两个账户。产品生产费用中的制造费用作为间接费用应记入"生产成本"账户的借方；制造费用的减少是费用的结转，应记入"制造费用"账户的贷方。这项经济业务应编制的会计分录如下：

借：生产成本——A 产品　　　　　　　　　　　　　　　　　　　924 000
　　　　　　——B 产品　　　　　　　　　　　　　　　　　　　616 000
　　贷：制造费用　　　　　　　　　　　　　　　　　　　　　 1 540 000

（四）完工产品生产成本的计算与结转

在将制造费用分配给各种产品成本负担后，"生产成本"账户的借方归集了各种产品所发生的直接材料、直接人工、其他直接支出和制造费用的全部内容，在此基础上就可以进行产品成本的计算了。成本计算是会计核算的主要内容之一。进行产品生产成本的计算就是将企业生产过程中为制造产品所发生的各种费用按照所生产产品的品种、类别等（即成本计算对象）进行归集和分配，以便计算各种产品的总成本和单位成本。计算产品生产成本既为入库产成品提供了计价的依据，也是确定各会计期间盈亏的需要。

企业应设置产品生产成本明细账，用来归集应记入各种产品的生产费用。在以产品品种为成本计算对象的企业或车间，如果只生产一种产品，计算产品成本时，只需为这种产品开设一本明细账，账内按照成本项目设立专栏或专行。在这种情况下发生的生产费用全部都是直接记入的费用，可以直接记入产品成本明细账，而不存在在各成本计算对象之间分配费用的问题。如果生产的产品不止一种，就应按照产品品种分别开设产品生产成本明细账。在这种情况下,对于生产过程中发生的费用,凡是能分得清为哪种产品所消耗,就根据有关凭证直接记入该种产品成本明细账;凡是分不清的,如制造费用或几种产品共同耗用的某种原材料费用、生产工人的计时工资等,则应采取适当的分配方法在各成本计算对象之间进行分配,然后记入各产品成本明细账。产品生产成本的计算应在生产成本明细账中进行。如果月末某种产品全部完工,该种产品生产成本明细账所归集的费用总额,就是该种完工产品的总成本,用完工产品总成本除以该种产品的完工总产量即可计算出该种产品的单位成本。如果月末某种产品全部未完工,该种产品生产成本明细账所归集的费用总额就是该种在产品的总成本。如果月末某种产品一部分完工,另一部分未完工,这时归集在产品成本明细账中的费用总额还要采取适当的分配方法在完工产品和在产品之间进行分配,然后才能计算出完工产品的总成本和单位成本。生产费用如何在完工产品和在产品之间进行分配,是成本计算中的一个既重要又复杂的问题,关于这方面的具体内容将在第五章中进行具体介绍。完工产品成本的简单计算公式为

完工产品生产成本=期初在产品成本+本期发生的生产费用−期末在产品成本 (4-7)

企业生产的产品经过了各道工序的加工生产之后,就成为企业的完工产成品。所谓产成品,是指已经完成全部生产过程并已验收入库、符合标准规格和技术条件,可以按照合同规定的条件送交订货单位,或可以作为商品对外销售的产品。根据完工产品生产成本计算单的资料就可以结转完工、验收入库产品的生产成本。

为了核算完工产品成本结转及其库存商品成本情况,需要设置"库存商品"账户。该账户属于资产类账户,用来核算企业库存的外购商品、自制产品,即产成品、自制半成品、存放在门市部准备出售的商品、发出展览的商品以及寄存在外的商品等的实际成本(或计划成本)的增减变动及其结余情况。该账户的借方登记验收入库商品成本的增加,包括外购、自产、委外加工等;贷方登记库存商品成本的减少(发出)。期末余额在借方,表示库存商品成本的期末结余额。"库存商品"账户应按照商品的种类、品种和规格等设置明细账,进行明细分类核算。

"库存商品"账户的结构如下:

库存商品

验收入库商品成本的增加	库存商品成本的减少
期末余额:库存商品成本结余额	

下面举例说明完工入库产品成本结转的总分类核算。

【例4-28】星海股份有限公司生产车间本月生产完工 A、B 两种产品,其中 A 产品完工总成本为 3 684 000 元,B 产品完工总成本为 2 530 000 元。A、B 产品现已验收入库,结转其生产成本。

这项经济业务的发生,一方面使得公司的库存商品成本增加,其中,A 产品成本增加 3 684 000 元,B 产品成本增加 2 530 000 元;另一方面使得生产过程中占用的资金减少 6 214 000(3 684 000+2 530 000)元。该项业务涉及"生产成本"和"库存商品"两个账户,库存商品成本的增加是资产的增加,应记入"库存商品"账户的借方;结转入库产品成本使生产成本减少,应记入"生产成本"账户的贷方。这项业务应编制的会计分录如下:

借：库存商品——A产品　　　　　　　　　　　3 684 000
　　　　　　——B产品　　　　　　　　　　　2 530 000
　　贷：生产成本——A产品　　　　　　　　　　　3 684 000
　　　　　　——B产品　　　　　　　　　　　2 530 000

综上所述，星海股份有限公司产品生产过程业务的总分类核算如图 4-4 所示。

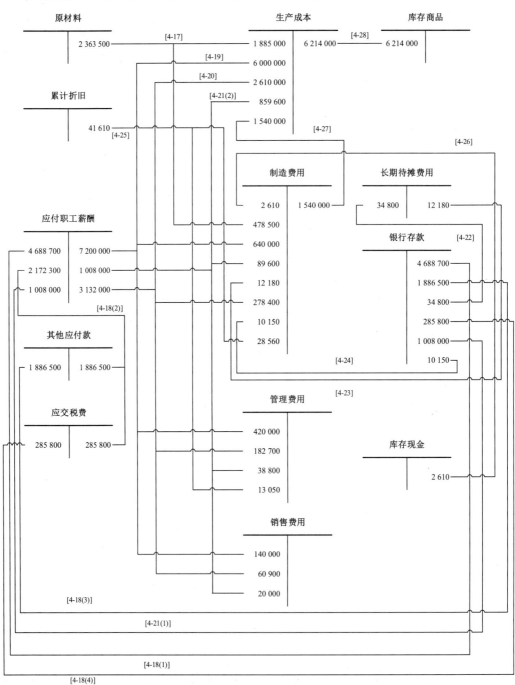

图 4-4　产品生产过程核算

第四节　销售过程业务的核算

企业经过产品生产过程生产出符合要求、可供对外销售的产品，形成了商品存货，接下来就要进入销售过程。企业通过销售过程，将生产出来的产品销售出去，实现它们的价值。销售过程是企业经营过程的最后一个阶段。产品制造企业在销售过程中，通过销售产品，按照销售价格收取产品价款，形成商品销售收入，而在销售过程中结转的商品销售成本，以及发生的运输、包装、广告等销售费用，按照国家税法的规定计算缴纳的各种销售税金等都应该从销售收入中得到补偿，补偿之后的差额即为企业销售商品的业务成果，即利润或亏损。企业在销售过程中除了发生销售商品、自制半成品以及提供工业性劳务等业务，即主营业务外，还可能发生一些其他业务，如销售材料、出租包装物、出租固定资产等。因此，我们在这一节中主要介绍企业主营业务收支和其他业务收支的核算内容。

一、主营业务收支的核算

制造业企业的主营业务范围包括销售商品、自制半成品、代制品、代修品以及提供工业性劳务等。主营业务核算的主要内容就是主营业务收入的确认与计量、主营业务成本的计算与结转、销售费用的发生与归集、营业税金的计算与缴纳以及货款的收回等。我们在这一部分内容里主要介绍主营业务中商品销售业务的核算内容，包括商品销售收入的确认与计量、商品销售成本的计算与结转以及销售税金的计算和缴纳等内容。

（一）商品销售收入的确认与计量

销售过程的核算首先需要解决的就是销售收入的确认与计量的问题。收入的确认实际上就是解决收入在什么时间入账的问题，而收入的计量就是解决收入以多大的金额入账的问题。企业生产经营活动所获得的收入应当按照权责发生制的要求，根据收入实现原则加以确认与计量。由于商品销售收入是制造业企业收入的重要组成部分，是企业经营业绩的重要表现形式，因此，商品销售收入的确认和计量直接关系到企业经营成果和财务状况能否得到准确报告。

按照 2017 年 7 月 5 日修订并发布的《企业会计准则第 14 号——收入》的要求，企业销售商品收入的确认应反映企业向客户转让商品和服务的模式，确认的金额应当反映企业预计因交付商品和提供服务而有权获得的金额。

企业应当在履行了合同中的履约义务，即在客户取得相关商品的控制权时确认收入。这里的合同是指双方或多方之间订立有法律约束力的权利义务的协议。合同有书面形式、口头形式以及其他形式。这里的客户是指与企业订立合同以向该企业购买日常活动产出的商品或服务并支付对价的一方。取得相关商品控制权是指能够主导该商品的使用并从中获得几乎全部的经济利益，也指有能力阻止其他方主导该商品的使用并从中获得经济利益。企业在判断商品的控制权是否发生转移时，应当从客户的角度进行分析，即客户是否取得了相关商品的控制权以及何时取得了该控制权。取得该商品的控制权同时包括三个因素：

能力、主导该商品的使用、能够获得几乎全部的经济利益。

企业在确认和计量收入时需要遵循一定的判断依据与流程。根据《企业会计准则第14号——收入》第九条的要求，合同开始日，企业应当对合同进行评估，识别该合同所包含的各单项履约义务，并确定各单项履约义务是在某一时段内履行还是在某一时点履行，然后在履行了各单项履约义务时分别确认收入。具体分为以下五个步骤。

（1）识别与客户订立的合同。企业与客户之间的合同同时满足下列条件的，企业应当在客户取得商品控制权时确认收入：一是合同各方已批准该合同并承诺履行各自义务；二是该合同明确了合同各方与所转让商品相关的权利和义务；三是该合同有明确的与所转让商品相关的支付条款；四是该合同具有商业实质，即履行该合同将改变企业未来现金流量的风险、时间分布或金额；五是企业因向客户转让商品而有权取得的对价很可能收回。

对于不符合上述规定的合同，企业只有在不再负有向客户转让商品的剩余义务，且已向客户收取的对价无须退回时，才能将已收取的对价确认为收入，否则，应当将已收取的对价作为负债进行会计处理。

（2）识别合同中的单项履约义务。履约义务，是指合同中企业向客户转让可明确区分商品的承诺。以下承诺可作为单项履约义务：第一，企业向客户转让可明确区分商品（或者商品或服务的组合）的承诺。企业向客户承诺的商品同时满足下列条件的，应当作为可明确区分商品：一是客户能够从该商品本身或者从该商品与其他易于获得的资源一起使用中受益；二是企业向客户转让该商品的承诺与合同中的其他承诺可单独区分。第二，企业向客户转让一系列实质相同且转让模式相同的、可明确区分商品的承诺。企业应当将实质相同且转让模式相同的一系列商品作为单项履约义务。

（3）确定交易价格。交易价格是指企业向客户转让商品而预期有权收取的对价金额。企业代第三方收取的款项如增值税、企业预期将退还给客户的款项等不计入交易价格，而是作为负债进行处理。企业应当根据合同条款并结合以往的习惯做法确定交易价格。在确定交易价格时，企业应当考虑可变对价、合同中存在的重大融资成分、非现金对价、应付客户对价等因素的影响。

（4）将交易价格分摊至各单项履约义务。当合同中包含两项或多项履约义务时，为了使企业分摊至每一单项履约义务的交易价格能够反映其因向客户转让已承诺的相关商品而预期有权收取的对价金额，企业应当在合同开始日按照各单项履约义务所承诺商品的单独售价的相对比例，将交易价格分摊至各单项履约义务。企业不得因合同开始日之后单独售价的变动而重新分摊交易价格。单独售价是指企业向客户单独销售商品的价格。

（5）履行每一单项履约义务时确认收入。企业应当在履行了合同中的履约义务，即在客户取得相关商品控制权时确认收入。企业应当根据实际情况，首先判断履约义务是否满足在某一时段内履行的条件。如不满足，则该履约义务属于在某一时点履行的履约义务。

对于在某一时段内履行的履约义务，企业应当在该段时间内按照履约进度确认收入。企业在确定履约进度时应当考虑商品的性质，采用产出法或投入法确定恰当的履约进度。产出法是根据已转移给客户的商品对于客户的价值确定履约进度。投入法是根据企业为履行履约义务的投入确定履约进度。当履约进度不能合理确定时，企业已经发生的成本预计能够得到补偿的，应当按照已经发生的成本金额确认收入，直到履约进度能够合理确定为止。

对于在某一时点履行的履约义务，企业应当综合分析以下控制权转移的迹象，判断其转移时点：一是企业就该商品享有现时收款权利；二是企业已将该商品的法定所有权转移给客户;三是企业已将该商品实物转移给客户;四是企业已将该商品所有权上的主要风险和报酬转移给客户;五是客户已接受该商品;六是其他表明客户已取得商品控制权的迹象。

收入确认的基本过程可用图 4-5 表示。

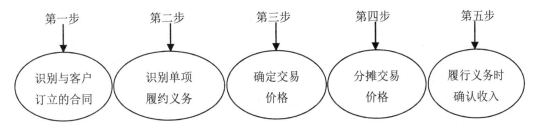

图 4-5 收入确认与计量流程

关于销售商品收入的计量,《企业会计准则第 14 号——收入》规定,应当按照从购货方已收或应收的合同或协议价款确定销售商品收入金额,已收或应收的合同或协议价款显失公平的除外。应收的合同或协议价款与其公允价值相差较大的,应当按照应收的合同或协议价款的公允价值确定销售商品收入金额。应收的合同或协议价款与其公允价值之间的差额,应当在合同或协议期间内采用实际利率法进行摊销,记入当期损益。在计量销售商品的收入时,要注意在销售过程中发生的销售退回、销售折让、商业折扣和现金折扣的内容。

(1)商品销售退回,是指企业售出的商品由于质量、品种等不符合要求而发生的退货。如果销售退回发生在收入确认之前,其处理非常简单,只需转回库存商品即可。如果销售退回发生在收入确认之后,应分情况处理:本年度或以前年度销售的商品,在年度终了前(12 月 31 日)退回,应冲减退回月份的收入,同时转回相关的成本、税金;报告年度或以前年度销售的商品,在年度财务报告批准报出前退回的,冲减报告年度的收入,以及相关的成本、税金。

(2)销售折让,是指企业因售出商品的质量不合格等原因而在售价上给予的减让。实际发生销售折让时应直接冲减当期的销售商品收入。

(3)商业折扣,是指企业为促进商品销售而在商品标价上给予的价格扣除。企业销售商品如果涉及商业折扣,应当按照扣除商业折扣后的金额确定销售商品收入的金额,也就是商品销售过程中的"打折"在确认收入时要予以扣除。

(4)现金折扣,是指债权人为鼓励债务人在规定的期限内付款,而向债务人提供的债务扣除。企业会计准则要求企业采用总价法对现金折扣进行处理,即在确定销售商品收入时,不考虑各种预计可能发生的现金折扣,而在实际发生现金折扣时,将其记入当期损益(财务费用)。

由上可见,在计量销售商品收入的金额时,应将销售退回、销售折让和商业折扣等作为销售收入的抵减项目记账,即

$$商品销售收入=不含税单价×销售数量-销售退回-销售折让-商业折扣 \qquad (4-8)$$

(二)销售商品业务的会计处理

销售商品业务属于企业的主营业务。为了核算这种主营业务收入的实现、销售成本的结转、销售税金的计算等内容,在会计上,一般需要设置"主营业务收入""主营业务成本""税金及附加"等账户,分别核算收入的实现及其结转、成本的发生及其转销、税金的计算及其转销等具体内容。对于货款的结算还应设置"应收账款"等往来账户。

1. 主营业务收入的核算

为了反映和监督企业销售商品和提供劳务所实现的收入以及因销售商品而与购买单位之间发生的货款结算业务，应设置下列账户。

（1）"主营业务收入"账户。该账户属于损益类，用来核算企业销售商品和提供工业性劳务所实现的收入。该账户的贷方登记企业实现的主营业务收入，即主营业务收入的增加；借方登记发生销售退回和销售折让时应冲减本期的主营业务收入和期末转入"本年利润"账户的主营业务收入额（按净额结转），结转后该账户月末应没有余额。"主营业务收入"账户应按照主营业务的种类设置明细账，进行明细分类核算。

"主营业务收入"账户的结构如下：

主营业务收入	
（1）销售退回和销售折让等	实现的主营业务收入（增加）
（2）期末转入"本年利润"账户的净收入	

（2）"应收账款"账户。该账户属于资产类，用来核算因销售商品和提供劳务等而应向购货单位或接受劳务单位收取货款的结算情况（结算债权）。另外，代购买单位垫付的各种款项也在该账户中核算。该账户的借方登记由于销售商品以及提供劳务等而发生的应收账款（即应收账款的增加），包括应收取的价款、税款和代垫款等；贷方登记已经收回的应收账款（即应收账款的减少）。期末余额如在借方，表示尚未收回的应收账款；期末余额如在贷方，表示预收的账款。该账户应按不同的购货单位或接受劳务单位设置明细账户，进行明细分类核算。

"应收账款"账户的结构如下：

应收账款	
发生的应收账款（增加）	收回的应收账款（减少）
期末余额： 应收未收款	期末余额： 预收款

（3）"预收账款"账户。该账户属于负债类，用来核算企业按照合同的规定预收购买单位订货款的增减变动及其结余情况。该账户的贷方登记预收购买单位订货款的增加；借方登记销售实现时冲减的预收货款。期末余额如在贷方，表示企业预收款的结余额；期末余额如在借方，表示购货单位应补付给本企业的款项。本账户应按照不同的购货单位设置明细账户，进行明细分类核算。

"预收账款"账户的结构如下：

预收账款	
预收货款的减少	预收货款的增加
期末余额： 购货单位应补付的款项	期末余额： 预收款的结余额

应注意，对于预收账款业务不多的企业，可以不单独设置"预收账款"账户，而将预收的款项直接记入"应收账款"账户。此时，应收账款账户就成为双重性质的账户。

（4）"应收票据"账户。该账户属于资产类，用来核算企业销售商品而收到购买单位开出并承兑商业承兑汇票或银行承兑汇票的增减变动及其结余情况。企业收到购买单位开出并承兑的商业汇票，表明企业票据应收款增加，应记入"应收票据"账户的借方；票据到期收回购买单位款，表明企业应收票据款项减少，应记入"应收票据"账户的贷方。期末该账户如有余额应在借方，表示尚未到期的票据应收款项的结余额。该账户不设置明细账户。为了了解每一应收票据的结算情况，企业应设置"应收票据备查簿"，逐笔登记每张商业汇票的种类、号数、出票日、票面金额、交易合同号、付款人、承兑人、背书人的姓名或单位名称、到期日、背书转让日、贴现日、贴现率和贴现净额、收款日和收回金额、退票情况等资料。商业汇票到期结清票款或退票后在备查簿中注销。

"应收票据"账户的结构如下：

应收票据

本期收到的商业汇票的增加	到期（或提前贴现）票据应收款的减少
期末余额： 尚未到期的票据应收款结余额	

在此对商业汇票的有关内容作一简单的介绍。商业汇票是由收款人或付款人（或承兑申请人）签发，由承兑人承兑，并于到期日向收款人或持票人无条件支付款项的票据。商业汇票结算方式适用于企业先发货后收款或者双方约定延期付款的具有真实的交易关系或债权债务关系等款项的结算，同城结算和异地结算均可使用。商业汇票按照承兑人的不同可以分为商业承兑汇票和银行承兑汇票两种。商业汇票的付款期限由交易双方共同商定，但根据《中国人民银行支付结算办法》规定，其最长期限不超过 6 个月。持票人如果急需资金，可以持未到期的票据到银行办理贴现[①]。

采用商业汇票结算方式，可以使企业之间的债权债务关系表现为外在的票据，使商业信用票据化，因此，具有较强的约束力，有利于维护和发展社会主义市场经济。对于购货企业来说，由于可以延期付款，可以在资金暂时不足的情况下及时购进材料物资，保证生产经营顺利进行；对于销货企业来说，可以疏通商品渠道，扩大销售，促进生产。

对于正常的销售商品活动，应按照收入确认的条件进行确认和计量，然后对计量的结果进行会计处理。按确认的收入金额与应收取的增值税额，借记"银行存款""应收账款""应收票据"等账户；按确定的收入金额，贷记"主营业务收入"账户；按应收取的增值税额，贷记"应交税费——应交增值税"账户。

增值税销项税额是指企业销售应税货物或提供应税劳务而收取的增值税额，应按照增值税专用发票记载的货物售价和规定的税率进行计算，即

$$增值税销项税额=销售货物的不含税售价×增值税税率 \qquad (4-9)$$

增值税的销项税额计算出来后，应在"应交税费——应交增值税"账户的贷方反映，以便用以抵扣其借方的增值税进项税额，确定增值税的应交额。为了核算增值税的进项税

[①] 应收票据"贴现"又称银行贴现，是指票据持有人将未到期的票据在背书后转让给银行，银行受理后，从票据中扣除按银行贴现率计算确定的贴现利息，然后将余款付给持票人的行为，也就是贴现银行作为受让方买入未到期的票据，预先扣除贴现日起至票据到期日止的利息，而将余额付给贴现者的一种交易行为。

额、销项税额以及增值税的已交和未交情况，需要在应交增值税明细账中设置"进项税额""已交税金""销项税额""出口退税""进项税额转出""转出未交增值税"和"转出多交增值税"等专栏对其进行明细核算。应交税费——应交增值税明细账的格式如表4-5所示。

表4-5 应交税费——应交增值税明细账

年		凭证号数	内容摘要	借方				贷方				借或贷	余额
月	日			进项税额	已交税额	……	合计	销项税额	进项税额转出	……	合计		

下面举例说明主营业务收入的实现及其有关款项结算的核算过程。

【例4-29】星海股份有限公司向东方工厂销售A产品50台，每台售价13 920元，发票注明该批A产品的价款为696 000元，增值税额为90 480元，全部款项收到一张已承兑的商业汇票。

这项经济业务的发生，一方面使得公司的应收票据款增加786 480（696 000+90 480）元；另一方面使得公司的商品销售收入增加690 000元，应交增值税销项税额增加90 480元。该项业务涉及"应收票据""主营业务收入"和"应交税费——应交增值税"三个账户。应收票据款的增加是资产的增加，应记入"应收票据"账户的借方；商品销售收入的增加是收入的增加，应记入"主营业务收入"账户的贷方；增值税销项税额的增加是负债的增加，应记入"应交税费——应交增值税"账户的贷方。这项经济业务应编制的会计分录如下：

借：应收票据 786 480
　　贷：主营业务收入 696 000
　　　　应交税费——应交增值税（销项税额） 90 480

【例4-30】星海股份有限公司按照合同规定预收正大工厂订购B产品的货款1 000 000元，存入银行。

这项经济业务的发生，一方面使得公司的银行存款增加1 000 000元；另一方面使得公司的预收款增加1 000 000元。该项业务涉及"银行存款"和"预收账款"两个账户。银行存款的增加是资产的增加，应记入"银行存款"账户的借方；预收款的增加是负债的增加，应记入"预收账款"账户的贷方。这项业务应编制的会计分录如下：

借：银行存款 1 000 000
　　贷：预收账款——正大工厂 1 000 000

【例4-31】星海股份有限公司赊销给机车厂A产品120台，发票注明的价款为1 670 400元，增值税额为217 152元。

这项经济业务的发生，一方面使得公司的应收款增加1 887 552（1 670 400+217 152）元；另一方面使得公司的商品销售收入增加1 670 400元，增值税销项税额增加217 152元。该项业务涉及"应收账款""主营业务收入"和"应交税费——应交增值税"三个账户。应收款的增加是资产的增加，应记入"应收账款"账户的借方；商品销售收入的增加是收入的增加，应记入"主营业务收入"账户的贷方；增值税销项税额的增加是负债的增加，应记入"应交税费——应交增值税"账户的贷方。这项业务应编制的会计分录如下：

借：应收账款——机车厂　　　　　　　　　　　　　1 887 552
　　贷：主营业务收入　　　　　　　　　　　　　　　1 670 400
　　　　应交税费——应交增值税（销项税额）　　　　　217 152

【例 4-32】星海股份有限公司本月预收正大工厂货款的 B 产品 70 台，现已发货，发票注明的价款为 4 060 000 元，增值税销项税额为 527 800 元。原预收款不足，其差额部分当即收到存入银行。

公司原预收正大工厂的货款 1 000 000 元，而现在发货的价税款为 4 587 800（4 060 000+527 800）元，不足款项的差额为 3 587 800（4 587 800-1 000 000）元。这项经济业务的发生，一方面使得公司的预收账款减少 1 000 000 元，银行存款增加 3 587 800 元；另一方面使得公司的商品销售收入增加 4 060 000 元，增值税销项税额增加 527 800 元。该项业务涉及"预收账款""银行存款""主营业务收入"和"应交税费——应交增值税"四个账户。预收账款的减少是负债的减少，应记入"预收账款"账户的借方；银行存款的增加是资产的增加，应记入"银行存款"账户的借方；商品销售收入的增加是收入的增加，应记入"主营业务收入"账户的贷方；增值税销项税额的增加是负债的增加，应记入"应交税费——应交增值税"账户的贷方。这项业务应编制的会计分录如下：

借：预收账款——正大工厂　　　　　　　　　　　　1 000 000
　　银行存款　　　　　　　　　　　　　　　　　　3 587 800
　　贷：主营业务收入　　　　　　　　　　　　　　　4 060 000
　　　　应交税费——应交增值税（销项税额）　　　　　527 800

【例 4-33】星海股份有限公司收到机车厂开出并承兑的商业汇票 1 887 552 元，用以抵偿其前欠本企业的货款。

这项经济业务的发生，一方面使得公司的应收票据款增加 1 887 552 元；另一方面使得公司的应收账款减少 1 887 552 元。该项业务涉及"应收票据"和"应收账款"两个账户。应收票据款的增加是资产的增加，应记入"应收票据"账户的借方；应收账款的减少是资产的减少，应记入"应收账款"账户的贷方。这项业务应编制的会计分录如下：

借：应收票据　　　　　　　　　　　　　　　　　　1 887 552
　　贷：应收账款——机车厂　　　　　　　　　　　　1 887 552

对于收到的机车厂的商业汇票，应在"应收票据备查簿"中进行备查登记。

【例 4-34】星海股份有限公司赊销给大明商店 52 台 A 产品，发票注明的货款为 748 200 元，增值税为 97 266 元。另外，公司用银行存款为大明商店垫付 A 商品运费 3 000 元。

这项经济业务的发生，一方面使得公司的应收账款增加 848 466（748 200+97 266+3 000）元；另一方面使得公司的商品销售收入增加 748 200 元，增值税额增加 97 266 元，银行存款减少 3 000 元。这项业务涉及"应收账款""主营业务收入""应交税费——应交增值税"和"银行存款"四个账户。应收款的增加是资产的增加，应记入"应收账款"账户的借方；商品销售收入的增加是收入的增加，应记入"主营业务收入"账户的贷方；增值税销项税额的增加是负债的增加，应记入"应交税费——应交增值税"账户的贷方；银行存款的减少是资产的减少，应记入"银行存款"账户的贷方。这项业务应编制的会计分录如下：

借：应收账款——大明商店　　　　　　　　　　　　　　848 466
　　贷：主营业务收入　　　　　　　　　　　　　　　　　748 200
　　　　应交税费——应交增值税（销项税额）　　　　　　 97 266
　　　　银行存款　　　　　　　　　　　　　　　　　　　 3 000

【例 4-35】星海股份有限公司上个月销售给创业集团的 B 产品由于质量问题本月被退回 10 台，按照规定应冲减本月的收入 400 000 元和增值税额 52 000 元，有关款项通过银行付清。假设该批 B 产品的单位销售成本与本月相同。

由于上个月销售给创业集团的 B 产品在本月被退回，这批产品虽然在上个月确认了收入和增值税额，但按照规定应冲减退回月的有关内容，因此应在退货时冲减本月的商品销售收入和增值税额。这项经济业务的发生，一方面使得公司的商品销售收入减少 400 000 元、增值税销项税额减少 52 000 元；另一方面使得公司的银行存款减少 452 000 元。该项业务涉及"主营业务收入""应交税费——应交增值税"和"银行存款"三个账户。商品销售收入的减少是收入的减少，应记入"主营业务收入"账户的借方；增值税销项税额的减少是负债的减少，应记入"应交税费——应交增值税"账户的借方；银行存款的减少是资产的减少，应记入"银行存款"账户的贷方。这项业务应编制的会计分录如下：

借：主营业务收入　　　　　　　　　　　　　　　　　　400 000
　　应交税费——应交增值税（销项税额）　　　　　　　 52 000
　　贷：银行存款　　　　　　　　　　　　　　　　　　　452 000

2．主营业务成本的核算

企业在销售过程中销售商品，一方面减少了库存的存货；另一方面作为取得主营业务收入而垫支的资金，表明企业发生了费用，我们把这项费用称为主营业务成本（亦称商品销售成本）。将销售发出的商品成本转为主营业务成本，应遵循配比的要求，也就是说，不仅主营业务成本的结转应与主营业务收入在同一会计期间加以确认，而且在数量上也应与主营业务收入保持一定的内在因果关系。主营业务成本的计算确定公式为

　　　　本期应结转的主营业务成本=本期销售商品的数量×单位商品的生产成本　（4-10）

上式中单位商品生产成本的确定，应考虑期初库存的商品成本和本期入库的商品成本情况，可以分别采用先进先出法、一次加权平均法和个别计价法等方法来确定。方法一经确定，不得随意变动。关于这些发出商品的计价方法的具体内容，将在本书第八章中进行介绍。

为了核算主营业务成本的发生和结转情况，需要设置"主营业务成本"账户。该账户属于损益类，是用来核算企业经营主营业务而发生的实际成本及其结转情况的账户。该账户的借方登记主营业务发生的实际成本；贷方登记期末转入"本年利润"账户的主营业务成本。经过结转之后，该账户期末没有余额。"主营业务成本"账户应按照主营业务的种类设置明细账户，进行明细分类核算。

"主营业务成本"账户的结构如下：

主营业务成本	
经营主营业务发生的实际成本	期末转入"本年利润"账户的主营业务成本

下面举例说明主营业务成本的总分类核算。

【例 4-36】承前例，星海股份有限公司在月末结转本月已销售的 A、B 产品的销售成本。其中 A 产品的单位成本为 9 280 元，B 产品的单位成本为 39 440 元。

首先需要计算确定已销售的 A、B 产品的销售总成本。本期销售 A 产品计 222（50+120+52）台，其销售总成本为 2 060 160（9 280×222）元。本期销售 B 产品 70 台，其销售成本为 2 760 800（39 440×70）元。另外，本月还发生 B 产品退货 10 台，应冲减本月的销售成本 394 400（39 440×10）元。因此，本月应结转的 B 产品销售成本合计为 2 366 400（2 760 800- 394 400）元。这项经济业务的发生，一方面使得公司的商品销售成本（即主营业务成本）增加 4 426 560（2 060 160+2 760 800-394 400）元；另一方面使得公司的库存商品成本减少 4 426 560 元。该项业务涉及"主营业务成本"和"库存商品"两个账户。商品销售成本的增加是费用成本的增加，应记入"主营业务成本"账户的借方；库存商品成本的减少是资产的减少，应记入"库存商品"账户的贷方。这项业务应编制的会计分录如下：

借：主营业务成本　　　　　　　　　　　　　　　4 426 560
　　贷：库存商品——A 商品　　　　　　　　　　　2 060 160
　　　　　　——B 商品　　　　　　　　　　　　　2 366 400

3. 税金及附加的核算

企业在销售商品过程中实现了商品的销售额，就应该向国家税务机关缴纳各种销售税金及附加，包括消费税、城市维护建设税、资源税、教育费附加、车船税、房产税、城镇土地使用税和印花税等相关税费。这些税金及附加一般是根据当月销售额或税额，按照规定的税率计算，于下月初缴纳的。其中：

$$应交消费税=应税消费品的销售额×消费税率 \qquad (4-11)$$

$$应交城建税=（当期的消费税+增值税应交额）×城建税税率 \qquad (4-12)$$

$$应交教育费附加=（当期的消费税+增值税应交额）×提取比例 \qquad (4-13)$$

由于这些税金及附加是在当月计算而在下个月缴纳的，因而作为企业发生的一项费用支出的同时也形成了企业的一项负债。

为了核算企业销售商品的税金及附加情况，需要设置"税金及附加"账户。该账户属于损益类，用来反映企业主营和附营业务负担的各种税金及附加的计算及其结转情况的账户。该账户的借方登记按照有关计税依据计算出的各种税金及附加额；贷方登记期末转入"本年利润"账户的税金及附加额。经过结转后，该账户期末没有余额。

"税金及附加"账户的结构如下：

税金及附加

按照有关计税依据计算出的各种税金及附加额	期末转入"本年利润"账户的税金及附加额

下面举例说明税金及附加业务的总分类核算。

【例 4-37】经计算星海股份有限公司，本月销售 A、B 产品应缴纳的城建税为 40 600 元，教育费附加为 17 400 元。另外，A 产品应缴纳的消费税为 101 500 元（假设 A 产品为应税消费品）。

这项经济业务的发生，一方面使得公司的税金及附加增加 159 500（101 500+40 600+17 400）元；另一方面使得公司的应交税费增加 159 500（101 500+40 600+17 400）元。该项业务涉及"税金及附加"和"应交税费"两个账户。税金及附加的增加是费用支出的增加，应记入"税金及附加"账户的借方；应交税费的增加是负债的增加，应记入"应交税费"账户的贷方。这项业务应编制的会计分录如下：

```
借：税金及附加                              159 500
    贷：应交税费——应交消费税                  101 500
              ——应交城建税                    40 600
              ——应交教育费附加                17 400
```

为了销售产品，企业在销售过程中还要发生各种销售费用，如广告费等。按照企业会计准则的规定，销售费用不作为销售收入的抵减项目，而是作为期间费用直接计入当期损益。因此，关于销售费用的核算，我们将在后面关于期间费用的核算内容中进行介绍。

综上所述，星海股份有限公司销售过程中主营业务的总分类核算过程如图4-6所示。

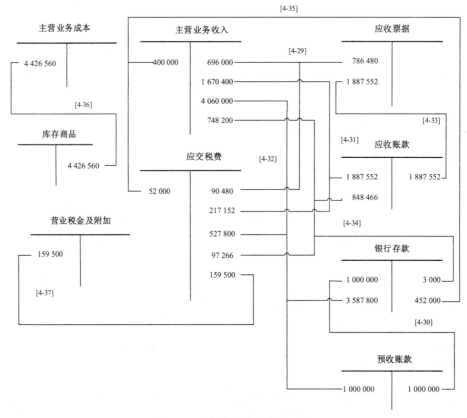

图4-6 主营业务收支核算过程

二、其他业务收支的核算

在经营过程中，企业除了发生主营业务外，还会发生一些非经常性的、具有兼营性的其他业务。其他业务（也称附营业务）是指企业在经营过程中发生的除主营业务以外的其他销售业务，包括销售材料、出租包装物、出租固定资产、出租无形资产、出租商品、用材料进行非货币性交换或债务重组等活动。对于不同的企业而言，主营业务和其他业务的内容划分并不是绝对的，一个企业的主营业务可能是另一个企业的其他业务。即便在同一个企业里，不同期间的主营业务和其他业务的内容也不是固定不变的。由于其他业务不属于企业主要的经营业务范围，按照重要性的要求，对其他业务的核算采取比较简单的方法。其他业务收入和支出的确认原则和计量方法与主营业务基本相同，但相对而言，没有主营业务的要求严格。

（一）其他业务收入的核算

由于发生其他业务而实现的收入就是其他业务收入。在会计核算过程中，对于其他业务实现的收入是通过"其他业务收入"账户进行核算的。"其他业务收入"账户属于损益类，是用来核算企业除主营业务以外的其他业务收入的实现及其结转情况的账户。该账户的贷方登记其他业务收入的实现，即增加；借方登记期末转入"本年利润"账户的其他业务收入额。经过结转之后，期末没有余额。本账户应按照其他业务的种类设置明细账户，进行明细分类核算。

"其他业务收入"账户的结构如下：

其他业务收入	
期末转入"本年利润"账户的其他业务收入额	其他业务收入的实现（增加）

下面举例说明其他业务收入的总分类核算。

【例 4-38】星海股份有限公司销售一批原材料，价款为 81 200 元，增值税为 10 556 元，款项收到存入银行。

按照规定，销售材料的收入属于其他业务收入。这项经济业务的发生，一方面使得公司的银行存款增加 91 756（81 200+10 556）元；另一方面使得公司的其他业务收入增加 81 200 元，增值税销项税额增加 10 556 元。该项业务涉及"银行存款""其他业务收入"和"应交税费——应交增值税"三个账户。银行存款的增加是资产的增加，应记入"银行存款"账户的借方；其他业务收入的增加是收入的增加，应记入"其他业务收入"账户的贷方；增值税销项税额的增加是负债的增加，应记入"应交税费——应交增值税"账户的贷方。这项业务应编制的会计分录如下：

借：银行存款　　　　　　　　　　　　　　　　　　91 756
　　贷：其他业务收入　　　　　　　　　　　　　　　81 200
　　　　应交税费——应交增值税（销项税额）　　　　10 556

【例 4-39】星海股份有限公司向某单位转让商标的使用权，获得收入 290 000 元（假设不考虑税费），存入银行。

转让商标的使用权实质上就是让渡资产的使用权，这与处置无形资产产生的收入的处理是不同的，因而其收入属于其他业务收入的范围。这项经济业务的发生，一方面使得公司的银行存款增加 290 000 元；另一方面使得公司的其他业务收入增加 290 000 元。该项业务涉及"银行存款"和"其他业务收入"两个账户。银行存款的增加是资产的增加，应记入"银行存款"账户的借方；其他业务收入的增加是收入的增加，应记入"其他业务收入"账户的贷方。这项业务应编制的会计分录如下：

  借：银行存款   290 000
    贷：其他业务收入   290 000

【例 4-40】星海股份有限公司出租一批包装物，收到租金 19 662 元存入银行。

出租包装物的租金收入同样属于让渡资产的使用权收入，应列入其他业务收入。由于租金中包括增值税额，因此应进行分离，即不含税租金为 17 400[①] 元，增值税额为 2 262 元。这项经济业务的发生，一方面使得公司的其他业务收入增加 17 400 元，增值税销项税额增加 2 262 元；另一方面使得公司的银行存款增加 19 662 元。该项业务涉及"银行存款""其他业务收入"和"应交税费——应交增值税"三个账户。银行存款的增加是资产的增加，应记入"银行存款"账户的借方；其他业务收入的增加是收入的增加，应记入"其他业务收入"账户的贷方；增值税销项税额的增加是负债的增加，应记入"应交税费——应交增值税"账户的贷方。这项业务应编制的会计分录如下：

  借：银行存款   19 662
    贷：其他业务收入   17 400
      应交税费——应交增值税（销项税额）   2 262

（二）其他业务成本的核算

企业在实现其他业务收入的同时，往往还要发生一些其他业务支出，即与其他业务有关的成本和费用。其他业务成本具体包括销售材料的成本、出租固定资产的折旧额、出租无形资产的摊销额、出租包装物的成本或摊销额等。为了核算这些支出，需要设置"其他业务成本"账户。该账户属于损益类，是用来核算企业除主营业务以外的其他业务成本的发生及其转销情况的账户。该账户的借方登记其他业务成本，包括材料销售成本、提供劳务的成本费用的发生，即其他业务成本的增加；贷方登记期末转入"本年利润"账户的其他业务成本额，经过结转后，期末没有余额。本账户应按照其他业务的种类设置明细账户，进行明细分类核算。

这里需要注意的是除主营业务活动以外的其他经营活动发生的相关税费，在"营业税金及附加"账户核算。

"其他业务成本"账户的结构如下：

其他业务成本

其他业务成本的增加	期末转入"本年利润"账户的其他业务成本额

下面举例说明其他业务成本的总分类核算过程。

【例 4-41】星海股份有限公司月末结转本月销售材料的成本为 46 400 元。

这项经济业务的发生，一方面使得公司的其他业务成本增加 46 400 元；另一方面使得公司的库存材料成本减少 46 400 元。该项业务涉及"其他业务成本"和"原材料"两个账

---

① 17 400=20 358÷(1+17%)

户。其他业务成本的增加是费用成本的增加,应记入"其他业务成本"账户的借方;库存材料成本的减少是资产的减少,应记入"原材料"账户的贷方。这项业务应编制的会计分录如下:

　　借:其他业务成本　　　　　　　　　　　　　　　　　46 400
　　　　贷:原材料　　　　　　　　　　　　　　　　　　　　46 400

【例4-42】星海股份有限公司结转本月出租包装物的成本为13 572元。

　　企业出租包装物的成本属于其他业务成本的内容。这项经济业务的发生,一方面使得公司的其他业务成本增加13 572元;另一方面使得公司的库存包装物成本减少13 572元。该项业务涉及"其他业务成本"和"周转材料"两个账户。包装物成本的摊销是费用支出的增加,应记入"其他业务成本"账户的借方;库存包装物成本的减少是资产的减少,应记入"周转材料"账户的贷方。这项业务应编制的会计分录如下:

　　借:其他业务成本　　　　　　　　　　　　　　　　　13 572
　　　　贷:周转材料　　　　　　　　　　　　　　　　　　　13 572

【例4-43】假设星海股份有限公司在例4-38中销售的材料为应税消费品,经计算应缴纳的消费税额为14 500元。

　　这项经济业务的发生,一方面使得公司的税金及附加增加14 500元;另一方面,由于税金计算出来的当时并没有缴纳,因而使得公司的应交税费增加14 500元。该项业务涉及"税金及附加"和"应交税费"两个账户。税金及附加的增加是费用支出的增加,应记入"税金及附加"账户的借方;应交税费的增加是负债的增加,应记入"应交税费"账户的贷方。这项业务应编制的会计分录如下:

　　借:税金及附加　　　　　　　　　　　　　　　　　　14 500
　　　　贷:应交税费——应交消费税　　　　　　　　　　　　14 500

其他业务收支的总分类核算过程如图4-7所示。

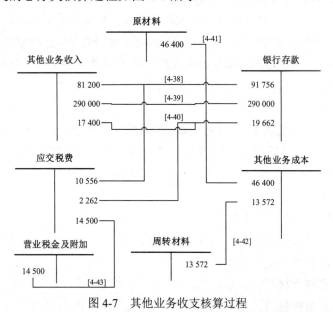

图4-7　其他业务收支核算过程

思 考 题

1. 制造业企业的主要经济业务内容包括哪些?
2. 什么是固定资产? 固定资产的取得成本包括哪些内容?
3. 企业外购固定资产的增值税如何处理?
4. 需要安装和不需要安装固定资产的账务分别应如何处理?
5. 材料采购成本由哪些项目构成? 对于共同性采购费用应如何分配?
6. 原材料采用计划成本计价,"材料采购""原材料"和"材料成本差异"三个账户之间的关系如何?
7. 如何计算、结转材料采购成本?
8. 产品生产成本由哪些成本项目组成?
9. 如何计算、结转完工产品的生产成本?
10. 如何确认和计量商品的销售收入?
11. 如何计算城建税和教育费附加?
12. 其他业务收入包括哪些内容?

练 习 题

1. 目的:练习账户之间对应关系的确定。

资料:某公司期初库存材料的成本为 403 825 元,本期仓库发出材料的成本为 191 400 元,期末结存材料的成本为 299 425 元,"应付账款"(材料款)账户期初贷方余额为 316 100 元,期末贷方余额为 352 350 元,本期没有发生偿还应付款业务,本期购入材料均已入库。

要求:计算本期购入材料中已付款的材料的成本。

2. 目的:练习材料成本差异率的计算和实际成本的确定。

资料:某公司 2×19 年 3 月 1 日库存材料的计划成本为 174 000 元,实际成本为 177 364 元,本月收入材料的计划成本合计为 725 000 元,实际成本合计为 696 464 元,本月发出材料的计划成本为 435 000 元。

要求:(1)计算本月材料成本差异率。
(2)计算发出材料应负担的材料成本差异额。
(3)计算发出材料的实际成本。
(4)计算月末结存材料的计划成本。
(5)计算月末结存材料的实际成本。

3. **目的**：练习增值税额的确定、计划成本的计算。

资料：某公司为增值税一般纳税人，原材料按计划成本组织收、发核算。甲材料计划单位成本为10元/千克。该公司2×19年5月份有关资料如下：

（1）"原材料"账户月初借方余额为290 000元，"材料成本差异"账户月初贷方余额为10 150元，"材料采购"账户月初借方余额为562 600元（上述账户核算的均为甲材料）。

（2）5月6日，公司上个月已付款的甲材料40 400千克如数收到，已验收入库。

（3）5月18日，从外地A公司购入甲材料80 000千克，发票注明的材料价款为845 000元，增值税为109 850元，运杂费为10 000元（按10%计算增值税），公司已用银行存款支付各种款项，材料尚未到达。

（4）5月23日，从A公司购入的甲材料到达，验收入库时发现短缺400千克，经查明属于途中合理损耗，按实收数量入库。

（5）5月30日，汇总本月发料凭证，本月共发出甲材料110 000千克，全部用于产品生产。

要求：（1）计算本月发生的增值税进项税额。

（2）计算本月材料成本差异率。

（3）计算本月发出材料应负担的成本差异。

（4）计算月末库存材料的实际成本。

4. **目的**：练习有关材料收发业务的核算。

资料：某公司2×19年6月份发生下列经济业务：

（1）购入甲材料，专用发票上注明的价款为290 000元，增值税额为37 700元，款项已付，材料验收入库，其计划成本为278 400元。

（2）公司上个月预付货款的甲材料的有关账单到达企业，专用发票注明的价款为203 000元，增值税额为26 390元，供货单位通过银行退回余款7 250元，月末材料尚未到达企业。

（3）公司月末购入的甲材料到货，估计其计划成本为145 000元，凭证账单未到，货款未付。

（4）公司购入甲材料，发票注明的价款为58 000元，增值税额为7 540元，该批材料的计划成本为60 900元。货款未付，材料入库。

（5）公司发出材料，基本生产车间生产产品领用98 600元，车间一般性消耗14 500元，公司管理部门领用11 600元，本月材料成本差异率为-2%。

要求：根据上述经济业务进行相关的账务处理。

5. **目的**：练习固定资产购置业务的核算。

资料：利和股份公司所属的某企业本月发生下列固定资产购置业务：

（1）企业购入生产用不需要安装的设备一台，买价为108 750元，增值税为14 137.5元，运杂费为1 812.50元（不考虑增值税），保险费为362.50元，全部款项已用银行存款支付。

（2）企业购入生产用需要安装的乙设备一台，买价为181 250元，增值税为23 562.5元，运杂费为2 900元（不考虑增值税）。款项已用银行存款支付。

（3）企业进行上述需要安装设备的安装，耗用材料计1 812.50元，用银行存款支付安装公司安装费 2 537.50 元。

（4）上述设备安装完毕，经验收合格交付使用，结转工程成本。

（5）企业用从建设银行借入的长期借款自行组织力量进行产品仓库的建造。耗用材料计 175 000 元，分配人工费为 40 000 元，分配制造费用为 35 000 元。

（6）企业接到建设银行通知，借入长期借款的利息为 60 000 元，用银行存款支付。

（7）机修车间厂房建造完毕，经验收合格交付使用，结转建造成本。

要求：根据上面所给的经济业务编制会计分录。（假设工程耗用的原材料不考虑增值税）

6. 目的：练习材料物资采购业务的核算。

资料：某公司 8 月份发生下列材料物资采购业务：

（1）公司购入甲材料 3 500 千克，单价为 8 元，增值税进项税额为 3 640 元，款项未付。

（2）用银行存款 1 750 元支付上述甲材料运杂费。

（3）购入乙材料 120 吨，单价为 420 元，进项税额为 6 552 元，款项均通过银行付清。

（4）公司购进甲材料 1 800 千克，含税单价为 9.04 元，丙材料 1 500 千克，含税单价为 5.65 元，增值税税率为 13%，款项均已通过银行付清，另外供应单位代垫运费 3 300 元（不考虑增值税，按重量分配）。

（5）用银行存款 10 000 元预付订购材料款。

（6）以前已预付款的丁材料本月到货，价款为 72 000 元，增值税进项税额为 9 360 元。

（7）本月购入的甲、乙、丙、丁材料均已验收入库，结转其成本。

要求：编制本月业务的会计分录。

7. 目的：练习产品生产业务的核算。

资料：某公司 2×19 年 4 月份发生下列产品生产业务：

（1）开出现金支票 58 000 元提取现金直接发放工资。

（2）用银行存款 3 000 元支付第二季度车间房租，并相应摊销应由本月负担的部分。

（3）仓库发出材料，用途如下：

   产品耗用   12 000 元

   车间一般耗用   4 200 元

   厂部一般耗用   1 500 元

（4）开出现金支票 750 元购买厂部办公用品。

（5）摊销应由本月负担的保险费 400 元。

（6）用现金 600 元支付车间设备修理费。

（7）计提本月固定资产折旧，其中车间折旧额 1 100 元、厂部 500 元。

（8）月末分配工资费用，其中：

   生产工人工资   34 000 元

   车间管理人员工资 16 000 元

   厂部管理人员工资   8 000 元

（9）用银行存款 10 000 元支付本月车间的水电费。

（10）将本月发生的制造费用转入"生产成本"账户。

（11）本月生产的产品 40 台全部完工，验收入库，结转成本（假设没有期初、期末在产品）。

要求：编制本月业务的会计分录。

8. **目的**：练习产品销售业务的核算。

资料：某公司 2×19 年 10 月份发生下列销售业务：

（1）销售产品 18 台，单价为 2 000 元，税率为 13%，价税款暂未收到。

（2）销售产品总价款为 126 000 元，增值税销项税额为 16 380 元，款项收到存入银行。

（3）用银行存款 1 500 元支付销售产品的广告费。

（4）预收某公司订货款 20 000 元，存入银行。

（5）企业销售产品价款为 478 000 元，增值税进项税额为 62 140 元，款项收到一张已承兑的商业汇票。

（6）结转本月已销产品成本 350 000 元。

（7）经计算，本月销售产品的城建税为 1 600 元。

要求：编制本月业务的会计分录。

知识拓展题

第五章　企业主要经济业务的核算（下）

第一节　企业所有者权益资金筹集业务的核算

筹集资金是一个企业生存、发展的起点和前提条件。广义的筹资包括为企业经营管理筹措各种资源的活动，具体分为人力资源和物力资源的准备。由于经营所需，人力资源与物力资源的取得往往以支付一定的货币资金为前提，即企业必须支付货币资金或做出支付货币资金的有效承诺后才能取得人力与物力资源的经营权。因此，筹资活动首先表现为满足支付人力与物力资源使用成本所需的货币资本的筹措，从而形成会计上特定的筹资概念。会计上定义的筹资活动，也可以理解为导致负债和所有者权益规模及其构成发生变化的活动。

一个企业的生存和发展，离不开资产要素，资产是企业进行生产经营活动的物质基础。对于任何一个企业而言，其资产形成的资金来源主要有两条渠道：一是投资人的投资及其增值，形成投资人的权益，属于企业的永久性资本，该部分业务可以被称为所有者权益资金筹集业务；二是向债权人借入的资金，形成债权人的权益，该部分业务可以被称为负债资金筹集业务。投资者将资金投入企业进而对企业资产所形成的要求权称为企业的所有者权益，债权人将资金借给企业进而对企业资产所形成的要求权形成企业的负债。所谓所有者权益是指企业资产扣除负债后由所有者享有的剩余权益。公司的所有者权益又称为股东权益。在会计上，我们虽然将债权人的要求权和投资人的要求权统称为权益，但因为两者在性质上、还款方式上以及收益支付形式上等方面存在着本质区别，对企业的财务政策有着不同的影响，所以这两种权益的会计处理也必然有着显著的差异。

一、所有者权益资金筹集业务的内容

企业从投资人处筹集到的资金形成企业所有者权益的重要组成部分。企业的所有者权益的来源包括所有者投入的资本、直接计入所有者权益的利得和损失、留存收益等。所有者投入的资本包括实收资本（股本）和资本公积；直接计入所有者权益的利得和损失，是指不应计入当期损益、会导致所有者权益发生增减变动的、与所有者投入资本或者向所有者分配利润无关的利得[①]或者损失[②]；留存收益是企业在经营过程中所实现的利润留存于企

[①] 利得是指由企业非日常活动所形成的、会导致所有者权益增加的、与所有者投入资本无关的经济利益的流入。
[②] 损失是指由企业非日常活动所形成的、会导致所有者权益减少的、与向所有者分配利润无关的经济利益的流出。

业的部分，包括盈余公积和未分配利润。在本部分内容的学习中，我们将着重介绍所有者权益中的实收资本和资本公积金业务的核算，至于留存收益的内容将在本章第四节"企业财务成果分配业务的核算"中进行阐述。

二、实收资本业务的核算

（一）实收资本的含义

实收资本，是指公司的投资者按照企业章程或合同、协议的约定，实际投入企业的资本金以及按照有关规定由资本公积金、盈余公积金转为资本的资金。实收资本代表着一个企业的实力，是创办企业的"本钱"，也是一个企业维持正常的经营活动、以本求利、以本负亏的最基本条件和保障，是企业独立承担民事责任的资金保证。它反映了企业的不同所有者通过投资而投入企业的外部资金来源。这部分资金是企业进行经营活动的原动力，正是有了这部分资金的投入，才有了企业的存在和发展。

我国 2018 年 10 月 26 日第十三届全国人民代表大会常务委员会第六次会议通过修订、2014 年 3 月 1 日施行的《中华人民共和国公司法》（以下简称《公司法》）对公司注册资本进行了重新规定：一是将注册资本实缴登记制改为认缴登记制；二是放宽了注册资本登记条件；三是简化了公司注册的登记事项和登记文件要求。修订后的《公司法》取消了公司法定最低注册资本要求，公司股东出资可以是任意金额，也可以是任意非货币出资。这一规定淡化了资本信用的要求，强化了资产信用的作用。

《公司法》的修改进一步降低了公司了设立门槛，减轻了投资者负担，便利了公司准入，有助于鼓励个人创业，刺激个体经济的发展，也为工商部门推进注册资本登记制度改革提供了法制基础和保障，也将更进一步推进建立健全我国的信用体系。

（二）实收资本的分类

所有者向企业投入资本，即形成企业的资本金。企业的资本金按照投资主体的不同可以分为：国家资本金——企业接受国家投资而形成的资本金；法人资本金——企业接受其他企业单位的投资而形成的资本金；个人资本金——企业接受个人，包括企业内部职工的投资而形成的资本金；外商资本金——企业接受外国及港、澳、台地区的投资而形成的资本金。企业的资本金按照投资者投入资本的不同物质形态又分为货币资金出资，以及实物、知识产权、土地使用权等可以用货币估价并可以依法转让的非货币财产作价出资等。

（三）实收资本入账价值的确定

企业收到各方投资者投入资本金的入账价值的确定是实收资本核算中的一个比较重要的问题。总体来说，投入资本是按照实际收到的投资额入账，对于收到的是货币资金投资的，应以实际收到的货币资金额入账；对于收到的是实物等其他形式投资的，应以投资各方确认的价值入账。对于实际收到的货币资金额或投资各方确认的资产价值超过其在注册资本中所占的份额部分，作为超面额缴入资本，计入资本公积金。

(四)实收资本的会计处理

为了反映实收资本的形成及其以后的变化情况,在会计核算上应设置"实收资本①"账户。"实收资本"账户属于所有者权益类,用来核算所有者投入企业的资本金变化过程及其结果。该账户的贷方登记所有者投入企业资本金的增加额;借方登记所有者投入企业资本金的减少额。期末余额在贷方,表示所有者投入企业资本金的结余额。企业应按照投资者的不同设置明细账户,进行明细核算。

"实收资本"账户的结构如下:

实收资本	
实收资本的减少额	实收资本的增加额
	期末余额:实收资本的结余额

下面举例说明实收资本的总分类核算过程。

【例 5-1】星海股份有限公司接受某单位的投资 5 800 000 元,款项通过银行划转。

这项经济业务的发生,一方面使得公司的银行存款增加 5 800 000 元;另一方面使得公司所有者对公司的投资增加 5 800 000 元。因此,该项经济业务涉及"银行存款"和"实收资本"两个账户。银行存款的增加是资产的增加,应记入"银行存款"账户的借方;所有者对公司投资的增加是所有者权益的增加,应记入"实收资本"账户的贷方。该项经济业务应编制的会计分录如下:

借:银行存款　　　　　　　　　　　　　　5 800 000
　　贷:实收资本　　　　　　　　　　　　　　5 800 000

【例 5-2】星海股份有限公司接受某投资方投入的一台全新设备,双方共同确定的价值②为 290 000 元,设备投入使用。

这项经济业务的发生,一方面使得公司的设备增加 290 000 元;另一方面使得公司所有者对公司的投资增加 290 000 元。因此,该项业务涉及"固定资产"和"实收资本"两个账户。设备的增加属于资产的增加,应记入"固定资产"账户的借方;所有者对公司的投资增加是所有者权益的增加,应记入"实收资本"账户的贷方。该项经济业务应编制的会计分录如下:

借:固定资产　　　　　　　　　　　　　　290 000
　　贷:实收资本　　　　　　　　　　　　　　290 000

【例 5-3】星海股份有限公司接受某单位的土地使用权投资,经投资双方共同确认的价值为 10 440 000 元,已办完各种手续。

首先应明确,土地使用权属于无形资产。这项经济业务的发生,一方面使得公司的无形资产(土地使用权)增加 10 440 000 元;另一方面使得公司的所有者对公司的投资增加 10 440 000 元。因此,该项业务涉及"无形资产"和"实收资本"两个账户。土地使用权投

---

① 按照要求,对于资本金的核算,在有限责任公司中使用"实收资本"账户,在股份有限公司中使用"股本"账户,本教材在处理具体业务过程中所涉及资本金的核算时,对"实收资本"和"股本"两个账户不加严格区别。
② 《企业会计准则第 4 号——固定资产》准则第 11 条规定,投资者投入固定资产的成本,应当按照投资合同或协议约定的价值确定,但合同或协议约定的价值不公允的除外。

资的增加属于资产的增加,应记入"无形资产"账户的借方;所有者对公司投资的增加是所有者权益的增加,应记入"实收资本"账户的贷方。该项经济业务应编制的会计分录如下:

借:无形资产——土地使用权　　　　　　10 440 000
　　贷:实收资本　　　　　　　　　　　　　　　　10 440 000

三、资本公积业务的核算

(一)资本公积的含义

资本公积是投资者或者他人投入到企业、所有权归属投资者,并且金额上超过法定资本部分的资本,是企业所有者权益的重要组成部分。由此可见,资本公积从本质上讲属于投入资本的范畴,其形成的主要原因是我国采用注册资本制度,限于法律的规定而无法将资本公积直接以实收资本(或股本)的名义出现。因此,资本公积从其实质上看是一种准资本,是资本的一种储备形式。但是,资本公积与实收资本(或股本)又有一定的区别,实收资本(或股本)是公司所有者(股东)为谋求价值增值而对公司的一种原始投入,从法律上讲属于公司的法定资本,而资本公积可以来源于投资者的额外投入,也可以来源于除投资者之外的其他企业或个人等。可以说,实收资本无论是在来源上还是在金额上,都有着比较严格的限制,而不同来源形成的资本公积金却归所有投资者共同享有。

(二)资本公积的来源

由于资本公积是所有者权益的重要组成部分,而且它通常会直接导致企业净资产的增加,因此,资本公积信息对于投资者、债权人等会计信息使用者的决策十分重要。企业的资本公积的主要来源可以有所有者投入资本中的超过法定资本份额的部分和直接计入资本公积的各种利得或损失等。

1. 资本(或股本)溢价

资本(或股本)溢价是指股东的出资额大于其在企业注册资本中所占份额的差额,属于股东投入资本的组成部分。当公司经营一段时间后需要增资扩股时,新的投资者的出资额往往会大于其在公司注册资本中所占的份额。这一方面是因为公司经营了一段时间后,其原有资本已经增值,新的投资者应以高于原股东的投资额占有与原股东等量的股份;另一方面是因为公司经营了一段时间后,会形成一部分资本公积和留存收益,而投资者如与原股东共享这部分资本公积和留存收益,就必须付出高于原股东的出资额而占有与原股东等量的股份。资本(或股本)溢价主要用于转增资本。

2. 其他资本公积

其他资本公积是指除资本(或股本)溢价外所形成的资本公积,主要包括以下几项。

(1)直接计入所有者权益的利得和损失[①]。利得和损失是企业除了收入、费用以及所

---

① 直接计入所有者权益的利得或损失,是指不应计入当期损益、会导致所有者权益发生增减变动的、与所有者投入资本或者向所有者分配利润无关的利得或损失。

有者投入和分配给所有者以外的一些边缘性或偶发性的收入或支出。一般来说，利得和损失与收入和费用不同，它们之间不存在配比关系。按我国财政部发布的《企业会计准则应用指南——会计科目和主要账务处理》的规定，这些直接计入所有者权益的利得和损失作为其他资本公积核算。

（2）公司将自用房地产或存货转换为采用公允价值计量的投资性房地产时，转换当日的公允价值大于原账面价值的差额计入其他资本公积。

（3）权益结算的股份支付。股份支付是指企业为获取职工和其他方提供的服务而授予权益工具或者承担以权益工具为基础确定的负债的交易。以权益结算的股份支付换取职工或其他方提供服务的，应按照确定的金额记入其他资本公积。

由于其他资本公积一般是由特定资产的计价变动而形成的，当公司处置这项特定资产时，由此产生的其他资本公积也一并处置，因此，其他资本公积不得用于转增资本。

（三）资本公积的用途

股份公司在经营过程中出于种种考虑，如增加资本的流动性，改变公司所有者投入资本的结构，体现公司稳健、持续发展的潜力等，对于形成的资本公积金可以按照规定的用途予以使用。资本公积（主要是资本溢价部分）的主要用途就在于转增资本，即在办理增资手续后用资本公积转增实收资本，按所有者原有投资比例增加投资入的实收资本。

（四）资本公积的会计处理

公司的资本公积一般都有其特定的来源和用途。不同来源形成的资本公积金，其核算的方法不同。为了反映和监督资本公积金的增减变动及其结余情况，会计上应设置"资本公积"账户，并设置"资本溢价"和"其他资本公积"等明细账户。"资本公积"账户属于所有者权益类，其贷方登记从不同渠道取得的资本公积金，即资本公积金的增加数；借方登记用资本公积金转增资本，即资本公积金的减少数。期末余额在贷方，表示资本公积金的期末结余数。

"资本公积"账户的结构如下：

资本公积

资本公积金的减少数 （使用数）	资本公积金的增加数
	期末余额：资本公积金的结余数

下面举例说明资本公积的总分类核算过程。

【例5-4】星海股份有限公司接受某投资者的投资10 000 000元，其中8 000 000元作为实收资本，另外2 000 000元作为资本公积，公司收到该投资者的投资后存入银行，其他手续已办妥。

这是一项接受投资而又涉及超过法定份额资本的业务，其中，属于法定份额部分应记入实收资本，超过部分作为资本公积。该项业务涉及"银行存款""实收资本"和"资本公积"三个账户。银行存款的增加是资产的增加，应记入"银行存款"账户的借方；实收资本和资本公积的增加是所有者权益的增加，应分别记入"实收资本"和"资本公积"账户的贷方。这项业务应编制的会计分录如下：

借：银行存款　　　　　　　　　　　　　10 000 000
　　贷：实收资本　　　　　　　　　　　　　　8 000 000
　　　　资本公积——资本溢价　　　　　　　　2 000 000

【例5-5】星海股份有限公司经股东大会批准，将公司的资本公积金400 000元转增资本。

这是一项所有者权益内部转化的业务。这项经济业务的发生，一方面使得公司的实收资本增加400 000元；另一方面使得公司的资本公积减少400 000元。因此，该项业务涉及"资本公积"和"实收资本"两个账户。资本公积的减少是所有者权益的减少，应记入"资本公积"账户的借方；实收资本的增加是所有者权益的增加，应记入"实收资本"账户的贷方。该项业务应编制的会计分录如下：

借：资本公积　　　　　　　　　　　　　　400 000
　　贷：实收资本　　　　　　　　　　　　　　400 000

上述1~5项所有者权益资金筹集业务的总分类核算过程如图5-1所示。

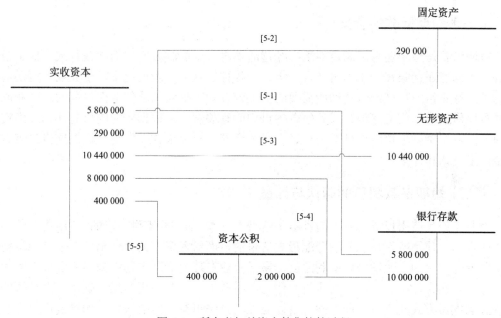

图5-1　所有者权益资金筹集核算过程

第二节　企业负债资金筹集业务的核算

企业从债权人那里筹集到的资金形成企业的负债，它表示企业的债权人对企业资产的要求权，即债权人权益。当企业为了取得生产经营所需的资金、商品或劳务等而向银行借款或向其他单位赊购材料商品时，就形成了企业同其他经济实体之间的债务关系。所谓负债是指企业过去的交易或者事项形成的、预期会导致经济利益流出企业的现时义务。[①]负债按其偿还期限的长短可以分为流动负债和非流动负债。流动负债是指将在一年内(含一年)或超过一年的一个营业周期内偿还的债务、非流动负债是指偿还期在一年以上或超过一年的一个营业周期以上的债务。负债必须要有确切的债权人、到期日和确切的金额。到期必须还本付息是负债不同于所有者权益的一个明显特征。根据负债的定义及其扩展内容我们可以看出，负债的形成和偿还与某些资产、所有者权益、收入、费用或利润等要素都有着密切的关系，因而正确地确认与计量负债是会计核算过程中一部分非常重要的内容。将负债分为流动负债和非流动负债，便于会计信息使用者分析企业的财务状况，判断企业的偿债能力和近、远期支付能力，进而做出有关的决策。我们这里仅以流动负债中的短期借款和非流动负债中的长期借款为例介绍负债资金筹集业务的核算内容。

一、短期借款业务的核算

企业为了维持日常的生产经营活动，需要从银行等金融机构取得各种借款，其中短期借款就是企业比较常见的一种筹措资金的方式。

（一）短期借款的含义

短期借款是指企业为了满足其生产经营活动对资金的临时需要而向银行或其他金融机构等借入的偿还期限在一年以内（含一年）的各种借款。一般情况下，企业取得短期借款是为了维持正常的生产经营活动所需要的资金或者为了抵偿某项债务而借入的。企业取得各种短期借款时，应遵守银行或其他金融机构的有关规定，根据企业的借款计划及确定的担保形式，经贷款单位审核批准之后订立借款合同。每笔借款在取得时可根据借款借据上的金额来确认和计量。

（二）短期借款利息的确认与计量

企业无论是使用投资人投入的资本还是借入资本，都需要支付一定的"使用费"。其中，投入资本的"使用费"是以利润分配形式支付的，而借入资本的"使用费"是以利息费用发生的形式支付的。短期借款的利息支出属于企业在理财活动过程中为筹集资金而发生的一项耗费。在会计核算中，企业应将其作为期间费用（财务费用）加以确认。由于短期借款利息的支付方式和支付时间不同，会计处理的方法也有一定的区别：如果银行对企业的短期借款按月计收利息，或者虽在借款到期收回本金时一并收回利息，但利息数额不大，企业可以在收到银行的计息通知或实际支付利息时，直接将发生的利息费用计入当期损益（财务费用）；如果银行对企业的短期借款采取按季或半年等较长期间计收利息，或者是在借款到期收回本金时一并计收利息且利息数额较大，为了正确地计算各期损益额，并保持各个期间损益额的均衡性，则通常按权责发生制核算基础的要求，采用预提的方法按月预提借款利息，计入预提期间损益（财务费用），待季度或半年等结息期终了或到期支付利息

[①] 参见我国财政部 2006 年 2 月 15 日发布、2014 年 7 月 23 日修订的《企业会计准则——基本准则》第二十三条。

时,再冲销应付利息这项负债。短期借款利息的计算公式为

$$短期借款利息=借款本金×利率×时间 \quad (5-1)$$

由于按照权责发生制核算基础的要求,应于每月末确认当月的利息费用,因而这里的"时间"是一个月。但是,利率往往都是年利率,所以应将其转化为月利率。年利率除以12即为月利率。如果在月内的某一天取得的借款,并且该日作为计息的起点时间,那么对于借款当月和还款月应按实际经历天数计算(不足整月),此时应将月利率转化为日利率。在将月利率转化为日利率时,为简化起见,一个月一般按30天计算,一年按360天计算。

(三)短期借款的会计处理

对于短期借款本金和利息的核算需要设置"短期借款""财务费用"和"应付利息"三个主要的账户。

(1)"短期借款"账户。该账户属于负债类,是用来核算企业向银行或其他金融机构借入的期限在一年以内(含一年)的各种借款(本金)的增减变动及其结余情况的账户。该账户的贷方登记取得的短期借款,即短期借款本金的增加额;借方登记短期借款的偿还,即短期借款本金的减少额。期末余额在贷方,表示企业尚未偿还的短期借款的本金结余额。短期借款应按照债权人的不同设置明细账户,并按照借款种类进行明细分类核算。

"短期借款"账户的结构如下:

短期借款	
短期借款的偿还 (减少)额	短期借款的 取得(增加)额
	期末余额: 短期借款结余额

(2)"财务费用"账户。该账户属于损益类,用来核算企业为筹集生产经营所需资金等而发生的各种筹资费用,包括利息支出(减利息收入)、佣金、汇兑损失(减汇兑收益)以及相关的手续费、企业发生的现金折扣或收到的现金折扣等。该账户的借方登记发生的财务费用;贷方登记发生的应冲减财务费用的利息收入、汇兑收益以及期末转入"本年利润"账户的财务费用净额(即财务费用支出大于收入的差额,如果收入大于支出则进行反方向的结转)。经过结转之后,该账户期末没有余额。财务费用应按照费用项目设置明细账户,进行明细分类核算。这里需要指出的是,为购建固定资产而筹集长期资金所发生的诸如借款利息支出等费用,在固定资产尚未完工交付使用之前发生的,应对其予以资本化,记入有关固定资产的购建成本,不在该账户核算;待固定资产建造工程完工并投入使用之后再发生的利息支出,则应记入当期损益,记入该账户。

"财务费用"账户的结构如下:

财务费用	
发生的费用: 利息支出 手续费 汇兑损失	利息收入 汇兑收益 期末转入"本年利润" 的财务费用净额

（3）"应付利息"账户。该账户属于负债类，用来核算企业按照合同约定应支付的利息（分期付息情况下的未付利息）。该账户的贷方登记按合同约定的利率计算的应付未付利息的增加额；借方登记应付利息的减少（支付）额。期末余额在贷方，表示尚未支付的利息。"应付利息"账户的结构如下：

应付利息	
应付利息的减少额	应付未付利息的增加额
	期末余额：尚未支付的利息

企业取得短期借款时，借记"银行存款"账户，贷记"短期借款"账户；期末计算借款利息时，借记"财务费用"账户，贷记"银行存款"或"应付利息"账户；偿还借款本金、支付利息时，借记"短期借款""应付利息"账户，贷记"银行存款"账户。采用预提的办法核算短期借款利息费用时，如果实际支付的利息与预提的利息之间有差额，按已预提的利息金额，借记"应付利息"账户；按实际支付的利息金额与预提的金额的差额（尚未提取的部分），借记"财务费用"账户；按实际支付的利息金额，贷记"银行存款"账户。

下面举例说明短期借款的借入、计息和归还的核算过程。

【例5-6】星海股份有限公司因生产经营的临时性需要，于2×19年4月15日向银行申请取得期限为6个月的借款2 900 000元，存入银行。

这项经济业务的发生，一方面使得公司的银行存款增加2 900 000元；另一方面使得公司的短期借款增加2 900 000元。因此，这项经济业务涉及"银行存款"和"短期借款"两个账户。银行存款的增加是资产的增加，应记入"银行存款"账户的借方；短期借款的增加是负债的增加，应记入"短期借款"账户的贷方。这项经济业务应编制的会计分录如下：

借：银行存款　　　　　　　　　　　　　　　　　　2 900 000
　　贷：短期借款　　　　　　　　　　　　　　　　　　2 900 000

【例5-7】承前例，假如上述星海股份有限公司取得的借款年利率为6%，利息按季度结算，经计算其4月份应负担的利息为7 250（2 900 000×6%÷12×15/30）元。

借款利息是企业的一项财务费用。因为利息是按季度结算的，所以本月的利息虽然在本月计算并由本月来负担，但却不在本月实际支付。因此，这项经济业务的发生，一方面形成企业本月的一项费用（财务费用）；另一方面形成企业的一项负债（应付利息）。因此，这项经济业务涉及"财务费用"和"应付利息"两个账户。财务费用的增加属于费用的增加，应记入"财务费用"账户的借方；应付利息的增加属于负债的增加，应记入"应付利息"账户的贷方。这项经济业务应编制的会计分录如下：

借：财务费用　　　　　　　　　　　　　　　　　　　7 250
　　贷：应付利息　　　　　　　　　　　　　　　　　　　7 250

【例5-8】承上例，星海股份有限公司在6月末用银行存款36 250元支付本季度的银行借款利息（5、6月份的利息计算和处理方法基本同于4月份，只是时间为一个月，故这里略），4、5、6月的利息和为36 250①元。

该项经济业务实际上是偿还银行借款利息这项负债的业务，一方面使得公司的银行存款减少36 250元；另一方面使得公司的应付利息减少36 250元。因此，这项经济业务涉及

---

① 36 250=7 250+14 500+14 500

"银行存款"和"应付利息"两个账户。银行存款的减少是资产的减少,应记入"银行存款"账户的贷方;应付利息的减少是负债的减少,应记入"应付利息"账户的借方。这项经济业务应编制的会计分录如下:

  借:应付利息   36 250
    贷:银行存款   36 250

【例5-9】承上例,星海股份有限公司在10月16日用银行存款2 900 000元偿还到期的银行临时借款本金(假如利息另外处理)。

这项经济业务的发生,一方面使得公司的银行存款减少2 900 000元;另一方面使得公司的短期借款减少2 900 000元。因此,这项经济业务涉及"银行存款"和"短期借款"两个账户。银行存款的减少是资产的减少,应记入"银行存款"账户的贷方;短期借款的减少是负债的减少,应记入"短期借款"账户的借方。这项经济业务应编制的会计分录如下:

  借:短期借款   2 900 000
    贷:银行存款   2 900 000

二、长期借款业务的核算

长期借款是企业向银行及其他金融机构借入的偿还期限在一年以上或超过一年的一个营业周期以上的各种借款。一般来说,企业举借长期借款,主要是为了增添大型固定资产、购置地产、增添或补充厂房等,也就是为了扩充经营规模而增加各种长期耐用的固定资产。在会计核算中,应当区分长期借款的性质按照申请获得贷款时实际收到的贷款数额进行确认和计量,并按照规定的利率和使用期限定期计息并确认为长期借款入账(注意此处与短期借款的区别)。贷款到期时,企业应当按照借款合同的规定按期清偿借款本息。

按照会计准则的规定,长期借款的利息费用等应按照权责发生制核算基础等的要求,按期计算提取计入所购建资产的成本(即予以资本化)或直接计入计算当期损益(财务费用)。具体地说,就是在该长期借款所进行的长期工程项目完工之前发生的利息,应将其资本化,计入该工程成本;在工程完工达到可使用状态之后产生的利息支出,应停止借款费用资本化而予以费用化,在利息费用发生的当期直接计入当期损益(财务费用)。

为了核算长期借款本金及利息的取得和偿还情况,需要设置"长期借款"账户。该账户属于负债类,是用来核算企业从银行或其他金融机构取得的长期借款的增减变动及其结余情况的账户。该账户的贷方登记长期借款的增加数(包括本金和各期计算出来的未付利息),借方登记长期借款的减少数(偿还的借款本金和利息)。期末余额在贷方,表示尚未偿还的长期借款本息结余额。该账户应按借款单位设置明细账户,并按借款种类进行明细分类核算。

"长期借款"账户的结构如下:

长期借款	
长期借款本息的 偿还(减少)	长期借款本金的 取得和未付利息的计算(增加)
	期末余额:尚未偿还 长期借款本息的结余

企业取得长期借款时，借记"银行存款"账户，贷记"长期借款"账户。计算利息时，如果是分期付息，则借记"在建工程"和"财务费用"等账户，贷记"应付利息"账户；如果是到期付息，则借记"在建工程"和"财务费用"等账户，贷记"长期借款"账户。偿还借款、支付利息时借记"应付利息"和"长期借款"等账户，贷记"银行存款"账户。

下面举例说明长期借款本金和利息的总分类核算过程。

【例 5-10】星海股份有限公司为购建一条新的生产线（工期两年），于 2×17 年 1 月 1 日向中国银行取得期限为 3 年的人民币借款 14 500 000 元，存入银行。星海股份有限公司当即将该借款投入到生产线的购建工程中。

这项经济业务的发生，一方面使得公司的银行存款增加 14 500 000 元；另一方面使得公司的长期借款增加 14 500 000 元。这项经济业务涉及"银行存款"和"长期借款"两个账户。银行存款的增加是资产的增加，应记入"银行存款"账户的借方；长期借款的增加是负债的增加，应记入"长期借款"账户的贷方。这项经济业务应编制的会计分录如下：

  借：银行存款   14 500 000
    贷：长期借款   14 500 000

【例 5-11】承上例，假如上述借款年利率为 8%，合同规定到期一次还本付息，单利计息。计算确定 2×17 年应由该工程负担的借款利息。

在固定资产建造工程交付使用之前，用于工程的借款利息属于一项资本性支出，应记入固定资产建造工程成本。在单利计息的情况下，其利息的计算方法与短期借款利息计算方法相同，即 2×17 年的利息为 1 160 000（14 500 000×8%）元。这项经济业务的发生，一方面使得公司的在建工程成本增加 1 160 000 元；另一方面使得公司的长期借款利息这项负债增加 1 160 000 元。这项经济业务涉及"在建工程"和"长期借款"两个账户。工程成本的增加是资产的增加，应记入"在建工程"账户的借方；借款利息的增加是负债的增加，应记入"长期借款"账户的贷方。这项经济业务应编制的会计分录如下：

  借：在建工程   1 160 000
    贷：长期借款   1 160 000

【例 5-12】承前例，假如星海股份有限公司在 2×19 年年末全部偿还该笔借款的本金和利息。

该笔长期借款在存续期间的利息共计为 3 480 000 元（注意：由于工程已经在 2×18 年年末完工，所以 2×19 年的利息不能计入工程成本，而应计入当年财务费用，关于 2×18 年和 2×19 年利息费用的处理略），借款本金为 14 500 000 元，合计为 17 980 000 元，在 2×19 年年末一次付清。这项经济业务的发生，一方面使得公司的银行存款减少 17 980 000 元；另一方面使得公司的长期借款（包括本金和利息）减少 17 980 000 元。这项经济业务涉及"银行存款"和"长期借款"两个账户。银行存款的减少是资产的减少，应记入"银行存款"账户的贷方；长期借款的减少是负债的减少，应记入"长期借款"账户的借方。这项经济业务应编制的会计分录如下：

  借：长期借款   17 980 000
    贷：银行存款   17 980 000

这里需要指出的是，以上实例是以长期借款单利计息的方式来说明问题的。在实际工作中，长期借款也可以采用复利计息的方法。在长期借款复利计息的情况下，尽管长期借款的本金、利率和偿还期限可能都相同，但在不同的偿付条件下（到期一次还本付息、分期偿还本息和分期付息到期还本三种方式），企业实际真正使用长期借款的时间长短是不同的，所支付的利息费用也就不同（有时可能差距很大）。因此，长期借款到底采用哪种还本付息方式以及能否按时还清借款本息，就成为企业的一项重要的财务决策。其具体内容将在以后的有关专业课程中介绍。

负债资金筹集业务的总分类核算如图 5-2 所示。

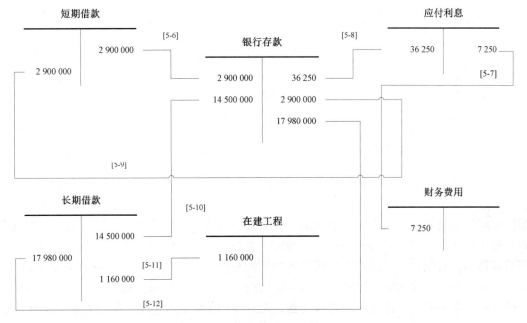

图 5-2　负债资金筹集业务核算

本章前两节我们对所有者权益和负债的内容分别进行了学习，由此知道，所有者权益和负债同属"权益"，分别反映投资人和债权人对投入资本的求偿权。那么所有者权益和负债有哪些不同之处呢？下面我们进行一个简要阐述：

（1）两者性质不同。所有者权益是所有者对企业净资产的求偿权，包括所有者对企业的投入资本及其对投入资本的运作所产生盈余的要求权；负债则是债权人对企业资产的要求权，是债权人的权益。

（2）偿还责任不同。所有者权益在企业经营期内无须偿还，国有企业按照国家规定分配收益，股份制企业按照董事会的决定支付股利，其他企业按照企业最高层管理机构的决定分配利润；负债要求企业按规定的时间和利率支付利息，到期偿还本金。

（3）享受的权利不同。企业的所有者一般既具有参与企业管理的权利，也具有参与收益分配的权利，不仅享有法定的自己管理企业的权利，还享有委托他人管理企业的权利；债权人通常只享有收回本金和按事先约定的利率收回利息的权利。

（4）计量特性不同。所有者权益除了投资者投资时以外，一般不能直接计量，而是通过资产和负债的计量来间接计量；负债通常可以单独直接地进行计量。

（5）风险和收益不同。所有者权益一般情况下不能抽回，承担的风险较大，获得的收益可能较高；而负债具有明确的期限和约定的收益率，因而，风险较小，收益也小。

第三节　企业财务成果形成业务的核算

一、财务成果概述

企业作为一个独立的经济实体，其经营活动的主要目的就是要不断地提高企业的盈利水平，增强企业的获利能力。利润就是一个反映企业获利能力的综合指标，利润水平的高低不仅反映企业的盈利水平，而且还能反映企业向整个社会所做贡献的大小，同时又是各有关方面对本企业进行财务预测和投资决策的重要依据。

（一）财务成果的概念

所谓财务成果是指企业在一定会计期间所实现的最终经营成果，也就是企业所实现的利润或亏损总额。利润是按照配比的要求，将一定时期内存在因果关系的收入与费用进行配比而产生的结果，收入大于费用支出的差额部分为利润，反之则为亏损。利润是综合反映企业在一定时期生产经营成果的重要指标。企业各方面的情况，如劳动生产率的高低、产品是否适销对路、产品成本和期间费用的节约与否，都会通过利润指标得到综合反映。因此，获取利润就成为企业生产经营的主要目的之一。一个企业获利与否，不仅关系到企业的稳定发展和职工生活水平的提高问题，而且也会影响到社会的积累与发展。因此，企业必须采取一切措施，增收节支，增强企业的盈利能力，提高经济效益。

（二）财务成果核算的作用

从整体上，财务成果业务应包括财务成果的形成和分配两部分内容。财务成果业务的核算，应能体现出以下几个方面的作用。

（1）正确计算企业实现的利润总额及其构成，为分析和考核企业的经营情况提供必要的信息。

（2）提供企业对利润进行分配的信息，包括企业资金积累和向投资者分配利润的具体情况，以确保正确处理国家、企业、职工和投资者等不同利益方之间的关系。

在本节中我们主要探讨利润形成过程的核算内容。

二、利润的构成与计算

由于利润是一个综合指标，它综合了企业在经营过程中的所费与所得，因而对于利润的确认与计量，是以企业生产经营活动过程中所实现的收入和发生的费用的确认与计量为基础的，同时还要包括通过投资活动而获得的投资收益，以及与生产经营活动没有直接关系的营业外收支等。由此可见，反映企业财务成果的利润，就其构成内容来看，既有通过生产经营活动而获得的，也有通过投资活动而获得的，还有那些与生产经营活动没有直接关系的各项收入和支出等。按照我国会计准则及会计制度的规定，制造业企业的利润一般包括营业利润和营业外收支等内容。也就是说，企业在生产经营过程中通过销售活动将商品卖给购买方，实现收入，扣除当初的投入成本以及其他一系列费用，再加减非经营性质的收支等，就形成了企业的利润或亏损总额。有关利润指标各个层次的计算公式为

$$\text{利润（或亏损）总额} = \text{营业利润} + \text{直接计入当期利润的利得} - \text{直接计入当期利润的损失} \quad (5\text{-}2)$$

式（5-2）中的营业利润是企业利润的主要来源，营业利润这一指标能够比较恰当地反映企业管理者的经营业绩。营业利润等于营业收入（包括主营业务收入和其他业务收入）减去营业成本（包括主营业务成本和其他业务成本）、期间费用、资产减值损失，再加上投资收益等，用公式表示，即

$$\begin{aligned}\text{营业利润} = &\text{营业收入} - \text{营业成本} - \text{税金及附加} - \text{销售费用} - \\&\text{管理费用} - \text{财务费用} - \text{资产减值损失} + (\text{或} -) \\&\text{公允价值变动净损益} + (\text{或} -) \text{投资净损益} + (\text{或} -) \\&\text{资产处置净损益} + \text{其他收益}\end{aligned} \quad (5\text{-}3)$$

直接计入当期利润的利得，是指与企业正常的生产经营活动没有直接关系的各项收益，包括非流动资产处置利得、非货币性资产交换利得、债务重组利得、政府补助、盘盈利得和捐赠利得等。营业外收入是企业的一种纯收入，不需要也不可能与有关费用进行配比。事实上企业为此并没有付出代价，因此，在会计核算中应严格区分营业外收入与营业收入的界限。发生营业外收入时，应按其实际发生数进行核算，并直接增加企业的利润总额。

直接计入当期利润的损失，是指与企业正常生产经营活动没有直接关系的各种损失，包括非流动资产处置损失、非货币性资产交换损失、债务重组损失、公益性捐赠支出、非常损失、盘亏损失等。利得与损失应当分别核算，不能以利得直接冲减损失。在实际发生损失时，直接冲减企业当期的利润总额。

企业实现了利润总额后，首先应向国家缴纳所得税费用，减去所得税费用后的利润即为净利润，净利润的计算公式为

$$\text{净利润} = \text{利润总额} - \text{所得税费用} \quad (5\text{-}4)$$

利润总额和净利润的构成公式中的营业利润的某些内容，如主营业务收入、主营业务成本、税金及附加、其他业务收入、其他业务成本等，我们在第四章中已经做了部分介绍，接下来要对营业利润构成项目中的期间费用、投资收益，以及净利润构成中的利得和损失、所得税费用的核算内容进行阐述，以便说明企业在一定时期内的净利润的形成过程。

三、营业利润形成过程的核算

前已述及，企业的营业利润是由企业的营业收入、营业成本、期间费用、投资收益等内容构成，关于营业收入和营业成本等内容我们在前面已经介绍，因此这里主要阐述期间费用和投资收益的核算内容。

（一）期间费用的核算

期间费用是指不能直接归属于某个特定的产品成本，而应直接计入当期损益的各种费用。它是企业在经营过程中随着时间的推移而不断地发生、与产品生产活动的管理和销售有一定的关系，但与产品的制造过程没有直接关系的各种费用。一般来说，我们能够很容易地确定期间费用应归属的会计期间，但难以确定其应归属的产品，也就是说，难以确定其直接的负担者。因此，期间费用不计入产品制造成本，而是从当期损益中予以扣除。

期间费用包括为管理企业的生产经营活动而发生的管理费用，为筹集资金而发生的财务费用，为销售商品而发生的销售费用等。这些费用的发生对企业取得收入有很大的影响，但很难与各类收入直接配比，所以将其视为与某一期间的营业收入相关的期间费用按其实际发生额予以确认。有关期间费用中的财务费用的具体内容在本章第二节中已经做了详细的阐述，这里只对期间费用中的管理费用和销售费用的内容作一介绍。

管理费用是指企业行政管理部门为组织和管理企业的生产经营活动而发生的各种费用，包括企业在筹建期间内发生的开办费、董事会和行政管理部门在企业的经营管理中发生的或者应由企业统一负担的公司经费（包括行政管理部门职工工资及福利费、物料消耗、低值易耗品摊销、办公费和差旅费等）、工会经费、董事会费（包括董事会成员津贴、会议费和差旅费等）、聘请中介机构费、咨询费（含顾问费）、诉讼费、业务招待费、技术转让费、矿产资源补偿费、研究费用、排污费等。

销售费用是指企业在销售商品和材料、提供劳务等日常经营过程中发生的各项费用，包括保险费、包装费、展览费和广告费、商品维修费、预计产品质量保证损失、运输费、装卸费以及为销售本企业的商品而专设的销售机构（含销售网点、售后服务网点等）的职工薪酬、业务费、折旧费等经营费用。

为了核算期间费用的发生情况，除"财务费用"账户外，企业还需要设置以下账户。

（1）"管理费用"账户。该账户属于损益类，用来核算企业行政管理部门为组织和管理企业的生产经营活动而发生的各项费用。该账户的借方登记发生的各项管理费用；贷方登记期末转入"本年利润"账户的管理费用额。经过结转后，本账户期末没有余额。"管理费用"账户应按照费用项目设置明细账户，进行明细分类核算。

"管理费用"账户的结构如下：

管理费用	
发生的管理费用	期末转入"本年利润"账户的管理费用

（2）"销售费用"账户。该账户属于损益类，用来核算企业在销售商品过程中发生的各项销售费用及其结转情况。该账户的借方登记发生的各项销售费用；贷方登记期末转入"本年利润"账户的销售费用额。经结转后，该账户期末没有余额。"销售费用"账户应按照费用项目设置明细账户，进行明细分类核算。

"销售费用"账户的结构如下：

销售费用	
发生的销售费用	期末转入"本年利润"账户的销售费用

以下举例说明期间费用的总分类核算。

【例 5-13】星海股份有限公司的公出人员于东出差归来报销差旅费 7 134 元，原借款 8 700 元，余额退回现金。

差旅费属于企业的期间费用，在"管理费用"账户核算。这项经济业务的发生，一方面使得公司的管理费用增加 7 134 元，库存现金增加 1 566（8 700-7 134）元；另一方面使得公司的其他应收款这项债权减少 8 700 元。这项经济业务涉及"管理费用""库存现金"和"其他应收款"三个账户。管理费用的增加是费用的增加，应记入"管理费用"账户的借方；现金的增加是资产的增加，应记入"库存现金"账户的借方；其他应收款的减少是资产（债权）的减少，应记入"其他应收款"账户的贷方。这项业务应编制的会计分录如下：

  借：管理费用   7 134
    库存现金   1 566
    贷：其他应收款——于东   8 700

【例 5-14】星海股份有限公司用现金支付董事会成员津贴及咨询费 101 586 元。

这项经济业务的发生，一方面使得公司的管理费用增加 101 586 元；另一方面使得公司的现金减少 101 586 元。这项经济业务涉及"管理费用"和"库存现金"两个账户。管理费用的增加是费用的增加，应记入"管理费用"账户的借方；现金的减少是资产的减少，应记入"库存现金"账户的贷方。这项业务应编制的会计分录如下：

  借：管理费用   101 586
    贷：库存现金   101 586

【例 5-15】星海股份有限公司月末摊销以前已经付款的行政管理部门的房租 5 830 元。

行政管理部门的房租属于企业的管理费用，由于这笔费用以前付款时已经记入"长期待摊费用"账户，因而现在摊销应冲减预付费用。这项经济业务的发生，一方面使得公司的管理费用增加 5 830 元；另一方面使得公司的长期待摊费用减少 5 830 元。这项经济业务涉及"管理费用"和"长期待摊费用"两个账户。管理费用的增加是费用的增加，应记入"管理费用"账户的借方；预付费用的减少是资产的减少，应记入"长期待摊费用"账户的贷方。这项业务应编制的会计分录如下：

  借：管理费用   5 830
    贷：长期待摊费用   5 830

【例 5-16】星海股份有限公司用银行存款 15 080 元支付销售产品的运输费。

这项经济业务的发生，一方面使得公司的销售费用增加 15 080 元；另一方面使得公司的银行存款减少 15 080 元。这项经济业务涉及"销售费用"和"银行存款"两个账户。销售费用的增加是费用的增加，应记入"销售费用"账户的借方；银行存款的减少是资产的减少，应记入"银行存款"账户的贷方。这项业务应编制的会计分录如下：

  借：销售费用   15 080
    贷：银行存款   15 080

【例 5-17】星海股份有限公司下设一个销售网点，经计算确定该网点销售人员的工资 120 670 元。

销售机构人员的工资属于销售费用。这项经济业务的发生，一方面使得公司的销售费用增加 120 670 元，另一方面使得公司的应付职工薪酬增加 120 670 元。这项经济业务涉及"销售费用""应付职工薪酬"两个账户。销售费用的增加是费用的增加，应记入"销售费用"账户的借方；应付职工薪酬的增加是负债的增加，应记入"应付职工薪酬"账户的贷方。这项业务应编制的会计分录如下：

借：销售费用　　　　　　　　　　　　　　　　　　　　　120 670
　　贷：应付职工薪酬　　　　　　　　　　　　　　　　　　　　120 670

【例 5-18】星海股份有限公司的行政管理部门发生水电费 60 900 元，通过银行支付。

根据管理费用所包括的具体内容可知，行政管理部门发生的水电费属于管理费用核算的内容。这项经济业务的发生，一方面使得公司的管理费用增加 60 900 元；另一方面使得公司的银行存款减少 60 900 元。这项经济业务涉及"管理费用"和"银行存款"两个账户。管理费用的增加是费用支出的增加，应记入"管理费用"账户的借方；银行存款的减少是资产的减少，应记入"银行存款"账户的贷方。这项业务应编制的会计分录如下：

借：管理费用　　　　　　　　　　　　　　　　　　　　　60 900
　　贷：银行存款　　　　　　　　　　　　　　　　　　　　　　60 900

综合上述业务（包括第四章所涉及的有关期间费用的业务）可以确定，本月发生的期间费用（包括管理费用、财务费用和销售费用）共计 1 193 900 元。其中，管理费用为 830 000（420 000+182 700+38 800+13 050+7 134+101 586+5 830+60 900）元，财务费用为 7 250 元，销售费用为 356 650（140 000+60 900+20 000+15 080+120 670）元。

期间费用的总分类核算过程如图 5-3 所示。

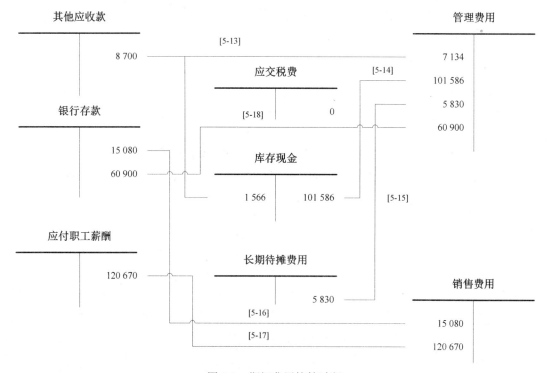

图 5-3　期间费用核算过程

（二）投资收益的核算

企业为了合理、有效地使用资金以获取更多的经济利益，除了进行正常的生产经营活动外，还可以将资金投放于债券、股票或其他财产等，形成企业的对外投资。投资收益的实现或投资损失的发生都会影响企业当期的经营成果。

为了核算投资损益的发生情况，需要设置"投资收益"账户。该账户属于损益类，用来核算企业对外投资所获得收益的实现或损失的发生及其结转情况。该账户的贷方登记实现的投资收益和期末转入"本年利润"账户的投资净损失，借方登记发生的投资损失和期末转入"本年利润"账户的投资净收益。经过结转之后，该账户期末没有余额。"投资收益"账户应按照投资的种类设置明细账户，进行明细分类核算。

"投资收益"账户的结构如下：

投资收益

（1）发生的投资损失 （2）期末转入"本年利润"账户的投资净收益	（1）实现的投资收益 （2）期末转入"本年利润"账户的投资净损失

下面举例说明投资收益的总分类核算。

【例 5-19】星海股份有限公司将日前购入的某一以交易为目的而持有的股票抛出，买价为 1 100 000 元，卖价为 1 158 560 元，所得款项存入银行。

持有目的是交易的有价证券属于交易性金融资产，出售价格与交易性金融资产账面余额之间的差额应确认为企业的投资收益。这项经济业务的发生，一方面使得公司的银行存款增加 1 158 560 元；另一方面使得公司的交易性金融资产减少 1 100 000 元，投资收益增加 58 560 元。这项经济业务涉及"银行存款""交易性金融资产"和"投资收益"三个账户。银行存款的增加是资产的增加，应记入"银行存款"账户的借方；交易性金融资产的减少是资产的减少，应记入"交易性金融资产"账户的贷方；投资收益的增加是收入的增加，应记入"投资收益"账户的贷方。这项业务应编制的会计分录如下：

借：银行存款　　　　　　　　　　　　　　　　　　　1 158 560
　　贷：交易性金融资产　　　　　　　　　　　　　　　　1 100 000
　　　　投资收益　　　　　　　　　　　　　　　　　　　　58 560

【例 5-20】星海股份有限公司的某项长期股权投资采用成本法核算，该被投资单位宣告分配本年的现金股利，其中本公司应得 145 000 元。

这项经济业务的发生，一方面使得公司的应收股利增加 145 000 元；另一方面使得公司的投资收益增加 145 000 元。应收股利的增加是资产（债权）的增加，应记入"应收股利"账户的借方；投资收益的增加是收入的增加，应记入"投资收益"账户的贷方。这项业务应编制的会计分录如下：

借：应收股利　　　　　　　　　　　　　　　　　　　　145 000
　　贷：投资收益　　　　　　　　　　　　　　　　　　　145 000

投资收益的总分类核算过程如图 5-4 所示。

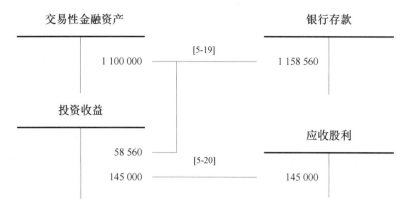

图 5-4 投资收益核算过程

通过第四章和本章前述各项经营业务内容的核算，就可以计算确定企业的营业利润。在销售过程的核算中，星海股份有限公司通过销售 A、B 商品，实现的主营业务收入为 6 774 600（696 000+1 670 400+748 200+4 060 000-400 000）元，结转的主营业务成本为 4 426 560（2 060 160+2 366 400）元，发生的税金及附加为 174 000（159 500+14 500）元；另外，公司在其他业务活动中实现其他业务收入为 388 600（81 200+290 000+17 400）元，发生其他业务成本为 59 972（46 400+13 572）元；公司的期间费用共计 1 193 900 元，其中管理费用为 830 000 元，财务费用为 7 250 元，销售费用为 356 650 元；公司的投资业务获得投资净收益为 203 560（145 000+58 560）元。将上述主营业务收支、其他业务收支、期间费用以及投资收益的内容综合起来，就可以计算出星海股份有限公司的营业利润为

营业利润=(6 774 600+388 600)-(4 426 560+59 972)-174 000-1 193 900+203 560

=1 512 328（元）

四、利润总额与净利润形成过程的核算

利润总额是在营业利润的基础上加减营业外收支（利得和损失）确定的。净利润是在利润总额的基础上考虑所得税费用确定的。营业利润在前面已阐述，这里主要介绍影响利润总额的营业外收支（利得和损失）和影响净利润的所得税费用的核算内容。

（一）利得与损失的核算

企业的利得与损失是指与企业正常的生产经营业务没有直接关系的各项收入和支出。通过前述利得的组成内容可以看出，利得不是由企业经营资金耗费所产生的，一般不需要企业付出代价，因而无法与有关的费用支出相配比。同样的道理，企业发生的损失也不属于企业的生产经营费用。

利得与损失虽然与企业正常的生产经营活动没有直接关系，但从企业整体考虑，利得与损失同样能够增加或减少企业的利润，对利润或亏损总额乃至净利润产生一定的影响。在会计核算过程中，一般按照利得与损失具体项目发生的时间，按其实际数额在当期作为利润的加项或减项分别予以确认和计量。

为了核算利得与损失的具体内容，需要设置以下账户。

（1）"营业外收入"账户。该账户属于损益类，用来核算企业各项利得的实现及其结转情况。该账户的贷方登记利得的实现，即增加；借方登记期末转入"本年利润"账户的利得。经过结转之后，该账户期末没有余额。"营业外收入"账户应按照利得的具体项目设置明细账户，进行明细分类核算。

"营业外收入"账户的结构如下：

营业外收入	
期末转入"本年利润"账户的利得	实现的利得（增加）

（2）"营业外支出"账户。该账户属于损益类，用来核算企业各项损失的发生及其转销情况。该账户的借方登记各项损失的发生，即增加；贷方登记期末转入"本年利润"账户的损失。经过结转之后，期末没有余额。"营业外支出"账户应按照各种损失的具体项目设置明细账户，进行明细分类核算。"营业外支出"账户的结构如下：

营业外支出	
损失的发生（增加）	期末转入"本年利润"账户的损失

下面举例说明计入当期损益的利得与损失的总分类核算。

【例5-21】星海股份有限公司收到某单位的违约罚款收入127 672元，存入银行。

罚款收入属于企业的营业外收入。这项经济业务的发生，一方面使得公司的银行存款增加127 672元；另一方面使得公司的营业外收入增加127 672元。这项经济业务涉及"银行存款"和"营业外收入"两个账户。银行存款的增加是资产的增加，应记入"银行存款"账户的借方；营业外收入的增加是收益的增加，应记入"营业外收入"账户的贷方。这项业务应编制的会计分录如下：

借：银行存款　　　　　　　　　　　　　　127 672
　　贷：营业外收入　　　　　　　　　　　　　127 672

【例5-22】星海股份有限公司用银行存款240 000元支付一项公益性捐赠。

企业的公益性捐赠属于营业外支出。这项经济业务的发生，一方面使得公司的银行存款减少240 000元；另一方面使得公司的营业外支出增加240 000元。这项经济业务涉及"银行存款"和"营业外支出"两个账户。营业外支出的增加是费用支出的增加，应记入"营业外支出"账户的借方；银行存款的减少是资产的减少，应记入"银行存款"账户的贷方。这项业务应编制的会计分录如下：

借：营业外支出　　　　　　　　　　　　　240 000
　　贷：银行存款　　　　　　　　　　　　　　240 000

根据上述业务内容可知，公司实现的营业外收入为127 672元，发生的营业外支出为240 000元，因而营业外收支净额为-112 328（127 672-240 000）元。

营业外收支的总分类核算过程如图5-5所示。

图 5-5 利得与损失的核算过程

(二) 所得税费用的会计处理

企业的净利润是由利润总额减去所得税费用计算而得的。在利润总额的基础上，进行适当的纳税调整，再依据所得税税率就可以计算所得税费用，进而计算确定净利润。

1. 利润总额的计算

前已述及，企业在一定时期内所实现的经营成果，即利润或亏损总额是由营业利润、直接计入当期利润的利得和直接计入当期利润的损失等几项内容组成的。对于这几项构成内容，我们已在前面通过具体经济业务的实例做了说明，把这些具体经济业务综合起来，就可以计算确定星海股份有限公司在本期所实现的利润总额。

星海股份有限公司本期实现的营业利润为 1 512 328 元，直接计入当期利润的利得为 127 672 元，直接计入当期利润的损失为 240 000 元。其利润总额为

利润总额=1 512 328+127 672-240 000=1 400 000（元）

计算出来的利润总额，形成了企业在一定会计期间的所得。针对这个所得，按照税法的规定即可计算需缴纳的所得税费用。

2. 所得税费用的计算与会计处理

所得税是企业按照国家税法的有关规定，对企业某一经营年度实现的经营所得和其他所得，按照规定的所得税税率计算缴纳的一种税款。缴纳所得税是企业使用政府所提供的各种服务而向政府应尽的义务。

所得税本质上是以在分配领域内产生的各项收益额为课征对象的通行税种。也就是说，只要有收益就应该缴纳所得税，不论是企业还是个人。由于税收具有自动改变和累进的功能，它随着课征客体的收益的大小而随时做出适应，因此，这种累进的所得税（其他税种也是如此）对国家经济起着自动调节的作用，是国家经济的内在稳定器。从另外一个角度来考察，对于一个经营实体而言，向国家缴纳了所得税，意味着其资源的流出、经济利益的减少，而且税收又具有强制性和无偿性，因此，应将所得税作为经营实体的一种费用看待。这不仅符合费用要素的定义，也符合配比的要求。

所得税是根据企业的所得额征收的，而企业的所得额又可以依据不同的标准分别计算确定，即所谓的会计所得和纳税所得。会计所得是企业根据会计准则、制度等要求确认的收入与费用进行配比计算得出的税前会计利润。纳税所得是根据税收法规规定的收入和准予扣除的费用计算得出的企业纳税所得，即应税利润。由于会计法规和税收法规是两个不同的经济范畴，两者的适度分离被认为是允许的，实际上它们也是分别遵循着不同的原则和方法，规范着不同的对象。会计的最终目标是提供财务会计报告，全面、真实、完整地反映企业的财务状况和经营成果，为会计信息的使用者提供有用的会计信息。税法的目的是确保税收收入。两者目标上的不同导致了收益确定上的差异。因此，按照会计法规计算

确定的会计利润与按照税收法规计算确定的应税利润对同一个企业的同一个会计期间来说，其计算的结果往往不一致，在计算口径和确认时间方面存在一定的差异，即计税差异。一般将这个差异称为纳税调整项目。

企业所得税通常是按年计算，分期预交，年末汇算清缴的，其计算公式为

$$应交所得税 = 应纳税所得额 \times 所得税税率 \qquad (5\text{-}5)$$

$$应纳税所得额 = 利润总额 \pm 所得税前利润中予以调整的项目 \qquad (5\text{-}6)$$

式（5-6）中的所得税前利润中予以调整的项目包括纳税调整增加项目和纳税调整减少项目两部分。纳税调整增加项目主要包括税法规定允许扣除项目，企业已计入当期费用但超过税法规定扣除标准的金额，如超过税法规定标准的工资支出、业务招待费支出，税收罚款滞纳金，非公益性捐赠支出等；纳税调整减少项目主要包括按税法规定允许弥补的亏损和准予免税的项目，如 5 年内未弥补完的亏损、国债的利息收入等。由于纳税调整项目的内容比较复杂，在本教材中，为了简化核算，我们一般假设纳税调整项目为零，因而就可以直接以会计上的利润总额为基础计算所得税额。企业的所得税率通常为 25%。各期预交所得税的计算公式为

$$当期累计应交所得税 = 当期累计应纳税所得额 \times 所得税税率 \qquad (5\text{-}7)$$

$$当期应交所得税 = 当期累计应交所得税 - 上期累计已交所得税 \qquad (5\text{-}8)$$

为了核算所得税费用的发生情况，在会计上需要设置"所得税费用"账户。该账户属于损益类，用来核算企业按照有关规定应在当期损益中扣除的所得税费用的计算及其结转情况。该账户的借方登记按照应纳税所得额计算出的所得税费用额；贷方登记期末转入"本年利润"账户的所得税费用额。经过结转后，该账户期末没有余额。

"所得税费用"账户的结构如下：

所得税费用	
计算出的所得税费用额	期末转入"本年利润"账户的所得税费用额

下面举例说明所得税费用的总分类核算。

【例 5-23】根据前述内容，已经确定星海股份有限公司本期实现的利润总额为 1 400 000 元，按照 25%的税率计算本期的所得税费用（假设没有纳税调整项目）。

本期应交所得税费用为 350 000（1 400 000×25%）元。所得税费用计算出来后，一般在当期并不实际缴纳，所以在形成所得税费用的同时也产生了企业的一项负债。这项经济业务的发生，一方面使得公司的所得税费用增加 350 000 元；另一方面使得公司的应交税费增加 350 000 元。这项经济业务涉及"所得税费用"和"应交税费"两个账户。所得税费用的增加是费用支出的增加，应记入"所得税费用"账户的借方；应交税费的增加是负债的增加，应记入"应交税费"账户的贷方。这项业务应编制的会计分录如下：

借：所得税费用　　　　　　　　　　　　　　　350 000
　　贷：应交税费——应交所得税　　　　　　　　　　350 000

企业在经营过程中实现了各项收入，相应地也发生了各项支出，对于这些收入和支出都已经在各有关的损益类账户中得到了相应的反映。根据前面介绍的内容已经知道，企业

的利润总额、净利润额是由企业的收益与其相关的支出进行配比、抵减而确定的，因此，就会涉及何时配比、抵减和怎样配比、抵减的问题。

按照我国会计准则的要求，企业一般应当按月核算利润，但是按月核算利润有困难的，经批准，也可以按季或者按年核算利润。企业计算确定本期利润总额、净利润和本年累计利润总额、累计净利润的具体方法有"账结法"和"表结法"两种。账结法是在每个会计期末（一般是指月末）将各损益类账户记录的金额全部转入"本年利润"账户，通过"本年利润"账户借、贷方的记录结算出本期损益总额和本年累计损益额。使用这种方法，需要在每个会计期末通过编制结账分录，结清各损益类账户。表结法是在每个会计期末（月末）各损益类账户余额不作转账处理，而是通过编制利润表进行利润的结算，根据损益类项目的本期发生额、本年累计数额填报会计报表（主要是指利润表），在会计报表中直接计算确定损益额，即利润总额、净利润额，到年终年度会计决算时再用账结法，将各损益类账户全年累计发生额通过编制结账分录转入"本年利润"账户。"本年利润"账户集中反映了全年累计净利润的实现或亏损的发生情况。

为了核算企业一定时期内财务成果的具体形成情况，在会计上需要设置"本年利润"账户。该账户属于所有者权益类，用来核算企业一定时期内净利润的形成或亏损的发生情况。该账户的贷方登记会计期末转入的各项收入，包括主营业务收入、其他业务收入、投资净收益和营业外收入等；借方登记会计期末转入的各项费用，包括主营业务成本、税金及附加、其他业务成本、管理费用、财务费用、销售费用、投资净损失、营业外支出和所得税费用等。该账户年内期末余额如果在贷方，表示实现的累计净利润；如果在借方，表示累计发生的亏损。年末应将该账户的余额转入"利润分配"账户（如果是净利润，应自该账户的借方转入"利润分配"账户的贷方；如果是亏损，应自该账户的贷方转入"利润分配"账户的借方），经过结转后，该账户年末没有余额。关于"本年利润"账户的核算内容，应结合利润形成核算的"账结法"和"表结法"加以理解。

"本年利润"账户的结构如下：

本年利润

期末转入的各项费用：	期末转入的各项收入：
（1）主营业务成本	（1）主营业务收入
（2）税金及附加	（2）其他业务收入
（3）其他业务成本	（3）投资净收益
（4）管理费用	（4）营业外收入
（5）财务费用	
（6）销售费用	
（7）投资净损失	
（8）营业外支出	
（9）所得税费用	
期末余额：	期末余额：
累计亏损	累计净利润

会计期末（月末或年末）结转各项收入时，借记"主营业务收入""其他业务收入""投资收益"和"营业外收入"等账户，贷记"本年利润"账户；结转各项费用时，借记"本

年利润"账户,贷记"主营业务成本""税金及附加""其他业务成本""管理费用""财务费用""销售费用""营业外支出"和"所得税费用"等账户。如果"投资收益"账户反映的为投资损失,则应进行相反的结转。

下面举例说明利润总额和净利润形成业务的总分类核算。

【例 5-24】星海股份有限公司在会计期末将本期实现的各项收入,包括主营业务收入 6 774 600 元、其他业务收入 388 600 元、投资净收益 203 560 元、营业外收入 127 672 元转入"本年利润"账户。

会计期末,企业未结转各种损益类账户之前,本期实现的各项收入以及与之相配比的成本费用是分散反映在不同的损益类账户中。为了遵循配比的要求,使本期的收支相抵减,以便确定本期经营成果,就需要编制结账分录,结清各损益类账户。这项经济业务的发生,一方面使得公司的有关损益类账户所记录的各种收入减少;另一方面使得公司的利润额增加。这项经济业务涉及"主营业务收入""其他业务收入""投资收益""营业外收入"和"本年利润"五个账户。各项收入的结转是收入的减少,应分别记入"主营业务收入""其他业务收入""投资收益"和"营业外收入"账户的借方;利润的增加是所有者权益的增加,应记入"本年利润"账户的贷方。这项业务应编制的会计分录如下:

```
借:主营业务收入                        6 774 600
    其他业务收入                          388 600
    投资收益                              203 560
    营业外收入                            127 672
    贷:本年利润                                    7 494 432
```

【例 5-25】星海股份有限公司在会计期末将本期发生的各项费用,包括主营业务成本 4 426 560 元、税金及附加 174 000 元、其他业务成本 59 972 元、管理费用 830 000 元、财务费用 7 250 元、销售费用 356 650 元、营业外支出 240 000 元转入"本年利润"账户。

这项经济业务的发生,一方面需要将记录在有关损益类账户中的各项费用予以转销;另一方面会使得公司的利润减少。这项经济业务涉及"本年利润""主营业务成本""税金及附加""其他业务成本""管理费用""财务费用""销售费用"和"营业外支出"八个账户。各项支出的结转是费用支出的减少,应分别记入"主营业务成本""税金及附加""其他业务成本""管理费用""财务费用""销售费用"和"营业外支出"账户的贷方;利润的减少是所有者权益的减少,应记入"本年利润"账户的借方。这项业务应编制的会计分录如下:

```
借:本年利润                            6 094 432
    贷:主营业务成本                              4 426 560
        税金及附加                                174 000
        其他业务成本                               59 972
        管理费用                                  830 000
        财务费用                                    7 250
        销售费用                                  356 650
        营业外支出                                240 000
```

通过以上经济业务的结转,本月的各项收入和费用(不包括所得税)都汇集于"本年利润"账户,再遵循配比要求将收入与费用进行抵减,我们就可以根据"本年利润"账户的借、贷方的记录确定利润总额。本期星海股份有限公司实现的利润总额为 1 400 000（7 494 432-6 094 432）元。根据利润总额就可以计算应交所得税费用，而所得税作为一项费用还应在会计期末转入"本年利润"账户，以便计算净利润。

【例 5-26】星海股份有限公司在会计期末将计算出的所得税费用转入"本年利润"账户。

星海股份有限公司本期计算出的所得税费用为 350 000 元。这项经济业务的发生，一方面使得公司的所得税费用减少 350 000 元；另一方面使得公司的利润额减少 350 000 元。所得税费用的减少是费用支出的减少，应记入"所得税费用"账户的贷方；利润的减少是所有者权益的减少，应记入"本年利润"账户的借方。这项业务应编制的会计分录如下：

借：本年利润　　　　　　　　　　　　　　　　　　350 000
　　贷：所得税费用　　　　　　　　　　　　　　　　　350 000

所得税费用转入"本年利润"账户后，就可以根据"本年利润"账户的借、贷方记录的各项收入和费用计算确定企业的净利润额，即

净利润=1 400 000-350 000=1 050 000（元）

净利润额形成过程的总分类核算如图 5-6 所示。

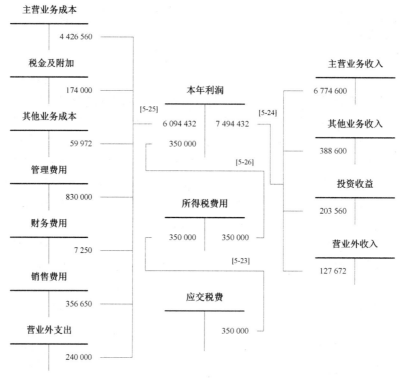

图 5-6　净利润形成过程核算

企业通过净利润形成过程的核算，形成了一定时期内的经营成果，即净利润。净利润这项经营成果的产生对企业的财务状况会产生一定的影响。净利润与企业的资产、负债和所有者权益之间的关系可用图 5-7 表示。

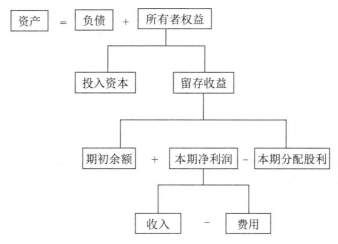

图 5-7　企业的资产、负债和所有者权益与净利润的关系

对于实现的净利润应按照国家的有关规定在各相关方面进行合理的分配。

第四节　企业财务成果分配业务的核算

投资者投入企业的资金，作为股本或实收资本，参与企业的生产经营活动。企业在生产经营活动过程中取得各种收入，补偿了各项耗费之后形成盈利。盈利按照国家规定缴纳所得税费用之后，形成企业的净利润，即税后利润。对于税后利润，需要按照规定进行合理的分配。

利润分配就是企业根据股东大会或类似权力机构批准的、对企业可供分配利润指定其特定用途和分配给投资者的行为。股份公司实现的净利润应按公司法、公司章程以及股东大会决议的要求进行分配。利润分配的过程和结果不仅关系到每个股东的权益是否得到保障，而且还关系到企业的未来发展问题，因此，必须做好企业的利润分配工作，正确地对利润分配的具体内容进行会计核算。

一、利润分配的顺序

企业实现的净利润，应按照国家的规定和投资者的决议进行合理的分配。企业净利润的分配涉及各个方面的利益关系，包括投资人、企业以及企业内部职工的经济利益，所以必须遵循兼顾投资人利益、企业利益以及企业职工利益的原则对净利润进行分配。根据《公司法》等有关法规的规定，企业当年实现的净利润，首先应弥补以前年度尚未弥补的亏损，剩余部分再按照下列顺序进行分配。

（一）提取法定盈余公积

盈余公积有两种：一种是国家规定必须提取的，称为法定盈余公积；另一种是企业自愿提取的，由董事会决定留存在企业的利润，称为任意盈余公积。

法定盈余公积金应按照本年实现净利润的一定比例提取，《公司法》规定股份制企业（包括国有独资公司、有限责任公司和股份有限公司）按净利润的10%提取；其他企业可以根据需要确定提取比例，但不得低于10%。企业提取的法定盈余公积金累计额超过注册资本50%以上的，可以不再提取。

（二）提取任意盈余公积

任意盈余公积的提取比例由企业自行确定。其主要用途包括偿还一笔长期负债、为将来扩建厂房和购置机器设备而积蓄财力、控制本期股利的分配不致过大等。

（三）支付优先股股利

优先股股利是指企业按照利润分配方案分配给优先股股东的现金股利。企业分派股利的顺序是先支付优先股股利，后支付普通股股利。优先股股利是按照约定的股利率计算支付的。按照我国有关规定，企业向普通股股东分派股利，以付清当年和积欠的优先股股利为条件。

（四）支付普通股现金股利

普通股现金股利是指企业按照利润分配方案分配给普通股股东的现金股利。普通股现金股利一般按各股东持有股份的比例进行分配。如果是非股份制企业则为分配给投资人的利润。

（五）转作资本（或股本）的普通股股利

普通股股票股利是指企业按照利润分配方案以分派股票股利的形式转作的资本（或股本），也包括非股份有限公司以利润转增的资本。

企业实现的净利润经过上述分配后，其差额为企业的未分配利润（或未弥补亏损），年末未分配利润可按下式计算

$$本年末未分配利润=净利润-弥补的亏损-提取的法定盈余公积-$$
$$提取的任意盈余公积-优先股股利- \quad (5\text{-}9)$$
$$普通股现金股利-转作资本的股利$$

未分配利润是企业留待以后年度进行分配的利润或等待分配的利润，是所有者权益的一个重要组成部分。相对于所有者权益的其他部分来说，企业对于未分配利润的使用有较大的自主权。

二、利润分配业务的会计处理

利润分配的具体顺序前已述及，由于利润分配的核算内容比较复杂，政策性较强，其中有些内容，如弥补亏损等的核算将在财务会计等课程中作介绍，因此这里仅介绍利润分配中提取盈余公积和向投资人分配利润的核算内容。

为了核算企业利润分配的具体过程及结果，全面贯彻企业利润分配政策，以便于更好地进行利润分配业务的核算，需要设置以下几个账户。

（1）"利润分配"账户。该账户属于所有者权益类，用来核算企业一定时期内净利润的分配或亏损的弥补以及历年结存的未分配利润（或未弥补亏损）情况。该账户的借方登记实际分配的利润额，包括提取的盈余公积金和分配给投资人的利润以及年末从"本年利润"账户转入的全年累计亏损额；贷方登记用盈余公积金弥补的亏损额等其他转入数以及年末从"本年利润"账户转入的全年实现的净利润额。年内期末余额如果在借方，表示已分配的利润额；年末余额如果在借方，表示未弥补的亏损额；期末余额如果在贷方，表示未分配的利润额。"利润分配"账户一般应设置以下几个主要的明细账户："盈余公积补亏""提取法定盈余公积""提取任意盈余公积""应付现金股利""转作资本（或股本）的普通股股利"和"未分配利润"等。年末，应将"利润分配"账户下的其他明细账户的余额转入"未分配利润"明细账户。经过结转后，除"未分配利润"明细账户有余额外，其他各个明细账户均无余额。

"利润分配"账户的结构如下：

利润分配

已分配的利润额：	（1）盈余公积补亏
（1）提取法定盈余公积	（2）年末从"本年利润"
（2）应付现金股利	账户转入的全年净利润额
（3）转作资本（或股本）的普通股股利	
（4）年末从"本年利润"账户转入的全年累计亏损额	
年内余额：已分配利润额	期末余额：
年末余额：未弥补亏损额	未分配利润

必须注意，企业对实现的净利润进行利润分配，意味着企业实现的净利润这项所有者权益减少，应在"本年利润"账户的借方进行登记，表示直接冲减本年已实现的净利润额。但是如果这样处理，"本年利润"账户的期末贷方余额就只能表示实现的利润额减去已分配的利润额之后的差额，即未分配利润额，不能提供本年累计实现的净利润额这项指标，而累计净利润指标又恰恰是企业管理上需要提供的一个非常重要的指标。因此，为了使"本年利润"账户能够真实地反映企业一定时期内实现的净利润数据，同时又能够通过其他账户提供企业未分配利润数据，在会计核算中，专门设置"利润分配"账户，用以提供企业已分配的利润额。这样就可以根据需要，将"本年利润"账户的贷方余额（即累计净利润）与"利润分配"账户的借方余额（即累计已分配的利润额）相抵减，以求得未分配利润这项管理上所需要的指标。因而，对于"利润分配"账户，一定要结合"本年利润"账户加以理解。

（2）"盈余公积"账户。该账户属于所有者权益类，用来核算企业从税后利润中提取的盈余公积，包括法定盈余公积、任意盈余公积的增减变动及其结余情况。该账户的贷方登记提取的盈余公积，即盈余公积金的增加；借方登记实际使用的盈余公积金，即盈余公积金的减少。期末余额在贷方，表示结余的盈余公积金。"盈余公积"应设置"法定盈余公积"和"任意盈余公积"等明细账户。

"盈余公积"账户的结构如下：

盈余公积	
实际使用的盈余公积金（减少）	年末提取的盈余公积金（增加）
	期末余额：结余的盈余公积金

（3）"应付股利"账户。该账户属于负债类，用来核算企业按照股东大会或类似权力机构决议分配给投资人股利（现金股利）或利润的增减变动及其结余情况。该账户的贷方登记应付给投资人股利（现金股利）或利润的增加；借方登记实际支付给投资人的股利（现金股利）或利润，即应付股利的减少。期末余额在贷方，表示尚未支付的股利（现金股利）或利润。需要注意的是，企业分配给投资人的股票股利不在本账户核算。

"应付股利"账户的结构如下：

应付股利	
实际支付的利润或股利	应付未付的利润或股利
	期末余额：尚未支付的利润或股利

下面举例说明利润分配业务的总分类核算。

【例5-27】星海股份有限公司经股东大会批准，按净利润的10%提取法定盈余公积。

根据前述业务可知，星海股份有限公司本年实现的净利润为1 050 000元。因而，提取的法定盈余公积金为105 000（1 050 000×10%）元。公司提取盈余公积金业务的发生，一方面使得公司的已分配利润额增加105 000元；另一方面使得公司的盈余公积金增加了105 000元。这项经济业务涉及"利润分配"和"盈余公积"两个账户。已分配利润额的增加是所有者权益的减少，应记入"利润分配"账户的借方；盈余公积金的增加是所有者权益的增加，应记入"盈余公积"账户的贷方。这项业务应编制的会计分录如下

借：利润分配——提取法定盈余公积　　　　　　　　　　105 000
　　贷：盈余公积——法定盈余公积　　　　　　　　　　　　105 000

【例5-28】星海股份有限公司按照股东大会决议，分配给股东的现金股利232 000元，股票股利为290 000元。

这里首先需要说明，股票股利和现金股利是有区别的。对于现金股利，在股东大会批准利润分配方案之后，立即进行账务处理；而股票股利在股东大会批准利润分配方案并办理了增资手续之后，才能进行相应的账务处理。因此，这项经济业务的发生，需要处理两部分内容。对于现金股利的分配，一方面公司的已分配利润额增加232 000元；另一方面，现金股利虽然已决定分配给股东，但在分配的当时并不实际支付，所以形成公司的一项负债，使得公司的应付股利增加232 000元。这项经济业务涉及"利润分配"和"应付股利"两个账户。已分配利润的增加是所有者权益的减少，应记入"利润分配"账户的借方；应

付股利的增加是负债的增加，应记入"应付股利"账户的贷方。对于股票股利，在分配时，应按面值记入"实收资本"账户（如有超面值部分应增加资本公积金），增加公司的所有者权益。这项业务应编制的会计分录如下：

（1）对于现金股利：

借：利润分配——应付现金股利　　　　　　　　232 000
　　贷：应付股利　　　　　　　　　　　　　　　　　232 000

（2）对于股票股利：

借：利润分配——转作资本（或股本）的普通股股利　　290 000
　　贷：实收资本　　　　　　　　　　　　　　　　　290 000

【例 5-29】星海股份有限公司以前年度累计未弥补亏损 81 200 元，已经超过了用税前利润弥补的期限。经股东大会决议，用盈余公积金全额弥补。

企业发生的亏损，可以用实现的利润弥补，也可以用积累的盈余公积金弥补。如果用盈余公积金弥补亏损，相当于增加可供分配的利润。这项经济业务的发生，一方面使得公司的盈余公积金减少 81 200 元；另一方面使得公司的可供分配利润增加 81 200 元。这项经济业务涉及"盈余公积"和"利润分配"两个账户。盈余公积金的减少是所有者权益的减少，应记入"盈余公积"账户的借方；可供分配利润的增加是所有者权益的增加，应记入"利润分配"账户的贷方。这项业务应编制的会计分录如下：

借：盈余公积　　　　　　　　　　　　　　　　81 200
　　贷：利润分配——盈余公积补亏　　　　　　　　　 81 200

【例 5-30】星海股份有限公司在期末结转本期实现的净利润。

星海股份有限公司本期实现的净利润为 1 050 000 元。这项经济业务的发生，一方面使得公司记录在"本年利润"账户的累计净利润减少 1 050 000 元；另一方面使得公司可供分配的利润增加 1 050 000 元。这项经济业务涉及"本年利润"和"利润分配"两个账户。结转净利润时，应将净利润从"本年利润"账户的借方转入"利润分配"账户的贷方（如果结转亏损，则进行相反的处理）。这项业务应编制的会计分录如下：

借：本年利润　　　　　　　　　　　　　　　1 050 000
　　贷：利润分配——未分配利润　　　　　　　　　1 050 000

【例 5-31】星海股份有限公司在会计期末结清利润分配账户所属的各有关明细账户。

通过前述有关的经济业务的处理，可以确定星海股份有限公司"利润分配"所属有关明细账户的记录分别为："提取法定盈余公积"明细账户余额为 105 000 元，"应付现金股利"明细账户的余额为 232 000 元，"转作资本（或股本）的普通股股利"明细账户余额为 290 000 元，"盈余公积补亏"明细账户的余额为 81 200 元（贷方）。结清时，应将各个明细账户的余额从其相反方向分别转入"未分配利润"明细账户中，也就是借方的余额从贷方结转，贷方的余额从借方结转。这项业务应编制的会计分录如下：

（1）借：利润分配——未分配利润　　　　　　　627 000
　　　　贷：利润分配——提取法定盈余公积　　　　　105 000
　　　　　　　　　　——应付现金股利　　　　　　　232 000
　　　　　　　　　　——转作资本（或股本）的普通股股利　290 000

（2）借：利润分配——盈余公积补亏　　　　　　　81 200
　　　　贷：利润分配——未分配利润　　　　　　　　81 200

利润分配业务的总分类核算过程如图 5-8 所示。

```
    应付股利                                          盈余公积
─────────────────                              ─────────────────
         232 000                                  81 200 │ 105 000
              │         [5-27]                          │
              │                                         │
              │            利润分配                     │
   [5-28-①]  │       ─────────────────      [5-29]    │
              │         105 000                         │
              │         232 000 │ 81 200                │
    实收资本  │         290 000 │1 050 000    本年利润  │
─────────────────                              ─────────────────
         290 000      [5-28-②]     [5-30]       │1 050 000
```

图 5-8　利润分配业务核算

第五节　企业主要经济业务核算综合实例

　　企业的主要经济业务包括资金筹集业务、供应过程业务、生产过程业务、销售过程业务和财务成果业务。对于这些业务内容，我们已在第四章和本章进行了全面的阐述。在阐述各个部分的业务过程中，我们也分别结合业务内容通过具体实例作了相关的说明和处理。本节中我们通过一个完整的实例，将企业日常经营过程中可能发生的各种类型的经济业务进行综合处理，以便读者更系统地掌握企业主要经济业务核算的相关内容。

　　某股份有限公司为一般纳税人，公司对收入和费用的确认以权责发生制作为会计处理基础，对于存货的收发均按照实际成本核算。公司涉及的税费包括增值税、消费税、城建税、教育费附加、所得税等，增值税税率为 13%，消费税税率为 25%，城建税税率为 7%，教育费附加提取比例为 3%，所得税税率为 25%。公司从银行取得的短期借款的年利率为 6%，利息按月计提、按季支付；长期借款的年利率为 8%，利息按半年计提，每年末支付。公司 2×19 年 6 月 1 日有关账户余额如表 5-1 所示。

表 5-1　公司账户期初余额表

单位：元

账户名称	期初余额	
	借方	贷方
库存现金	32 500	
银行存款	526 000	
交易性金融资产	280 000	
原材料	834 100	

续表

账户名称	期初余额 借方	期初余额 贷方
库存商品	2 280 000	
生产成本	658 200	
应收票据	500 000	
应收账款	1 285 000	
预付账款	200 000	
其他应收款	85 000	
应收股利	100 000	
坏账准备		257 000
长期股权投资	3 742 000	
其他债权投资	350 000	
固定资产	2 850 000	
累计折旧		1 282 500
在建工程	368 000	
无形资产	1 234 000	
长期待摊费用	240 000	
短期借款		800 000
应付票据		250 000
应付账款		520 000
预收账款		240 000
应付职工薪酬		1 910 000
应交税费		215 000
应付利息		8 000
其他应付款		55 000
长期借款		1 000 000
应付债券		2 000 000
长期应付款		480 000
实收资本		4 600 000
资本公积		650 000
盈余公积		325 800
本年利润		785 000
利润分配		186 500
合计	15 564 800	15 564 800

2×19 年 6 月份公司发生了如下的经济业务。

（1）公司从开户银行取得期限为 6 个月的借款 200 000 元，存入银行。

（2）公司接受华夏公司的投资 1 500 000 元存入银行，按照投资协议的约定，该项投资额中的 1 400 000 元作为法定资本。

（3）公司接受华海公司的法定资本投资 1 000 000 元，其中一台全新设备价值 600 000 元直接交付车间使用，一项专利权评估作价 400 000 元，已办妥相关手续。

（4）公司签发并承兑一张商业汇票购买丙材料，专用发票注明该批丙材料的价款为 650 000 元，增值税税率为 13%，材料未到。

（5）公司通过银行购买一台车床，专用发票注明价款为 234 500 元，增值税为 30 485 元，车床交付车间使用。

（6）公司赊购下列材料：甲材料 3 500 千克，单价为 38 元，乙材料 4 500 千克，单价为 43 元，增值税税率为 13%，材料未到。

（7）公司通过银行支付上述甲、乙材料的外地运杂费 16 000 元，按材料的重量分配。甲、乙材料验收入库，结转该批材料的实际采购成本。

（8）公司上个月已经预付款的丁材料现已到货并验收入库，随货附来的专用发票注明该批丁材料的价款为 685 000 元，增值税税率为 13%，原预付款为 200 000 元，不足款项尚未支付。

（9）公司本月购买的丙材料到货并验收入库，结转丙材料的成本。

（10）公司购买一台生产用设备，专用发票注明其价款为 1 250 000 元，增值税为 162 500 元，包装费为 6 500 元，设备交付车间进行安装，全部款项通过银行支付。

（11）上述设备在安装过程中发生的安装费如下：领用甲材料 200 千克（假设均为本月购入），用现金支付零星支出 3 500 元，应付本企业安装工人的薪酬为 22 000 元。设备安装完工交付车间使用，结转工程成本。

（12）仓库发出材料，用途如下：A 产品领用甲材料计 85 000 元，乙材料计 15 000 元；B 产品领用乙材料计 56 000 元，领用丙材料计 20 000 元；车间一般性消耗丙材料计 8 000 元；行政管理部门领用丁材料计 3 000 元。

（13）公司用现金购买管理部门办公用品 1 800 元。

（14）银行通知公司本月的水电费 10 000 元，其中车间 7 200 元，行政管理部门 2 800 元。

（15）公司通过银行缴纳上个月欠缴的税费 215 000 元。

（16）公司通过银行支付职工工资 1 280 000 元，支付社会保险费 420 000 元，支付住房公积金 210 000 元。

（17）公司收到现金股利 100 000 元存入银行。

（18）公司公出人员出差预借差旅费 8 000 元，付给现金。

（19）公司用现金购买车间办公用品 3 200 元。

（20）公司分配职工工资如下：A 产品生产工人的工资 420 000 元，B 产品生产工人的工资 380 000 元，车间管理人员的工资 200 000 元，行政管理人员的工资 100 000 元，销售人员的工资 60 000 元。

（21）公司按各自工资额的 20%计提社会保险费，10%计提住房公积金。

（22）公司通过银行支付职工福利费 165 000 元，该项福利费应由 A 产品负担 65 000 元，B 产品负担 32 000 元，车间管理人员负担 30 000 元，行政管理人员负担 20 000 元，销售人员负担 18 000 元。

（23）公司计提本月固定资产折旧，其中车间设备计提折旧额 41 600 元，行政管理部门计提折旧额 28 000 元。

（24）公司摊销应由本月负担的车间用房的房租 10 000 元，行政管理部门的房租 4 000 元。

（25）公司将本月发生的制造费用按生产工人的工资比例分配转入 A、B 产品生产成本。

（26）公司本月生产的 A 产品 150 件完工入库，结转完工部分的生产成本。A 产品期初在产品成本为 258 000 元，期末在产品成本为 162 000 元。

（27）公司销售 A 产品 120 件，单价为 12 500 元，增值税税率为 13%，款项收到存入银行。

（28）公司赊销 B 产品，专用发票注明价款为 3 500 000 元，增值税为 455 000 元。

（29）公司销售一批甲材料，专用发票注明价款为 180 000 元，增值税额为 23 400 元，款项收到存入银行。

（30）公司通过银行向某灾区捐赠 200 000 元。

（31）公司收到罚款收入 128 000 元存入银行。

（32）公司结转已销 A 产品成本（均为本月生产完工入库）。

（33）公司结转已销 B 产品成本 1 800 000 元，已销甲材料成本 125 000 元。

（34）公司本月销售的 A 产品为应税消费品，计算本月应负担的消费税。

（35）假设公司以前期的增值税已上缴完毕，按给定税率和比例计算城建税和教育费附加。

（36）公司持有的某公司股票本月宣告分派现金股利，本公司获得 389 542 元现金股利。

（37）公司公出人员出差归来报销差旅费 6 200 元，原借款 8 000 元，余款退回现金。

（38）公司计提本月短期借款利息（包括本月借款）并支付本季度利息。

（39）公司计提上半年长期借款利息。假设该长期借款用于的工程项目早已完工。

（40）公司用银行存款支付到期的商业汇票（无息）款 250 000 元。

（41）公司月末结转本月实现的各项收入（益）记入"本年利润"账户。

（42）公司月末结转本月发生的各项支出记入"本年利润"账户。

（43）假设本公司不涉及纳税调整项目，计算公司本月的所得税费用并将其结转入"本年利润"账户。

（44）公司经批准将资本公积金 450 000 元转增法定资本。

（45）公司结转本年实现的净利润。

（46）公司按本年净利润的 10%计提法定盈余公积金，按 5%计提任意盈余公积金。

（47）公司决定向普通股股东分派现金股利 650 000 元。

（48）公司决定向普通股股东派发股票股利 500 000 元。

（49）公司结转"利润分配"所属的各个明细账户。

（50）公司按合同规定预收华夏公司订购本公司 A 产品的订金 300 000 元，存入银行。

要求：编制本月业务的会计分录，并根据有关账户的期初余额和本月业务的会计分录编制总分类账户发生额和余额试算平衡表。

解答：首先编制本月业务的会计分录如下：

(1) 借：银行存款 　　　　　　　　　　　　　　　　　200 000
　　　贷：短期借款 　　　　　　　　　　　　　　　　　　200 000
(2) 借：银行存款 　　　　　　　　　　　　　　　　 1 500 000
　　　贷：实收资本——华夏公司 　　　　　　　　　　1 400 000
　　　　　资本公积——资本溢价 　　　　　　　　　　　100 000
(3) 借：固定资产——设备 　　　　　　　　　　　　　 600 000
　　　　无形资产——专利权 　　　　　　　　　　　　 400 000
　　　贷：实收资本——华海公司 　　　　　　　　　　1 000 000
(4) 借：在途物资——丙材料 　　　　　　　　　　　　 650 000
　　　　应交税费——应交增值税（进项税额） 　　　　　84 500
　　　贷：应付票据 　　　　　　　　　　　　　　　　　734 500
(5) 借：固定资产——车床 　　　　　　　　　　　　　 234 500
　　　　应交税费——应交增值税（进项税额） 　　　　　30 485
　　　贷：银行存款 　　　　　　　　　　　　　　　　　264 985
(6) 借：在途物资——甲材料 　　　　　　　　　　　　 133 000
　　　　　　　　——乙材料 　　　　　　　　　　　　 193 500
　　　　应交税费——应交增值税（进项税额） 　　　　　42 445
　　　贷：应付账款 　　　　　　　　　　　　　　　　　368 945
(7) 借：在途物资——甲材料 　　　　　　　　　　　　　 7 000
　　　　　　　　——乙材料 　　　　　　　　　　　　　 9 000
　　　贷：银行存款 　　　　　　　　　　　　　　　　　 16 000
　　借：原材料——甲材料 　　　　　　　　　　　　　 140 000
　　　　　　　——乙材料 　　　　　　　　　　　　　 202 500
　　　贷：在途物资——甲材料 　　　　　　　　　　　 140 000
　　　　　　　　　——乙材料 　　　　　　　　　　　 202 500
(8) 借：原材料——丁材料 　　　　　　　　　　　　　 685 000
　　　　应交税费——应交增值税（进项税额） 　　　　　89 050
　　　贷：预付账款 　　　　　　　　　　　　　　　　　774 050
(9) 借：原材料——丙材料 　　　　　　　　　　　　　 650 000
　　　贷：在途物资——丙材料 　　　　　　　　　　　 650 000
(10) 借：在建工程 　　　　　　　　　　　　　　　　1 256 500
　　　　应交税费——应交增值税（进项税额） 　　　　 162 500
　　　贷：银行存款 　　　　　　　　　　　　　　　　1 419 000
(11) 借：在建工程 　　　　　　　　　　　　　　　　　 33 500
　　　贷：原材料——甲材料 　　　　　　　　　　　　　 8 000
　　　　　库存现金 　　　　　　　　　　　　　　　　　 3 500
　　　　　应付职工薪酬 　　　　　　　　　　　　　　　22 000
　　借：固定资产 　　　　　　　　　　　　　　　　　1 290 000
　　　贷：在建工程 　　　　　　　　　　　　　　　　1 290 000

(12) 借：生产成本——A 产品　　　　　　　　　100 000
　　　　　　——B 产品　　　　　　　　　　76 000
　　　　制造费用　　　　　　　　　　　　　　8 000
　　　　管理费用　　　　　　　　　　　　　　3 000
　　　　贷：原材料——甲材料　　　　　　　　　85 000
　　　　　　　　——乙材料　　　　　　　　　71 000
　　　　　　　　——丙材料　　　　　　　　　28 000
　　　　　　　　——丁材料　　　　　　　　　　3 000
(13) 借：管理费用　　　　　　　　　　　　　　1 800
　　　　贷：库存现金　　　　　　　　　　　　　1 800
(14) 借：制造费用　　　　　　　　　　　　　　7 200
　　　　管理费用　　　　　　　　　　　　　　2 800
　　　　贷：银行存款　　　　　　　　　　　　10 000
(15) 借：应交税费　　　　　　　　　　　　　215 000
　　　　贷：银行存款　　　　　　　　　　　　215 000
(16) 借：应付职工薪酬——工资　　　　　　　1 280 000
　　　　　　　　　　——社会保险　　　　　420 000
　　　　　　　　　　——住房公积金　　　　210 000
　　　　贷：银行存款　　　　　　　　　　　1 910 000
(17) 借：银行存款　　　　　　　　　　　　　100 000
　　　　贷：应收股利　　　　　　　　　　　　100 000
(18) 借：其他应收款　　　　　　　　　　　　　8 000
　　　　贷：库存现金　　　　　　　　　　　　　8 000
(19) 借：制造费用　　　　　　　　　　　　　　3 200
　　　　贷：库存现金　　　　　　　　　　　　　3 200
(20) 借：生产成本——A 产品　　　　　　　　420 000
　　　　　　　　——B 产品　　　　　　　　380 000
　　　　制造费用　　　　　　　　　　　　　200 000
　　　　管理费用　　　　　　　　　　　　　100 000
　　　　销售费用　　　　　　　　　　　　　 60 000
　　　　贷：应付职工薪酬——工资　　　　　1 160 000
(21) 借：生产成本——A 产品　　　　　　　　126 000
　　　　　　　　——B 产品　　　　　　　　114 000
　　　　制造费用　　　　　　　　　　　　　 60 000
　　　　管理费用　　　　　　　　　　　　　 30 000
　　　　销售费用　　　　　　　　　　　　　 18 000
　　　　贷：应付职工薪酬——社会保险　　　　232 000
　　　　　　　　　　　——住房公积金　　　116 000
(22) 借：应付职工薪酬——职工福利　　　　　165 000
　　　　贷：银行存款　　　　　　　　　　　　165 000

　　　　借：生产成本——A产品　　　　　　　　　　　　　　65 000
　　　　　　　　　　——B产品　　　　　　　　　　　　　　32 000
　　　　　　制造费用　　　　　　　　　　　　　　　　　　30 000
　　　　　　管理费用　　　　　　　　　　　　　　　　　　20 000
　　　　　　销售费用　　　　　　　　　　　　　　　　　　18 000
　　　　　　贷：应付职工薪酬——职工福利　　　　　　　 165 000
（23）借：制造费用　　　　　　　　　　　　　　　　　　41 600
　　　　　　管理费用　　　　　　　　　　　　　　　　　　28 000
　　　　　　贷：累计折旧　　　　　　　　　　　　　　　　69 600
（24）借：制造费用　　　　　　　　　　　　　　　　　　10 000
　　　　　　管理费用　　　　　　　　　　　　　　　　　　 4 000
　　　　　　贷：长期待摊费用　　　　　　　　　　　　　　14 000
（25）制造费用分配率=360 000÷(420 000+380 000)=0.45
A产品负担的制造费用=0.45×420 000=189 000（元）
B产品负担的制造费用=0.45×380 000=171 000（元）
　　　　借：生产成本——A产品　　　　　　　　　　　　 189 000
　　　　　　　　　　——B产品　　　　　　　　　　　　 171 000
　　　　　　贷：制造费用　　　　　　　　　　　　　　　 360 000
（26）A产品完工成本=258 000+(100 000+420 000+126 000+65 000+189 000)-362 000= 996 000（元）
　　　　借：库存商品——A产品　　　　　　　　　　　　 996 000
　　　　　　贷：生产成本——A产品　　　　　　　　　　 996 000
（27）借：银行存款　　　　　　　　　　　　　　　　 1 695 000
　　　　　　贷：主营业务收入　　　　　　　　　　　　1 500 000
　　　　　　　　应交税费——应交增值税（销项税额）　　195 000
（28）借：应收账款　　　　　　　　　　　　　　　　　3 955 000
　　　　　　贷：主营业务收入　　　　　　　　　　　　3 500 000
　　　　　　　　应交税费——应交增值税（销项税额）　　455 000
（29）借：银行存款　　　　　　　　　　　　　　　　　 203 400
　　　　　　贷：其他业务收入　　　　　　　　　　　　 180 000
　　　　　　　　应交税费——应交增值税（销项税额）　　 23 400
（30）借：营业外支出　　　　　　　　　　　　　　　　 200 000
　　　　　　贷：银行存款　　　　　　　　　　　　　　 200 000
（31）借：银行存款　　　　　　　　　　　　　　　　　 128 000
　　　　　　贷：营业外收入　　　　　　　　　　　　　 128 000
（32）借：主营业务成本　　　　　　　　　　　　　　　 796 800
　　　　　　贷：库存商品——A产品　　　　　　　　　　 796 800
（33）借：主营业务成本　　　　　　　　　　　　　　 1 800 000
　　　　　　其他业务成本　　　　　　　　　　　　　　 125 000
　　　　　　贷：库存商品——B产品　　　　　　　　　1 800 000
　　　　　　　　原材料——甲材料　　　　　　　　　　 125 000

（34）消费税额=1 500 000×25%=375 000（元）
  借：税金及附加   375 000
    贷：应交税费——应交消费税   375 000
（35）城建税额=(375 000+195 000+455 000+23 400-84 500-30 485-42 445-89 050-162 500)×7%=44 759.4（元）
  教育费附加额=(375 000+195 000+455 000+23 400-84 500-30 485-42 445-89 050-162 500)×3%=19 182.6（元）
  借：税金及附加   63 942
    贷：应交税费——应交城建税   44 759.4
       ——应交教育费附加   19 182.6
（36）借：应收股利   389 542
    贷：投资收益   389 542
（37）借：管理费用   6 200
    库存现金   1 800
    贷：其他应收款   8 000
（38）短期借款利息=1 000 000×6%÷12=5 000（元）
  借：财务费用   5 000
    应付利息   8 000
    贷：银行存款   13 000
（39）长期借款上半年利息=1 000 000×8%÷2=40 000（元）
  借：财务费用   40 000
    贷：应付利息   40 000
（40）借：应付票据   250 000
    贷：银行存款   250 000
（41）借：主营业务收入   5 000 000
    其他业务收入   180 000
    投资收益   389 542
    营业外收入   128 000
    贷：本年利润   5 697 542
（42）借：本年利润   3 697 542
    贷：主营业务成本   2 596 800
    其他业务成本   125 000
    税金及附加   438 942
    管理费用   195 800
    销售费用   96 000
    财务费用   45 000
    营业外支出   200 000
（43）公司本月所得税费用额=(5 697 542-3 697 542)×25%=500 000（元）
  借：所得税费用   500 000
    贷：应交税费——应交所得税   500 000

借：本年利润 500 000
　　　贷：所得税费用 500 000
（44）借：资本公积——资本溢价 450 000
　　　贷：实收资本 450 000
（45）借：本年利润 2 285 000
　　　贷：利润分配——未分配利润 2 285 000
（46）借：利润分配——提取法定盈余公积 228 500
　　　　　　　　——提取任意盈余公积 114 250
　　　贷：盈余公积——法定盈余公积 228 500
　　　　　　　　——任意盈余公积 114 250
（47）借：利润分配——应付现金股利 650 000
　　　贷：应付股利 650 000
（48）借：利润分配——转作资本的股利 500 000
　　　贷：实收资本 500 000
（49）借：利润分配——未分配利润 1 492 750
　　　贷：利润分配——提取法定盈余公积 228 500
　　　　　　　　　——提取任意盈余公积 `114 250
　　　　　　　　　——应付现金股利 650 000
　　　　　　　　　——转作资本的股利 500 000
（50）借：银行存款 300 000
　　　贷：预收账款——华夏公司 300 000

其次，根据给定的资料和本月业务的会计分录，编制总分类账户发生额及余额试算平衡表，如表5-2所示。

表 5-2　总分类账户发生额及余额试算平衡表

单位：元

账户名称	期初余额		本期发生额		期末余额	
	借方	贷方	借方	贷方	借方	贷方
库存现金	32 500		1 800	16 500	17 800	
银行存款	526 000		4 126 400	4 462 985	189 415	
交易性金融资产	280 000				280 000	
原材料	834 100		1 677 500	320 000	2 191 600	
库存商品	2 280 000		996 000	2 596 800	679 200	
生产成本	658 200		1 673 000	996 000	1 335 200	
应收票据	500 000				500 000	
应收账款	1 285 000		3 955 000		5 240 000	
预付账款	200 000			774 050		574 050
应收股利	100 000		389 542	100 000	389 542	
其他应收款	85 000		8 000	8 000	85 000	
坏账准备		257 000				257 000
可供出售金融资产	350 000				350 000	

续表

账户名称	期初余额 借方	期初余额 贷方	本期发生额 借方	本期发生额 贷方	期末余额 借方	期末余额 贷方
长期股权投资	3 742 000				3 742 000	
固定资产	2 850 000		2 124 500		4 974 500	
累计折旧		1 282 500		69 600		1 352 100
在建工程	368 000		1 290 000	1 290 000	368 000	
无形资产	1 234 000		400 000		1 634 000	
长期待摊费用	240 000			14 000	226 000	
短期借款		800 000		200 000		1 000 000
应付票据		250 000	250 000	734 500		734 500
应付账款		520 000		368 945		888 945
预收账款		240 000		300 000		540 000
应付职工薪酬		1 910 000	2 075 000	1 695 000		1 530 000
应交税费		215 000	623 980	1 612 342		1 203 362
应付利息		8 000	8 000	40 000		40 000
其他应付款		55 000				55 000
长期借款		1 000 000				1 000 000
应付债券		2 000 000				2 000 000
长期应付款		480 000				480 000
实收资本		4 600 000		3 350 000		7 950 000
资本公积		650 000	450 000	100 000		300 000
盈余公积		325 800		342 750		668 550
本年利润		785 000	6 482 542	5 697 542		
利润分配		186 500	2 985 500	3 777 750		978 750
在途物资			992 500	992 500		
制造费用			360 000	360 000		
应付股利				650 000		650 000
管理费用			195 800	195 800		
销售费用			96 000	96 000		
财务费用			45 000	45 000		
主营业务收入			5 000 000	5 000 000		
其他业务收入			180 000	180 000		
主营业务成本			2 596 800	2 596 800		
其他业务成本			125 000	125 000		
税金及附加			438 942	438 942		
投资收益			389 542	389 542		
营业外收入			128 000	128 000		
营业外支出			200 000	200 000		
所得税费用			500 000	500 000		
合计	15 564 800	15 564 800	40 764 348	40 764 348	22 202 257	22 202 257

思 考 题

1. 制造业企业的资金筹集业务包括哪些内容?
2. 实收资本在核算上有哪些要求?
3. 资本公积金的来源有哪些? 其主要用途是什么?
4. 短期借款利息的会计处理与长期借款有何区别?
5. 什么是财务成果? 反映企业财务成果的主要指标有哪些?
6. 如何计算企业的营业利润?
7. 企业的利润总额由哪些项目组成? 如何计算企业的净利润?
8. 如何结转收入和费用?
9. 企业进行利润分配的顺序如何?
10. 进行利润分配应如何进行账务处理?
11. 按相关规范要求,企业应提取的盈余公积金包括哪些? 其用途如何?
12. 通过第四章和本章的学习,你认为制造业企业主要经济业务核算的重点和难点有哪些?

练 习 题

1. 目的:练习所有者权益各项目的构成及其相互关系的确定。

资料:某公司 2×19 年年初所有者权益总额为 2 800 000 元,年内接受某投资人的实物投资 100 000 元,用资本公积金转增资本 120 000 元,本年实现净利润 500 000 元,按 10%提取法定盈余公积金,向投资人分配利润 140 000 元。

要求:计算年末公司的所有者权益总额。

2. 目的:练习会计等式、所有者权益各项目之间的关系的计算。

资料:某公司期初负债总额为 2 000 000 元,实收资本为 1 600 000 元,资本公积为 160 000 元,盈余公积金为 120 000 元,未分配利润为 120 000 元。本期发生的亏损为 400 000 元,用盈余公积金弥补亏损 80 000 元。企业期末资产总额为 3 960 000 元,本期内实收资本和资本公积没有发生变化。

要求:(1) 计算公司年末未分配利润数额及负债总额。

(2) 分析说明本期发生的亏损对公司期末资产和负债的影响。

3. 目的:练习权责发生制与收付实现制会计处理基础下企业损益额的确定。

资料:某公司 2×19 年 6 月份发生下列业务:

(1) 销售商品 520 000 元,其中 400 000 元当即收款,存入银行;其余 120 000 元尚未收到。

（2）收到上个月提供劳务的款项 100 000 元存入银行。
（3）用银行存款支付本月份的水电费 7 200 元。
（4）用现金 30 000 元预付下半年的房租。
（5）用银行存款 6 000 元支付本季度银行借款利息（其中本月 2 000 元）。
（6）本月提供劳务获得收入 48 000 元，款项未收到。
（7）按照合同规定预收客户的订货款 200 000 元，存入银行。
（8）本月负担年初已付款的保险费 1 000 元。
（9）上个月已经预收款的产品本月发货，价款为 280 000 元。
（10）本月负担的修理费为 5 000 元（款项在下个月支付）。

要求： 分别按收付实现制和权责发生制假设计算公司本月的收入、费用和利润，并对两种原则下确定的经营成果进行简要说明。

4. 目的： 练习"利润分配"总账账户及其所属明细账户的核算内容。

资料： 某公司 2×19 年的"利润分配"账户的有关记录如下：

"利润分配"总账账户年初贷方余额为 1 023 000 元，本年借方全年发生额（包括年末结账发生额）为 4 655 250 元，年末贷方余额（结账后）为 2 212 875 元。公司"利润分配"账户下设四个明细科目：提取法定盈余公积、提取任意盈余公积、应付现金股利、未分配利润。上述的明细科目经过年末的最终结账，除了"未分配利润"明细科目有余额外，其他的明细科目均没有余额。

要求： 计算公司本年实现的净利润。

5. 目的： 练习有关资金筹集业务的核算。

资料： 某公司 2×19 年 7 月份发生下列经济业务：
（1）接受大力公司投资 925 000 元，存入银行。
（2）收到电子公司投资，其中设备估价 1 295 000 元交付使用，材料价值 2 775 000 元验收入库。
（3）自银行取得期限为 6 个月的借款 3 700 000 元，存入银行。
（4）上述借款年利率为 6%，计算提取本月的借款利息。
（5）收到某外商投资投入的录像设备一台，价值 444 000 元，交付使用。
（6）经有关部门批准将资本公积金 555 000 元转增资本。
（7）用银行存款 740 000 元偿还到期的银行临时借款。

要求： 根据上述资料编制会计分录。

6. 目的： 练习有关利润形成业务的核算。

资料： 某公司 2×19 年 12 月份发生下列有关利润形成与分配的业务：
（1）用现金 8 250 元支付厂部办公用品费。
（2）将无法偿还的应付款 297 000 元予以转账。
（3）用银行存款 99 000 元支付罚款支出。
（4）报销职工差旅费 3 300 元，付给现金。
（5）预提应由本月负担的银行借款利息 7 425 元。

（6）收到罚款收入 330 000 元存入银行。

（7）结转本月实现的各项收入，其中产品销售收入为 2 442 000 元，营业外收入为 528 000 元。

（8）结转本月发生的各项费用，其中产品销售成本为 660 000 元，产品销售费用为 24 750 元，产品销售税金为 33 000 元，管理费用为 554 400 元，财务费用为 7 425 元，营业外支出为 370 425 元。

（9）根据（7）、（8）项业务确定的利润总额，按 25%的税率计算所得税并予以结转。

（10）按税后利润 10%提取盈余公积金。

（11）将剩余利润的 40%分配给投资人。

（12）年末结转本年净利润 990 000 元。

要求：编制上述业务的会计分录。

知识拓展题

第六章 会计凭证

第一节 会计凭证的意义与种类

一、会计凭证的概念

为了保证会计信息的可靠性,如实地反映企业单位各种经济业务对会计诸要素的影响情况,经过会计确认而进入复式记账系统的每一项经济业务在其发生的过程中所涉及的每一个原始数据都必须有根有据。这就要求企业对外或对内所发生的每一项交易或事项,都应该在其发生时具有相关的书面文件来接收这些相关的数据,也就是应该由经办或完成该项经济业务的有关人员运用这些书面文件,具体地记录每一项经济业务所涉及的业务内容、数量和准确金额,同时,为了对书面文件所反映的有关内容的合法性、合理性和真实性负责,还需要经办人员在这些书面文件上签字盖章。这些书面文件就是会计凭证。

所谓会计凭证,就是用来记录经济业务,明确经济责任,并作为登记账簿依据的书面证明文件,是重要的会计资料。

在实际工作中,购买物品时由供货单位开出的发票、支付款项时由收款单位开给的收据、财产收发时由经办人员开出的收货单和发货单等都属于会计凭证。填制和审核会计凭证作为会计工作的第一步,是会计核算的基本环节。

二、会计凭证的意义

会计凭证是会计信息的载体之一。会计核算工作程序主要包括"凭证—账簿—报表"三个步骤,而会计凭证则是其中的起点和基础。也就是说,填制、取得并审核会计凭证是会计循环全过程中的初始阶段和最基本的环节。这个环节的工作正确与否,直接关系到会计循环中其他步骤内容的正确性。因此,在会计核算过程中,会计凭证具有非常重要的作用。

(一)会计凭证作为一种载体,可以及时正确地反映各项经济业务的发生和完成情况

会计信息是经济信息的重要组成部分。它一般是通过数据以凭证、账簿、报表等形式反映出来的。随着生产的发展,及时、准确的会计信息在企业管理中的作用愈来愈重要。

任何一项经济业务的发生，都要编制或取得会计凭证。会计凭证是记录经济活动的最原始资料，是经济信息的载体。通过会计凭证的加工、整理和传递，可以直接取得和传导经济信息，既协调了会计主体内部各部门、各单位之间的经济活动，保证了生产经营各个环节的正常运转，又为会计分析和会计检查提供了基础资料。

（二）会计凭证是登记账簿的依据

任何单位，每发生一项经济业务，如库存现金的收付、商品的收发，以及往来款项的结算等，都必须通过填制会计凭证来如实记录经济业务的内容、数量和金额，然后经过审核无误，才能登记入账。如果没有合法的凭证作依据，任何经济任务都不能登记到账簿中去。因此，做好会计凭证的填制和审核工作，是保证会计账簿资料真实性、正确性的重要前提。

（三）填制和审核会计凭证能够更好地发挥会计的监督作用

通过对会计凭证的审核，可以查明各项经济业务是否符合法规、制度的规定，有无贪污盗窃、铺张浪费和损公肥私行为，从而发挥会计的监督作用，保护各会计主体所拥有资产的安全、完整，维护投资者、债权人和有关各方的合法权益。

（四）填制和审核会计凭证，便于分清经济责任，加强经济管理中的责任制

由于会计凭证记录了每项经济业务的内容，并要由有关部门和经办人员签章，因此，有关部门和有关人员要对经济活动的真实性、正确性、合法性负责。这样，无疑会增强有关部门和有关人员的责任感，促使他们严格按照有关政策、法令、制度、计划或预算办事。当发生违法乱纪或经济纠纷事件时，也可借助于会计凭证确定各经办部门和人员所负的经济责任，并据以进行正确的裁决和处理，从而加强经营管理的岗位责任制。

三、会计凭证的种类

由于各个单位的经济业务是复杂多样的，因而所使用的会计凭证种类繁多，其用途、性质、填制的程序乃至格式等都因经济业务的需要不同而不同。按照不同的标志可以对会计凭证进行不同的分类。这里按会计凭证填制的程序和用途不同将其分为原始凭证和记账凭证两大类。

（一）原始凭证

1. 原始凭证的概念

原始凭证是在经济业务发生时填制或取得的，用以证明经济业务的发生或完成情况，并作为记账依据（间接依据）的书面证明。

原始凭证是进行会计核算的原始资料和重要依据。一切经济业务的发生都应由经办部门或经办人员向会计部门提供能够证明该项经济业务已经发生或已经完成的书面单据，以明确经济责任，并作为编制记账凭证的原始依据。原始凭证是进入会计信息系统的初始数

据资料。一般而言，在会计核算过程中，凡是能够证明某项经济业务已经发生或完成情况的书面单据都可以作为原始凭证，如有关的发票、收据、银行结算凭证、收料单、发料单等；凡是不能证明该项经济业务已经发生或完成情况的书面文件都不能作为原始凭证，如生产计划、购销合同、银行对账单、材料请购单等。

原始凭证不仅是一切会计事项的入账根据，而且也是企业单位加强内部控制经常使用的手段之一。

2. 原始凭证的种类

原始凭证按其取得的来源不同，可以分为自制原始凭证和外来原始凭证。

（1）自制原始凭证，是指由本单位内部经办业务的部门或人员，在办理某项经济业务时自行填制的凭证。自制原始凭证按其填制的手续和完成情况的不同，可以分为一次凭证、累计凭证、汇总原始凭证和记账编制凭证四种。

① 一次凭证，也称一次有效凭证，是指只反映一项经济业务，或同时反映若干项同类性质的经济业务，其填制手续是一次完成的凭证。例如，"收料单"和"领料单"等都是一次凭证。领料单的具体格式如表6-1所示。

表6-1 领料单

领料单位：××车间　　　　　　　　　　　　　　　　　　　　　　　编号：
用　　途：修理设备　　　　　2×19年×月×日　　　　　　　　　　仓库：

材料编号	材料名称及规格	计量单位	数量		价格		备注
			请领	实领	单价	金额	

领料单位负责人：　　　　领料人：　　　　发料人：　　　　制单：

② 累计凭证，是指在一定时期内连续记载若干项同类性质的经济业务，其填制手续是随着经济业务发生而分次（多次）完成的凭证，如"限额领料单"等。限额领料单的具体格式如表6-2所示。

表6-2 限额领料单

领料部门：　　　　　　　　　　　　　　　　　　　　　　　　　　发料仓库：
用　　途：　　　　　　　2×19年×月×日　　　　　　　　　　　编　号：

材料类别	材料编号	材料名称及规格	计量单位	领用限额	实际领用	单价	金额	备注

日期	请领		实发			限额结余	退库	
	数量	领料单位盖章	数量	发料人	领料人		数量	退库单编号
合计								

供应部门负责人：　　　　生产计划部门负责人：　　　　仓库负责人：

③ 汇总原始凭证，是指在会计核算工作中，为简化记账凭证的编制工作，将一定时期内若干份记录同类经济业务的原始凭证加以汇总，用以集中反映某项经济业务总括发生情况的会计凭证，如"发料凭证汇总表"等。编制汇总原始凭证可以简化编制凭证的手续，但它本身不具备法律效力。发料凭证汇总表的具体格式如表6-3所示。

表 6-3 发料凭证汇总表

2×19 年×月

应贷科目	应借科目	生产成本	制造费用	管理费用	在建工程	合计	备注
原材料	原料及主要材料						
	辅助材料						
	修理备用						
	燃料						
	合计						
包装物							
低值易耗品							
总计							

④ 记账编制凭证，是根据账簿记录和经济业务的需要对账簿记录的内容加以整理而编制的一种自制原始凭证，如"制造费用分配表"等。制造费用分配表的具体格式如表 6-4 所示。

表 6-4 制造费用分配表

车间：　　　　　　　　　　　　　　2×19 年×月

分配对象（产品名称）	分配标准（生产工时等）	分　配　率	分　配　金　额
合计			

会计主管：　　　　　　　　　审核：　　　　　　　　　制表：

（2）外来原始凭证，是指在同外单位发生经济业务往来时，从外单位取得的凭证。外来原始凭证一般都属于一次凭证。例如，从供应单位取得的购货发票、上缴税金的收据、乘坐交通工具的票据等。其中，购货发票中的增值税专用发票的具体格式如表 6-5 所示。

表 6-5 增值税专用发票

开票日期：2×19 年×月×日　　　　　发　票　联　　　　　NO.

购货单位	名　　称				纳税人登记号			
	地址、电话				开户银行及账号			
商品或劳务名称	计量单位	数　量	单　价	金　额		税率/%	税　额	
合计								
价税合计（大写）		拾	万　仟　佰	拾　元	角　分	￥		
销货单位	名称				纳税人登记号			
	地址、电话				开户银行及账号			

收款人：　　　　　　　开票单位（未盖章无效）：　　　　　　　结算方式：

由于复式记账系统的数据处理对象是过去的交易事项，无论是自制凭证还是外来凭证，都证明经济业务已经执行或已经完成，因而在审核后就可以作为会计记账的依据，将其数据输入复式记账系统。凡是不能证明经济业务已经实际执行或完成的文件，如材料请购单、生产计划等，只反映预期的经济业务。这些业务既然尚未实际执行，其有关数据自然不能进入复式记账系统进行加工处理。因此，这些文件不属于会计上的原始凭证，不能单独作为会计记账的根据。

（二）记账凭证

通过对原始凭证内容的学习，我们已经知道，原始凭证来自各个不同方面，数量庞大，种类繁多，格式不一。由于它本身不能明确表明经济业务应记入的账户名称和方向，不经过必要的归纳和整理，难以达到记账的要求，因此，会计人员必须根据审核无误的原始凭证编制记账凭证，将原始凭证中的零散内容转换为账簿所能接受的语言，以便据以直接登记有关的会计账簿。

1. 记账凭证的概念

所谓记账凭证，是指由会计人员根据审核无误的原始凭证编制的用来履行记账手续的会计分录凭证。它是登记账簿的直接依据。

会计循环中的一个很重要的环节就是进行会计确认。这里的会计确认包括两个步骤：一个是决定哪些原始数据应该被记录和怎样记录；另一个步骤是决定已经记录并在账户中反映的信息是否应在会计报表上列示和怎样列示。

会计确认的第一步是从原始凭证的审核开始的。应该说，原始凭证上所载有的一切可以用货币计量的内容还仅仅是一些不规整的数据，也仅仅是数据而已。通过对原始凭证的审核，需要确认原始凭证上的数据是否能够输入会计信息系统。经过确认，对于那些可以输入会计信息系统的数据需要采用复式记账系统来处理其中含有的会计信息，即编制会计分录，如此方能将原始凭证上的零散的数据转化为我们所需要的会计信息。在实际工作中，会计分录首先是填写在记账凭证上，这一步的确认是会计循环过程中的一个基本步骤，而这一步的核心载体就是记账凭证。在记账凭证上编制了会计分录，并据以登记有关账簿，标志着第一次会计确认的结束。

原始凭证和记账凭证之间存在着密切的联系：原始凭证是记账凭证的基础，而记账凭证是根据原始凭证编制的；原始凭证附在记账凭证后面作为记账凭证的附件，而记账凭证是对原始凭证内容的概括和说明。记账凭证与原始凭证的本质区别就在于原始凭证是对经济业务是否发生或完成起证明作用，而记账凭证仅是为了履行记账手续而编制的会计分录凭证。

2. 记账凭证的种类

记账凭证按照不同的标志可以分为不同的类别。

（1）记账凭证按其反映的经济业务内容的不同，可以分为专用记账凭证和通用记账凭证。

① 专用记账凭证是专门用来记录某一特定种类经济业务的记账凭证。按其所记录的经济业务是否与货币资金收付有关，又可以进一步分为收款凭证、付款凭证和转账凭证三种。

收款凭证是用来反映货币资金增加的经济业务而编制的记账凭证，也就是记录库存现金和银行存款等收款业务的凭证。收款凭证的具体格式如表 6-6 所示。

表 6-6　收款记账凭证

出纳编号_____
凭证编号_____
借方科目：

证 41—1A　　　　　　　　　　2×19 年×月×日

摘　要	结算方式	票　号	贷方科目		金　额	记账符号
			总账科目	明细科目		
附单据		张	合计			

会计主管人员：　　记账：　　稽核：　　制单：　　出纳：　　交款人：

付款凭证，是用来反映货币资金减少的经济业务而编制的记账凭证，也就是记录库存现金和银行存款等付款业务的凭证。付款凭证的具体格式如表 6-7 所示。

表 6-7　付款记账凭证

出纳编号_____
凭证编号_____
贷方科目：

证 42—1A　　　　　　　　　　2×19 年×月×日

摘　要	结算方式	票　号	借方科目		金　额	记账符号
			总账科目	明细科目		
附单据		张	合计			

会计主管人员：　　记账：　　稽核：　　制单：　　出纳：　　领款人：

收、付款凭证既是登记库存现金、银行存款日记账和有关明细账的依据，又是出纳员办理收、付款项的依据。

转账凭证是用来反映不涉及货币资金增减变动的经济业务（转账业务）而编制的记账凭证，也就是记录与库存现金、银行存款的收付款业务没有关系的转账业务的凭证。转账凭证的具体格式如表 6-8 所示。

表 6-8　转账记账凭证

证 43—1A　　　　　　　　　　　2×19 年×月×日　　　　　　　　凭证编号_____

摘　要	借方科目		贷方科目		金　额	记账符号
	总账科目	明细科目	总账科目	明细科目		
附单据　　张	合计					

会计主管人员：　　　　记账：　　　　稽核：　　　　制单：

专用记账凭证定义中所说的某一类经济业务或特定业务内容是有特指的。对于一个会计主体的经济业务，可以从多个角度进行分类。例如，将经济业务与资金运动的三个阶段联系起来，可以划分为资金进入企业业务、资金使用（循环与周转）业务和资金退出企业业务。又如，将经济业务与其影响会计等式中会计要素的情况联系起来，可以划分为以下四种类型：影响等式双方要素，双方同增；影响等式双方要素，双方同减；只影响左方要素，有增有减；只影响右方要素，有增有减。这里所说的某一类经济业务，指的是从经济业务与货币资金收支之间关系的角度所做的分类。按照这种分类方法，企业的经济业务可以划分为收款业务、付款业务和转账业务三类。对经济业务的这种分类方法与记账凭证的填制有着直接关系。

② 通用记账凭证是采用一种通用格式记录各种经济业务的记账凭证。这种通用记账凭证既可以反映收、付款业务，又可以反映转账业务。通用记账凭证的具体格式如表 6-9 所示。

表 6-9　通用记账凭证

　　　　　　　　　　　　　　　　　　　　　　　　　　　　　　　　　出纳编号_____

证 44—1A　　　　　　　　　　　2×19 年×月×日　　　　　　　　凭证编号_____

摘　要	结算方式	票号	借方科目		贷方科目		金　额	记账符号
			总账科目	明细科目	总账科目	明细科目		
附单据　　张		合计						

会计主管人员：　　记账：　　稽核：　　制单：　　出纳：　　交款人：

专用记账凭证和通用记账凭证适用于不同的会计主体,一个会计主体在会计核算中是使用专用记账凭证,还是使用通用记账凭证,应从实际情况出发。

(2) 记账凭证按其是否需要经过汇总,可以分为汇总记账凭证和非汇总记账凭证。

① 汇总记账凭证,是根据一定时期内单一的记账凭证按一定的方法加以汇总而重新填制的凭证,包括分类汇总记账凭证和全部汇总记账凭证。分类汇总记账凭证是按照收款、付款和转账凭证分别加以汇总编制出汇总收款凭证、汇总付款凭证和汇总转账凭证三种。全部汇总记账凭证是根据平时编制的全部记账凭证按照相同科目归类汇总其借、贷方发生额而编制的,一般称为科目汇总表或记账凭证汇总表。无论是分类汇总记账凭证还是全部汇总记账凭证,其目的都是简化登记总账的工作。

② 非汇总记账凭证,是根据原始凭证编制的只反映某项经济业务会计分录而没有经过汇总的记账凭证。前面介绍的收款凭证、付款凭证、转账凭证以及通用记账凭证等均属于非汇总记账凭证。

(3) 记账凭证按其包括的会计科目是否单一,分为单式记账凭证和复式记账凭证。

① 单式记账凭证,又称单科目凭证,是指每张记账凭证只填列一个会计科目,其对方科目只供参考,不凭以记账的凭证。只填列借方科目的称为借项记账凭证,其格式如表 6-10 所示;只填列贷方科目的称为贷项记账凭证,其格式如表 6-11 所示。由于一张单式记账凭证只填列一个会计科目,因此,使用单式记账凭证便于汇总每个会计科目的发生额和进行分工记账,但在一张凭证上反映不出经济业务的全貌,也不便于查账。

表 6-10　借项记账凭证

对应科目：　　　　　　　　　　2×19 年×月×日　　　　　　　　　　编号：

摘　要	一　级　科　目	二级或明细科目	金　　额	记　　账
合计				

附件　张

会计主管 ×× 　记账 ×× 　稽核 ×× 　填制 ×× 　出纳 ×× 　交款 ××

表 6-11　贷项记账凭证

对应科目：　　　　　　　　　　2×19 年×月×日　　　　　　　　　　编号：

摘　要	一　级　科　目	二级或明细科目	金　　额	记　　账
合计				

附件　张

会计主管 ×× 　记账 ×× 　稽核 ×× 　填制 ×× 　出纳 ×× 　交款 ××

② 复式记账凭证，又称多科目凭证，是将一项经济业务所涉及的全部会计科目都集中填制在一张记账凭证上的凭证。复式记账凭证能够集中体现账户对应关系，相对于单式记账凭证而言能减少记账凭证的数量，但复式记账凭证不便于汇总和会计人员分工记账。

综上所述，可以将会计凭证的各种分类情况归纳为图6-1。

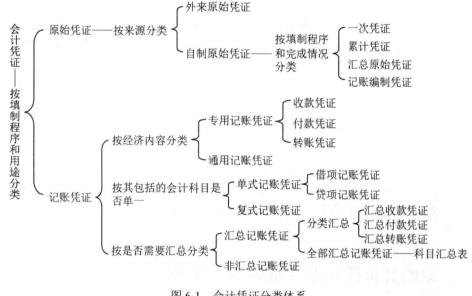

图6-1 会计凭证分类体系

第二节 原始凭证的填制与审核

一、原始凭证的基本内容

不同的经济业务需要用不同的原始凭证进行反映，所以每一张原始凭证所记录的具体业务内容也就不可能完全一致。例如，"领料单"记录的是原材料的领用情况，而"收料单"记录的是原材料的收入情况，两者所记录的具体业务内容显然是有区别的。但是，为了能够发挥原始凭证作为经济业务数据特有载体的作用，无论哪一种原始凭证，都要说明每一项经济业务的具体发生和完成情况，都要明确经办单位、人员以及其他相关单位的经济责任。因此，撇开各个原始凭证的具体形式和内容，就其共同点而言，各种原始凭证都应具备如下的基本内容。

（1）原始凭证的名称，如"增值税专用发票""限额领料单"等。原始凭证的名称应能基本体现该凭证所反映的经济业务类型。

（2）填制原始凭证的具体日期和经济业务发生的日期。应该说明的是，这两个日期大多情况下是一致的，但也有不一致的时候①，此时应将这两个日期在原始凭证中分别进行反映。

---

① 如差旅费报销单上的出差日期和报销日期往往是不一致的。

（3）填制原始凭证的单位或个人名称。

（4）对外原始凭证要有接受凭证的单位名称。

（5）经济业务的内容。原始凭证对经济业务内容的反映，可以通过原始凭证内专设的"内容摘要"栏进行，如"收据""通用发票"等，也可以通过原始凭证本身来体现，如"飞机票"等。

（6）经济业务的数量、单价和金额。这是对经济活动完整地进行反映所必需的，也是会计记录所要求的。没有具体金额的书面文件（如劳务合同等）一般是不能作为会计上的原始凭证的。

（7）经办人员的签字或盖章。如果是外来的原始凭证，还要有填制单位的财务专用章或公章。

上述原始凭证所应具备的基本内容通常称为原始凭证的基本要素，可以对照前面列举的有关原始凭证具体样式进行理解和掌握。

另外，在自制的原始凭证中，有的企业根据管理和核算所提出的要求，为了满足计划、统计或其他业务方面相关工作的需要，还要列入一些补充内容，如在原始凭证上注明与该项经济业务有关的生产计划任务、预算项目以及经济合同号码等，以便更好地发挥原始凭证的多重作用。

二、原始凭证的填制（或取得）要求

不同的原始凭证，其填制的方法不同。自制原始凭证一般是根据经济业务的执行或完成的实际情况直接填制的，如仓库根据实际收到材料的名称和数量填制的"收料单"等，但是也有一部分自制原始凭证是根据有关账簿记录资料按照经济业务的要求加以归类、整理而重新编制的，如"制造费用分配表"等。外来原始凭证是由其他单位或个人填制的，其填制内容和方法与自制原始凭证基本相同，也要具备能证明经济业务完成情况和明确经济责任所需要的相关内容。

各种原始凭证所反映的基本内容是进行会计信息加工处理过程中所涉及的最基本的原始资料，因此，填制或取得原始凭证这个环节的工作正确与否，是至关重要的。为了保证整个会计信息系统所产生的相关资料的真实性、正确性和及时性，必须按要求填制或取得原始凭证。由于原始凭证的具体内容、格式不同，产生的渠道也不同，因而其填制或取得的具体要求也有一定的区别，但从总体要求来看，按照《中华人民共和国会计法》[①]（以下简称《会计法》）和《会计基础工作规范》的规定，原始凭证的填制或取得必须符合下述几项基本要求。

（一）原始凭证反映的具体内容要真实可靠

填写原始凭证，必须符合真实性会计原则的要求，即原始凭证上所记载的内容必须与实际发生的经济业务内容相一致，实事求是、严肃认真地进行填写。为了保证原始凭证记录真实可靠，经办业务的部门或人员都要在原始凭证上签字或盖章，对凭证的真实性和正

[①] 1999年10月31日第九届全国人民大会常务委员会第十二次会议修订。

确性负责。

（二）原始凭证所反映的内容要完整、项目要齐全、手续要完备

前已述及，原始凭证上有很多具体内容，因此，在填写原始凭证时，对于其基本内容和补充资料都要按照规定的格式、内容逐项填写齐全，不得漏填或省略不填。特别是有关签字盖章部分，自制的原始凭证必须有经办部门负责人或指定人员的签字或盖章，从外单位或个人取得的原始凭证也必须有填制单位公章或个人签字盖章，对外开出的原始凭证必须加盖本单位公章。所谓的"公章"，应是具有法律效力和规定用途、能够证明单位身份和性质的印鉴，如业务公章、财务专用章、发票专用章、收款专用章或结算专用章等。对于无法取得相关证明的原始凭证，如火车票等，应由经办人员注明其详细情况后方可作为原始凭证。

（三）原始凭证的书写要简洁、清楚，大小写要符合会计基础规范的要求

原始凭证上的文字，要按规定要求书写，字迹要工整、清晰，易于辨认，不得使用未经国务院颁布的简化字。合计的小写金额前要冠以人民币符号"￥"（用外币计价、结算的凭证，金额前要加注外币符号，如 HK$、US$ 等），币值符号与阿拉伯数字之间不得留有空格；所有以元为单位的阿拉伯数字，除表示单价等情况外，一律填写到角分，无角分的要以"0"补位。汉字大写金额数字，一律用正楷字或行书字书写，如壹、贰、叁、肆、伍、陆、柒、捌、玖、拾、佰、仟、万、亿、元（圆）、角、分、零、整（正）。大写金额最后为"元"的应加写"整"（或"正"）字断尾。

阿拉伯金额数字中间有"0"时，汉字大写金额要写"零"字，如￥2 409.80，汉字大写金额应写成人民币贰仟肆佰零玖元捌角。阿拉伯金额数字中间连续有几个"0"时，汉字大写金额中可以只写一个"零"字，如￥3 005.14，汉字大写金额应写成人民币叁仟零伍元壹角肆分。阿拉伯金额数字万位或元位是"0"，或者数字中间连续有几个"0"，元位也是"0"，但千位、角位不是"0"时，汉字大写金额中可以只写一个"零"字，也可以不写"零"字，如￥1 580.32，应写成人民币壹仟伍佰捌拾元零叁角贰分，或者写成人民币壹仟伍佰捌拾元叁角贰分；又如￥107 000.53，应写成人民币壹拾万柒仟元零伍角叁分，或者写成人民币壹拾万零柒仟元伍角叁分。阿拉伯金额数字角位是"0"，而分位不是"0"时，汉字大写金额"元"后面应写"零"字，如￥26 409.02，应写成人民币贰万陆仟肆佰零玖元零贰分。

在填写原始凭证的过程中，如果发生错误，应采用正确的方法予以更正，不得随意涂改、刮擦凭证。如果原始凭证上的金额发生错误，不得在原始凭证上更改，而应由出具单位重开。对于支票等重要的原始凭证，如果填写错误，一律不得在凭证上更正，应按规定的手续注销留存，重新填写新的凭证。

（四）原始凭证要及时填制并按照规定的程序进行传递

按照及时性会计原则的要求，企业经办业务的部门或人员应根据经济业务的发生或完成情况，在有关制度规定的范围内及时地填制或取得原始凭证，并按照规定的程序及时送交会计部门，经过会计部门审核之后，据以编制记账凭证。

除了以上各项基本内容之外，原始凭证填制的内容还包括以下具体要求：其一，从外

单位取得的原始凭证，必须盖有填制单位的公章，而从个人那里取得的原始凭证，必须有填制人员的签名或盖章；其二，自制原始凭证必须有经办部门领导或指定人员的签名或盖章；其三，对外开出的原始凭证，必须加盖本单位公章；其四，购买实物的原始凭证，必须有验收证明；其五，支付款项的原始凭证，必须有收款单位和收款人的收款证明；其六，发生销货退回的，除填制退货发票外，还必须有退货验收证明，而且退款时，必须取得对方的收款收据或者汇款银行的凭证，不得以退货发票代替收据；其七，经上级部门批准的经济业务，应当将批准文件作为原始凭证附件；其八，从外单位取得的原始凭证如有遗失，应当取得原开出单位盖有公章的证明，并注明原凭证的号码、金额等，由经办单位会计机构负责人、会计主管人员和单位领导人批准后，才能代作原始凭证。

三、原始凭证的审核

我们知道，原始凭证载有的内容只是含有会计信息的原始数据，必须经过会计确认，才能进入会计信息系统进行加工处理。原始凭证在填制或取得的过程中，由于种种原因，难免会出现各种错弊。为了保证原始凭证的真实性、完整性和合法性，企业的会计部门对各种原始凭证都要进行严格的审核，只有经过严格审核合格的原始凭证，才能作为编制记账凭证和登记账簿的依据。审核原始凭证不仅是确保会计初始信息真实、可靠的一项重要措施，同时也是发挥会计监督作用的重要手段，还是会计机构、会计人员的重要职责。

《会计法》第十四条规定："会计机构、会计人员必须按照国家统一的会计制度的规定对原始凭证进行审核，对不真实、不合法的原始凭证有权不予接受，并向单位负责人报告；对记载不准确、不完整的原始凭证予以退回，并要求按照国家统一的会计制度的规定更正、补充。"《会计法》的这条规定赋予了会计人员相应的监督权限，为企业会计人员严肃、认真地审核原始凭证提供了法律上的依据。由此我们也不难看出，企业会计人员对原始凭证的审核，主要是审核原始凭证的真实性、完整性和合法性三个方面。具体分述如下。

（一）审核原始凭证的真实性

按照会计真实性原则的要求，原始凭证所记载的内容必须与实际发生的经济业务内容相一致。因此，审核原始凭证的真实性，就是要审核原始凭证所记载的与经济业务有关的当事单位和当事人是否真实，原始凭证的填制日期、经济业务内容、数量以及金额是否与实际情况相符等。

（二）审核原始凭证的完整性

原始凭证所反映的内容包含很多个项目，因此，在审核时要注意审核原始凭证填制的内容是否完整，应该填列的项目有无遗漏，有关手续是否齐全，金额的大小写是否相符，特别是有关签字或盖章是否都已具备等。

（三）审核原始凭证的合法性

审核原始凭证的合法性就是审核原始凭证所反映的经济业务内容是否符合国家政策、法律法规、财务制度和计划的规定，成本费用列支的范围、标准是否按规定执行，有无违反财经纪律、贪污盗窃、虚报冒领、伪造凭证等违法乱纪行为。

会计机构、会计人员在审核原始凭证时,对于不真实、不合法的原始凭证,如伪造或涂改的原始凭证等,有权不予受理,并向单位负责人报告,请求查明原因,追究当事人的责任,进行严肃处理。对于不合法、不合规定的一切开支,会计人员有权拒绝付款和报销。对于记载不准确、不完整的原始凭证,应予以退回,并要求经办人员按照国家统一的会计制度的规定进行更正、补充。

会计信息系统所具有的监督作用主要体现在原始凭证的审核上。对原始凭证进行审核,可以确保输入会计信息系统的数据真实、合理、合法,从而为会计系统最终所提供的财务报告信息的质量提供有效保证。因此,只有经过审核无误的原始凭证,才能作为编制记账凭证和登记有关账簿的依据。

第三节 记账凭证的填制与审核

一、记账凭证的基本内容

记账凭证的一个重要作用就在于将审核无误的原始凭证中所载有的原始数据通过运用账户和复式记账系统编制会计分录而转换为会计账簿所能接受的专有语言,从而成为登记账簿的直接依据,完成第一次会计确认。因此,作为登记账簿直接依据的记账凭证,虽然种类不同,格式各异,但一般要具备以下基本内容。

(1)记账凭证的名称,如"收款凭证""付款凭证""转账凭证"等。

(2)记账凭证的填制日期,一般用年、月、日表示。需要注意的是,记账凭证的填制日期不一定就是经济业务发生的日期。

(3)记账凭证的编号。

(4)经济业务的内容摘要。由于记账凭证是对原始凭证直接处理的结果,因此,只需将原始凭证上的内容简明扼要地在记账凭证中予以说明即可。

(5)经济业务所涉及的会计科目及金额,是记账凭证中所要反映的主要内容。

(6)所附原始凭证的张数,以便日后查证。

(7)有关人员的签字盖章。通过这一步骤,既能够明确各自的责任,又有利于防止在记账过程中出现某些差错,从而在一定程度上保证了会计信息系统最终所输出会计信息的真实、可靠。

二、记账凭证的填制

记账凭证是根据审核无误的原始凭证编制的。各种记账凭证可以根据每一张原始凭证单独编制,也可以根据若干张原始凭证汇总编制。

在采用专用记账凭证的企业中,其收款凭证和付款凭证是根据有关库存现金和银行存款收付业务的原始凭证填制的。凡是引起库存现金、银行存款增加的经济业务,都要根据库存现金、银行存款增加的原始凭证，编制库存现金、银行存款的收款凭证；凡是引起库存现金、银行存款减少的业务，都要根据库存现金、银行存款减少的原始凭证，编制库存现金、银行存款的付款凭证。出纳人员对于已经收讫的收款凭证和已经付讫的付款凭证及其所附的各种原始凭证，都要加盖"收讫"和"付讫"的戳记，以免重收重付。转账凭证是根据有关转账业务的原始凭证填制的，作为登记有关账簿的直接依据。

在采用通用记账凭证的企业里，对于各种类型的经济业务，都使用一种通用格式的记账凭证进行反映。通用记账凭证的填制方法与转账凭证的填制方法基本相同。

在填制记账凭证时，除了必须做到格式统一、内容完整、编制及时、会计科目运用正确之外，还要符合以下几项特殊要求。

（一）必须根据审核无误的原始凭证填制记账凭证

除填制更正错账、编制结账分录和按权责发生制要求编制的调整分录的记账凭证可以不附原始凭证以外，其余的记账凭证一般都应该附有原始凭证，同时，还应在记账凭证中注明所附原始凭证的张数，以便日后查阅。如果一张原始凭证同时涉及几张记账凭证，应将其附在一张主要的记账凭证的后面，并在其他记账凭证中予以说明。

在记账凭证上编制会计分录与教学上编制会计分录有何不同？两者的做法在道理上是相通的，只不过在记账凭证上编制会计分录时，必须按规定的格式在相应的位置填写记账方向、账户名称和金额等。另外，收款凭证反映的是收款业务内容，在编制的会计分录中，其借方科目应是"银行存款"或"库存现金"等，表明货币资金的增加。

在付款凭证上编制会计分录与在收款凭证上编制会计分录有何不同？虽然两者的做法在道理上也是相通的，但由于凭证格式不同，在付款凭证上，记账方向、账户名称和金额等的书写位置有着明显变化。另外，付款凭证反映的是付款业务内容，在编制的会计分录中，其贷方科目应是"银行存款"或"库存现金"等，表明货币资金的减少。

在转账凭证上编制会计分录的做法既不同于收款凭证，也不同于付款凭证。记账方向、账户名称和金额等都需要填列在表格中的相应位置，在表格之外不再设立会计科目的单独位置。

（二）必须采用科学的方法对记账凭证进行编号

编号是为了分清记账凭证的先后顺序，便于登记账簿和日后记账凭证与会计账簿之间的核对，并防止散失。在使用通用凭证的企业里，可按经济业务发生的先后顺序分月按自然数 1、2、3……顺序编号。在采用收款凭证、付款凭证和转账凭证的企业里，可以采用"字号编号法"，即按照专用记账凭证的类别顺序分别进行编号，如收字第×号、付字第×号、转字第×号等；也可采用"双重编号法"，即按总字顺序编号与按类别顺序编号相结合，如某收款凭证为"总字第×号，收字第×号"。一项经济业务，如果需要编制多张专用记账凭证，可采用"分数编号法"。例如，一项经济业务需要编制两张转账凭证，凭证的顺序号为 10 号时，其编号可为转字第 $10\frac{1}{2}$ 号、转字第 $10\frac{2}{2}$ 号，前面的整数表示业务顺序，分子表示两张中的第一张和第二张。不论采用哪种凭证编号方法，每月末最后一张记账凭证的编号旁边都要加注"全"字，以免凭证散失。

(三)对于特殊的业务应采取特殊的方法处理

在采用专用记账凭证的企业中,对于从银行提取现金或将库存现金存入银行等货币资金内部相互划转的经济业务,为了避免重复记账,按照惯例一般只编制付款凭证,不编制收款凭证。也就是说,从银行提取现金,只编制银行存款的付款凭证;将库存现金存入银行,只编制现金的付款凭证。在同一项经济业务中,如果既有现金或银行存款的收付内容,又有转账内容,应分别填制收、付款凭证和转账凭证。

为了更好地理解和掌握采用专用记账凭证的情况下如何处理货币资金内部相互划转的问题,先看一下为现金和银行存款之间的相互存取业务编制的会计分录:

(1) 将库存现金存入银行的会计分录

借:银行存款 ×××
  贷:库存现金 ×××

(2) 从银行提取现金的会计分录

借:库存现金 ×××
  贷:银行存款 ×××

从业务内容看,以上每一项经济业务既具有收款性质,又同时具有付款性质。例如,将库存现金存入银行时,对于"库存现金"账户来说是付出,而对于"银行存款"账户来说则是收入;从银行提取现金时,对于"银行存款"账户来说是付出,而对"库存现金"账户来说则是收入。那么,对于每一项经济业务应当填制什么样的专用记账凭证呢?当然,不能既填制收款凭证,又填制付款凭证,这样做没有必要,因为对于一项经济业务填制一张记账凭证就足够了。另外,同时填制两张记账凭证,也容易造成重复记账。因此,对于这种货币资金内部相互划转的业务,按照惯例,应统一按减少方填制付款凭证,而不再填制收款凭证。

(四)记账凭证填制完毕,应进行复核与检查,并按所使用的方法进行试算平衡

实行会计电算化的企业单位,其机制记账凭证应当符合记账凭证的一般要求。无论是印刷的记账凭证,还是机制记账凭证,都要加盖制单人员、审核人员、记账人员、会计机构负责人等的印章或签字,以明确各自的责任。

三、记账凭证的审核

正确地编制记账凭证是正确地进行会计处理的前提。因此,记账凭证填制完成以后,必须由会计主管人员或其他指定人员进行严格审核。应该说,记账凭证的审核同原始凭证的审核一样,也是会计确认的一个重要环节,都是为了保证会计信息的真实、可靠,对经济业务在会计账簿上正式加以记录之前所采取的复式记账系统内部的一种防护性措施。因此,为了正确登记账簿和监督经济业务,除了在记账凭证的编制过程中,有关人员应认真负责、正确填制、加强自审之外,还要对记账凭证建立综合审核制度。记账凭证审核的主要内容如下:

(1) 记账凭证是否附有原始凭证;记账凭证的内容与所附原始凭证的内容是否相符;记账凭证上填写的附件张数与实际原始凭证张数是否相符。

(2) 会计科目的应用是否正确；二级或明细科目是否齐全；会计科目的对应关系是否清晰；金额的计算是否正确。

(3) 内容摘要的填写是否清楚，是否正确归纳了经济业务的实际内容；记账凭证中有关项目是否填列齐全；有关人员是否签字或盖章等。

严格地说，记账凭证的审核同原始凭证一样，共同组成会计确认的一个环节，都是在会计账簿上正式加以记录之前的必要步骤。在记账凭证的审核过程中，如果发现差错，应查明原因，按照规定的办法及时处理和更正。只有经过审核无误的记账凭证，才能作为登记账簿的直接依据。

第四节　会计凭证的传递与保管

为了确保会计资料的安全、完整，会计凭证的传递和保管就成为会计工作的一项重要内容。

一、会计凭证的传递

会计凭证的传递，是指凭证从取得或填制时起，经过审核、记账、装订到归档保管时止，在单位内部各有关部门和人员之间按规定的时间、路线办理业务手续和进行处理的过程。

正确、合理地组织会计凭证的传递，对于及时处理和登记经济业务，协调单位内部各部门、各环节的工作，加强经营管理的岗位责任制，实行会计监督，具有重要作用。例如，对材料收入业务的凭证传递，应明确规定：材料运达企业后，需多长时间验收入库，由谁负责填制收料单，又由谁在何时将收料单送交会计及其他有关部门；会计部门由谁负责审核收料单，由谁在何时编制记账凭证和登记账簿，又由谁负责整理或保管凭证等。这样，既可以把材料收入业务从验收入库到登记入账的全部工作在本单位内部进行分工，并通过各部门的协作来共同完成，同时也便于考核经办业务的有关部门和人员是否按照规定的会计手续办理业务。

会计凭证的传递主要包括凭证的传递路线、传递时间和传递手续三个方面的内容。

各单位应根据经济业务的特点、机构设置、人员分工情况，以及经营管理上的需要，明确规定会计凭证的联次及其流程。既要使会计凭证经过必要的环节进行审核和处理，又要避免会计凭证在不必要的环节停留，从而保证会计凭证沿着最简捷、最合理的路线传递。

会计凭证的传递时间，是指各种凭证在各经办部门、环节所停留的最长时间。它应考虑各部门和有关人员在正常情况下办理经济业务所需时间来合理确定。明确会计凭证的传递时间，能防止拖延处理和积压凭证，保证会计工作的正常秩序，提高工作效率。一切会计凭证的传递和处理都应在报告期内完成，否则将会影响会计核算的及时性。

会计凭证的传递手续，是指在凭证传递过程中的衔接手续，应该做到既完备严密，又简便易行。凭证的收发、交接都应按一定的手续制度办理，以保证会计凭证的安全和完整。

为了确保会计凭证的传递工作正常有序，以便更好地发挥会计凭证的作用，企业内部应制定出一套合理的会计凭证传递制度，使凭证传递的整个过程环环相扣，从而加速经济业务的处理进程，保证会计部门迅速、及时地取得和处理会计凭证，提高各项工作的效率，充分发挥会计监督作用。会计凭证的传递路线、传递时间和传递手续，还应根据实际情况的变化及时加以修改，以确保会计凭证传递的科学化、制度化。关于会计凭证的传递可以通过图 6-2 加以理解。

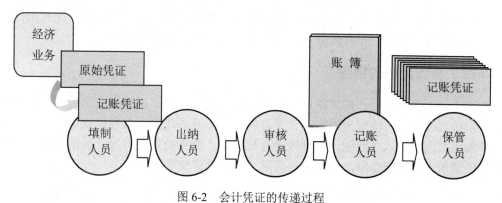

图 6-2　会计凭证的传递过程

二、会计凭证的保管

会计凭证是各项经济活动的历史记录，是重要的经济档案。为了便于随时查阅利用，各种会计凭证在办理好各项业务手续并据以记账后，应由会计部门加以整理、归类，并送交档案部门妥善保管。为了保管好会计凭证，更好地发挥会计凭证的作用，《会计基础工作规范》第五十五条对此作了明确的规定，具体可归纳为以下几点。

（一）会计凭证的整理归类

会计部门在记账以后，应定期（一般为每月）将会计凭证加以归类整理，即把记账凭证及其所附原始凭证，按记账凭证的编号顺序进行整理，在确保记账凭证及其所附原始凭证完整无缺后，将其折叠整齐，加上封面、封底，装订成册，并在装订线上加贴封签，以防散失和任意拆装。在封面上要注明单位名称、凭证种类、所属年月、起讫日期、起讫号码和凭证张数等。会计主管或指定装订人员要在装订线封签处签名或盖章，然后入档保管。

对于那些数量过多或各种随时需要查阅的原始凭证，可以单独装订保管，在封面上注明记账凭证的日期、编号、种类，同时在记账凭证上注明"附件另订"字样。各种经济合同和重要的涉外文件等凭证，应另编目录，单独登记保管，并在有关记账凭证和原始凭证上注明。

（二）会计凭证的造册归档

每个会计年度各个月份的会计凭证都应由会计部门按照归档的要求，负责整理立卷或装订成册。当年的会计凭证，在会计年度终了后，可暂由会计部门保管一年，期满后，原则上应由会计部门编造清册移交本单位档案部门保管。档案部门接收的会计凭证，原则上要保持原卷册的封装，个别需要拆封重新整理的，应由会计部门和经办人员共同拆封整理，以明确责任。会计凭证必须做到妥善保管，存放有序，查找方便，并要严防毁损、丢失和泄密。

（三）会计凭证的借阅

会计凭证原则上不得借出，如有特殊需要，须报请批准，但不得拆散原卷册，并应限期归还。需要查阅已入档的会计凭证时，必须办理借阅手续。其他单位因特殊原因需要使用原始凭证时，经本单位负责人批准，可以复制。但向外单位提供的原始凭证复印件，应在专设的登记簿上登记，并由提供人员和收取人员共同签名或盖章。

（四）会计凭证的销毁

会计凭证的保管期限，应严格按照会计规范的要求办理。保管期未满的，任何人都不得随意销毁会计凭证。按规定销毁会计凭证时，必须开列清单，报经批准后，由档案部门和会计部门共同指派人员监销。在销毁会计凭证前，监督销毁人员应认真清点核对，销毁后在销毁清册上签名或盖章，并将监销情况上报本单位负责人。

思 考 题

1. 什么是会计凭证？其作用有哪些？
2. 为什么要取得或填制原始凭证？原始凭证的作用是什么？
3. 如何对原始凭证进行分类？它们之间的关系是怎样的？
4. 为什么要编制记账凭证？它与原始凭证的关系是怎样的？
5. 如何对记账凭证进行分类？它们之间的关系是怎样的？
6. 分别说明收款凭证、付款凭证和转账凭证所反映的经济业务与货币资金的关系。
7. 对于货币资金内部划转的业务应编制何种专用记账凭证？
8. 说明原始凭证的一般内容和审核办法。
9. 说明记账凭证的一般内容和审核办法。
10. 说明记账凭证的编号方法及不同编号方法各自的优缺点。
11. 什么是汇总记账凭证？比较科目汇总表与汇总记账凭证。
12. 什么是会计凭证的传递与保管？如何进行会计凭证的传递与保管？
13. 会计凭证销毁时应注意哪些问题？

练 习 题

1. 目的：练习专用记账凭证的编制。

资料：某公司 2×19 年 9 月 1 日有关账户（全部且为正常方向）余额如下：库存现金 17 000 元；银行存款 447 100 元；原材料 1 343 000 元；库存商品？；应收账款 102 000 元；

固定资产 2 337 500 元；其他应收款 25 500 元；短期借款 680 000 元；应付账款 204 000 元；资本公积？；盈余公积 391 000 元；实收资本？。

该公司 2019 年 9 月份发生的全部经济业务如下：

（1）从银行取得期限为 6 个月的借款 850 000 元，存入银行。

（2）用银行存款 212 500 元购入一台全新设备（假设不考虑增值税），直接交付使用。

（3）接受某外商投资投入的全新设备，价值 425 000 元，交付使用。

（4）企业的公出人员出差预借差旅费 8 500 元，付给现金。

（5）经企业的董事会批准将资本公积金转增资本 850 000 元。

（6）收回某单位所欠本企业的货款 85 000 元，存入银行。

（7）用银行存款 425 000 元偿还到期的银行临时借款。

（8）购入一批原材料，价款为 187 000 元（不考虑增值税），其中 170 000 元开出支票支付，余款用现金支付。

（9）接受某投资人的投资 5 100 000 元，其中一台价值 1 275 000 元的全新设备投入使用，一项专利权作价 3 230 000 元，剩余部分通过银行划转。

（10）开出现金支票从银行提取现金 42 500 元备用。

该公司的会计对本月发生的经济业务进行了相关的处理，并编制了月末的总分类账户试算平衡表，但由于时间仓促，加之会计对制造业企业有关经济业务的处理不是很熟练，因而发生了某些账务处理的错误，并编制了一张不平衡的试算平衡表，如表 6-12 所示。

表 6-12　总分类账户本期发生额及余额试算平衡表

单位：元

计科目	期 初 余 额		本 期 发 生 额		期 末 余 额	
	借　方	贷　方	借　方	贷　方	借　方	贷　方
库存现金	17 000		42 500	8 500	51 000	
银行存款	447 100		1 530 000	654 500	1 322 600	
原材料	1 343 000		17 000		1 360 000	
库存商品						
应收账款	102 000		85 000		187 000	
固定资产	2 337 500		2 082 500		4 420 000	
其他应收款	25 500		8 500		34 000	
短期借款		680 000	425 000	850 000		1 105 000
应付账款		204 000		212 500		416 500
资本公积			850 000			850 000
盈余公积		391 000				391 000
实收资本				6 375 000		6 375 000
无形资产			3 230 000		3 230 000	
合计	4 272 100	1 275 000	8 270 500	8 100 500	8 721 000	8 287 500

面对不平衡的试算表，会计对其核算过程进行了全面的检查，针对其错误和其他资料一并提供了以下信息：本公司月初的净资产为 3 791 000 元；有关错误包括余额的计算错误和账务处理的错误，其中本月业务在处理过程中共发生四处错误，涉及"库存现金""银行存款""原材料""应收账款""固定资产"和"应付账款"六个账户。账务处理的错误影响到账户记录的错误，进而造成了上述的试算表不平衡。

要求：（1）编制本月业务的会计分录，注明每笔业务应编制的专用记账凭证。

（2）计算"库存商品""资本公积""实收资本"账户的月初余额。

（3）指出其错误所在并编制正确的试算平衡表。

2. 目的：练习专用记账凭证的具体编制方法。

资料：某公司 2×19 年 4 月份发生了以下的经济业务：

（1）4 月 2 日，收回某单位所欠本企业的货款 312 800 元，存入银行。

（2）4 月 7 日，用银行存款 102 000 元购入一台不需要安装的设备，投入使用。

（3）4 月 10 日，仓库发出材料用于产品的生产价值 55 250 元。

（4）4 月 12 日，开出现金支票从银行提取现金 42 500 元备用。

（5）4 月 18 日，从银行取得临时借款 850 000 元，存入银行。

（6）4 月 20 日，用银行存款 272 000 元偿还应付账款。

（7）4 月 25 日，企业的公出人员出差预借差旅费 17 000 元，付给现金。

（8）4 月 30 日，收到银行通知，本月水电费为 10 200 元。

要求：在专用记账凭证上分别编制本月业务的会计分录，并对记账凭证进行编号（自己选择编号方法）。专用记账凭证的样式如表 6-13～表 6-15 所示。

表 6-13　收款记账凭证

出纳编号_____
凭证编号_____

证 41—1A　　　　　　　　　　2×19 年　月　日　　　　　　借方科目：

摘　要	结算方式	票号	贷方科目		金　额	记账符号
			总账科目	明细科目		
附单据		张	合计			

会计主管人员：　　记账：　　稽核：　　制单：　　出纳：　　交款人：

表 6-14 付款记账凭证

出纳编号_____
凭证编号_____

证 42—1A　　　　　　　　　　2×19 年　月　日　　　　　　　贷方科目：

摘要	结算方式	票号	借方科目		金额	记账符号
			总账科目	明细科目		
附单据　　张		合计				

会计主管人员：　　记账：　　稽核：　　制单：　　出纳：　　领款人：

表 6-15 转账记账凭证

凭证编号_____

证 43—1A　　　　　　　　　　2×19 年　月　日

摘要	借方科目		贷方科目		金额	记账符号
	总账科目	明细科目	总账科目	明细科目		
附单据　张	合计					

会计主管人员：　　记账：　　稽核：　　制单：

3. 目的：练习专用记账凭证的编制。

资料：张科是一名在读的会计专业大学生，在学完了第一门专业课"基础会计"后，他决定利用暑假进行勤工俭学，以便检验一下自己对"基础会计"课程的学习情况。暑假伊始，张科同学筹划开办校园服务部，经营商品推销、图书租借、少儿暑假托管等业务。7月1日，张科正式成立了校园服务部，他用自己的积蓄租了一间房，租期2个月，每月租金2 500元，在7月1日用现金预付了3 000元房租。为了服务部日常业务的需要，张科又向父亲借了20 000元现金。校园服务部7月份发生了下列经济业务：

（1）用现金支付广告费1 500元。

（2）租用办公桌椅，月租金450元，预付500元，剩余部分在8月31日到期时与8月份的租金一并支付；同时，租用少儿用床10套，每套每月支付租金200元，预付租金3 000元。

（3）用现金购买图书 150 套，共计 3 850 元。

（4）购买各种商品支付现金 7 280 元。

（5）收到少儿入托的收入 18 500 元，均收到现金。

（6）销售商品本月收入现金 5 200 元。

（7）出租图书收入现金 7 250 元。

（8）现金支付水电费等 5 820 元。

（9）现金支付帮工的薪酬 3 600 元。

（10）张科个人从服务部支用现金 3 000 元。

8 月份该服务部取得各项收入合计为 28 600 元，其中托费收入 18 500 元，商品销售收入 8 100 元，剩余为图书租金收入，以上均收到现金；8 月份的费用保持不变；张科个人从服务部支用现金 2 000 元。

8 月 31 日暑假结束时，张科将图书全部赠送给附近的小学，将剩余商品出售，收到现金 1 200 元，同时用现金偿还借款 20 000 元。

要求： 请帮助张科编制会计分录，注明应使用的专用记账凭证，同时帮助张科计算该服务部 7 月份和 8 月份的利润（或亏损）。

知识拓展题

第七章 会计账簿

第一节 会计账簿的意义与种类

通过第六章"会计凭证"的学习可以知道，会计凭证能够接收、确认各种含有会计信息的数据并将其输入复式簿记系统，但是会计凭证上所记载的信息具有单一性，彼此缺乏联系，无法完全满足管理上的需要，因此，还有必要利用会计账簿对凭证上的原始数据作进一步的归类、加工和整理。会计账簿是继会计凭证之后，记录经济业务的又一重要载体。设置和登记账簿是会计核算的一种专门方法，也是会计核算工作的中心环节。

一、会计账簿的概念

企业单位在经营过程中，要发生各种各样的经济业务。对于这些经济业务，首先要由原始凭证做出最初的反映，然后由会计人员按照会计信息系统的要求，采用复式记账方法，编制记账凭证。应该说，会计凭证（包括原始凭证和记账凭证）能够比较全面地反映经济业务的发生和完成情况，所记录的业务内容也是非常详细、具体的。但是，由于会计凭证的数量繁多，比较分散，而且每张会计凭证只能记录单笔经济业务，提供的也只是个别的数据，不便于直接通过会计凭证取得综合的会计信息，也不便于日后查阅。因此，为了对经济业务进行连续、系统、全面的核算，从分散的数据中提取系统有用的会计信息，就必须采用登记会计账簿的方法，把分散在会计凭证上的零散的资料加以集中和分类整理，从而为企业的经营管理提供系统的会计信息资料。因此，设置和登记会计账簿就成为会计核算的一种重要方法。

所谓会计账簿，是由具有专门格式而又联结在一起的若干账页所组成的簿籍。在账簿中应按照会计科目开设有关账户，用来序时地、分类地记录和反映经济业务的增减变动及其结果。会计账簿是会计资料的主要载体之一。

二、会计账簿的作用

通过会计账簿的概念可以看到，会计账簿的构成形式是相互连接的多个账页，其记录的内容又是企业单位日常发生的各种各样的经济业务。会计账簿既是积累、储存会计信息的数据库，也是会计信息的处理中心。设置和登记会计账簿，是会计循环的主要环节，是提供系统、全面的会计信息资料的重要手段。因此，会计账簿在会计核算过程中具有重要的作用。

（一）会计账簿是系统归纳、积累会计资料的重要工具

会计账簿能够序时地、分类地记录和反映企业单位日常发生的大量的经济业务，将分散在会计凭证上的核算资料加以归类、整理，从而为企业单位正确地计算费用、成本、利润提供总括和明细资料，为企业的经济管理提供系统、完整的会计信息，为改善经营管理、加强经济核算、合理使用资金提供必要的资料。同时，借助于会计账簿记录资料，可以监督各项财产物资的妥善保管，保护财产物资的安全与完整。

（二）会计账簿的记录资料是定期编制会计报表的主要的、直接的依据

账簿记录积累了一定时期发生的大量的经济业务的数据资料，这些资料经过归类、整理，就成为编制会计报表的依据。可以说，会计账簿的设置与登记过程是否正确，直接影响到会计报表的质量。

（三）会计账簿提供的资料是考核经营成果、进行会计监督的依据

通过会计账簿记录资料，为考核企业的经营成果、分析计划和预算的完成情况提供数据资料。同时，设置和登记不同种类的会计账簿，还便于会计工作的分工，更有利于保存会计信息资料，以便于日后查阅。

由上述内容可见，在会计工作中，每一个企事业单位都必须根据会计规范要求和实际情况设置必要的账簿，同时做好记账工作，以发挥会计账簿的作用。

三、会计账簿的设置原则

会计账簿的设置，是指对账簿的种类、格式、内容以及登记方法的选择和确定。各单位应在会计规范的总体要求指导下，根据本单位生产经营或业务规模的大小、经济业务的繁简、会计人员的多少、会计报表编制的需要以及经营管理的特点和要求，科学合理地设置会计账簿。设置会计账簿时应遵循以下几项原则。

（一）全面性、系统性原则

设置的会计账簿要能够全面、系统地反映会计主体的经济活动情况，为企业经营管理提供所需要的会计核算资料；同时，要符合各单位生产经营规模和经济业务的特点，使设置的会计账簿能如实反映各单位经济活动的全貌。

（二）组织性、控制性原则

会计账簿的设置要有利于账簿的组织和记账人员的分工，有利于加强岗位责任制和内部控制制度，使账簿的设置和记录有利于加强财产物资的管理，便于账实核对，以保证企业各项财产物资的安全、完整和有效利用。

（三）科学性、合理性原则

会计账簿设置要根据不同账簿的作用和特点，使账簿结构做到严密、科学，有关账簿之间有统驭关系或平行制约关系，以保证账簿资料的真实、正确和完整，同时使账簿格式的设计与选择力求简明、实用，以提高会计信息处理和利用的效率。会计账簿设置及登记的内容要能够提供会计报表编制所需要的全部数据资料。

四、会计账簿的种类

会计核算对象的复杂性和不同的会计信息使用者对会计信息需要的多重性，导致了反映会计信息的载体——账簿的多样化。各种账簿的用途和形式各不相同，相互之间构成了严密的组织体系，从而为经营管理提供不同的会计信息，满足不同的需要。为了更好地了解和使用会计账簿，就需要对账簿进行分类。会计账簿按照不同的标志可以划分为不同的类别。

（一）会计账簿按其用途分类

会计账簿按其用途不同，可以分为序时账簿、分类账簿和备查账簿三种。

（1）序时账簿，也称日记账，是按照经济业务发生时间的先后顺序逐日、逐笔登记的账簿。正因为如此，在历史上曾将其称为"流水账"。序时账簿包括普通日记账和特种日记账。其中，普通日记账是对全部经济业务都按其发生时间的先后顺序逐日、逐笔登记的账簿；特种日记账是只对某一特定种类的经济业务按其发生时间的先后顺序逐日、逐笔登记的账簿。由于普通日记账要序时地记录全部的经济业务，其记账工作量比较庞大，因而只在会计发展的早期使用得较多。目前，在实际工作中应用比较广泛的是特种日记账，如"库存现金日记账""银行存款日记账"等。

（2）分类账簿，是指对全部经济业务按照总分类账户和明细分类账户进行分类登记的账簿。分类账簿按其反映经济业务详细程度的不同，又可以分为总分类账簿和明细分类账簿。总分类账簿（也称总账）是根据总分类账户开设的，能够全面地反映会计主体的经济活动情况，对所属的明细账起统驭作用，可以直接根据记账凭证登记，也可以将凭证按一定方法定期汇总后进行登记。明细分类账簿（也称明细账）是根据明细分类账户开设的，用来提供明细核算资料，应根据记账凭证或原始凭证逐笔详细登记，是对总分类账簿的补充和说明。

在实际工作中，根据需要也可以将序时账和分类账结合在一起，设置一种联合账簿，如"日记总账"。

分类账簿与序时账簿的作用不同。序时账簿能够提供连续、系统的会计信息，反映企业资金运动的全貌；分类账簿则根据经营和决策的需要而设置，归集并汇总各类信息，反映资金运动的不同状态、形式和构成。因此，通过分类账簿，才能把各类数据按账户塑造成总括、连续、系统的会计信息，满足会计报表编制的需要。

（3）备查账簿，也称辅助账簿，是指对某些在序时账和分类账中未能记载或记载不全的事项进行补充登记的账簿,亦被称为补充登记簿。备查账簿只是对其他账簿记录的一种补充,与其他账簿之间不存在严密的依存和钩稽关系。例如,为反映所有权不属于企业,由企业租入的固定资产而开设的"租入固定资产备查簿",反映票据内容的"应付(收)票据备查簿"等。

会计账簿按其用途不同的分类如图7-1所示。

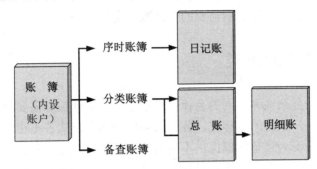

图7-1 会计账簿按用途分类的组成内容

(二)会计账簿按其外表形式分类

会计账簿按其外表形式的不同,可以分为订本式账簿、活页式账簿和卡片式账簿三种。

(1)订本式账簿,是在启用之前就已把顺序编号的账页装订成册的账簿。这种账簿能够防止账页散失和被非法抽换,避免弄虚作假等不正当行为,但因为一本账簿只能由一人记账,所以不便于分工和计算机记账。对于那些比较重要的内容,一般采用订本式账簿。在实际工作中,序时账簿、联合账簿、总分类账簿等应采用订本式账簿。

(2)活页式账簿,是在启用时账页不固定装订成册而将零散的账页放置在活页夹内,随时可以取放的账簿。活页式账簿克服了订本式账簿的缺点。一般明细分类账可根据需要采用活页式账簿。

(3)卡片式账簿,是由许多具有一定格式的硬制卡片组成,存放在卡片箱内,根据需要随时取放的账簿。卡片式账簿主要用于不经常变动的内容的登记,如"固定资产明细账"等。

企业在设置账簿体系时,应将那些比较重要、容易丢失的项目,采用订本式账簿;对那些次要的或不容易丢失的项目,可以采用活页式或卡片式账簿。

会计账簿按其外表形式的分类如图7-2所示。

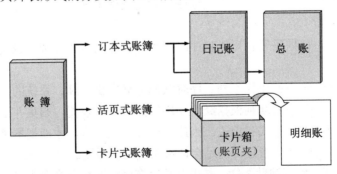

图7-2 会计账簿按外表形式分类的组成内容

第二节 会计账簿的设置与登记

一、会计账簿的基本内容

由于管理的要求不同,所设置的账簿就会不同,各种账簿所记录的经济业务也不同,其形式也多种多样,但从构造上看,会计账簿一般由以下三大部分组成。

(1) 封面,标明账簿名称和记账单位名称。

(2) 扉页,填明启用的日期和截止的日期、页数、册次、经管账簿人员一览表和签章;会计主管签章和账户目录等。账簿扉页上的"账簿使用登记表"的格式如表7-1所示。

表7-1 账簿使用登记表

单位名称				
账簿名称				
册次及起讫页		自 页起至	页止共 页	
启用日期		年 月 日		
停用日期		年 月 日		
经管人员姓名	接管日期	交出日期	经管人员盖章	会计主管盖章
	年 月 日	年 月 日		
	年 月 日	年 月 日		
	年 月 日	年 月 日		
	年 月 日	年 月 日		
备注			单位公章	

(3) 账页,其基本内容包括账户的名称(一级科目、二级或明细科目)、记账日期、凭证种类、号数栏、摘要栏、金额栏、总页次和分户页次等。

二、会计账簿的格式与登记方法

不同的会计账簿由于反映的经济业务内容和详细程度不同,因而其账页格式也有一定的区别。以下就序时账簿、总分类账簿、明细分类账簿和备查账簿的格式及登记方法分别进行介绍。

(一) 序时账簿的格式与登记方法

这里所说的序时账簿主要是指特种日记账。企业通常设置的特种日记账主要有库存现金日记账和银行存款日记账。

1. 库存现金日记账的格式与登记方法

库存现金日记账是用来核算和监督库存现金日常收、付、结存情况的序时账簿。通过库存现金日记账可以全面、连续地了解和掌握企业单位每日库存现金的收支动态和库存余额,为日常分析、检查企业单位的库存现金收支活动提供资料。库存现金日记账的格式主要有三栏式和多栏式两种。

三栏式库存现金日记账,通常设置收入、付出、结余或借方、贷方、余额三个主要栏目,用来登记库存现金的增减变动及其结果。

三栏式库存现金日记账是由现金出纳员根据库存现金收款凭证、库存现金付款凭证以及银行存款的付款凭证(反映从银行提取现金业务),按照现金收、付款业务和银行存款、付款业务发生时间的先后顺序逐日、逐笔登记的。三栏式库存现金日记账的一般格式及登记方法如图 7-3 所示。①

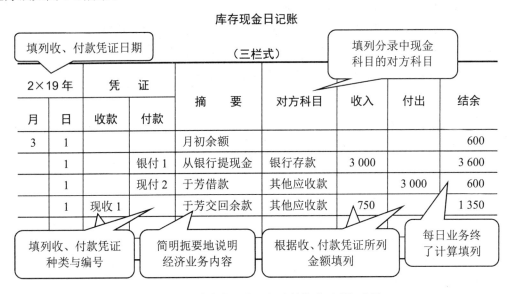

图 7-3 三栏式库存现金日记账的格式及登记方法

为了更清晰地反映账户之间的对应关系,了解库存现金变化的来龙去脉,还可以在三栏式库存现金日记账中"收入"和"付出"两个栏目下,按照库存现金收、付的对方科目设置专栏,形成多栏式库存现金日记账(格式略)。

采用多栏式库存现金日记账时,按照收入、付出的对应科目分设专栏逐日逐笔登记,到月末结账时,分栏加计发生额,对全月库存现金的收入来源、付出去向都可以一目了然,能够为企业的经济活动分析和财务收支分析提供详细、具体的资料。但是,在使用会计科目比较多的情况下,多栏式日记账的账页过宽,不便于分工登记,而且容易发生错栏串行的错误。为此,在实际工作中可以将多栏式库存现金日记账分设两本,即分为多栏式库存现金收入日记账和多栏式库存现金支出日记账。

2. 银行存款日记账的格式与登记方法

银行存款收、付业务的结算方式有多种,为了反映具体的结算方式以及相关的单位,需要在三栏式库存现金日记账的基础上,通过增设栏目设置银行存款日记账,即在银行存

---

① 以下列示的各种账页格式中的业务内容和金额等只是为了说明其登记方法而列示的,各账簿之间的金额没有必然的钩稽关系。

款日记账中增设采用的结算方式和对方单位名称等具体的栏目。三栏式银行存款日记账的具体格式如图 7-4 所示。

银行存款日记账

（三栏式）

2×19年		凭证	摘 要	结算凭证		对方科目	收入	付出	结余
月	日			种类	号数				
3	1		月初余额						600 000
	1	银付1	提取现金	现金支票	0356	库存现金		15 000	585 000
	1	银收1	销售收入	转账支票	2375	主营业务收入	105 300		690 300
	1	银付2	付材料款	转账支票	0431	材料采购		140 400	549 900

（登记方法与现金日记账相同）
（登记分录中银行存款的对方科目）
（登记结算凭证种类和号码）
（登记方法与现金日记账相同）

图 7-4 三栏式银行存款日记账的格式及登记方法

银行存款日记账是由出纳员根据银行存款的收款凭证、付款凭证以及现金的付款凭证（将库存现金存入银行业务）序时登记的。总体来说，银行存款日记账的登记方法与库存现金日记账的登记方法基本相同，但有以下几点需要注意。

（1）出纳员在办理银行存款收、付款业务时，应对收款凭证和付款凭证进行全面的审查复核，保证记账凭证与所附的原始凭证的内容一致，然后才能依据正确的记账凭证登记银行存款日记账。银行存款日记账中应记明：日期（收、付款凭证编制日期）、凭证种类（银收、银付或现收）、凭证号数（记账凭证的编号）、采用的结算方式（支票、本票或汇票等）、对方单位（对方收款或付款单位名称）、摘要（概括说明经济业务内容）、对应账户名称、金额（收入、付出或结余）等项内容。

（2）银行存款日记账应按照经济业务发生时间的先后顺序逐笔分行记录，当日的业务当日记录，且不得将记账凭证汇总登记。每日业务记录完毕应结出余额，做到日清月结，即月末应分别结出本月借方、贷方发生额及期末余额和累计发生额，年末应结出全年累计发生额和年末余额，并办理结转下年手续。有关发生额和余额（包括日、月、年）计算出来之后，应在账页中的相应位置予以标明。

（3）银行存款日记账必须按行次、页次顺序登记，不得跳行、隔页，不得以任何借口随意更换账簿。在记账过程中一旦发生错误，应采用正确的方法进行更正。会计期末，按规定结账。

银行存款日记账根据需要也可以采用多栏式，具体包括两种格式：一种是将银行存款的收入和支出并在一本账中，按收入、付出的对应科目分设专栏进行登记。采用这种格式，到月末结账时，各个分栏加计发生额合计数，可以对全月银行存款的收入来源、付出去向一目了然，从而给企业单位的经济活动分析和财务收支分析提供更详细的资料。但是，在应用会计科目较多时，这种格式的账页必然过宽，不便于登记，而且容易发生错栏串行的错误。另一种是将银行存款日记账分设两本，即多栏式银行存款收入日记账和多栏式银行存款支出日记账。这种格式易于登记，且不易发生错栏串行的错误。多栏式银行存款日记账的登记方法除特殊栏目（如结算方式、对方单位等）外基本同于多栏式库存现金日记账的登记方法，这里不再赘述。

（二）总分类账簿的格式与登记方法

总分类账簿是按照一级会计科目的编号顺序分类开设并登记全部经济业务的账簿。总分类账簿的格式有三栏式（即借方、贷方、余额三个主要栏目）和多栏式两种，其中三栏式又分为不反映对应科目的三栏式和反映对应科目的三栏式。总分类账簿的登记依据和方法主要取决于所采用的会计核算组织程序。它可以直接根据记账凭证逐笔登记，也可以把记账凭证先汇总，编制成汇总记账凭证或科目汇总表，再根据汇总的记账凭证定期登记。三栏式（不反映对应科目）总账簿的具体格式及登记方法如图7-5所示。

总账（三栏式）

会计科目：原材料

2×19年		凭 证		摘 要	借方	贷方	借或贷	余额
月	日	种类	号数					
3	1			月初余额			借	90 000
	1	转	1	甲材料入库	30 000		借	120 000
	2	转	2	发出甲材料		15 000	借	105 000
3	31			本月合计	30 000	15 000	借	105 000

（填列记账凭证日期）（填列记账凭证种类与编号）（简明扼要地说明经济业务内容）（根据记账凭证所列金额填列）（根据收、付款凭证所列金额填列）（根据余额性质填列）（计算填列）

图7-5 三栏式总账的格式及登记方法

不管哪种格式的总分类账簿，每月都应将本月已完成的经济业务全部登记入账，并于月末结出总账中各总分类账户的本期发生额和期末余额，与其他有关账簿核对相符之后，作为编制会计报表的主要依据。

（三）明细分类账簿的格式与登记方法

明细分类账簿是根据二级会计科目或明细科目设置账户，并根据审核无误后的会计凭证登记某一具体经济业务的账簿。各种明细分类账簿可根据实际需要，分别按照二级会计科目和明细科目开设账户，进行明细分类核算，以便提供资产、负债、所有者权益、收入、费用和利润等的详细信息。这些信息也是进一步加工成会计报表信息的依据。因此，各企业单位在设置总分类账簿的基础上，还应按照总账科目下设若干必要的明细分类账簿，作为总分类账簿的必要补充说明。这样，既能根据总分类账簿了解该类经济业务的总括情况，又能根据明细分类账簿进一步了解该类经济业务的具体和详细情况。明细分类账簿一般采用活页式账簿，也可以采用卡片式账簿（如固定资产明细账）和订本式账簿等。

根据管理上的要求和各种明细分类账所记录经济业务的特点，明细分类账簿的格式主要有以下三种。

1. 三栏式明细分类账簿

三栏式明细分类账簿的格式和三栏式总分类账簿的格式相同，即账页只设有借方金额栏、贷方金额栏和余额金额栏三个栏目。这种格式的明细分类账簿适用于只要求提供货币信息而不需要提供非货币信息（实物量指标等）的账户。一般适用于记载债权债务类经济业务，如应付账款、应收账款、其他应收款、其他应付款等内容。其账页格式与总账账页格式相同。

2. 数量金额式明细分类账簿

数量金额式明细分类账簿要求在借方、贷方、余额栏下分别设置数量栏和金额栏，以便同时提供货币信息和实物量信息。这一类的明细分类账簿适用于既要进行金额核算又要进行实物量核算的财产物资类科目，如原材料、库存商品等科目的明细账。数量金额式明细分类账簿的格式及登记方法如图 7-6 所示。

原材料明细账

材料类别：原材料　　　　　　　填写明细核算　　　　　计量单位：千克
材料名称或规格：圆钢　　　　　内容的相关资料　　　　存放地点：8号库
材料编号：0164　　　　　　　　　　　　　　　　　　　储备定额：8 000 千克

2×19年		凭证号数	摘要	借方（收入）			贷方（发出）			借或贷	余额（结存）		
月	日			数量	单价	金额	数量	单价	金额		数量	单价	金额
3	1		月初余额							借	12 000	1.80	21 600
	7	转10	入库	3 000	1.50	4 500				借	12 000	1.80	21 600
											3 000	1.50	4 500
	10	转32	发出				6 000	1.80	10 800	借	6 000	1.80	10 800
											3 000	1.50	4 500
3	31	——	本月	——		1 500	2 000	——	3 000	借	3 000	1.50	4 500

日期、凭证和摘要等填法同前　根据入库数量填列　根据材料成本计算结果填列　计算填列　根据出库数量填列　可采用先进先出法、加权平均法等方法计算填列　计算填列

图 7-6　数量金额式明细分类账簿的格式及登记方法

3. 多栏式明细分类账簿

多栏式明细分类账簿是根据经济业务的特点和经营管理的需要，在一张账页内按有关明细科目或项目分设若干专栏的账簿。按照登记经济业务内容的不同又分为借方多栏式（如"物资采购明细账""生产成本明细账""制造费用明细账"等）、贷方多栏式（如"主营业务收入明细账"等）、借方、贷方多栏式（如"本年利润明细账""应交增值税明细账"等）。这里仅列举借方多栏式明细分类账簿（制造费用）的具体格式及登记方法，如图 7-7 所示。

对于借方多栏式明细分类账簿，由于只在借方设多栏，平时在借方登记费用、成本的发生额，贷方登记月末将借方发生额一次转出的数额，因此平时如发生贷方发生额（无

法在贷方登记），应该用红字在借方多栏中登记。贷方多栏式明细分类账簿也存在同样的问题。

（四）备查账簿的格式及登记方法

备查账簿是对主要账簿起补充说明作用的账簿。它没有固定的格式，一般是根据各单位会计核算和经营管理的实际需要而设置的，主要包括租借设备、物资的辅助登记，有关应收、应付款项（票据）的备查簿，担保、抵押品的备查簿等。

制造费用明细账

（按借方发生额设置专栏的多栏式）

日期和摘要等内容填列方法同前

有关费用发生时，均在预先按借方设置的相应栏次中登记

2×19年		凭证号数	摘　要	借　方					合计
月	日			工资	福利费	折旧费	办公费	……	
3	5	转5	分配工资	8 500					8 500
	5	转6	提取福利费		1 190				9 690
	15	付7	购办公用品				500		10 190
	31	转33	提取折旧			6 000			16 190
	31	转34	分配结转	8 500	1 190	6 000	500		16 190

月末分配制造费用时，在这一行要用红字登记，反映制造费用的减少

图7-7　借方多栏式明细分类账簿的格式及登记方法

第三节　会计账簿的启用与登记规则

一、会计账簿的启用规则

在启用新会计账簿时，应在会计账簿的有关位置记录相关信息。

（1）设置会计账簿的封面与封底。除订本账不另设封面以外，各种活页账都应设置封面和封底，并登记单位名称、账簿名称和所属会计年度。

（2）填写在扉页上印制的"账簿使用登记表"中的启用说明，包括单位名称、账簿名称、账簿编号、起止日期、单位负责人、主管会计、审核人员和记账人员等项目，并加盖单位公章。在会计人员工作发生变更时，应办理交接手续并填写"账簿使用登记表"中的有关交接栏目。

（3）填写账户目录。总账应按照会计科目顺序填写科目名称及启用页号。在启用活页式明细分类账簿时，应按照所属会计科目填写科目名称和页码，并在年度结账后撤去空白账页，填写使用页码。

（4）粘贴印花税票。印花税票应粘贴在账簿的右上角，并且画线注销；在使用交款书缴纳印花税时，应在右上角注明"印花税已交"及交款金额。

二、会计账簿的登记规则

各种会计账簿的登记，必须遵循基本规则的要求。《会计法》第十五条规定："会计账簿登记，必须以经过审核的会计凭证为依据，并符合有关法律、行政法规和国家统一的会计制度的规定。会计账簿包括总账、明细账、日记账和其他辅助性账簿。"

会计账簿应当按照连续编号的页码顺序登记。会计账簿记录发生错误或者隔页、缺号、跳行的，应当按照国家统一的会计制度规定的方法更正，并由会计人员和会计机构负责人（会计主管人员）在更正处盖章。

使用电子计算机进行会计核算的，其会计账簿的登记、更正应当符合国家统一的会计制度的规定。

由于会计账簿是储存数据资料的重要会计档案，因此，登记账簿的工作应由专人负责。平时登记账簿时必须用蓝黑墨水笔书写，不得用铅笔或圆珠笔，除"结账画线""改错""冲销账簿记录"等外，不得用红色墨水笔。

账簿记录发生错误时，不准随意涂改、挖补、刮擦等，应采用正确的方法进行更正。账户结出余额后，应在"借或贷"栏内写明"借"或"贷"字；没有余额的账户，应在"借或贷"栏内写"平"字并在余额栏内元位上用"0"表示。

有关会计人员调动工作或离职时，应办理交接手续。

对于新的会计年度建账问题，一般来说，总账、日记账和多数明细账应每年更换一次。但有些财产物资明细账和债权债务明细账的材料品种、规格和往来单位较多，更换新账时重抄一遍的工作量较大，因此，可以跨年度使用，不必每年度更换一次。各种备查簿也可以连续使用。

会计账簿作为一种重要的会计档案，必须按照制度统一规定的保存年限妥善保管，不得丢失。保管期满后，按规定的审批程序报经批准后，再行销毁。

三、错账的更正规则

（一）错账的基本类型

会计人员在记账过程中，由于种种原因可能会产生凭证的编制错误或账簿的登记错误，即发生错账。错账的基本类型主要有以下两种。

（1）记账凭证正确，但依据正确的记账凭证登记账簿时发生过账错误。

（2）记账凭证错误，导致账簿登记也发生错误。这种类型的错误又包括三种情况：一是记账凭证上的会计科目用错而引发的错账；二是记账凭证上金额多写而引发的错账；三是记账凭证上金额少写而引发的错账。

（二）账簿错误的查找

会计账簿的日常登记是一项细致的工作，稍有不慎就会发生错误。为了及时更正这些错误，就需要对账簿记录进行检查以便发现错误。账簿错误的查找方法主要有以下几种。

（1）顺查法，是指按照会计核算程序，即经济业务→原始凭证→记账凭证→会计账簿→试算表，顺序查找。在某个环节发现错误之后，分析错误的原因及性质，然后采取正确的方法进行更正。

（2）逆查法，是指按照与会计核算程序相反的步骤，即试算表→会计账簿→记账凭证→原始凭证→经济业务，逐步缩小错误的范围，直到找出错误为止。

（3）技术方法，是指根据错账的数字，结合数字之间的某些规律运用数学知识来查找错误的方法。技术方法又具体分为差数法、除2法和除9法三种。

① 差数法就是记账人员首先确定错账的差数（即借方和贷方的合计金额的差额），再根据差数去查找错误的方法。这种方法对于发现漏记账目比较有效，也很简便。

② 除2法就是先算出借方和贷方的差额，再将差额除以2得出商数，查找账户记录中有无与商数相同的金额的方法。

例如，企业会计编制的试算表上的借、贷双方的合计金额为

借方	贷方
1 064 250	1 104 500

差数为 40 250

用2除得商数为20 125，查找业务中有无20 125的金额在账户中误记、漏记或重记。

③ 除9法就是先算出借方与贷方的差额，再除以9来查找错误的方法。如能除尽，则可能有两种情况：一是数字位移，例如，将10 000误记成1 000，差数为9 000，用9除得1 000，将位数前进一位即可；二是数字颠倒，例如，将49 600误写为46 900，差数为2 700，用9除得300，商数中的非零数字3即为被颠倒的相邻数字9和6的差额，另外，凡商数为百位数者，则是百位数与千位数的颠倒；凡商数为千位数者，则是千位数与万位数的颠倒，依此类推。

当然，以上所述只是一些查找简单错账的方法，并不能"包查百错"，因为实际工作中某些错误可能是由几个错误共同造成的。因此，避免错账最好的办法还是加强责任感，认真、细致地做好记账工作。

（三）错账的更正方法

如果账簿记录发生错误，不得任意使用刮擦、挖补、涂改等方法去更改字迹，而应该根据错误的具体情况，采用正确的方法予以更正。按照《会计基础工作规范》的要求，更正错账的方法一般有三种，即画线更正法、红字更正法和补充登记法。

1. 画线更正法

在结账前，如果发现账簿记录有错误，而记账凭证没有错误，即纯属账簿记录中的文字或数字的笔误，可用画线更正法予以更正。

更正的方法是：先将账页上错误的文字或数字划一条红线，以表示予以注销，然后将正确的文字或数字用蓝字写在被注销的文字或数字的上方，并由记账人员在更正处盖章。

应当注意的是，更正时，必须将错误数字全部划销，而不能只划销、更正其中个别错误的数字，并应保持原有字迹仍可辨认，以备查考。

【例 7-1】星海股份有限公司用银行存款 25 600 元购买办公用品。会计人员在根据记账凭证（记账凭证正确）记账时，误将总账中银行存款贷方的 25 600 元写成 26 500 元。采用画线更正法更正的具体办法是：应将总账中银行存款账户贷方的错误数字 26 500 元全部用一条红线划销（注意：不能只划销个别错误的数字），然后在其上方用蓝字写出正确的数字 25 600 元，并在更正处盖章或签名，以明确责任。

2. 红字更正法

红字更正法，适用于以下两种错误的更正。

（1）根据记账凭证所记录的内容登记账簿以后，发现记账凭证的应借、应贷会计科目或记账方向有错误，但金额正确。更正的具体办法是：先用红字填制一张与错误记账凭证内容完全相同的记账凭证，并据以红字登记入账，冲销原有错误的账簿记录；然后，再用蓝字填制一张正确的记账凭证，据以用蓝字或黑字登记入账。

【例 7-2】星海股份有限公司的管理人员出差预借差旅费 8 000 元，付给现金。这项经济业务编制的会计分录应为借记"其他应收款"科目，贷记"库存现金"科目，但会计人员在填制记账凭证时，误将"其他应收款"记为"应收账款"并已登记入账。

更正时，先用红字（以下用 ▢ 表示红字）填制一张会计分录与原错误记账凭证相同的记账凭证，并据以用红字登记入账，冲销原有错误的账簿记录：

借：应收账款　　　　　　　　　　　　　　　8 000
　　贷：库存现金　　　　　　　　　　　　　　　8 000

然后，再用蓝字（以下用 ▢ 表示蓝字）填制一张正确的记账凭证并据以登记入账：

借：其他应收款　　　　　　　　　　　　　　8 000
　　贷：库存现金　　　　　　　　　　　　　　　8 000

（2）根据记账凭证所记录的内容记账以后，发现记账凭证中应借、应贷的会计科目、记账方向正确，只是金额发生错误，而且所记金额大于应记的正确金额。更正的具体方法是：将多记的金额用红字填制一张与原错误凭证中科目、借贷方向相同的记账凭证，其金额是错误金额与正确金额两者的差额，登记入账。

【例 7-3】新世纪股份有限公司用银行存款 27 500 元缴纳上个月欠交的税费。会计人员在编制会计分录时，误将 27 500 元记为 275 000 元并已记账。这个错误应采用红字更正法进行更正。更正的具体办法是用红字编制一张与原错误凭证中科目、方向相同的记账凭证，其金额为 247 500（275 000−27 500）元，据以用红字登记入账，以冲销多记的金额：

借：应交税费　　　　　　　　　　　　　　247 500
　　贷：银行存款　　　　　　　　　　　　　　247 500

3. 补充登记法

记账以后，如果发现记账凭证和账簿的所记金额小于应记金额，而应借、应贷的会计科目并无错误，那么应采用补充登记的方法予以更正。更正的具体办法是：按少记的金额用蓝字填制一张应借、应贷会计科目与原错误记账凭证相同的记账凭证，并据以登记入账，以补充少记的金额。

【例 7-4】新世纪股份有限公司用银行存款 298 000 元偿还应付账款。会计人员在编制

会计分录时,误将 298 000 元记为 289 000 元,即:
  借:应付账款   289 000
    贷:银行存款   289 000

这属于金额少记的错误,应采用补充登记的方法予以更正,即用蓝字编制一张与原错误凭证应借科目、应贷科目、记账方向相同的记账凭证,其金额为 9 000(298 000-289 000)元,据以用蓝字登记入账:
  借:应付账款   9 000
    贷:银行存款   9 000

采用红字更正法和补充登记法更正错账时,都要在凭证的摘要栏注明原错误凭证号数、日期和错误原因,便于日后核对。

在计算机账务处理环境下,会计人员应根据自己的权限进入系统进行错账更正,并在更正错账时留下更正日期、权限口令以及更正内容等资料备查。

第四节 结账与对账

为了总结某一会计期间的经济活动情况,考核经营成果,便于编制会计报表,必须定期进行结账和对账工作。

一、结账

(一)结账的概念

定期编制反映企业财务状况和经营成果的财务报告以满足不同方面对会计信息的需求是会计核算工作的一个极为重要的内容。要在会计期末时提供编制这些会计报表,特别是反映经营成果的报表所需要的数据,分类账中各营业收入和费用类账户就必须包括且只包括本会计期间的数额。也就是说,要使这些账户在会计期末时提供编制各种报表所需要的资料,它们所归集的数据必须都属于本会计期间;资产负债表类的账户在本期内也发生了增减变化的,为了了解期末的财务状况,就应计算这些账户的期末余额。换句话说,企业单位所有各营业收入和费用类账户在会计期末时的余额都应该表现为零①,才能使它们在下一个会计期间开始时没有期初余额,而重新归集各种报表所需要的数据。在会计上,使这些利润表类账户的期末余额都成为零,确定资产负债表类账户的发生额和余额,是通过一种称为"结账"的程序来完成的。

所谓结账,是在将本期内所发生的经济业务全部登记入账的基础上,按照规定的方法对该期内的账簿记录进行小结,结算出本期发生额合计和期末余额,并将其余额结转下期或者转入新账的过程。

---

① 反映企业收入和费用要素的账户我们一般将其归为损益类账户。在采用表结法确定损益额的企业中,这些损益类账户在平时的各个月末是可以有余额的,但在年末结账后必须没有余额。

（二）结账的步骤及内容

前已述及，企业在会计核算过程中使用的账户实际上可分为两大部分：一部分是反映企业单位收入的实现、费用的发生情况的损益类账户，即利润表账户，也可称之为虚账户；另一部分是反映企业单位资产、负债、所有者权益情况的资产负债表类账户，也可称之为实账户。对于这两类账户，结账时的处理方法是不同的。

结账工作主要包括以下几个步骤及具体内容。

（1）结账前，必须将本期发生的全部经济业务登记入账，因此，在结账时就要首先查明这些经济业务是否已全部登记入账。

（2）在本期经济业务全面入账的基础上，按照权责发生制核算基础的要求，将收入和费用归属于各个相应的会计期间，即编制调整分录[①]，再据以登记入账，调整分录的内容包括：摊销已登账的长期待摊费用和预收收益；计提本期应负担但尚未支付的应付费用；确认已实现但尚未收到的应收收益等。

（3）编制结账分录[②]。对于各种收入、费用类账户的余额，应在有关账户之间进行结转，从而结束各有关收入和费用类账户。也就是将这些反映损益的收入和费用类账户，如"主营业务收入""主营业务成本""营业税金及附加""管理费用""财务费用"和"销售费用"等损益类账户的余额转入"本年利润"账户，以便在这些损益类账簿上重新记录下一个会计期间的业务。正所谓"成绩只能代表过去"，上一个会计期间的成果不能带到下一个会计期间，每一个会计期间开始时，经营成果的计算都要从零开始。结账分录包括两部分：一部分是结转收入的，即"借记有关的收入类账户，贷记本年利润账户"；另一部分是结转费用的，即"借记本年利润账户，贷记有关的费用类账户"。结账分录也需要登记到相应的账簿中去。

这里需要注意的是，通过编制结账分录并过入各账户，以结平各损益类账户的方法称为"账结法"。账结法可以在平时每个月末进行，也可以集中于年末进行。如果是集中在年末进行，平时可以保持各个损益类账户的余额不变，使得各损益类账户累计地反映全年的收入和费用情况。平时的月末（1—11月份），为了编制利润表，可以在报表中对有关的收入和费用账户进行结转，即所谓的"表结法"。但无论采用何种方法，年末时都必须按照账结法结平各损益类账户[③]。

（4）计算各账户的本期发生额合计和期末余额。按照《会计工作基础规范》的要求，结账时，应当结出各个账户的期末余额。需要结出当月发生额的，应当在摘要栏内注明"本月合计"字样，并在下面通栏划单红线。需要结出本年累计发生额的，应当在摘要栏内注明"本年累计"字样，并在全年累计发生额下面通栏划双红线。本年各账户的年末余额转入下年，应在摘要栏注明"结转下年"以及"上年结转"字样。

通过结账，可以进一步提高已记录和储存的会计信息的清晰性、可靠性和相关性，便

[①] 调整分录是指按照权责发生制原则的要求，在会计期末更新某些账户所编制的分录。其目的在于编制正确的会计报表。
[②] 结账分录是将所有损益类账户减少至零，且在该过程中决定企业本期净损益而编制的会计分录。其目的是将收入、费用账户的记录转入"本年利润"账户以使其相互配比确定本期净损益。
[③] 关于"账结法"和"表结法"下各损益类账户结转以确定损益的内容，可以结合第五章中财务成果的形成与分配业务的核算内容加以理解。

于通过会计报表输出并加以充分利用。

二、对账

会计作为一个信息系统,处理日常发生的各种各样的经济业务,遵循的是复式记账的基本原理,因此,按照复式记账的要求,在数量关系上,必然会形成一套以会计账簿为中心,账簿与会计凭证、实物以及会计报表之间的相互控制、稽核和自动平衡的保护性机制。为了保证这个机制的正常运行,确保账证相符、账账相符、账实相符,就有必要对各种账簿记录的内容进行核对。

(一)对账的概念

如实地反映企业单位日常发生的经济活动,提供真实的会计信息,是会计核算的一个基本原则。在会计核算工作中,由于种种原因,有时难免会发生各种差错,如填制记账凭证的差错、记账或过账的差错、数量或金额计算的差错、财产物资收发计量的差错等。为了确保各种账簿记录的完整和正确,如实地反映和监督经济活动的状况,以便为编制会计报表提供真实、可靠的数据资料,在记账以后结账之前,就必须核对各种账簿记录,做好对账工作。

所谓对账,简单地说,就是在经济业务全部登记入账之后,对账簿记录所进行的核对工作。

《会计法》第十七条规定:"各单位应当定期将会计账簿记录与实物、款项及有关资料相互核对,保证会计账簿记录与实物及款项的实有数额相符、会计账簿记录与会计凭证的有关内容相符、会计账簿之间相对应的记录相符、会计账簿记录与会计报表的有关内容相符。"这是对账目核对的规定,进行对账也是保证会计账簿记录质量的重要程序。

对账工作一般是在会计期末进行的,如果遇到特殊情况,如有关人员办理调动或发生非常事件,应随时进行对账。

(二)对账的内容

对账的内容,一般包括以下几个方面。

1. 账证核对,做到账证相符

账证核对就是将各种账簿(包括总分类账、明细分类账以及现金和银行存款日记账等)记录与有关的会计凭证(包括记账凭证及其所附的原始凭证)进行核对,做到账证相符。这一步工作一般可以采用抽查法进行。

2. 账账核对,做到账账相符

账账核对是在账证核对相符的基础上,对各种账簿记录的内容进行核对,做到账账相符。账账核对的具体内容包括以下几个方面。

(1)总分类账中各账户的本期借、贷方发生额合计数,期末借、贷方余额合计数,应当分别核对相符,以检查总分类账户的登记是否正确。其核对方法是通过编制"总分类账户发生额及余额试算表"来进行核对。

（2）库存现金日记账、银行存款日记账的本期发生额合计数以及期末余额合计数，分别与总账中的库存现金账户、银行存款账户的记录核对相符，以检查日记账的登记是否正确。

（3）总分类账户本期借、贷双方发生额及余额，与所属明细分类账户本期借、贷方发生额合计数及余额合计数核对相符，以检查总分类账户和明细分类账户登记是否正确。其核对方法一般是通过编制"总分类账户与明细分类账户发生额及余额表"来进行核对。

（4）会计部门登记的各种财产物资明细分类账的结存数，与财产物资保管或使用部门的有关保管账的结存数核对相符，以检查双方登记是否正确。

3. 账实核对，做到账实相符

账实核对是在账账核对的基础上，将各种账簿记录余额与各项财产物资、现金、银行存款及各种往来款项的实存数核对，做到账实相符。其具体内容包括以下几个方面。

（1）库存现金日记账的余额与现金实际库存数核对相符。
（2）银行存款日记账的发生额及余额与银行对账单核对相符。
（3）财产物资明细账的结存数分别与财产物资的实存数核对相符。
（4）各种债权、债务的账面记录应定期与有关债务、债权单位或个人核对相符。

第五节 会计账簿的更换与保管

一、会计账簿的更换

为了反映每个会计年度的财务状况和经营成果情况，保持会计资料的连续性，企业应按照会计制度的规定在适当的时间进行账簿的更换。

所谓账簿的更换是指在会计年度终了时，将上年度的账簿更换为次年度的新账簿的工作。在每一会计年度结束，新一会计年度开始时，应按会计制度的规定，更换一次总账、日记账和大部分明细账。少部分明细账还可以继续使用，年初可以不必更换账簿，如固定资产明细账等。

更换账簿时，应将上年度各账户的余额直接记入新年度相应的账簿中，并在旧账簿中各账户年终余额的摘要栏内加盖"结转下年"戳记。同时，在新账簿中相关账户的第一行摘要栏内加盖"上年结转"戳记，并在余额栏内记入上年余额。这里需要注意，进行年度之间的余额结转时，不需要编制记账凭证。

二、会计账簿的保管

会计账簿是会计工作的重要历史资料，也是重要的经济档案，在经营管理工作中具有重要作用。因此，每一个企业、单位都应按照国家有关规定，加强对会计账簿的管理，做好账簿的保管工作。

账簿的保管，应该明确责任，保证账簿的安全和会计资料的完整，防止交接手续不清和发生舞弊行为。在账簿交接保管时，应将该账簿的页数、记账人员姓名、启用日期、交接日期等列表附在账簿的扉页上，并由有关方面签字盖章。账簿要定期（一般为年终）收集，审查核对，整理立卷，装订成册，专人保管，严防丢失和损坏。

账簿应按照《会计档案管理办法》规定的期限进行保管。各账簿的保管期限分别为：日记账、明细账和总账均为30年；固定资产卡片在固定资产报废清理后应继续保存5年。保管期满后，要按照《会计档案管理办法》的规定，由财会部门和档案部门共同鉴定，报经批准后进行处理。

合并、撤销单位的会计账簿，要根据不同情况分别移交给并入单位、上级主管部门或主管部门指定的其他单位接受保管，并由交接双方在移交清册上签名盖章。

账簿日常应由各自分管的记账人员专门保管，未经领导和会计负责人或有关人员批准，不许非经管人员翻阅、查看、摘抄和复制。会计账簿除非特殊需要或司法介入要求，一般不允许携带外出。

新会计年度对更换下来的旧账簿应进行整理、分类，对有些缺少手续的账簿，应补办必要的手续，然后装订成册，并编制目录，办理移交手续，按期归档保管。

对会计账簿的保管既是会计人员应尽的职责，又是会计工作的重要组成部分。

思 考 题

1. 什么是会计账簿？会计账簿的作用有哪些？
2. 账簿按用途可分为哪几类？按外表形式可分为哪几类？其优缺点各是什么？
3. 特种日记账的登记依据是什么？
4. 明细分类账簿有哪几种格式？各种格式的明细分类账簿的适应范围是什么？
5. 会计账簿的启用规则有哪些？会计账簿的登记规则有哪些？
6. 会计人员在记账过程中可能发生哪些错误？错账的更正方法有哪些？
7. 各种错账的更正方法分别适用的错误是什么？具体怎样更正？
8. 什么是结账？结账包括哪些内容？
9. 什么是对账？对账包括哪些内容？
10. 什么是账簿的更换？如何进行账簿的更换？
11. 对账簿的保管有哪些基本要求？

练 习 题

1. **目的**：练习错账更正方法。

   资料：某企业2×19年5月查账时发现下列错账：

   （1）从银行提现金7 800元，过账后，原记账凭证没错，账簿错将金额记为8 700元。

   （2）接受某企业投资固定资产，评估确认价值160 000元。查账时发现凭证与账簿均记为：借：固定资产 160 000，贷：资本公积 160 000。

（3）用银行存款 2 250 元购入 5 台小型计算器，查账时发现凭证与账簿均记为：借：固定资产 2 250，贷：银行存款 2 250。

（4）用银行存款 4 500 元支付行政管理部门办公费，查账时发现凭证与账簿均将"管理费用"账户错记为"制造费用"账户。

（5）以银行存款偿还短期借款 250 000 元，查账时发现凭证与账簿中科目没有记错，但金额均记为 25 000 元。

（6）以一张商业承兑汇票抵付应付账款，查账时发现科目没错，但凭证与账簿均多记54 000 元。

（7）将一部分盈余公积金按规定程序转为实收资本，查账时发现凭证与账簿均将金额少记 480 000 元。

要求：按正确的方法更正以上错账。

2. **目的**：练习错账的更正方法及试算平衡表的编制。

资料：某公司 2×19 年 6 月 30 日编制的结账前试算平衡表如表 7-2 所示。

表 7-2　某公司总分类账户结账前试算平衡表

单位：元

账户名称	借方	贷方
库存现金	15 000	
银行存款	1 050 000	
应收账款	925 000	
原材料	465 000	
固定资产	2 850 000	
应付账款		795 000
实收资本		3 375 000
主营业务收入		1 762 500
管理费用	627 500	
合计	5 932 500	5 932 500

公司的会计人员对记账过程中的相关内容进行了检查，发现了以下的错误：

（1）公司支付前欠货款 206 250 元，过账时借记"应收账款"206 250 元。

（2）公司赊购设备价值 450 000 元，所编分录为"借：管理费用 450 000，贷：应付账款 450 000"，并已记账。

（3）公司用现金支付邮资费 2 250 元，有关账户均未过账。

（4）公司出租房屋获得收入 165 000 元，过账时误记为 65 000 元。

（5）公司收回外单位所欠本公司的货款 85 000 元，过账时借贷方均记为 107 500 元。

要求：对会计记账过程中发生的错误进行更正，并编制正确的试算平衡表。

3. 目的：练习错账的更正方法及试算平衡表的编制。

资料：2×19年10月31日，某公司会计在结账之前编制了一张试算平衡表，由于存在某些错误，所以试算表不平衡，其不平衡的试算表如表7-3所示。

表7-3　某公司总分类账户结账前不平衡的试算平衡表

2×19年10月31日　　　　　　　　　　　　　　　　　单位：元

账 户 名 称	借 方 金 额	贷 方 金 额
库存现金	14 220	
银行存款	313 800	
应收账款	46 968	
原材料	269 100	
库存商品	126 180	
固定资产	7 541 100	
短期借款		360 000
应付账款		220 440
实收资本		6 000 000
本年利润		148 140
利润分配		451 860
主营业务收入		1 459 500
管理费用	190 200	
合计	8 501 568	8 639 940

公司会计人员发现试算表不平衡之后，对日记账和分类账进行了全面检查，发现了以下几项错误：

（1）公司赊购设备一台，价值156 000元，误作为原材料登记入账。

（2）公司用现金支付的由购货方负担的运杂费8 100元，误作为本公司的管理费用登记入账。

（3）公司用银行存款11 772元支付电话费，误记为2 376元。

（4）公司用银行存款支付所欠货款160 800元，公司会计误记为171 600元。

（5）公司赊销产品一批，售价69 132元，过账时误记入"应收账款"账户贷方。

（6）公司用银行存款支付当月短期借款利息1 800元，误作为归还短期借款18 000元。

（7）公司用银行存款支付本月的水费8 916元，过账时管理费用账户借记8 808元。

要求：根据上述资料采用适当的方法更正公司发生的错账，并在此基础上编制正确的试算平衡表。

4. 目的：练习错账更正方法的内容。

资料：某公司会计在对本期业务进行了相关的处理之后，编制了发生额试算平衡表，具体如表7-4所示。公司的复核会计在对该表进行检查后发现，尽管该表试算的结果平衡，但仍存在错误。经过仔细查找，复核会计告诉编表会计，本表中存在6处错误。

表 7-4 某公司发生额试算平衡表

单位：元

账户名称	借方	贷方
库存现金	34 440	
银行存款	543 600	
应收账款	149 400	
原材料	81 360	
固定资产	360 000	
应付账款		147 360
实收资本		960 000
主营业务收入		332 640
管理费用	271 200	
合计	1 440 000	1 440 000

要求：根据给定的资料，假设出 6 笔不同类型差错的具体业务内容，而且必须保证全部假设的合理性和最终结果的正确性。

知识拓展题

第八章 财产清查

第一节 财产清查概述

完整、准确地反映企业的货币资金、财产物资和债权债务的真实情况,随时保证账实相符是会计核算的基本要求,也是经济管理对会计核算所提出的客观要求。账实是否相符必须通过财产清查这种会计核算的专门方法来确证。

一、财产清查的概念

企业单位日常发生了经济业务之后,要相应地填制和审核会计凭证,并依据会计凭证的记录内容登记有关的会计账簿。应该说,账簿记录能够反映企业单位各项财产物资的增减变动及其结存情况,为经济管理提供会计信息。因此,账簿记录是否正确和完整,直接影响通过财务会计报告所反映的会计信息的客观真实性。要保证所提供的会计信息的客观真实性,就要进行账证核对、账账核对和账实核对,而这里的账实核对就是财产清查的主要内容。

所谓财产清查,是指对企业单位的各项货币资金、财产物资及债权债务进行盘点和核对,以查明各项货币资金、财产物资及债权债务的实存数,并与账面数进行对比,从而确证账实是否相符的一种专门方法。

二、财产清查的意义

财产清查不仅是会计核算的一种重要的方法,而且也是财产物资管理制度的一个重要组成内容。通过财产清查查明账实不符时,应采取相应的方法进行处理,做到账实相符。这也就从一定程度上保证了会计信息的客观真实性。

要保证会计账簿记录的真实、准确,便于建立、健全财产物资的管理制度,确保财产物资的安全与完整,就必须运用财产清查这一行之有效的会计核算方法,对企业的各项财产物资、货币资金以及往来款项等内容进行定期或不定期的清查,以保证账实相符,提高各项财产物资的使用效率。根据财务管理的要求,各企业单位应通过账簿记录来反映和监督上述各项财产物资、货币资金及债权债务的增减变化及结存情况。为了保证账簿记录的正确,应加强会计凭证的日常审核,定期地核对账簿记录,做到账证相符、账账相符。但是，仅仅账簿记录正确还不能说明账簿记录内容真实可靠，因为有很多主观或客观原因致使各项财产的账面数额与实际结存数额发生差异造成账实不符，具体包括以下几个方面。

（1）在财产物资的收、发和保管过程中发生自然损溢而产生数量或质量上的变化，造成账实不符。

（2）在管理和核算方面由于手续不健全或制度不严密而发生错收、错付等情况，造成账实不符。

（3）计量、检验不准确导致多收多付或少收少付等情况，造成账实不符。

（4）管理不善或责任者的过失造成的毁损、短缺、漏记、重记和计算不准确等情况，造成账实不符。

（5）存在不法分子营私舞弊、贪污盗窃等行为，造成账实不符。

（6）在结算过程中存在未达账项，造成账实不符。

通过上述内容可以看出，造成账实不符的原因既有主观的原因，也有客观的原因，而客观原因又是不能完全避免的。因此，就需要通过财产清查发现账实不符的具体情况，针对存在的问题查明主、客观原因，分清责任，并采取有效的措施，实事求是地进行处理，从而保证会计资料的真实、正确。

财产清查作为会计核算的一种专门方法，在会计核算过程中具有十分重要的意义，具体包括以下几个方面。

（1）提高会计核算资料的质量，保证会计核算资料的真实可靠。通过财产清查，可以确定各项财产物资、货币资金及债权债务的实存数，将实存数与账存数进行对比，寻找差异，确定盘盈、盘亏并及时调整账簿记录做到账实相符，以保证账簿记录的真实、正确，从而为经济管理提供可靠的数据资料。

（2）揭示财产物资的使用情况，促进企业改善经营管理，挖掘各项财产物资的潜力，加速资金周转。通过财产清查，可以查明各项财产物资盘盈、盘亏的原因和责任，找出财产物资管理过程中存在的问题，从而改善经营管理。在财产清查过程中可以查明各项财产物资的储备、保管和使用情况，查明各项财产物资占用资金的合理程度，以便挖掘各项财产物资的潜力，加速资金周转，提高资金使用效率。

（3）防止人为原因造成账实不符，以保证各项财产物资的安全与完整。通过财产清查，发现贪污盗窃等犯罪行为，及时进行调查，追究责任，加以处理，防止人为原因造成财产物资损失浪费、霉烂变质、损坏丢失或者被非法挪用等情况，以确保企业财产物资的安全、完整。通过财产清查，建立、健全财产物资保管的岗位责任制，促使经办人员自觉遵守结算纪律和国家财政、信贷的有关规定，及时结清债权债务，避免发生坏账损失，保证企业对外经济往来的正常进行。

三、财产清查的种类

企业财产清查的对象和范围往往是不同的，在时间上也有区别，由此就产生了财产清查的不同种类。

（一）财产清查按清查范围的不同可以分为全部清查和局部清查

1. 全部清查

全部清查是指对企业所有的财产物资、货币资金和债权债务进行彻底的盘点和核对。对于制造业企业而言，全面清查的对象一般包括：库存现金、银行存款等货币资金；固定资产、原材料、在产品、产成品及其他物资、在途物资、委托其他单位加工保管的物资；对外投资；债权债务等。

从上述内容可以看出，全部清查的范围广、时间长，参加的部门和人员也多，因此，一般情况下不能进行全部清查，但在以下几种特殊情况下需要进行全部清查。

（1）年终决算前为了确保年终决算会计资料真实、正确，需要进行一次全部清查。
（2）单位关、停、并、转或改变隶属关系时需要进行全部清查。
（3）中外合资、国内联营时需要进行全部清查。
（4）开展清产核资时，需要进行全部清查。
（5）单位主要领导人调离工作时，需要进行全部清查。

2. 局部清查

局部清查是指根据需要对一部分财产物资、货币资金及债权债务进行的清查。由于全部清查的工作量较大，涉及的面也比较宽，不可能经常进行，因此，平时可以根据管理的需要对部分清查对象进行局部清查。局部清查的范围小，专业性也比较强，因而其清查的主要对象一般是流动性较大又易于损坏、丢失的财产物资和货币资金等，具体包括以下几个方面。

（1）对于库存现金，应由出纳员在每日业务终了时盘点一次，做到日清月结。
（2）对于银行存款和银行借款等，应由出纳员每月至少同银行核对一次。
（3）对于原材料、在产品和库存商品等，除年终清查外，应有计划地每月重点抽查，对于贵重的财产物资应每月至少清查盘点一次。
（4）对于债权债务，应在年度内至少同有关单位核对一至两次。

（二）财产清查按照清查时间的不同可以分为定期清查和不定期清查

1. 定期清查

定期清查是指根据管理制度的规定或预先计划安排的时间对财产物资、货币资金和债权债务所进行的清查。这种清查的对象不固定，可以是全面清查，也可以是局部清查。其清查的目的在于保证会计核算资料的真实、正确。定期清查一般是在年末、季末或月末结账前进行。

2. 不定期清查

不定期清查是指事先并不规定清查日期而临时根据需要所进行的清查。其清查的对象既可以是全部清查的内容，也可以是局部清查的内容。一般在以下几种情况下可以进行不定期清查。

（1）更换出纳员时对库存现金、银行存款所进行的清查。
（2）更换仓库保管员时对其所保管的财产物资所进行的清查。

(3)发生自然灾害等非常损失时,对受灾损失的有关实物财产所进行的清查。

(4)有关单位对企业进行会计检查或进行临时性的清产核资工作时应进行不定期清查。

(三)财产清查按照执行单位的不同可以分为内部清查和外部清查

1. 内部清查

内部清查是指由本企业的有关人员组成清查工作组对本企业的财产所进行的清查。这种清查也称为自查,可以是全部清查,也可以是局部清查;可以是定期清查,也可以是不定期清查,应根据实际情况和具体要求加以确定。

2. 外部清查

外部清查是指由企业外部的有关部门或人员根据国家法律或制度的规定对企业所进行的财产清查。

企业的财产清查按不同标准所进行的分类情况如图8-1所示。

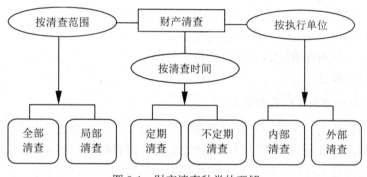

图8-1 财产清查种类的理解

四、财产清查前的准备工作

财产清查是改善企业经营管理和加强会计核算的重要手段,也是一项涉及面广、工作量大、非常复杂细致的工作。它不仅涉及有关物资保管部门,而且涉及各个车间和各个职能部门。为了做好财产清查工作,使它发挥应有的积极作用,在进行财产清查之前,必须做好充分的准备工作,包括组织上的准备和物资及业务上的准备两个方面。

(一)组织上的准备

为了保证财产清查工作的顺利进行,保证其工作质量,在进行财产清查时应成立专门的财产清查领导小组,即在主管厂长或总会计师的领导下,成立由财会部门牵头,有设备、技术、生产、行政及其他各有关部门参加的财产清查领导小组,具体负责财产清查的领导和组织工作。该领导小组的主要任务是:根据管理制度或有关部门的要求拟定财产清查工作的详细步骤,确定财产清查的对象和范围,确定参加财产清查工作的具体人员等;在财产清查过程中及时掌握工作进度;检查和督促财产清查工作,及时解决财产清查工作中出现的问题;在财产清查工作结束后,写出财产清查工作的总结性书面报告,对财产清查的结果提出处理意见。

（二）物资及业务上的准备

物资及业务上的准备是做好财产清查工作的前提条件，各有关业务部门务必引起充分的重视，特别是会计部门和财产物资保管部门的相关人员应积极主动配合，做好以下几个方面的准备工作。

1. 会计部门和人员的准备

会计部门和人员应在财产清查之前将截止到清查日为止的所有经济业务全部登记入账，将有关账簿登记齐全并结出余额。总分类账中反映货币资金、财产物资和债权债务的有关科目应与所属明细分类账中的相应项目核对清楚，做到账证相符、账账相符，为财产清查提供准确、可靠的账存数。

2. 财产物资保管部门和人员的准备

财产物资保管部门和人员应将截止到财产清查日为止的各项财产物资的收入与发出办好凭证手续，依据凭证上的记录内容登记有关的账簿，在将全部经济业务登记入账的基础上，结出各科目余额，并与会计部门的有关总分类账、明细分类账核对相符。同时，财产物资保管人员应将其所保管的各种财产物资进行整理、排列，堆放整齐，挂上标签，标明品种、规格和结存数量，以便进行实物盘点。

3. 财产清查小组工作人员的准备

财产清查小组的工作人员应组织有关部门准备好各种计量器具，按照国家计量标准校准各种计量工具，减少误差，并印制好各种登记财产清查结果的有关表册。

做好了以上的几项准备工作之后，就可以进行具体的财产清查了。

第二节　财产清查的内容与方法

由于财产物资的种类较多，各有其特点，要达到财产清查工作的目的，针对不同的清查对象应采取不同的清查方法。

一、货币资金的清查

货币资金的清查包括对库存现金的清查、对银行存款的清查和对其他货币资金的清查。

（一）库存现金的清查

库存现金清查的基本方法是实地盘点法。它是通过对库存现金的盘点实有数与库存现金日记账的余额进行核对，来查明账实是否相符的方法。具体可分为以下两种情况。

（1）在日常的工作中，现金出纳员每日清点库存现金实有数额，并及时与库存现金日记账的余额相核对。这种清查方法实际上是现金出纳员的分内职责。

（2）在由专门清查人员进行的清查工作中，为了明确经济责任，清查时出纳人员必须在场。清查人员要认真审核收付款凭证和账簿记录,检查经济业务的合理和合法性。此外,清查人员还应检查企业是否以"白条"或"借据"抵充库存现金。

库存现金盘点结束后,应根据盘点的结果填制"库存现金盘点报告表"。"库存现金盘点报告表"是重要的原始凭证,既有实物财产清查的"盘存单"的作用,又有"实存账存对比表"的作用。"库存现金盘点报告表"填制完毕,应由盘点人员和出纳员共同签章方能生效。"库存现金盘点报告表"的格式如表8-1所示。

表8-1 库存现金盘点报告表

单位名称: 　　　　　　　　　　　　　年　月　日

实存金额	账存金额	实存与账存对比		备注
		盘盈(长款)	盘亏(短款)	
盘点后得到的实际金额	企业库存现金日记账的余额	实存金额多于账存金额	实存金额少于账存金额	

盘点人签章: 　　　　　　　出纳员签章:

(二)银行存款的清查

银行存款清查的基本方法是将银行存款日记账与开户银行的"对账单"①相核对。核对前,首先把截止到清查日所有银行存款的收、付业务都登记入账,对发生的错账、漏账及时查清更正,然后再与银行的对账单逐笔核对。如果发现两者余额相符,一般说明无错误;如果发现两者不相符,可能是企业或银行某一方记账过程有错误或者存在未达账项。

所谓未达账项是指在企业和银行之间,凭证的传递时间不同而导致了记账时间不一致,即一方已接到有关结算凭证并已经登记入账,而另一方由于尚未接到有关结算凭证尚未入账的款项。总的来说,未达账项有两大类型:一是企业已经入账而银行尚未入账的款项;二是银行已经入账而企业尚未入账的款项。具体来讲,有以下四种未达账项。

(1)企业已收款记账、银行未收款未记账的款项,如企业收到其他单位的购货支票等。

(2)企业已付款记账、银行未付款未记账的款项,如企业开出付款支票,但持票人尚未到银行办理转账手续等。

(3)银行已收款记账、企业未收款未记账的款项,如托收货款收账等。

(4)银行已付款记账、企业未付款未记账的款项,如银行代企业支付公用事业费等。

上述任何一种未达账项的存在,都会使企业银行存款日记账的余额与银行开出的对账单的余额不符。当发生(1)、(4)两种情况时,企业的银行存款日记账的账面余额将大于银行对账单余额;当发生(2)、(3)两种情况时,企业的银行存款日记账账面余额将小于银行对账单余额。因此,在与银行对账时首先应查明是否存在未达账项,如果存在未达账项,就应该编制银行存款余额调节表对有关的账项进行调整。银行存款余额调节表是在企业银行存款日记账余额和银行对账单余额的基础上,分别加减未达账项,确定调节后余额。如果调节后双方余额相符,就说明企业和银行双方记账过程基本正确,而且这个调节后余

---

① 银行"对账单"实际上是银行对企业在银行存放的货币资金的收支和结余情况详细的书面记录。在正常情况下,银行"对账单"与企业开设的"银行存款日记账"的登记情况应当是一致的,即对于企业在银行存放的货币资金的每一项收入或支出,双方都应毫无遗漏地进行登记,反映收支事项应当相同,增加变动的金额应当相等,增加变动的结果——余额也应当是相等的。这样,双方就有可能将登记的情况定期或不定期地进行相互核对,借以确认双方记录的完整性和准确性。

额是企业当时可以实际动用的银行存款的限额。如果调节后余额不符,企业和开户银行双方记账过程可能存在错误,属于开户银行错误的,应当即由银行核查更正;属于企业错误的,应查明错误所在,区别漏记、重记、错记或串记等情况,分别采用不同的方法进行更正。其计算公式为

$$\begin{matrix}企业的银\\行存款日\\记账余额\end{matrix} + \begin{matrix}银行收款\\企业未收\\款的账项\end{matrix} - \begin{matrix}银行付款\\企业未付\\款的账项\end{matrix} = \begin{matrix}银行对\\账单的\\余额\end{matrix} + \begin{matrix}企业收款\\银行未收\\款的账项\end{matrix} - \begin{matrix}企业付款\\银行未付\\款的账项\end{matrix} \quad (8\text{-}1)$$

以下举例说明银行存款余额调节表的具体编制方法。

【例 8-1】星海股份有限公司 2×19 年 6 月 30 日核对银行存款日记账。6 月 30 日银行存款日记账的账面余额为 716 280 元,同日银行开出的对账单余额为 899 580 元。经银行存款日记账与银行对账单逐笔核对,发现两者的不符是由下列原因造成的:

(1)公司于 6 月 28 日开出支票 2 940 元购买办公用品,公司根据支票存根和有关发票等原始凭证已记账,但收款人尚未到银行办理转账。

(2)6 月 29 日,公司的开户银行代公司收进一笔托收的货款 225 000 元,银行已记账,但尚未通知公司。

(3)6 月 30 日,开户银行代公司支付当月的水电费 4 380 元,银行已记账,但付款通知单尚未送达公司,因而公司未记账。

(4)公司于 6 月 30 日收到客户交来的购货支票,金额 45 000 元当即存入银行,公司根据进账单等已记账,但因跨行结算,所以银行未记账。

(5)6 月 30 日,银行主动将公司的存款利息收入 4 740 元划入本公司账户,但尚未通知公司,因而公司暂未记账。

根据调节前的余额和查出的未达账项等内容,编制 6 月 30 日的银行存款余额调节表,确定调节后的余额。根据本例编制的银行存款余额调节表如表 8-2 所示。

表 8-2　本例银行存款余额调节表

2×19 年 6 月 30 日　　　　　　　　　　　　　　　　　　　　　单位:元

项　目	金　额	项　目	金　额
银行对账单余额:	899 580	公司银行存款日记账余额:	716 280
加:公司收款,银行未收款的购货支票	45 000	加:银行收款,公司未收款的未达账项	225 000
		银行存款利息收入	4 740
减:公司付款,银行未付款的办公用品费	2 940	减:银行付款,公司未付款的水电费	4 380
调节后的余额	941 640	调节后的余额	941 640

从表 8-2 可以看出,表中左右两方调节后的金额相等,这说明该公司的银行存款日记账记账过程基本正确(但这不是绝对的,如两个差错正好相等,抵消为零等),同时还说明公司的银行存款实有数既不是 899 580 元,也不是 716 280 元,而是 941 640 元。如果调节后的余额仍然不等,则说明有错误存在,应进一步查明原因,采取相应的方法进行更正。

这里需要注意的是对于未达账项的处理。按照我国会计规范的规定,对于未达账项不能以银行存款余额调节表为原始凭证而调节银行存款日记账的账面记录;对于银行已经记

账而企业尚未记账的未达账项,应该在实际收到有关的收、付款结算凭证后,即未达账项变成"已达账项"时再进行相关的账务处理。之所以采取这样的方法进行处理,一方面是为了简化会计核算工作,防止重复记账;另一方面是考虑到在企业正常经营过程中,会计期末的未达账项数额一般不会很大,转变成已达账项的时间也不会很长,而且在权责发生制原则的要求下,收入和费用的确认与收款和付款的记录不在同一个会计期间完成是正常的,因而,对未达账项暂不进行处理并不影响企业本期经营成果的确定。由此可知,编制银行存款余额调节表只起对账的作用,而不能将银行存款余额调节表作为调整账面记录的依据。

上述银行存款的清查方法也适用于其他货币资金的清查。

二、实物财产的清查

实物财产是指具有实物形态的各种财产,包括原材料、自制半成品、在产品、产成品、周转材料和固定资产等。对于实物财产的清查,特别是存货的清查,首先应确定实物财产的账面结存额,再确定实际结存额,然后对两者进行比较以确定差异并寻找产生差异的原因,进行账务处理。

(一)确定实物财产账面结存的盘存制度

实物财产清查的重要环节是盘点实物财产的实存数量。为使盘点工作顺利进行,应建立一定的盘存制度。实物财产的盘存制度一般有两种:永续盘存制和实地盘存制。

1. 永续盘存制

永续盘存制又称账面盘存制,是通过设置存货明细账,并根据会计凭证逐笔登记存货的收入数(增加)和发出数(减少),随时结出存货结存数的一种方法。从永续盘存制的含义可以看出,采用这种方法,存货的增加和减少平时都要在账簿中连续地进行记录,因而随时可结算出各类存货的账面结存数。尽管如此,但是由于各种原因,账面结存数与实存数之间仍有不符的可能。因此,采用永续盘存制仍需定期或不定期地、全部或局部地对财产进行实地盘点,且至少每年实地盘点一次,以验证账实是否相符。

在永续盘存制下,存货明细分类账能随时反映存货的结存数量和销售数量,其计算公式为

$$账面期末结存存货成本 = 账面期初结存存货成本 + 本期存货增加数 - 本期存货减少数 \quad (8\text{-}2)$$

式(8-2)中的"账面期初结存存货成本"和"本期存货增加数"是根据有关存货明细账的记录确定的;"存货减少数"则根据发出存货的数量和存货单位成本加以确定。其中,发出存货的单位成本的确定方法包括先进先出法、加权平均法、个别计价法等。下面对这几种方法分别进行阐述。

(1)先进先出法。先进先出法是假设先入库的存货先耗用或销售,期末存货就是最近入库的存货。根据对存货实物流动的这一假设,先耗用或销售的存货按先入库存货的单位成本计价,后耗用或销售的存货按后入库的单位成本确定。当然,要注意这里的"先"是

相对于发货当时来说的。举例说明永续盘存制下采用先进先出法确定发出存货成本的计算过程。

【例 8-2】 星海股份有限公司 2×19 年 6 月份甲材料的购、销、存情况如表 8-3 所示（金额单位：元）。

表 8-3　存货明细账

存货类别：　　　　　　　　　　　　　　　　　计量单位：件
存货编号：　　　　　　　　　　　　　　　　　最高存量：
存货名称及规格：甲材料　　　　　　　　　　　最低存量：

2×19年		凭证编号	摘要	收入			发出			结存		
月	日			数量	单价	金额	数量	单价	金额	数量	单价	金额
6	1		期初结存							200	60	12 000
	5		购进	500	66	33 000				700		
	7		发出				400			300		
	16		购进	600	70	42 000				900		
	18		发出				800			100		
	27		购进	500	68	34 000				600		
	29		发出				300			300		
6	30		期末结存	1 600		109 000	1 500			300		

星海股份有限公司采用先进先出法计算的甲材料本月发出和期末结存成本如下：

6 月 7 日发出甲材料成本＝200×60+200×66＝25 200（元）

6 月 18 日发出甲材料成本＝300×66+500×70＝54 800（元）

6 月 29 日发出甲材料成本＝100×70+200×68＝20 600（元）

期末结存甲材料成本＝300×68＝20 400（元）

根据上述计算，本月甲材料的收入、发出和结存情况如表 8-4 所示（金额单位：元）。

表 8-4　存货明细账（先进先出法）

存货类别：　　　　　　　　　　　　　　　　　计量单位：件
存货编号：　　　　　　　　　　　　　　　　　最高存量：
存货名称及规格：甲材料　　　　　　　　　　　最低存量：

2×19年		凭证编号	摘要	收入			发出			结存		
月	日			数量	单价	金额	数量	单价	金额	数量	单价	金额
6	1		期初结存							200	60	12 000
	5		购进	500	66	33 000				700		45 000
	7		发出				400		25 200	300		19 800
	16		购进	600	70	42 000				900		61 800
	18		发出				800		54 800	100		7 000
	27		购进	500	68	34 000				600		41 000
	29		发出				300		20 600	300		20 400
6	30		期末结存	1 600		109 000	1 500		100 600	300	68	20 400

采用先进先出法进行存货计价,可以随时确定发出存货的成本,从而保证了存货成本计算的及时性,并且期末存货成本是按最近购货成本确定的,比较接近现行的市场价值。但采用该方法计价,有时对同一批发出存货要采用两个或两个以上的单位成本计价,计算烦琐,对存货进出频繁的企业更是如此。从该方法对财务报告的影响来看,在物价上涨期间,会高估当期利润和存货价值;反之,会低估当期利润和存货价值。

(2)加权平均法。加权平均法是把可供发出的存货总成本平均分配给所有可供发出的存货数量的一种方法。采用加权平均法,在计算平均单价的过程中会充分考虑各批存货的购入数量,也就是说,每批购入存货的数量越大,对平均单价的影响也就越大。购入数量对平均单价起着一种权衡轻重的作用。根据平均单价计算方法和时间的不同,加权平均法又分为月末一次加权平均法和移动(滚动)加权平均法两种。

① 月末一次加权平均法。月末一次加权平均法是指本月销售或耗用的存货,平时只登记数量,不登记单价和金额,月末按一次计算的加权平均单价计算期末存货成本和本期销售或耗用存货成本的方法。其月末一次加权平均单价的计算公式为

$$月末一次加权平均单价 = \frac{期初库存存货成本 + 本期入库存货成本}{期初库存存货数量 + 本期入库存货数量} \tag{8-3}$$

沿用例 8-2 的资料,则星海股份有限公司甲材料的计价过程计算如下:

$$加权平均单位成本 = \frac{12\,000 + 109\,000}{200 + 1\,600} = 67.22 \;(元)$$

期末结存甲材料成本=300×67.22=20 166(元)

本月发出甲材料成本=(12 000+109 000)-20 166=100 834(元)

根据上述计算,本月甲材料的收入、发出和结存情况如表 8-5 所示(金额单位:元)。

表 8-5 存货明细账(一次加权平均法)

存货类别:　　　　　　　　　　　　　　　　　　　　计量单位:件
存货编号:　　　　　　　　　　　　　　　　　　　　最高存量:
存货名称及规格:甲材料　　　　　　　　　　　　　　最低存量:

2×19年		凭证编号	摘要	收入			发出			结存		
月	日			数量	单价	金额	数量	单价	金额	数量	单价	金额
6	1		期初结存							200	60	12 000
	5		购进	500	66	33 000				700		
	7		发出				400			300		
	16		购进	600	70	42 000				900		
	18		发出				800			100		
	27		购进	500	68	34 000				600		
	29		发出				300			300		
6	30		期末结存	1 600		109 000	1 500		100 834	300	67.22	20 166

采用月末一次加权平均法,只在月末一次计算加权平均单位成本并结转发出存货成本即可,平时不对发出存货计价,因而日常核算工作量较小,简便易行,适用于存货收发比较频繁的企业。但也正因为存货计价集中在月末进行,所以平时无法提供发出存货和结存

存货的单价及金额,不利于对存货的管理,也不利于及时结账,平时也无法从账簿中了解存货占用资金的动态。

② 移动(滚动)加权平均法。移动(滚动)加权平均法是指每入库一批存货,都可以用新入库存货的数量与原库存存货的数量作为权数,计算现有存货的平均单位成本,并据以对此后发出的存货进行计价的方法。移动(滚动)加权平均法下的移动加权平均单价的计算公式为

$$移动(滚动)加权平均单价 = \frac{本次入库前结存存货成本 + 本次入库存货成本}{本次入库前结存存货数量 + 本次入库存货数量} \quad (8-4)$$

沿用例 8-2 的资料,则星海股份有限公司甲材料的计价过程计算如下:

第一批甲材料入库后的移动(滚动)加权平均单价为:

$$移动(滚动)加权平均单位成本 = \frac{12\,000 + 33\,000}{200 + 500} = 64.29 \,(元/件)$$

6 月 7 日发出甲材料的成本 = 64.29×400 = 25 716(元)

本次发出甲材料后结存的甲材料成本 = 12 000 + 33 000 − 25 716 = 19 284(元)

第二批甲材料入库后的移动(滚动)加权平均单位成本为:

$$移动(滚动)加权平均单位成本 = \frac{19\,286 + 42\,000}{300 + 600} = 68.09 \,(元/件)$$

6 月 18 日发出甲材料的成本 = 68.09×800 = 54 472(元)

本次发出甲材料后结存的甲材料成本 = 19 284 + 42 000 − 54 472 = 6 812(元)

第三批甲材料入库后的移动(滚动)加权平均单位成本为:

$$移动(滚动)加权平均单位成本 = \frac{6\,812 + 34\,000}{100 + 500} = 68.02 \,(元/件)$$

6 月 29 日发出甲材料的成本 = 68.02×300 = 20 406(元)

本次发出甲材料后结存的甲材料成本 = 6 812 + 34 000 − 20 406 = 20 406(元)

根据上述计算,本月甲材料的收入、发出和结存情况如表 8-6 所示。

表 8-6 存货明细账(移动加权平均法)

存货类别: 　　　　　　　　　　　　　　　　计量单位:件
存货编号: 　　　　　　　　　　　　　　　　最高存量:
存货名称及规格:甲材料　　　　　　　　　　最低存量:

2×19年		凭证编号	摘要	收入			发出			结存		
月	日			数量	单价	金额	数量	单价	金额	数量	单价	金额
6	1		期初结存							200	60	12 000
	5		购进	500	66	33 000				700	64.29	45 000
	7		发出				400	64.29	25 716	300	64.29	19 284
	16		购进	600	70	42 000				900	68.09	61 284
	18		发出				800	68.09	54 472	100	68.09	6 812
	27		购进	500	68	34 000				600	68.02	40 812
	29		发出				300	68.02	20 406	300	68.02	20 406
6	30		期末结存	1 600		109 000	1 500		100 594	300	68.01	20 406

采用移动(滚动)加权平均法,存货的计价和明细账的登记工作在平时进行,可以随时结转发出存货的成本,随时提供存货明细账上的结存数量和金额,随时了解存货占用资金的动态,进而有利于对存货进行日常的数量、金额方面的控制,也减轻了期末核算的工作量。但这种方法也存在一定的弊端,一方面,由于每次存货入库之后都要重新计算一次加权平均单价,日常核算工作较为烦琐;另一方面,每次计算加权平均单价时,往往都会存在误差,其结果必将导致发出的存货和结存的存货成本存在较大误差。

(3)个别计价法。个别计价法也称个别认定法或具体辨认法,是指本期发出存货和期末结存存货的成本,完全按照该存货所属购进批次或生产批次入账时的实际成本进行确定的一种方法。由于采用该方法要求各批发出存货必须可以逐一辨认所属的购进批次或生产批次,因此,需要对每一存货的品种规格、入账时间、单位成本、存放地点等作详细记录。

仍然沿用例8-2的资料,则星海股份有限公司甲材料的计价过程计算如下:

经具体辨认,6月7日发出的400件甲材料中,有100件属于期初结存的材料,有300件属于6月5日第一批购进的材料;6月18日发出的800件甲材料中,有100件属于期初结存的材料,有100件属于6月5日第一批购进的材料,其余600件属于6月16日第二批购进的材料;6月29日发出的300件甲材料均属于6月27日第三批购进的材料。

6月7日发出甲材料成本=100×60+300×66=25 800(元)

6月18日发出甲材料成本=100×60+100×66+600×70=54 600(元)

6月29日发出甲材料成本=300×68=20 400(元)

期末结存甲材料成本=100×66+200×68=20 200(元)

根据上述计算,本月甲材料的收入、发出和结存情况如表8-7所示(金额单位:元)。

表8-7 存货明细账(个别计价法)

存货类别: 　　　　　　　　　　　　　　　　　计量单位:件
存货编号: 　　　　　　　　　　　　　　　　　最高存量:
存货名称及规格:甲材料　　　　　　　　　　　最低存量:

2×19年		凭证编号	摘要	收入			发出			结存		
月	日			数量	单价	金额	数量	单价	金额	数量	单价	金额
6	1		期初结存							200	60	12 000
	5		购进	500	66	33 000				700		45 000
	7		发出				400		25 800	300		19 200
	16		购进	600	70	42 000				900		61 200
	18		发出				800		54 600	100		6 600
	27		购进	500	68	34 000				600		40 600
	29		发出				300		20 400	300		20 200
6	30		期末结存	1 600		109 000	1 500		100 800	300	67.33	20 200

个别计价法的特点是成本流转与实物流转完全一致,因而能准确地反映本期发出存货和期末结存存货的成本。但采用该方法必须具备详细的存货收、发、存记录,日常核算非常烦琐,存货实物流转的操作程序也相当复杂。

个别计价法适用于不能替代使用的存货或为特定项目专门购入或制造的存货的计价,以及品种数量不多、单位价值较高或体积较大、容易辨认的存货的计价,如房产、船舶、飞机、重型设备以及珠宝、名画等贵重物品。

采用永续盘存制，每年至少应对存货进行一次全面盘点，对于有些价值较高的物品或者记录内容容易发生差错的物品，还需要对它们经常进行实物盘点。永续盘存制下的实物盘点，一般可以不定期进行，通常在生产经营的间歇时间盘点部分或全部存货，但为了确保期末财务报告的正确性，在会计期间终了时，要像实地盘存制一样进行一次全面的实物盘点。

2. 实地盘存制

实地盘存制又称为以存计耗制或以存计销制，是指在会计核算过程中，对于各种存货，平时在其明细账中只登记其收入数，不登记其发出数，待会计期末通过实地盘点确定实际盘存数，倒挤计算出本期发出存货数量的一种方法。实地盘存制下有关的计算公式为

期初结存存货+本期收入存货=本期耗用或销售存货+期末结存存货　　（8-5）

期末结存存货成本=实际库存数量×存货单位成本　　（8-6）

实际库存数量=实地盘点数量+已提未销数量-已销未提数量+在途数量　　（8-7）

本期发出存货成本=期初结存存货成本+本期收入存货成本-期末结存存货成本　　（8-8）

关于存货单位成本的确定，可以采用先进先出法、加权平均法和个别计价法等。在实地盘存制下，采用先进先出法，由于平时对发出的存货不做记录，因此，应按照后入库存货的单位成本确定结存存货的成本，然后，再根据上述计算公式确定发出存货成本；采用加权平均法，其计算方法与永续盘存制下的加权平均法相同。

采用实地盘存制，关键问题是确定期末每种存货的实际库存数量。实际库存数量的确定，一般可以分为两个步骤进行：第一步，进行实地盘点，确定盘存数，盘存方法根据存货内容的不同而不同，盘存时间通常选在本期经营活动结束、下期经营活动开始之前；第二步，要对临近期末几天的购销凭证进行整理，调整盘存数量，具体地说，如果有已经销售而尚未提运出库的存货，或已经提运出库但尚未做销售入账的存货，就要进行调整，以求得实际库存数量。

这里举一简例说明实地盘存制下的先进先出法、加权平均法的计价过程。

【例8-3】星海股份有限公司对乙材料采用实地盘存制，本月乙材料的有关资料如下：

6月1日	期初结存	320件	单价8元	计2 560元
6月8日	购进	650件	单价7元	计4 550元
6月20日	购进	200件	单价9元	计1 800元
合计				8 910元

乙材料期末实地盘点结存280件。

采用先进先出法，乙材料期末结存成本和发出成本的计算如下：

期末结存成本=200×9+80×7=2 360（元）

发出材料成本=2 560+(4 550+1 800)-2 360=6 550（元）

采用加权平均法，乙材料期末结存成本和发出成本的计算如下：

$$加权平均单价=\frac{2\,560+4\,550+1\,800}{320+650+200}=7.62（元/件）$$

期末结存成本=7.62×280=2 133.6（元）

发出材料成本=2 560+(4 550+1 800)-2 133.6=6 776.4（元）

采用实地盘存制，将期末存货实地盘存的结果作为计算本期发出存货数量的依据，平时不需要对发出的存货进行登记，应该说核算手续比较简单。但是，采用这种方法，无法根据账面记录随时了解存货的发出和结存情况。由于这种方法是以存计销或以存计耗倒算发出存货成本，必然将非销售或非生产耗用的损耗、短缺或贪污盗窃造成的损失，全部混进销售或耗用成本之中，这显然是不合理的，也不利于对存货进行日常的管理和控制。同时，在存货品种、规格繁多的情况下，对存货进行实地盘点需要消耗较多的人力、物力，影响正常的生产经营活动，造成浪费。因此，这种方法一般适用于存货品种规格繁多且价值较低的企业，尤其适用于自然损耗大、数量不易准确确定的存货。

显然，采用实地盘存制时，存货的结存数并不是通过账簿的记录随时取得的，只有到月末实地进行盘点后才能够确定。另外，存货的发出数也不是通过账簿的记录进行反映的，而是在月末时，根据月初结存数、账户中登记的本月入库数（增加数）减掉经过实地盘点所得到的结存数倒挤出来的。这些是实地盘存制与永续盘存制之间的重要区别。

由以上所述可以看出，不论是永续盘存制还是实地盘存制，都要每年至少一次对存货进行实物盘点，因此，在实际工作中一个企业往往不会单一地使用永续盘存制或实地盘存制，而是在永续盘存制的基础上对存货进行定期盘存，把两种盘存制度结合使用，使之优势互补。

（二）实物财产的清查方法

1. 常用的实物资产的清查方法

不同品种的实物财产，由于其实物形态、体积、重量、堆放方式等方面各有不同，因而对其进行清查所采用的方法也有所不同。常用的实物财产的清查方法包括以下几种。

（1）实地盘点法。实地盘点法是指通过点数、过磅、量尺等方法来确定实物财产的实有数额的方法。这种方法一般适用于机器设备、包装好的原材料、产成品和库存商品等的清查。

（2）技术推算法。技术推算法是指利用技术方法对财产的实存数进行推算的一种方法。这种方法一般适用于散装的、大量成堆的化肥、饲料等物资的清查。

（3）抽样盘存法。抽样盘存法是指对于数量多、重量均匀的实物财产，以抽样盘点确定财产的实有数额的方法。

（4）函证核对法。函证核对法是指对于委托外单位加工或保管的物资，可以采用向对方单位发函调查，并与本单位的账存数相核对的方法。

2. 实物财产清查使用的凭证

为了明确经济责任，进行财产清查时，有关实物财产的保管人员必须在场，并参加盘点工作。对各项实物财产的盘点结果，应如实准确地登记在"实物盘存单"上，并由有关参加盘点人员同时签章生效。"实物盘存单"是实物财产盘点结果的书面证明，也是反映实物财产实有数额的原始凭证。"实物盘存单"的一般格式如表8-8所示。

表 8-8　实物盘存单

单位名称：　　　　　　　盘点时间：　　　　　　　编　号：
财产类别：　　　　　　　存放地点：

序号	名称	规格型号	计量单位	实存数量	单价	金额	备注

盘点人签章：　　　　　　　　　　　　保管人签章：

盘点完毕，将"实物盘存单"中所记录的实存数与账面结存数相核对，如发现实物盘点结果与账面结存结果不相符，应根据"实物盘存单"和有关账簿记录填制"实存账存对比表"，以确定实物财产的盘盈数或盘亏数。"实存账存对比表"是财产清查的重要报表，是调整账面记录的原始凭证，也是分析盈亏原因、明确经济责任的重要依据。"实存账存对比表"的格式如表 8-9 所示。

表 8-9　实存账存对比表

单位名称：　　　　　　　　　　年　月　日

类别及名称	计量单位	单价	实存		账存		差异				备注
							盘盈		盘亏		
			数量	金额	数量	金额	数量	金额	数量	金额	

三、往来款项的清查

对各种应收、应付款的清查，应采取"询证核对法"，即同对方核对账目的方法。清查单位应在其各种往来款项记录准确的基础上，编制"往来款项对账单"，寄发或派人送交对方单位，与债务人或债权人进行核对。"往来款项对账单"的格式和内容如图 8-2 所示。

往来款项对账单

_____单位:

  你单位 2×19 年×月×日购入我单位×产品××台,已付货款×××元,尚有×××元货款未付,请核对后将回单联寄回。

核查单位:(盖章)
2×19 年×月×日

沿此虚线裁开,将以下回单联寄回!
....

往来款项对账单(回联)

核查单位:

你单位寄来的"往来款项对账单"已经收到,经核对相符无误(或不符,应注明具体内容)。

××单位(盖章)
2×19 年×月×日

图 8-2 往来款项对账单

第三节 财产清查结果的处理

  财产清查结果的处理一般是指对账实不符的内容,即盘盈、盘亏等有关内容的处理。通过财产清查而发现的账实不符,要以国家的法规、政策、制度为依据,严肃认真地加以处理。财产清查中发现的盘盈、盘亏、毁损和变质或超储积压物资等问题,应认真核准数字按规定的程序上报批准后再行处理;对长期不清或有争执的债权债务,应指定专人负责查明原因,限期清理。

一、财产清查结果处理的基本步骤

  企业对财产清查的结果,应当按照国家有关财务会计制度的规定进行认真处理。财产清查中发现的盘盈和盘亏等问题,首先要核准金额,然后按规定的程序报经上级部门批准后,才能进行会计处理,其处理的主要步骤如下。

(一)核准数字(包括金额和数量),查明原因

  根据清查情况,已将全部的清查结果填列在"实存账存对比表"等有关的表格中。在进行具体的处理之前,应对这些原始凭证中所记录的货币资金、财产物资及债权债务的盈亏数字进行全面的核实,对各项差异产生的原因进行分析,以便明确经济责任,针对不同的原因所造成的盈亏余缺据实提出处理意见,呈报有关领导和部门批准。对于债权债务在核对过程中出现的争议问题及时组织清理;对于超储积压物资应同时提出处理方案。

（二）调整账簿记录，做到账实相符

在核准数字查明原因的基础上，就可以根据"实存账存对比表"等原始凭证编制记账凭证，并据以登记有关账簿，使各项财产物资、货币资金、债权债务做到账实相符。调整账簿记录的原则是：以"实存"为准，当盘盈时，补充账面记录；当盘亏时，冲销账面记录。在调整了账面记录、做到了账实相符之后，就可以将所编制的"实存账存对比表"和所撰写的文字说明，按照规定程序一并报送有关部门和领导批准。

（三）报请批准，进行批准后的账务处理

当有关部门领导对所呈报的财产清查结果提出处理意见后，企业单位应严格按照批复意见编制有关的记账凭证，进行批准后的账务处理，登记有关账簿，并追回由于责任者个人原因造成的财产损失。

二、财产清查结果的处理

财产清查的结果在有关的原始凭证（库存现金盘点报告表、实物盘存单以及实存账存对比表等）上进行了反映之后，就要根据这些原始凭证进行有关的账务处理，以确保账实相符。

（一）财产清查结果处理应设置的账户

为了反映和监督企业单位在财产清查过程中查明的各种财产物资的盈亏、毁损及其处理情况，应设置"待处理财产损溢"账户。该账户属于资产类（有一定的特殊性，要注意理解），是用来核算企业在财产清查时所发现的各项财产物资的盘盈、盘亏数，以及经批准后转销数的账户。其借方登记清查的当时发现的财产物资的盘亏数和经过批准后盘盈的转销数；贷方登记清查的当时发现的财产物资的盘盈数和经过批准后盘亏的转销数。期末一般没有余额。为了分别反映和监督企业固定资产和流动资产的盈亏情况，"待处理财产损溢"账户应设置"待处理固定资产损溢"和"待处理流动资产损溢"两个明细分类账户进行明细分类核算。

"待处理财产损溢"账户的结构可表示如下：

待处理财产损溢

| （1）清查时发现的盘亏数 | （1）清查时发现的盘盈数 |
| （2）经批准后盘盈的转销数 | （2）经批准后盘亏的转销数 |

对于"待处理财产损溢"这个过渡性账户，需要注意三点：一是只有各种实物财产和库存现金清查结果盘盈或盘亏时才会用到该账户，而债权债务的盈亏余缺不在该账户中核算；二是该账户的具体运用要分批准前和批准后两个步骤；三是盘盈或盘亏的实物资产如果在会计期末尚未经批准，应在对外提供财务报告时先按有关规定进行处理，并在会计报表附注中做出说明，如果其后批准处理的金额与已处理的金额不一致，应按其差额调整会计报表相关项目的年初数。

(二)财产清查结果的会计处理

财产清查的对象内容不同,所采取的会计处理方法也不同。

1. 库存现金清查结果的处理

库存现金清查过程中发现的长款(溢余)或短款(盘亏),应根据"库存现金盘点报告表"以及有关的批准文件进行批准前和批准后的账务处理。库存现金长、短款通过"待处理财产损溢——待处理流动资产损溢"账户进行核算。

库存现金长、短款在批准前的处理是:以实际存在的库存现金为准,当库存现金长款时,增加库存现金账户的记录,以保证账实相符,同时记入"待处理财产损溢——待处理流动资产损溢"账户,等待批准处理;当库存现金短款时,应冲减库存现金账户的记录,以保证账实相符,同时记入"待处理财产损溢——待处理流动资产损溢"账户,等待批准处理。

库存现金长、短款在批准后应视不同的原因造成的库存现金长、短款而采取不同的方法进行处理。一般来说,对于无法查明原因的库存现金长款,其批准后的处理是增加营业外收入;对于应付其他单位或个人的长款,应记入"其他应付款——××单位或个人"账户。对于库存现金短款,如果是应由责任人赔偿或由保险公司赔偿的,应转记入"其他应收款——××赔偿人"或"其他应收款——应收保险赔款"账户;如果是经营管理不善造成的、非常损失或无法查明原因的,应增加企业的管理费用。下面举例说明库存现金长、短款批准前后的账务处理。

【例8-4】星海股份有限公司在财产清查中发现库存现金短款1 280元,经查是由于出纳员的责任造成的,进行批准前和批准后的处理。

批准前:借:待处理财产损溢——待处理流动资产损溢   1 280
　　　　　贷:库存现金   1 280
批准后:借:其他应收款——××出纳员   1 280
　　　　　贷:待处理财产损溢——待处理流动资产损溢   1 280

【例8-5】星海股份有限公司在财产清查时发现库存现金长款2 160元,无法查明原因,进行批准前和批准后的处理。

批准前:借:库存现金   2 160
　　　　　贷:待处理财产损溢——待处理流动资产损溢   2 160
批准后:借:待处理财产损溢——待处理流动资产损溢   2 160
　　　　　贷:营业外收入   2 160

【例8-6】星海股份有限公司在财产清查时发现库存现金短款850元,经反复查对,原因不明,进行批准前和批准后的处理。

批准前:借:待处理财产损溢——待处理流动资产损溢   850
　　　　　贷:库存现金   850
批准后:借:管理费用——库存现金短款   850
　　　　　贷:待处理财产损溢——待处理流动资产损溢   850

2. 实物财产清查结果的处理

企业的实物财产主要包括流动资产和固定资产两部分。企业在财产清查过程中发现的流动资产盘盈、盘亏，报经批准以前应先通过"待处理财产损溢"账户核算。对于盘盈的流动资产，一方面增加有关的流动资产账户；另一方面记入"待处理财产损溢"账户的贷方。对于盘亏的流动资产，一方面记入"待处理财产损溢"账户的借方；另一方面冲减有关的流动资产账户[①]。报经有关部门批准之后，再根据不同的情况进行相应的处理。批准后一般的处理办法是：属于管理不善、收发计量不准确、自然损耗而产生的定额内的损耗，转作管理费用；属于超定额的短缺毁损所造成的损失，应由过失人负责赔偿；属于非常损失造成的短缺毁损，扣除保险公司的赔偿和残料价值后的净损失列作营业外支出。对于盘盈的流动资产（一般由于收发计量不准或自然升溢等原因造成），经批准后冲减管理费用。

企业在财产清查过程中发现的盘亏和毁损的固定资产，同样通过"待处理财产损溢"账户进行核算。对于盘盈的固定资产，作为前期差错处理，即盘盈的固定资产通过"以前年度损益调整"账户进行核算；[②]对于盘亏的固定资产，在批准前应按其账面净值借记"待处理财产损溢"账户，按其账面已提折旧记入"累计折旧"账户，按其账面原始价值记入"固定资产"账户，经过批准之后再将其净值记入"营业外支出"账户。以下举例说明实物财产清查结果的处理过程。

【例8-7】星海股份有限公司在财产清查过程中发现盘亏机器一台，账面价值144 000元，已提折旧116 000元。盘亏材料2 000元（属于责任者失职造成），盘亏库存商品6 200元（属于收发计量不准确造成），进行批准前和批准后的会计处理。

在批准前，根据"实存账存对比表"所确定的机器盘亏数字，编制如下会计分录：

借：待处理财产损溢——待处理固定资产损溢　　　　28 000
　　累计折旧　　　　　　　　　　　　　　　　　　116 000
　　贷：固定资产　　　　　　　　　　　　　　　　　　144 000

在批准前，根据"实存账存对比表"所确定的材料和商品盘亏数额，编制如下会计分录：

借：待处理财产损溢——待处理流动资产损溢　　　　8 200
　　贷：原材料　　　　　　　　　　　　　　　　　　　2 000
　　　　库存商品　　　　　　　　　　　　　　　　　　6 200

上述盘亏的固定资产、原材料和商品经批准后根据不同的原因进行不同的会计处理。其中，盘亏固定资产的净值28 000元作为营业外支出，记入"营业外支出"账户的借方；对盘亏的原材料，应由责任者赔偿，记入"其他应收款"账户；对盘亏的商品，应记入"管理费用"账户。根据以上情况，编制如下会计分录：

借：营业外支出　　　　　　　　　　　　　　　　　28 000
　　贷：待处理财产损溢——待处理固定资产损溢　　　　28 000
借：管理费用　　　　　　　　　　　　　　　　　　　6 200
　　其他应收款　　　　　　　　　　　　　　　　　　2 000
　　贷：待处理财产损溢——待处理流动资产损溢　　　　8 200

【例8-8】星海股份有限公司在财产清查过程中发现一批账外原材料680千克，结合

---

① 对于盘亏的存货，还涉及增值税的问题，即对盘亏的存货应将其进项税额自"应交税费"账户贷方转出，但为了简化核算，这里不考虑增值税问题。

② 为简化核算，本章对于盘盈的固定资产的处理，不做具体介绍。

同类原材料的单位成本确定其总成本为 8 500 元。其批准前、后的会计处理为:

批准前:借:原材料 8 500
　　　　　贷:待处理财产损溢——待处理流动资产损溢 8 500
批准后:借:待处理财产损溢——待处理流动资产损溢 8 500
　　　　　贷:管理费用 8 500

3. 应收、应付款清查结果的会计处理

（1）应收账款清查结果的处理。在财产清查过程中发现的确实无法收回的应收账款，不通过"待处理财产损溢"账户核算，而是在原来账面记录的基础上，按规定程序报经批准后直接处理。无法收回的应收账款称为坏账，由此给企业造成的损失称为坏账损失。对于坏账损失的核算，有直接转销法和备抵法两种核算方法。按照我国现行会计规范的要求，我国企业单位对于坏账的核算应采用备抵法。

备抵法，是在每个会计期末采用一定的方法（应收账款余额百分比法、赊销百分比法以及账龄分析法等，本章内容主要介绍应收账款余额百分比法）估计坏账损失计入当期损益，同时建立坏账准备金，待实际发生坏账时，冲销已经提取的坏账准备金。企业在会计核算过程中遵循谨慎性原则和配比的要求对应收账款提取坏账准备金，可以将预计未来不能收回的应收账款作为坏账损失计入当期损益，既保持了成本费用和利润的稳定性，避免虚盈实亏，又在一定程度上消除或减少了坏账损失给企业带来的风险，而在会计报表上列示应收账款净额，使企业应收账款可能发生的坏账损失得到及时的反映，也能使得会计信息使用者更加清楚地了解企业真实的财务状况。

采用备抵法核算坏账，企业需要设置"坏账准备"账户。企业在会计期末计提坏账准备时，借记"资产减值损失"账户，贷记"坏账准备"账户；实际发生坏账时，借记"坏账准备"账户，贷记"应收账款"账户等。如果确认并转销的坏账以后又收回，则应按收回的金额，借记"应收账款"等账户，贷记"坏账准备"账户，以恢复企业债权、冲回已转销的坏账准备金额，同时，借记"银行存款"账户，贷记"应收账款"等账户，以反映款项收回情况。

【例 8-9】星海股份有限公司自 2×17 年年末开始计提坏账准备。2×17 年年末应收账款余额为 4 000 000 元，2×18 年 6 月份发生坏账 22 000 元，2×18 年年末应收账款余额为 4 400 000 元，2×19 年 1 月份收回上年已转销的坏账 10 000 元，2×19 年年末应收账款余额为 5 000 000 元。该企业各年坏账准备提取比例均为 10%。其有关会计处理如下：

① 2×17 年年末提取坏账准备 400 000（4 000 000×10%）元：
借:信用减值损失 400 000
　　贷:坏账准备 400 000
② 2×18 年 6 月发生坏账 22 000 元：
借:坏账准备 22 000
　　贷:应收账款 22 000
③ 2×18 年年末补提坏账准备 62 000（4 400 000×10%-400 000+22 000）元：
借:信用减值损失 62 000
　　贷:坏账准备 62 000
④ 2×19 年 1 月收回已转销坏账 10 000 元：

借：应收账款 10 000
　　贷：坏账准备 10 000
借：银行存款 10 000
　　贷：应收账款 10 000

⑤ 2×19年年末补提坏账准备50 000（5 000 000×10%-440 000-10 000）元：
借：信用减值损失 50 000
　　贷：坏账准备 50 000

从实行坏账准备金制度的次年度开始，应如何确定坏账准备金的提取数？从例8-9可以看出：到2×17年年末，该企业"坏账准备"账户有贷方余额400 000元，说明企业提取的坏账准备金有剩余。当然也会出现相反的情况，当发生坏账损失（假定为500 000元）大于原来的提取数（400 000元）时，"坏账准备"账户就会出现借方余额（100 000元），说明提取的坏账准备金已不足使用。因此，在2014年年末再提坏账准备金时，就要充分考虑到这些因素。

在具体计算时，应采用以下公式确定当年应提取（或冲销）的坏账准备金数额：

当年应提取（或冲销）的坏账准备金数额＝"应收账款"账户期末余额×坏账准备提取比例＋"坏账准备"账户借方余额或－"坏账准备"账户贷方余额　　（8-9）

如果计算结果为正数，说明坏账准备金余额不足应补提。例如，假定该企业2×18年年末应收账款余额为5 000 000元，提取比例仍为10%，"坏账准备"账户有贷方余额400 000元，则应提取的坏账准备金为100 000（5 000 000×10%-400 000）元。说明企业的坏账准备金目前已不够用，应再补提100 000元才能满足弥补5 000 000元的应收账款今后可能发生的坏账损失（500 000元）的需要。

如果计算结果为负数，说明以前年度提取的坏账准备金已出现剩余，本年不仅不再需要提取，还应将以前多提部分冲销。例如，假定2×19年年末应收账款余额为4 000 000元，提取比例仍为10%，"坏账准备"账户有贷方余额440 000元，则应提取的坏账准备金为-40 000（4 000 000×10%-440 000）元。冲销40 000元后，"坏账准备"账户余额为400 000元，正好能满足应付4 000 000元应收账款可能发生的坏账损失的需要。冲销多提坏账准备金的会计分录，应借记（减少）"坏账准备"账户，贷记（减少）"信用减值损失"账户。

（2）应付账款清查结果的会计处理。在财产清查过程中，如发现由于债权单位撤销或不存在等原因造成的长期应付而无法支付的款项，经批准应予以转销。无法支付的款项在批准前不作账务处理，即不需通过"待处理财产损溢"账户进行核算，而是按规定的程序批准后将该款项计入营业外收入。

【例8-10】星海股份有限公司在财产清查中发现无法支付的应付账款180 000元，经批准予以转销。其会计处理如下：
借：应付账款 180 000
　　贷：营业外收入 180 000

思 考 题

1. 什么是财产清查？财产清查的必要性是什么？
2. 财产清查有哪些种类？全部清查应在哪几种情况下进行？
3. 永续盘存制与实地盘存制有何异同？各自具有什么样的优缺点？
4. 进行正式清查前，应做好哪些准备工作？
5. 如何进行现金的清查？
6. 如何进行银行存款的清查？如何编制"银行存款余额调节表"？
7. 什么是未达账项？未达账项包括哪几种情况？
8. 如何进行实物财产的清查？
9. 发出存货的计价方法有哪些？先进先出法有何优缺点？
10. 如何使用一次加权平均法和移动（滚动）加权平均法计算加权平均单位成本？
11. 如何进行债权债务清查？
12. 财产清查的核算需要设置的主要账户有哪些？如何核算？
13. 如何进行财产清查结果的会计处理？

练 习 题

1. 目的：通过本题的练习，要求学生掌握未达账项的基本概念，学会编制银行存款余额调节表。

资料：某企业 2×19 年 7 月 31 日的银行存款日记账账面余额为 864 500 元，而银行对账单上企业存款余额为 852 000 元，经逐笔核对，发现有以下未达账项：

（1）7 月 26 日企业开出转账支票 3 750 元，持票人尚未到银行办理转账，银行尚未登账。

（2）7 月 28 日企业委托银行代收款项 5 000 元，银行已收款入账，但企业未接到银行的收款通知，因而未登记入账。

（3）7 月 29 日，企业送存购货单位签发的转账支票 18 750 元，企业已登账，银行尚未登记入账。

（4）7 月 30 日，银行代企业支付水电费 2 500 元，企业尚未接到银行的付款通知，故未登记入账。

要求：根据以上有关内容，编制"银行存款余额调节表"，并分析调节后是否需要编制有关会计分录。

2. 目的：练习银行存款余额调节表的编制。

资料：某公司 2×19 年 4 月 30 日银行对账单所列的存款余额为 349 450 元，4 月末公司与开户银行之间的往来资料如下：

（1）4月30日公司的销售收入计33 500元已送存银行，但银行尚未入账。

（2）本公司的利息费用4 062.50元已通过银行支付，但未通知企业。

（3）公司开出的支票购买办公用设备60 400元，尚未兑现。

（4）本公司送存银行的客户支票15 300元，因对方存款不足而被退票，但公司尚未接到通知。

（5）公司向银行借入款项125 000元，银行已转入本公司存款户，但公司尚未接到通知。

（6）银行误将大地公司的存款12 500元记入本公司存款户，立即予以更正。

要求：假如公司与银行的存款余额经调整后相符，根据上述资料计算公司的银行存款日记账4月30日的账面余额。

3. 目的：掌握发出存货计价方法的具体运用。

资料：某公司甲材料本月的收、发记录如表8-10所示。

表8-10　原材料明细账

材料名称：甲材料　　　　　计量单位：件　　　　　金额单位：元

2×19年		凭证	摘要	收入			发出			结存		
月	日			数量	单价	金额	数量	单价	金额	数量	单价	金额
略	1		月初余额							1 000	3.00	3 000
	8		入库	4 000	2.80	11 200						
	15	略	发出				2 000					
	20		入库	5 000	3.20	16 000						
	26		发出				3 000					
	31		本月合计									

要求：（1）分别采用先进先出法、月末一次加权平均法和移动（滚动）加权平均法计算该企业本月发出甲材料的成本和月末结存甲材料的成本。

（2）完成甲材料明细账本月的全部记录。

4. 目的：通过本题的练习，要求学生能够掌握存货清查的会计处理。

资料：某公司2×19年进行财产清查，发现盘盈甲材料6 500元。经查明是收发计量上的错误所造成的。

要求：对公司盘盈的甲材料做出批准前和批准后的账务处理。

5. 目的：通过本题的练习，要求学生能够掌握存货清查结果的会计处理。

资料：某公司2×19年在财产清查时发现盘亏乙材料37 500元。经查明，一部分属于定额内合理的损耗，共计6 250元；还有一部分属于由过失责任人赔偿的共计1 500元；其余的属于自然灾害造成的损失，但由保险公司赔偿20 000元，尚未收款。

要求：对该公司乙材料的盘亏进行批准前和批准后的账务处理。

6. **目的**：通过本题的练习，要求学生能够掌握固定资产清查的会计处理。

资料：某公司 2×19 年在财产清查中，发现盘亏机器设备一台，账面原值为 78 750 元，已提折旧额为 62 500 元。

要求：对该公司盘亏的固定资产进行批准前和批准后的账务处理。

7. **目的**：练习实地盘存制下存货成本的确定方法。

资料：某公司对存货的确定采用实地盘存制。2×19 年 3 月 10 日，一场大火烧毁了该公司的全部存货（商品）。为了向保险公司索赔，需要估计火灾烧毁存货的损失金额。经过了解，公司最近一次实地盘点是在 2×18 年 12 月 31 日。结合 2×18 年 12 月份的利润表及其他账簿记录资料，确定的有关项目如下：

（1）2×18 年全年的销售商品收入为 1 332 500 元。

（2）2×18 年年初存货成本 287 500 元。

（3）2×18 年购入存货成本 955 000 元。

（4）2×18 年 12 月 31 日盘点存货成本 305 000 元。

（5）公司 2×18 年的销售商品收入中不包括年底已赊销但客户尚未提货的价值 30 000 元的商品一批，在年末盘点时未被列作存货。

（6）公司上述购入存货中包括当年 12 月份购入的供公司办公用的计算机一台，价值 38 250 元，而且这台计算机也未包括在公司 12 月 31 日盘点的存货成本中。

公司 2×19 年 1 月 1 日至 3 月 10 日商品购销情况的有关记录显示：

（1）该期间购入商品价值 310 000 元。

（2）该期间销售商品收入 492 500 元，其中包括去年年末赊销的 30 000 元。

公司本年与去年的销售毛利率（销售毛利除以销售收入，销售毛利为销售收入减去销售成本）相同。

要求：根据上述资料，拟写一份请求保险公司赔偿的报告书，内容包括索赔金额及索赔理由。

8. **目的**：比较库存商品的实地盘存制与永续盘存制的区别。

资料：某公司 2×19 年 10 月份 A 商品的购、销、存情况如表 8-11 所示。

表 8-11 A 商品购、销、存情况表

	内　　容	实地盘存制	永续盘存制
本期销售 A 商品情况	10 月 6 日销售 1 000 件，单位售价为 65 元；10 月 24 日销售 1 200 件，单位售价为 65 元		
	本月销售收入合计		
期初库存 A 商品 400 件，单位成本 50 元			
本期购入 A 商品情况	10 月 3 日购入 1 000 件，单位成本为 55 元；10 月 18 日购入 1 600 件，单位成本为 45 元		
	本月购货成本		
本月可供销售 A 商品成本合计			
本期销售 A 商品成本	实地盘存制下的销售成本		
	永续盘存制下的销售成本		

注：实地盘存制下 A 商品期末盘点结存 798 件

要求：（1）完成表 8-11 中有关项目的填列。发出 A 商品的计价方法，在实地盘存制和永续盘存制下均为月末一次加权平均法。

（2）比较两种盘存制度在销货成本确定上的异同，并简要评价两种盘存制度的优、缺点。

9. 目的： 练习实地盘存制下存货结存额的确定。

资料： 胜达公司对存货采用实地盘存制进行日常的收、发、存的核算。2×19 年 5 月 8 日，胜达公司因意外事故造成全部存货损失。为了计算公司损失的存货金额，会计人员提供了上一年度有关存货的相关资料，具体如表 8-12 所示。

表 8-12　胜达公司存货记录情况表

2×18 年度　　　　　　　　　　　　　　　　　　　　　　单位：元

项　　目	金　　额
本期销售存货的收入	8 794 500
期初结存的存货成本	1 897 500
本期购进该种存货成本	6 303 000
本期可供销售存货成本	8 200 500
期末结存存货的成本	2 013 000
销售毛利	2 607 000
本期发生的各项支出	408 375
本期销售业务成果	2 198 625

上述销售收入中没有包括当年年底已赊销但顾客尚未提货的价值 198 000 元的商品一批，在当年盘点时未被列作存货。另外，上述购货金额中包括当年 12 月份购入的供公司办公用的计算机一台，价值 252 450 元，但这台计算机未包括在当年年末结存的存货中。

公司 2×19 年 1 月 1 日至 5 月 8 日存货购销情况记录显示：公司购入商品价值 2 046 000 元，销售商品收入 3 250 500 元（其中包括上年年末赊销的 198 000 元）。本年度的销售毛利率与上年度相同。

要求： 计算公司意外事故损失的存货金额。

知识拓展题

第九章 财务会计报告

会计的基本职能之一是向与企业有利害关系的各个方面及其他相关的机构提供决策有用的会计信息。这些信息使用者主要包括股东、债权人、政府管理机构、企业管理部门等。决策有用的会计信息主要指反映企业财务状况、经营成果和现金流量等方面的信息。这些对外提供的会计信息必须有一个载体，就是财务会计报告。由于在基础会计课程中，只要求掌握财务报告中最重要的表现形式——财务报表，因此，在本章中，首先对财务会计报告的组成内容作一简单介绍，然后主要阐述财务报表的种类与编制方法。

第一节 财务会计报告概述

一、财务会计报告的定义与种类

（一）财务会计报告的定义

我国《企业会计准则——基本准则》第四十四条将财务会计报告定义为"财务会计报告是指企业对外提供的反映企业某一特定日期的财务状况和某一会计期间的经营成果、现金流量等会计信息的文件。"财务会计报告的主要作用是向财务会计报告使用者提供真实、公允的信息，用于落实和考核企业领导人经济责任的履行情况，并帮助包括所有者在内的财务会计报告使用者做出经济决策。我国《企业财务会计报告条例》第三条规定："企业不得编制和对外提供虚假的或隐瞒重要事实的财务会计报告；企业负责人对本企业财务会计报告的真实性、完整性负责。"

（二）财务会计报告的种类

我国《企业财务会计报告条例》第六条规定："企业的财务会计报告分为年度、半年度、季度和月度财务会计报告。"月度、季度财务会计报告是指月度和季度终了提供的财务会计报告；半年度财务会计报告是指在每个会计年度的前6个月结束后对外提供的财务会计报告；年度财务会计报告是指年度终了对外提供的财务会计报告。其中，将半年度、季度和月度财务会计报告统称为中期财务会计报告。

通常情况下，企业年度财务会计报告的会计期间是指公历每年的1月1日至12月31日；半年度财务会计报告的会计期间是指公历每年的1月1日至6月30日，或7月1日至

12月31日；季度财务会计报告的会计期间是指公历每一季度；月度财务会计报告的会计期间则是指公历每月1日至最后1日。

二、财务会计报告的构成

关于财务会计报告应包括哪些内容，《企业会计准则——基本准则》第四十四条规定："企业的财务会计报告包括财务报表及其附注和其他应当在财务会计报告中披露的相关信息和资料。"企业对外提供的财务会计报告的内容、财务报表种类和格式、财务报表附注的主要内容等，由会计准则规定；企业内部管理需要的财务报表由企业自行规定。

（一）财务报表

财务报表是对企业财务状况、经营成果和现金流量的结构性表述。根据《企业会计准则第30号——财务报表列报》的规定，企业对外提供的财务报表至少应当包括资产负债表、利润表、现金流量表、所有者权益（或股东权益）变动表和附注。

（二）财务报表附注

财务报表附注是对在资产负债表、利润表、现金流量表和所有者权益变动表等报表中列示项目的文字描述或明细资料，以及对未能在这些报表中列示项目的说明等。

三、财务报表的种类和列报的基本要求

财务报表是会计人员根据日常会计核算资料归集、加工、汇总而形成的结果，是会计核算工作的总结。编制财务报表也是会计核算的一种专门方法。

（一）财务报表的种类

财务报表可按不同标准进行分类。

（1）按照财务报表所反映的内容，可以分为动态财务报表和静态财务报表。动态财务报表是反映企业一定时期内资金耗费和资金收回的报表。例如，利润表是反映企业在一定时期内经营成果的报表，而现金流量表是反映企业在一定期间内现金的流入和流出情况的报表。静态报表是指综合地反映企业在某一时点资产总额和权益总额的财务报表。例如，资产负债表是反映企业在某一定日期资产、负债和所有者权益的报表。

（2）按照财务报表的编报时间，可以分为月报、季报和年报。其中，月报要求简明扼要，及时反映，如资产负债表、利润表等；年报要求揭示完整，反映全面，如现金流量表等；季报在会计信息的详细程度方面，介于月报和年报之间。

（3）按照财务报表各项目所反映的数字内容，可以分为个别财务报表和合并财务报表。个别财务报表各项目数字所反映的内容，仅仅包括单个企业的会计数据。合并财务报表是由母公司编制的，一般包括所有控股子公司财务报表的数字。通过编制和提供合并财务报表，可以向财务报表使用者提供公司总体的财务状况和经营成果。

（4）按照财务报表的服务对象，可以分为内部报表和外部报表。内部报表是指为适应

企业内部经营管理需要而编制的不对外公开的财务报表。内部报表一般不需要统一规定的格式，也没有统一的指标体系，如成本报表就属于内部报表。外部报表是指企业向外提供的、供外部信息使用者使用的财务报表，如资产负债表等就属于外部报表。

（二）财务报表列报的基本要求

财务报表是传递会计信息的主要形式。为了保证财务报表所提供的信息能够及时、准确、完整地反映企业的财务状况和经营成果，满足信息使用者的需要，企业在编制财务报表时，必须符合财务报表列报①的基本要求。

1. 财务报表列报的质量要求

会计核算应当根据实际发生的交易或事项，遵循《企业会计准则——基本准则》、各项具体会计准则及解释的规定进行确认和计量，并在此基础上编制财务报表。如果按照各项会计准则规定披露的信息不足以让报表使用者了解特定交易或事项对企业财务状况、经营成果和现金流量的影响，还应当披露其他必要信息。

2. 财务报表的列报基础

《企业会计准则第 30 号——财务报表列报》规定，企业应当以持续经营为基础编制财务报表。在编制财务报表的过程中，企业管理层应当全面评估企业的持续经营能力。在对企业持续经营能力进行评估时，应当利用其所有可能获得的信息。评估涵盖的期间应包括企业自资产负债表日起至少 12 个月，需要考虑的因素包括宏观政策风险、市场经营风险、盈利能力、偿债能力等。如果评估结果表明对持续经营能力产生重大怀疑，企业应当在附注中披露导致对持续经营能力产生重大怀疑的影响因素以及企业拟采取的改善措施。

企业如果存在以下情况之一，则表明处于非持续经营状态：一是企业已在当期进行清算或停止营业；二是企业已经正式决定在下一个会计期间进行清算或停止营业；三是企业已确定在当期或下一个会计期间没有其他可供选择的方案时将被迫进行清算或停止营业。

3. 财务报表列报依据的原则

企业编制的财务报表反映了企业日常经营过程中涉及的多个要素项目，而这些项目在报表中的排列应遵循一定的原则。《企业会计准则第 30 号——财务报表列报》规定，项目在财务报表中是单独列报还是汇总列报，应遵循重要性原则来判断。在合理预期下，如果财务报表某项目的省略或错报会影响使用者据此做出经济决策，则该项目就具有重要性。重要性是判断财务报表项目是否单独列报的重要标准，如果某项目单个看不具有重要性，则可将其与其他项目汇总列报；如果具有重要性，则应单独列报。企业在列报账务报表时应遵循以下要求。

（1）性质或功能不同的项目，一般应当在财务报表中单独列报，但是不具有重要性的项目可以汇总列报。

（2）性质或功能类似的项目，一般可以汇总列报，但是对其具有重要性的类别应该单独列报。

（3）项目单独列报的原则不仅适用于本表，还适用于附注。

---

① 财务报表列报是指交易和事项在报表中的列示和在附注中的披露。"列示"通常反映资产负债表、利润表、现金流量表和所有者权益变动表中的信息，而"披露"通常反映附注中的信息。

（4）《企业会计准则第30号——财务报表列报》规定在财务报表中单独列报的项目，企业应当单独列报。其他会计准则规定单独列报的项目，企业应当增加单独列报项目。

4. 财务报表列报的比较信息

《企业会计准则第30号——财务报表列报》规定，企业在列报当期财务报表时，至少应当提供所有列报项目上一个可比会计期间的比较数据，以及与理解当期财务报表相关的说明，目的是向报表使用者提供对比数据，提高信息在会计期间的可比性。通常情况下，企业列报所有列报项目上一个可比会计期间的比较数据，至少包括两期各报表及相关附注。

在财务报表中列报比较信息的这一要求适用于财务报表的所有组成部分，也就是既适用于资产负债表、利润表、现金流量表和所有者权益变动表，也适用于财务报表附注。

5. 财务报表列报的期间

《企业会计准则第30号——财务报表列报》规定，企业至少应当按年编制财务报表。企业在编制年度财务报表时，可能存在年度财务报表涵盖的期间短于一年的情况，如企业在年度中间开始设立等。在这种情况下，企业应当披露年度财务报表的实际涵盖期间及其短于一年的原因，并应当说明由此引起财务报表项目与比较数据不具有可比性这一事实。

6. 财务报表表首的列报要求

财务报表一般分为表首和正表两部分。《企业会计准则第30号——财务报表列报》规定，企业在财务报表的显著位置（表首）应当至少披露下列基本信息。

（1）编报企业的名称。如果企业名称在所属当期发生了变更，还应明确标明。

（2）对资产负债表而言，应当披露资产负债表日；对利润表、现金流量表和所有者权益变动表而言，应当披露报表涵盖的会计期间。

（3）货币名称和单位。按照我国企业会计准则的规定，企业应当以人民币作为记账本位币列报，并标明金额单位。

（4）财务报表是合并报表的，应当予以标明。

第二节　资产负债表

一、资产负债表的概念及作用

（一）资产负债表的概念

资产负债表属于静态报表，是反映企业在某一特定日期的财务状况的报表，即反映了某一特定日期关于企业资产、负债、所有者权益及其相互关系的信息。

（二）资产负债表的作用

资产负债表是一张反映企业财务状况的时点报表。所谓财务状况是指企业资产、负债、所有者权益的构成情况及其相互关系。资产负债表的作用表现在以下几个方面。

1. 反映企业拥有的资源及其来源

通过资产负债表可以清晰地观察企业在某一选定的时点所拥有的资产总量及其结构，包括流动资产和非流动资产的构成、具体分布。同时，由于企业的资产来自债权人及股东，因此，资产负债表将企业的资金来源划分为负债（具体分为流动负债和非流负债）和所有者权益，可以帮助使用者了解企业的负债和所有者权益的构成情况。

2. 有助于评价和预测企业的偿债能力

企业的偿债能力是指企业以其资产偿付债务的能力，包括短期偿债能力和长期偿债能力。短期偿债能力是指以流动资产偿还流动负债的能力。在实际工作中，短期偿债能力主要借助于流动比率、速动比率等指标来进行分析和评价，而这些指标的计算需要依靠资产负债表中提供的流动资产和流动负债信息。长期偿债能力是指企业以全部资产偿付全部负债本息的能力。长期偿债能力的高低取决于企业的资本结构和盈利能力，也就是企业权益总额中的负债与所有者权益、负债中流动负债与长期负债、所有者权益中投入资本与留存收益等的比例。资产负债表中列示了负债和所有者权益的各个构成项目，据此可以评价企业的长、短期偿债能力。

3. 有助于评价企业的资本保障程度

企业编制的资产负债表将所有者权益划分为股本或实收资本、资本公积和留存收益等项目，可以反映企业的资本结构情况，从而可以判断企业资本保值、增值的能力以及对负债的保障程度。负债与所有者权益相对比重的大小，必然影响到债权人和所有者的相对风险。一般来说，负债比重越大，债权人所冒风险就越高。

4. 有助于评价企业的经营绩效

企业经营绩效的好坏直接关系到各利益相关者的回报，从而影响到企业持续经营发展的能力。企业经营绩效主要体现在盈利能力和规避风险能力方面。对于盈利能力，如果用绝对指标来衡量，则表现为某一会计期间的利润总额和净利润；如果用相对指标来衡量，则表现为资产报酬率、资本收益率、每股收益等指标。这些指标的确定都离不开资产负债表所提供的信息。

二、资产负债表的内容与格式

资产负债表一般有表首、正表两部分。表首概括地说明报表名称、编制单位、编制日期、报表编号、货币名称、计量单位等。正表列示用以说明企业财务状况的各个项目。正表一般有两种格式：报告式资产负债表和账户式资产负债表。报告式资产负债表是上下结构，上半部列示资产，下半部列示负债和所有者权益。具体排列形式又有两种：一是按"资产=负债+所有者权益"的原理排列；二是按"资产-负债=所有者权益"的原理排列。账户式资产负债表是左右结构，左边列示资产，右边列示负债和所有者权益。不管采取什么格式，资产各项目的合计等于负债和所有者权益各项目的合计这一等式不变。在我国，资产负债表采用账户式，其左右平衡，即资产总计等于负债和所有者权益总计。

在资产负债表中，资产按照其流动性分类分项列示，包括流动资产和非流动资产；负债按照其流动性分类分项列示，包括流动负债和非流动负债等；所有者权益按照实收资本（股本）、资本公积、盈余公积、未分配利润等项目分项列示。

资产负债表的基本格式和内容如表9-1所示。

表9-1 资产负债表

会企01表

编制单位：＿＿＿＿　　　　　　　　　　　年＿＿月＿＿日　　　　　　　　　　　单位：元

资　　产	期末余额	年初余额	负债和所有者权益（或股东权益）	期末余额	年初余额
流动资产：			流动负债：		
货币资金			短期借款		
交易性金融资产			交易性金融负债		
应收票据			应付票据		
应收账款			应付账款		
预付款项			预收款项		
其他应收款			合同负债		
存货			应付职工薪酬		
合同资产			应交税费		
持有待售资产			其他应付款		
一年内到期的非流动资产			持有待售负债		
其他流动资产			一年内到期的非流动负债		
流动资产合计			其他流动负债		
非流动资产：			流动负债合计		
债权投资			非流动负债：		
其他债权投资			长期借款		
长期应收款			应付债券		
长期股权投资			长期应付款		
其他权益工具投资					
投资性房地产			专项应付款		
固定资产			预计负债		
在建工程			递延收益		
			递延所得税负债		
			其他非流动负债		
生产性生物资产			非流动负债合计		
油气资产			负债合计		
无形资产			所有者权益（或股东权益）：		
开发支出			实收资本（或股本）		
			其他权益工具		
商誉			资本公积		
长期待摊费用			减：库存股		
递延所得税资产			其他综合收益		
其他非流动资产			盈余公积		
非流动资产合计			未分配利润		
			所有者权益（或股东权益）合计		
资产总计			负债和所有者权益（或股东权益）总计		

三、资产负债表的编制方法

（一）资产负债表中的"年初余额"和"期末余额"

《企业财务会计报告条例》第十三条规定："年度、半年度财务报表至少应当反映两个年度或者相关两个期间的比较数据。"也就是说，企业需要提供比较资产负债表。因此，资产负债表各项目需要分为"年初余额"和"期末余额"两栏分别填列。

表中"年初余额"栏内各项目数字，应根据上年末资产负债表"期末余额"栏内所列数字填列。如果本年度资产负债表规定的各个项目的名称和内容同上年度不一致，应对上年年末资产负债表各项目的名称和数字按照本年度的规定进行调整，按调整后的数字填入本表"年初余额"栏内。

"期末余额"是指某一会计期末的数字，即月末、季末、半年末或年末的数字。资产负债表各项目"期末余额"栏内的数字，可通过以下几种方式取得。

（1）根据总账科目余额直接填列，如"短期借款"等项目。

（2）根据总账科目余额计算填列。如"货币资金"项目，需要根据"库存现金""银行存款""其他货币资金"账户的期末余额合计数填列。

（3）根据明细账科目余额计算填列。如"应付账款"项目，需要根据"应付账款"和"预付账款"账户所属相关明细账的期末贷方余额计算填列。

（4）根据总账和明细账科目余额分析计算填列。如"长期借款"项目，需要根据"长期借款"总账期末余额，扣除"长期借款"总账所属明细账中反映的、将于一年内到期的长期借款部分，分析计算填列。

（5）根据有关项目数字抵消计算填列，以反映其净额。如"固定资产"项目是用"固定资产"账户余额减去"累计折旧"和"固定资产减值准备"后的净额填列。

（二）资产负债表中各项目的填列方法

（1）"货币资金"项目，反映企业库存现金、银行存款、外埠存款、银行汇票存款、银行本票存款、信用证保证金存款等的合计数。本项目应根据"库存现金""银行存款""其他货币资金"账户的期末余额合计填列。

（2）"交易性金融资产"项目，反映资产负债表日企业分类为以公允价值计量而且其变动金额计入当期损益的金融资产，以及企业持有的直接指定为以公允价值计量且其变动计入当期损益的金融资产的期末账面价值。本项目应根据"交易性金融资产"账户的相关明细账户的期末余额分析填列。

（3）"应收票据"项目，反映资产负债表日以摊余成本计量的、企业因销售商品、提供劳务等而收到的未到期也未向银行贴现的商业汇票，包括商业承兑汇票和银行承兑汇票。本项目应根据"应收票据"账户的期末余额，减去"坏账准备"账户中有关应收票据计提的坏账准备期末余额后的差额填列。已向银行贴现和已背书转让的应收票据不包括在本项目内。

(4)"应收账款"项目,反映资产负债表日以摊余成本计量的、企业因销售商品、产品和提供劳务等经营活动而应向购买单位收取的各种款项,减去已计提的坏账准备后的净额。本项目应根据"应收账款"和"预收账款"账户所属各明细科目的期末借方余额合计,减去"坏账准备"账户中有关应收账款计提的坏账准备期末余额后的金额填列。如果"应收账款"账户所属明细账期末有贷方余额,应在本表"预收款项"项目内填列。

(5)"预付款项"项目,反映企业按照购货合同规定预付给供应单位的款项等。本项目应根据"预付账款"和"应付账款"账户所属各明细账户的期末借方余额合计数,减去"坏账准备"账户中有关预付款项计提的坏账准备期末余额后的金额填列。如果"预付账款"账户所属各明细账户期末有贷方余额,应在资产负债表"应付账款"项目填列。

(6)"其他应收款"项目,反映企业除应收票据、应收账款、预付账款等经营活动以外的其他各种应收、暂付的款项。本项目应根据"应收利息""应收股利"和"其他应收款"账户的期末余额合计数,减去"坏账准备"账户中相关坏账准备期末余额后的金额填列。

(7)"存货"项目,反映企业期末库存、在途和加工中的各项存货的成本或可变现净值,包括各种材料、商品、在产品、半成品、包装物、低值易耗品等。本项目应根据"在途物资"(或"材料采购")"原材料""库存商品""周转材料""委托加工物资"和"生产成本"等账户的期末余额合计,减去"存货跌价准备"账户期末余额后的金额填列。材料采用计划成本核算,以及库存商品采用计划成本核算的企业,还应按加或减材料成本差异后的金额填列。

(8)"合同资产"项目,反映企业已向客户转让商品而有权收取对价的权利。本项目应根据"合同资产"账户的相关明细账户期末余额分析填列;同一合同下的合同资产已计提减值准备的,还应减去"合同资产减值准备"账户中相关的期末余额后再填列。

(9)"持有待售资产"项目,反映资产负债表日划分为持有待售类别的非流动资产及划分为持有待售类别的处置组中的流动资产和非流动资产的期末账面价值。本项目应根据"持有待售资产"账户的期末余额减去"持有待售资产减值准备"账户的期末余额后的金额填列。

(10)"一年内到期的非流动资产"项目,反映企业将于一年内到期的非流动资产项目金额。本项目应根据有关账户的期末余额分析填列。

(11)"其他流动资产"项目,反映企业除货币资金、以公允价值计量且其变动计入当期损益的金融资产、应收票据、应收账款、存货等流动资产项目外的其他流动资产。本项目应根据有关账户的期末余额计算填列。

(12)"债权投资"项目,反映资产负债表日企业以摊余成本计量的长期债权投资的期末账面价值。本项目应根据"债权投资"账户的相关明细账户期末余额,减去"债权投资减值准备"账户期末余额后的金额分析填列。

(13)"其他债权投资"项目,反映资产负债表日企业分类为以公允价值计量且其变动计入其他综合收益的长期债权投资的期末账面价值。本项目应根据"其他债权投资"账户的相关明细账户期末余额分析填列。

(14)"长期应收款"项目,反映企业融资租赁产生的应收款项、采用递延方式具有融资性质的销售商品和提供劳务等产生的长期应收款项等。本项目应根据"长期应收款"账户的期末余额,减去相应的"未实现融资收益"账户和"坏账准备"账户所属相关明细账户期末余额后的金额填列。

(15)"长期股权投资"项目,反映企业持有的对子公司、联营企业和合营企业的股权投资。本项目应根据"长期股权投资"账户的期末余额,减去"长期股权投资减值准备"账户余额后的金额填列。

(16)"其他权益工具投资"项目,反映资产负债表日企业指定为以公允价值计量且其变动计入其他综合收益的非交易性权益工具投资的期末账面价值。本项目应根据"其他权益工具投资"账户的期末余额分析填列。

(17)"投资性房地产"项目,反映企业持有的投资性房地产。企业采用成本模式计量投资性房地产的,本项目应根据"投资性房地产"账户的期末余额,减去"投资性房地产累计折旧(摊销)"和"投资性房地产减值准备"账户期末余额后的金额填列;企业采用公允价值模式计量投资性房地产的,本项目应根据"投资性房地产"账户的期末余额分析填列。

(18)"固定资产"项目,反映资产负债表日企业的各种固定资产账面价值和企业尚未清理完毕的固定资产清理净损益。本项目应根据"固定资产"账户的期末余额,减去"累计折旧"账户和"固定资产减值准备"账户余额后的金额以及"固定资产清理"账户的期末余额后的金额填列。

(19)"在建工程"项目,反映资产负债表日企业尚未达到预定可使用状态的在建工程的期末账面价值和企业为在建工程准备的各种物资的期末账面价值。本项目应根据"在建工程"账户的期末余额,减去"在建工程减值准备"账户期末余额后的金额以及"工程物资"账户的期末余额,减去"工程物资减值准备"账户的期末余额后的金额填列。

(20)"生产性生物资产"项目,反映企业持有的生产性生物资产。本项目应根据"生产性生物资产"账户的期末余额,减去"生产性生物资产累计折旧"和"生产性生物资产减值准备"账户期末余额后的金额填列。

(21)"油气资产"项目,反映企业持有的矿区权益和油气井及相关设施的原价减去累计折耗和累计减值准备后的净额。本项目应根据"油气资产"账户的期末余额,减去"累计折耗"账户期末余额和相应的减值准备后的金额填列。

(22)"无形资产"项目,反映企业持有的各项无形资产,包括专利权、非专利技术、商标权、著作权、土地使用权等的期末可收回金额。本项目应根据"无形资产"账户的期末余额,减去"累计摊销""无形资产减值准备"账户期末余额后的金额填列。

(23)"开发支出"项目,反映企业自行开发无形资产过程中能够资本化形成无形资产成本的支出部分。本项目应根据"研发支出"账户中所属的"资本化支出"明细账户的期末余额填列。

(24)"商誉"项目,反映企业合并中形成的商誉价值。本项目应根据"商誉"账户的期末余额,减去相应减值准备后的金额填列。

(25)"长期待摊费用"项目,反映企业已经发生但应由本期和以后各期共同负担的分摊期限在一年以上的各项费用。长期待摊费用中在一年内(含一年)摊销的部分,应列示在资产负债表中的"一年内到期的非流动资产"项目。本项目应根据"长期待摊费用"账户的期末余额减去一年内（含一年）摊销的数额后的金额填列。

（26）"递延所得税资产"项目，反映企业确认的可抵扣暂时性差异产生的递延所得税资产。本项目应根据"递延所得税资产"账户的期末余额填列。

（27）"其他非流动资产"项目，反映企业除以上资产以外的其他长期资产。本项目应根据有关账户的期末余额填列。如其他长期资产价值较大，应在财务报表附注中披露其内容和金额。

（28）"短期借款"项目，反映企业向银行或其他金融机构借入尚未归还的一年期以下（含一年）的借款。本项目应根据"短期借款"账户的期末余额填列。

（29）"交易性金融负债"项目，反映资产负债表日企业承担的交易性金融负债，以及企业持有的直接指定为以公允价值计量且其变动计入当期损益的金融负债的期末账面价值。本项目应根据"交易性金融负债"账户的相关明细账户期末余额填列。

（30）"应付票据"项目，反映资产负债表日以摊余成本计量的、企业为了购买材料、商品和接受服务等而开出、承兑的尚未到期付款的应付票据，包括银行承兑汇票和商业承兑汇票。本项目应根据"应付票据"账户的期末余额填列。

（31）"应付账款"项目，反映资产负债表日以摊余成本计量的、企业购买原材料、商品和接受劳务供应等而应付给供应单位的款项。本项目应根据"应付账款"和"预付账款"账户所属各有关明细账的期末贷方余额合计填列。如果"应付账款"账户所属各明细账期末有借方余额，应在资产负债表中"预付款项"项目内填列。

（32）"预收款项"项目，反映企业按照购销合同规定预收的购买单位的账款。本项目应根据"预收账款"和"应收账款"账户所属各有关明细账户的期末贷方余额合计填列。如果"预收账款"账户所属有关明细账户有借方余额，应在资产负债表中"应收账款"项目内填列。

（33）"合同负债"项目，反映企业已收或应收客户对价而应向客户转让商品的义务。本项目应根据"合同负债"账户的期末余额填列。

（34）"应付职工薪酬"项目，反映企业应付未付的职工薪酬。应付职工薪酬包括应付职工的工资、奖金、津贴和补贴、职工福利费和医疗保险费、养老保险费等各种保险费以及住房公积金等。本项目应根据"应付职工薪酬"账户期末贷方余额填列。如果"应付职工薪酬"账户期末有借方余额，以"-"号填列。

（35）"应交税费"项目，反映企业期末未交、多交或未抵扣的各种税金和其他费用，包括增值税、消费税、所得税、资源税、城建税、房产税、教育费附加以及代扣代缴的个人所得税等。本项目应根据"应交税费"账户的期末贷方余额填列。如果"应交税费"账户期末为借方余额，以"-"号填列。

（36）"其他应付款"项目，反映企业所有应付和暂收其他单位与个人的款项。本项目应根据"应付利息""应付股利"和"其他应付款"账户的期末余额合计填列。

（37）"持有待售负债"项目，反映资产负债表日处置组中与划分为持有待售类别的资产直接相关的负债的期末账面价值。本项目应根据"持有待售负债"账户的期末余额填列。

（38）"一年内到期的非流动负债"项目，反映企业非流动负债中将于资产负债表日后一年内到期部分的金额，如将于一年内偿还的长期借款。本项目应根据有关账户的期末余额填列。

(39)"其他流动负债"项目,反映企业除以上流动负债以外的其他流动负债。本项目应根据有关账户的期末余额填列。如其他流动负债价值较大,应在财务报表附注中披露其内容及金额。

(40)"长期借款"项目,反映企业向银行或其他金融机构借入尚未归还的一年期以上(不含一年)的借款本息。本项目应根据"长期借款"账户的期末余额填列。

(41)"应付债券"项目,反映企业为筹集长期资金而发行的尚未偿还的各种长期债券的本息。本项目应根据"应付债券"账户的期末余额填列。

(42)"长期应付款"项目,反映企业除长期借款和应付债券以外的其他各种长期应付款项。本项目应根据"长期应付款"账户的期末余额,减去相应的"未确认融资费用"账户的期末余额后的金额填列。

(43)"专项应付款"项目,反映企业取得政府作为企业所有者投入的具有专项或特定用途的款项。本项目应根据"专项应付款"账户的期末余额填列。

(44)"预计负债"项目,反映企业确认的对外担保、未决诉讼、产品质量担保、重组义务、亏损性合同等预计负债的期末余额。本项目应根据"预计负债"账户的期末余额填列。

(45)"递延收益"项目,反映企业尚未确认的各项收入或收益。

(46)"递延所得税负债"项目,反映企业确认的应纳税暂时性差异产生的所得税负债。本项目应根据"递延所得税负债"账户的期末余额填列。

(47)"其他非流动负债"项目,反映企业除以上长期负债项目以外的其他长期负债。本项目应根据有关账户的期末余额减去将于一年内(含一年)到期偿还数后的金额填列。如其他非流动负债价值较大,应在财务报表附注中披露其内容和金额。

上述非流动负债各项目中将于一年内(含一年)到期的非流动负债,应在"一年内到期的非流动负债"项目内单独反映。

(48)"实收资本(或股本)"项目,反映企业各投资者实际投入的资本(或股本)总额。本项目应根据"实收资本(或股本)"账户的期末余额填列。

(49)"资本公积"项目,反映企业资本公积的期末余额。本项目应根据"资本公积"账户的期末余额填列。

(50)"库存股"项目,反映企业持有尚未转让或注销的本公司股份金额。本项目应根据"库存股"账户的期末余额填列。

(51)"其他综合收益"项目,反映企业根据企业会计准则规定未在损益中确认的各项利得和损失扣除所得税影响后的净额。本项目应根据"其他综合收益"账户的期末余额填列。

(52)"盈余公积"项目,反映企业盈余公积的期末余额。本项目应根据"盈余公积"账户的期末余额填列。

(53)"未分配利润"项目,反映企业尚未分配的利润。本项目应根据"本年利润"账户和"利润分配"账户的余额计算填列。未弥补的亏损,在本项目内以"-"号填列。

下面举一实例观察资产负债表的具体编制方法。

【例 9-1】 长江实业公司 2×19 年 12 月 31 日全部总账和有关明细账余额如表 9-2 所示。

表 9-2　2×19 年 12 月 31 日全部总账和有关明细账余额

单位：元

总账	明细账户	借方余额	贷方余额	总账	明细账户	借方余额	贷方余额
库存现金		29 000		短期借款			1 740 000
银行存款		435 000		应付账款			290 000
交易性金融资产		406 000			F 企业		203 000
应收账款		667 000			H 企业	145 000	
	A 企业	290 000			W 企业		232 000
	B 企业		58 000	预收账款			29 000
	C 企业	435 000			U 企业		116 000
预付账款		136 300			V 企业	87 000	
	D 企业	145 000		其他应付款			261 000
	E 企业		8 700	应付职工薪酬			1 006 300
其他应收款		232 000		应交税费			1 740 000
原材料		783 000		应付股利			580 000
生产成本		232 000		应付利息			87 000
库存商品		580 000		长期借款			1 856 000
长期股权投资		6 583 000		实收资本			8 120 000
固定资产		20 300 000		盈余公积			2 146 848.25
累计折旧			1 740 000	利润分配	未分配利润		13 325 710.25
无形资产		2 364 558.5					
长期待摊费用		174 000					

根据上述资料，编制该公司 2×19 年 12 月 31 日的资产负债表，如表 9-3 所示。

表 9-3　资产负债表

会企 01 表

编制单位：长江实业公司　　　　2×19 年 12 月 31 日　　　　　　　　　　　　单位：元

资产	期末余额	年初余额	负债和所有者权益（或股东权益）	期末余额	年初余额
流动资产：			流动负债：		
货币资金	464 000		短期借款	1 740 000	
交易性金融资产	406 000		交易性金融负债		
应收票据	0		应付票据	0	
应收账款	812 000		应付账款	443 700	
预付款项	290 000		预收款项	174 000	
			应付职工薪酬	1 006 300	
			应交税费	1 740 000	
其他应收款	232 000				
存货	1 595 000	略			
一年内到期的非流动资产	0		其他应付款	928 000	
其他流动资产	0		一年内到期的非流动负债	0	

续表

资　　产	期末余额	年初余额	负债和所有者权益（或股东权益）	期末余额	年初余额
流动资产合计	3 799 000		其他流动负债	0	
非流动资产：			流动负债合计	6 032 000	
可供出售金融资产	0		非流动负债：		
持有至到期投资	0		长期借款	1 856 000	
长期应收款	0		应付债券	0	
长期股权投资	6 583 000		长期应付款	0	
投资性房地产	0		专项应付款	0	
固定资产	18 560 000		预计负债	0	
在建工程	0		递延收益	0	
工程物资	0		递延所得税负债	0	
固定资产清理	0		其他非流动负债	0	
生产性生物资产	0		非流动负债合计	1 856 000	
油气资产	0		负债合计	7 888 000	
无形资产	2 364 558.5		所有者权益（或股东权益）：		
开发支出	0		实收资本（或股本）	8 120 000	
商誉	0		资本公积	0	
长期待摊费用	174 000		减：库存股	0	
递延所得税资产	0		其他综合收益	0	
其他非流动资产	0		盈余公积	2 146 848.25	
非流动资产合计	27 681 558.5		未分配利润	13 325 710.25	
			所有者权益（或股东权益）合计	23 592 558.5	
资产总计	31 480 558.5		负债和所有者权益（或股东权益）总计	31 480 558.5	

第三节　利　润　表

一、利润表的概念与作用

（一）利润表的概念

利润表属于动态报表，是反映企业在一定会计期间经营成果的会计报表，反映了企业经营业绩的主要来源和构成。

（二）利润表的作用

利润表的列报必须反映企业经营业绩的主要来源和构成，以有助于使用者据此判断企业净利润的质量及其风险，预测企业净利润的持续性，从而做出正确的决策。具体说，利润表的作用表现在以下几个方面。

1. 有助于投资者和债权人进行相关决策

利润表能够提供企业利润的相关指标，包括利润的绝对值和根据绝对值计算的相对指标，而且通过前后各期以及不同行业企业的比较，可以了解企业盈利水平和未来增长趋势，帮助投资者和债权人做出是否追加投资和进一步贷款的决策，特别是企业的盈利能力会比资产的变现能力和资本结构优劣给债权人提供更大的安全保障。

2. 有助于评价企业管理层的经营绩效

在现代企业制度下，利润表提供的利润指标是个综合性指标，是企业在生产经营、理财和投资等活动中管理绩效的集中表现。因此，利润表所反映的各项指标是企业资源提供者考核和评价企业管理层受托责任履行情况的重要依据，也是衡量企业经营管理有效性的标准，据此还可以做出对企业管理者的聘用、奖惩、职位升降等决策。

3. 有助于企业管理层进行经营决策

利润表能够综合反映企业的各项营业收入、营业成本以及期间费用等。通过利润表可以观察构成利润的各个项目的变化趋势，分析变化的原因，查明存在问题的根源，进而明确以后工作的重点，也便于做出改进或调整的决策。

4. 有助于分析企业获利能力和预测盈利趋势

一个企业生存和发展的主要目的在于获利，而盈利能力如何是决定一个企业能否在激烈的市场竞争中生存和发展的关键因素。通过企业提供的利润表所表达的各项利润指标以及多期利润表的比较，可以帮助使用者分析企业的盈利能力，并在此基础上进一步预测企业在未来一定时期内的盈利趋势。

5. 有助于企业正确地进行财务成果的分配

众所周知，现代企业的一个重要特点是所有权与使用权相分离，由此就产生了一个不直接参与企业经营管理但又要从企业分得一定利益的群体——投资人、债权人等，投资人要从企业分得红利，债权人要从企业收回本息等。利润作为反映企业经营状况的一个综合性指标，直接关系到相关利益者的切身利益，因此，企业进行利润分配、支付本息、确定薪酬等内容，都需要利润表提供信息以保证各项内容的准确无误。

二、利润表的内容与格式

一般情况下，利润表主要反映以下几个方面的内容。

（1）构成营业利润的各项要素。从营业收入出发，减去营业成本、税金及附加和销售费用、管理费用、财务费用等项目后得出营业利润。

（2）构成利润总额的各项要素。在营业利润的基础上，加上营业外收入、减去营业外支出等后得出。

（3）构成净利润的各项要素。在利润总额的基础上，减去所得税费用后得出。

（4）其他综合收益的税后净额，包括以后不能重分类进损益的其他综合收益和以后将重分类进损益的其他综合收益。

（5）综合收益总额。净利润与其他综合收益的税后净额之和就构成了综合收益总额。

利润表一般有表首、正表两部分。其中，表首概括地说明报表名称、编制单位、编制日期、报表编号、货币名称、计量单位等；正表反映形成经营成果的各个项目和计算过程。

利润表正表的格式一般有两种：单步式利润表和多步式利润表。单步式利润表是将当期所有的收入列在一起，然后将所有的费用列在一起，两者相减得出当期净损益。多步式利润表是通过对当期的收入、费用、支出项目按性质加以归类，按利润形成的主要环节列示一些中间性利润指标，如营业利润、利润总额、净利润、其他综合收益的税后净利润、综合收益总额等，分步计算当期净损益。在我国，利润表一般采用多步式，具体格式和内容如表 9-4 所示。

表 9-4　利润表

会企 02 表
编制单位：　　　　　　　　　　　　　　　　年　　月　　　　　　　　　　　　　　　单位：元

项　　目	本 期 金 额	上 期 金 额
一、营业收入		
减：营业成本		
税金及附加		
销售费用		
管理费用		
财务费用		
其中：利息费用		
利息收入		
资产减值损失		
加：公允价值变动收益（损失以"-"号填列）		
投资收益（损失以"-"号填列）		
其中：对联营企业和合营企业的投资收益		
二、营业利润（亏损以"-"号填列）		
加：营业外收入		
其中：非流动资产处置利得		
减：营业外支出		
其中：非流动资产处置损失		
三、利润总额（亏损总额以"-"号填列）		
减：所得税费用		
四、净利润（净亏损以"-"号填列）		
五、其他综合收益的税后净额		
（一）以后不能重分类进损益的其他综合收益		
1. 重新计量设定受益计划净负债或净资产的变动		
2. 权益法下在被投资单位不能重分类进损益的其他综合收益中享有的份额		
……		

续表

项目	本期金额	上期金额
（二）以后将重分类进损益的其他综合收益		
1. 权益法下在被投资单位以后将重分类进损益的其他综合收益中享有的份额		
2. 可供出售金融资产公允价值变动损益		
3. 持有至到期投资重分类为可供出售金融资产损益		
4. 现金流量套期损益的有效部分		
5. 外币财务报表折算差额		
……		
六、综合收益总额		
七、每股收益		
（一）基本每股收益		
（二）稀释每股收益		

三、利润表的编制方法

（一）利润表中的"本期金额"与"上期金额"

利润表"上期金额"栏内各项数字，应根据上年该期利润表"本期金额"栏内所列数字填列。如果上年该期利润表规定的各个项目的名称和内容同本期不相一致，应对上年该期利润表各项目的名称和数字按本期的规定进行调整，再填入利润表"上期金额"栏内。利润表"本期金额"栏内各项数字一般应根据损益类科目的发生额分析填列。

（二）利润表中各项目的填列方法

利润表中各项目的金额，一般是根据有关账户的本期发生额来填列的。"本期金额"栏内各项数字，根据以下方法填列。

（1）"营业收入"项目，反映企业经营业务所取得的收入总额。本项目应根据"主营业务收入"账户和"其他业务收入"账户的发生额分析填列。

（2）"营业成本"项目，反映企业经营业务发生的实际成本。本项目应根据"主营业务成本"账户和"其他业务成本"账户的发生额分析填列。

（3）"税金及附加"项目，反映企业经营业务应负担的营业税、消费税、城市维护建设税、资源税、土地增值税和教育费附加等。本项目应根据"税金及附加"账户的发生额分析填列。

（4）"销售费用"项目，反映企业在销售商品和商品流通企业在购入商品等过程中发生的费用。本项目应根据"销售费用"账户的发生额分析填列。

（5）"管理费用"项目，反映企业发生的管理费用。本项目应根据"管理费用"账户的发生额分析填列。

（6）"财务费用"项目，反映企业发生的财务费用。本项目应根据"财务费用"账户的发生额分析填列。

（7）"资产减值损失"项目，反映企业因资产减值而发生的损失。本项目应根据"资产减值损失"账户的发生额分析填列。

（8）"公允价值变动收益"项目，反映企业资产因公允价值变动而发生的损益。本项目应根据"公允价值变动损益"账户的发生额分析填列。如为净损失，以"-"号填列。

（9）"投资收益"项目，反映企业以各种方式对外投资所取得的收益。本项目应根据"投资收益"账户的发生额分析填列。如为投资损失，以"-"号填列。

（10）"营业利润"项目，反映企业实现的营业利润。如为亏损，以"-"号填列。

（11）"营业外收入"项目，反映企业发生的与其经营活动无直接关系的各项收入。本项目应根据"营业外收入"账户的发生额分析填列。

（12）"营业外支出"项目，反映企业发生的与其经营活动无直接关系的各项支出。本项目应根据"营业外支出"账户的发生额分析填列。

（13）"利润总额"项目，反映企业实现的利润总额。如为亏损，以"-"号填列。

（14）"所得税费用"项目，反映企业按规定从本期损益中减去的所得税费用。本项目应根据"所得税费用"账户的发生额分析填列。

（15）"净利润"项目，反映企业实现的净利润。如为净亏损，以"-"号填列。

（16）"其他综合收益的税后净额"及其各组成部分项目，反映企业根据会计准则规定未在当期损益中确认的各项利得和损失。本项目应根据"其他综合收益"账户及其所属明细账户的本期发生额分析填列。

（17）"综合收益总额"项目，反映企业在某一期间除与所有者以其所有者身份进行的交易之外的其他交易或事项所引起的所有者权益变动。该项目反映的是净利润和其他综合收益税后净额的合计金额。

【例 9-2】长江实业公司 2×19 年 11 月份的有关收入、费用类账户的发生额资料如表 9-5 所示。

表 9-5　长江实业公司损益类科目发生额表

单位：元

科 目 名 称	借方发生额	贷方发生额
主营业务收入		10 200 000
主营业务成本	5 780 000	
税金及附加	340 000	
销售费用	510 000	
管理费用	816 000	
财务费用	204 000	
资产减值损失	238 000	
投资收益		680 000
其他业务收入		765 000
其他业务成本	425 000	
营业外收入		127 500
营业外支出	80 800	
所得税费用	844 700	

其他综合收益中的"可供出售金融资产公允价值变动"贷方发生额为 310 000 元;"持有至到期投资重分类为可供出售金融资产"借方发生额为 52 000 元。

根据上述 2×19 年 11 月份的有关资料,编制 2×19 年 11 月份的利润表,如表 9-6 所示。

表 9-6 利润表

会企 02 表

编制单位:长江实业公司　　　　2×19 年 11 月　　　　　　　　　　单位:元

项　目	本 期 金 额	上 期 金 额
一、营业收入	10 965 000	
减:营业成本	6 205 000	
税金及附加	340 000	
销售费用	510 000	
管理费用	816 000	
财务费用	204 000	
资产减值损失	238 000	(略)
加:公允价值变动收益(损失以"-"号填列)	0	
投资收益(损失以"-"号填列)	680 000	
其中:对联营企业和合营企业的投资收益	(略)	
二、营业利润(亏损以"-"号填列)	3 332 000	
加:营业外收入	127 500	
其中:非流动资产处置利得	(略)	
减:营业外支出	80 800	
其中:非流动资产处置损失	(略)	
三、利润总额(亏损总额以"-"号填列)	3 378 700	
减:所得税费用	844 700	
四、净利润(净亏损以"-"号填列)	2 534 000	
五、其他综合收益的税后净额	258 000	
(一)以后不能重分类进损益的其他综合收益	0	
1. 重新计量设定受益计划净负债或净资产的变动	0	
2. 权益法下在被投资单位不能重分类进损益的其他综合收益中享有的份额	0	
……		
(二)以后将重分类进损益的其他综合收益	258 000	
1. 权益法下在被投资单位以后将重分类进损益的其他综合收益中享有的份额		
2. 可供出售金融资产公允价值变动损益	310 000	
3. 持有至到期投资重分类为可供出售金融资产损益	-52 000	
4. 现金流量套期损益的有效部分	0	
5. 外币财务报表折算差额	0	
……		
六、综合收益总额	2 792 000	
七、每股收益		
(一)基本每股收益	(略)	
(二)稀释每股收益	(略)	

第四节　现金流量表

一、现金流量表的定义及内容

现金流量表是反映企业一定会计期间现金和现金等价物流入和流出情况的报表，属于动态报表。企业编制现金流量表的主要目的是为财务报表使用者提供企业一定会计期间内现金和现金等价物流入和流出的信息，以便于财务报表使用者了解和评价企业获取现金和现金等价物的能力，并据以预测企业未来现金流量。因此，现金流量表在评价企业经营业绩、衡量企业财务资源和财务风险以及预测企业未来前景方面，有着十分重要的作用。现金流量表有助于评价企业支付能力、偿债能力和周转能力；有助于预测企业未来现金流量；有助于分析企业收益质量及影响现金净流量的因素。

在现金流量表中，企业应当按照经营活动、投资活动和筹资活动的现金流量分类分项列示。经营活动的现金流量应当按照其经营活动的现金流入和流出的性质分项列示；投资活动的现金流量应当按照其投资活动的现金流入和流出的性质分项列示；筹资活动的现金流量应当按照其筹资活动的现金流入和流出的性质分项列示。

（一）经营活动产生的现金流量

经营活动是指企业投资活动和筹资活动以外的所有交易和事项，即除投资活动和筹资活动以外的所有交易和事项，都可归属于经营活动。对于工商企业而言，经营活动主要包括销售商品、提供劳务、购买商品、接受劳务、支付税费等。

通常情况下，经营活动产生的现金流入项目主要有：销售商品、提供劳务收到的现金；收到的税费返还；收到的其他与经营活动有关的现金。经营活动产生的现金流出项目主要有：购买商品、接受劳务支付的现金；支付给职工以及为职工支付的现金；支付的各项税费；支付的其他与经营活动有关的现金。

（二）投资活动产生的现金流量

投资活动是指企业长期资产的购建和不包括在现金等价物范围内的投资及其处置活动。

通常情况下，投资活动产生的现金流入项目主要有：收回投资所收到的现金；取得投资收益所收到的现金；处置固定资产、无形资产和其他长期资产所收回的现金净额；收到的其他与投资活动有关的现金。投资活动产生的现金流出项目主要有：购建固定资产、无形资产和其他长期资产所支付的现金；投资所支付的现金；支付的其他与投资活动有关的现金。

（三）筹资活动产生的现金流量

筹资活动是指导致企业资本及债务规模和构成发生变化的活动。

通常情况下，筹资活动产生的现金流入项目主要有：吸收投资所收到的现金；取得借款所收到的现金；收到的其他与筹资活动有关的现金。筹资活动产生的现金流出项目主要有：偿还债务所支付的现金；分配股利、利润或偿付利息所支付的现金；支付的其他与筹资活动有关的现金。

需要注意的是,对于企业日常活动之外的、不经常发生的特殊项目,如自然灾害损失、保险赔款、捐赠等,企业应当将其归并到相关类别中,单独反映。

二、现金流量表的编制基础

现金流量表是以现金及现金等价物为基础编制的。这里的现金是广义的,包括库存现金、银行存款、其他货币资金和现金等价物。

(一)库存现金

库存现金是指企业持有的、可随时用于支付的现金限额,与企业的"库存现金"账户的核算内容一致。

(二)银行存款

银行存款是指企业存在金融机构、随时可用于支取的存款。它与企业"银行存款"账户核算的银行存款基本一致,主要的区别是编制现金流量表所指的银行存款是可以随时用于支付的银行存款,如结算户存款、通知存款等,不包括不能随时用于支付的存款。例如,不能随时支取的定期存款就不应作为现金,提前通知金融机构便可支取的定期存款则属于现金范围。

(三)其他货币资金

其他货币资金是指企业存放在金融机构有特定用途的资金,也就是其他货币资金账户核算的银行存款,如外埠存款、银行汇票存款、银行本票存款、信用证保证金存款、在途货币资金等。

(四)现金等价物

现金等价物是指企业持有的期限短、流动性强、易于转换为已知金额的现金、价值变动风险很小的投资。这一定义本身包含了判断一项投资是否属于现金等价物的四个条件,即期限短、流动性强、易于转换为已知金额的现金、价值变动风险很小。其中,"期限短"一般是指从购买日起3个月内到期,如可以在证券市场上流通的3个月内到期的短期债券等。期限短、流动性强,强调了变现能力,而易于转换为已知金额的现金、价值变动风险较小,则强调了支付能力的大小。

三、现金流量表的格式

现金流量表分为两部分:第一部分为表首;第二部分为正表。

表首概括地说明报表名称、编制单位、编制日期、报表编号、货币名称、计量单位等。

正表反映现金流量表的各个项目内容。正表包括六项内容:一是经营活动产生的现金流量;二是投资活动产生的现金流量;三是筹资活动产生的现金流量;四是汇率变动对现金及现金等价物的影响；五是现金及现金等价物净增加额；六是期末现金及现金等价物余额。其中，经营活动产生的现金流量是按直接法编制的。

现金流量表的基本格式如表 9-7 所示。

表 9-7 现金流量表

会企 03 表

编制单位： 2×19 年度 单位：元

项 目	本 期 金 额	上 期 金 额
一、经营活动产生的现金流量		
销售商品、提供劳务收到的现金		
收到的税费返还		
收到其他与经营活动有关的现金		
经营活动现金流入小计		
购买商品、接受劳务支付的现金		
支付给职工以及为职工支付的现金		
支付的各项税费		
支付的其他与经营活动有关的现金		
经营活动现金流出小计		
经营活动产生的现金流量净额		
二、投资活动产生的现金流量		
收回投资收到的现金		
取得投资收益收到的现金		
处置固定资产、无形资产和其他长期资产收回的现金净额		
收到其他与投资活动有关的现金		
投资活动现金流入小计		
购建固定资产、无形资产和其他长期资产所支付的现金		
投资支付的现金		
取得子公司及其他营业单位支付的现金净额		
支付其他与投资活动有关的现金		
投资活动现金流出小计		
投资活动产生的现金流量净额		
三、筹资活动产生的现金流量		
吸收投资收到的现金		
取得借款收到的现金		
收到的其他与筹资活动有关的现金		
筹资活动现金流入小计		
偿还债务支付的现金		
分配股利、利润或偿付利息支付的现金		
支付其他与筹资活动有关的现金		
筹资活动现金流出小计		
筹资活动产生的现金流量净额		
四、汇率变动对现金及现金等价物的影响		
五、现金及现金等价物净增加额		
加：期初现金及现金等价物余额		
六、期末现金及现金等价物余额		

第五节 所有者权益变动表

所有者权益变动表是反映构成所有者权益的各组成部分当期的增减变动情况的报表。所有者权益变动表应当全面反映一定时期所有者权益变动的情况，不仅包括所有者权益总量的增减变动，还包括所有者权益增减变动的重要结构性信息，这样才能有助于报表使用者理解所有者权益增减变动的根源。

所有者权益的来源包括所有者投入的资本（包括实收资本和资本溢价等资本公积）、其他综合收益、留存收益（包括盈余公积和未分配利润）等。综合收益和与所有者（或股东）的资本交易导致的所有者权益的变动，应当分别列示。

《企业会计准则第30号——财务报表列报》规定，企业应当反映所有者权益各组成部分的期初和期末余额及其调节情况。因此，企业一方面应列示导致所有者权益变动的交易或事项，按所有者权益变动的来源对一定时期所有者权益变动情况进行全面反映；另一方面，按照所有者权益各组成部分（包括实收资本、资本公积、其他综合收益、盈余公积、未分配利润、库存股）及其总额列示相关交易或事项对所有者权益的影响。

《企业会计准则第30号——财务报表列报》还规定，企业需要提供比较所有者权益变动表，表内各项目再分为"本年金额"和"上年金额"两个栏目。一般企业所有者权益变动表的格式如表9-8所示。

表9-8 所有者权益变动表

会企04表

编制单位： ____年度 单位：元

项　目	本 年 金 额							上 年 金 额						
	实收资本（或股本）	资本公积	减：库存股	其他综合收益	盈余公积	未分配利润	所有者权益合计	实收资本（或股本）	资本公积	减：库存股	其他综合收益	盈余公积	未分配利润	所有者权益合计
一、上年年末余额														
加：会计政策变更														
前期差错更正														
二、本年年初余额														
三、本年增减变动金额（减少以"-"号填列）														
（一）综合收益总额														
（二）所有者投入和减少资本														
1. 所有者投入资本														
2. 股份支付计入所有者权益的金额														
3. 其他														
（三）利润分配														
1. 提取盈余公积														

续表

项目	本年金额							上年金额						
	实收资本（或股本）	资本公积	减:库存股	其他综合收益	盈余公积	未分配利润	所有者权益合计	实收资本（或股本）	资本公积	减:库存股	其他综合收益	盈余公积	未分配利润	所有者权益合计
2. 对所有者（或股东）的分配														
3. 其他														
（四）所有者权益内部结转														
1. 资本公积转增资本（或股本）														
2. 盈余公积转增资本（或股本）														
3. 盈余公积弥补亏损														
4. 其他														
四、本年年末余额														

第六节 财务报表附注

一、财务报表附注的意义

财务报表附注是对在资产负债表、利润表、现金流量表和所有者权益变动表等报表中列示项目的文字描述或明细资料，以及对未能在这些报表中列示项目的说明等。

附注应当披露财务报表的编制基础，相关信息应当与资产负债表、利润表、现金流量表和所有者权益变动表等报表中列示的项目相互参照。

二、财务报表附注披露的内容

按照《企业会计准则第 30 号——财务报表列报》的规定，财务报表附注一般应当按照下列顺序至少披露以下内容。

1. 企业的基本情况

（1）企业注册地、组织形式和总部地址。

（2）企业的业务性质和主要经营活动，如企业所处的行业、所提供的主要产品或服务、客户的性质、销售策略、监管环境的性质等。

（3）母公司以及集团最终母公司的名称。

（4）财务报告的批准报出者和财务报告批准报出日。

（5）营业期限有限的企业，还应当披露有关其营业期限的信息。

2. 财务报表的编制基础

财务报表的编制基础包括企业采用的会计年度、使用的记账本位币、会计计量所运用的计量基础、现金和现金等价物的构成等。除此之外,企业应当根据《企业会计准则第 30 号——财务报表列报》的规定判断企业是否持续经营,并披露财务报表是否以持续经营为基础编制。

3. 遵循会计准则的声明

《企业会计准则第 30 号——财务报表列报》规定,企业应当声明编制的财务报表符合企业会计准则的要求,真实、完整地反映了企业的财务状况、经营成果和现金流量等信息,以此明确企业编制财务报表所依据的制度基础。如果企业编制的财务报表只是部分地遵循了企业会计准则,附注中不得做出这种表述。

4. 重要会计政策和会计估计

《企业会计准则第 30 号——财务报表列报》规定,企业应当披露采用的重要会计政策和会计估计。

(1) 重要会计政策的说明。由于企业经济业务的复杂性和多样化,企业可以选择不同的会计处理方法。为了有助于使用者理解,有必要对这些会计政策加以披露,具体包括以下两个方面。

① 财务报表项目的计量基础。会计计量属性包括历史成本、重置成本、可变现净值、现值和公允价值,这直接显著影响报表使用者的分析。这项披露要求便于使用者了解企业财务报表中的项目是按何种计量基础予以计量的。

② 会计政策的重要判断依据。主要是指企业在运用会计政策过程中所做的对报表中确认的项目金额最具影响的判断。例如,企业如何判断与租赁资产相关的所有风险和报酬已转移给企业,从而符合融资租赁的标准等。这项披露要求有助于使用者理解企业选择和运用会计政策的背景,增加财务报表的可理解性。

(2) 重要会计估计的说明。财务报表列报准则强调了对会计估计不确定因素的披露要求,即企业应当披露会计估计中所采用的关键假设和不确定因素的确定依据。因为这些关键假设和不确定因素在下一会计期间内很可能导致对资产、负债账面价值进行重大调整,因此,强调这一披露要求有助于提高财务报表的可理解性。

5. 会计政策和会计估计变更以及差错更正的说明

《企业会计准则第 30 号——财务报表列报》规定,企业应当按照《企业会计准则第 28 号——会计政策、会计估计变更和差错更正》的规定,披露会计政策和会计估计变更以及差错更正的具体情况。

6. 报表重要项目的说明

《企业会计准则第 30 号——财务报表列报》规定,企业应当按照资产负债表、利润表、现金流量表、所有者权益变动表及其项目列示的顺序,采用文字和数字描述相结合的方式披露报表重要项目的说明。

思 考 题

1. 什么是财务会计报告？它由哪些内容构成？
2. 从质量、形式、时间和编制四个方面来看，对财务会计报告有哪些基本要求？
3. 资产负债表的作用是什么？其结构和内容如何？
4. 资产负债表项目的填列方法有哪几种？举例说明。
5. 我国对利润表的结构和内容是如何规定的？
6. 如何填制利润表？
7. 什么是现金流量表？它有哪些作用？
8. 现金流量表由哪几部分组成？其格式如何？
9. 什么是所有者权益变动表？
10. 什么是财务报表附注？财务报表附注应披露哪些内容？

练 习 题

1. 目的：练习经济业务的处理和利润表的编制。

资料：某一般纳税人企业 2×19 年 6 月发生下列经济业务：

（1）企业销售甲产品 1 000 件，每件售价 1 160 元，增值税税率为 13%，价税款已通过银行收讫。

（2）企业销售给红星厂乙产品 900 件，每件售价 725 元，增值税税率为 13%，但价税款尚未收到。

（3）结转已售甲、乙产品成本。其中，甲产品生产成本为 948 300 元，乙产品生产成本为 522 000 元。

（4）以银行存款支付本月销售甲、乙两种产品的销售费 22 040 元。

（5）根据规定计算应缴纳城市维护建设税 126 875 元。

（6）王××外出归来报销因公务出差的差旅费 5 075 元（原已预支 5 800 元）。

（7）以银行存款 14 500 元支付厂部办公费。

（8）企业收到红星厂前欠货款 652 500 元并存入银行。

（9）没收某单位逾期未退回包装物的押金 87 290 元（作为营业外收入）。

（10）年初，用银行存款支付材料仓库 2 年的租赁费 34 800 元，摊销应由本月负担的部分（计入管理费用）。

（11）根据上述有关经济业务，结转本期主营业务收入、营业外收入。

（12）根据上述有关经济业务结转本月主营业务成本、销售费用、营业税金及附加和管理费用。

（13）根据本期实现的利润总额，按 25% 的税率计算应交所得税。

（14）以银行存款上缴城建税 8 750 元、所得税 5 940 元。

要求：根据上述经济业务编制会计分录并编制该企业当月的利润表（见表 9-9），增值税税率为 13%（凡能确定二级或明细账户名称的，应同时列明二级或明细账户）。

表 9-9 利润表

会企 02 表
编制单位：　　　　　　　　　　　2×19 年 6 月　　　　　　　　　　　单位：元

项　　目	本　期　金　额	上　期　金　额
一、营业收入		
减：营业成本		
营业税金及附加		
销售费用		
管理费用		
财务费用		
资产减值损失		
加：公允价值变动收益（损失以"-"号填列）		
投资收益（损失以"-"号填列）		
其中：对联营企业和合营企业的投资收益		
二、营业利润（亏损以"-"号填列）		
加：营业外收入		
其中：非流动资产处置利得		
减：营业外支出		
其中：非流动资产处置损失		
三、利润总额（亏损总额以"-"号填列）		
减：所得税费用		
四、净利润（净亏损以"-"号填列）		
五、其他综合收益的税后净额		
（一）以后不能重分类进损益的其他综合收益		
1. 重新计量设定受益计划净负债或净资产的变动		
2. 权益法下在被投资单位不能重分类进损益的其他综合收益中享有的份额		
……		
（二）以后将重分类进损益的其他综合收益		
1. 权益法下在被投资单位以后将重分类进损益的其他综合收益中享有的份额		
2. 可供出售金融资产公允价值变动损益		
3. 持有至到期投资重分类为可供出售金融资产损益		
4. 现金流量套期损益的有效部分		
5. 外币财务报表折算差额		
……		
六、综合收益总额		
七、每股收益		
（一）基本每股收益		
（二）稀释每股收益		

2. **目的**：练习资产负债表有关项目的填列。

资料：某企业 2×19 年 5 月 31 日部分账户余额及方向如表 9-10 所示。

表 9-10　某企业有关账户余额表

单位：元

科目名称	借方余额	贷方余额
应收账款	65 000	
坏账准备		500
预付账款	30 000	
原材料	34 000	
生产成本	56 000	
库存商品	85 000	
材料成本差异		2 000
长期待摊费用	800	
应付利息	4 000	
利润分配	1 725 000	
本年利润		210 000

要求：根据上述资料计算：

（1）资产负债表上"应收账款"项目的净额。

（2）资产负债表上"存货"项目的数额。

（3）资产负债表上"长期待摊费用"项目的数额。

（4）资产负债表上"未分配利润"项目的数额。

3. **目的**：练习资产负债表和利润表的编制。

资料：东方股份有限公司为一般纳税人，适用的增值税税率为 13%，消费税税率为 10%，城建税税率为 7%，教育费附加提取比例为 3%，所得税税率为 25%。原材料按计划成本核算。短期借款年利率为 6%，利息按月预提，按季度结算。长期借款年利率为 8%，利息按半年计算提取，每年末支付。公司坏账准备金的提取比例为 15%。2×19 年 11 月 30 日公司有关账户的余额如表 9-11 所示。

表 9-11　东方股份有限公司账户余额表

2×19 年 11 月 30 日

单位：元

账户名称	期初余额	
	借方	贷方
库存现金	42 500	
银行存款	1 785 000	
交易性金融资产	650 000	
应收票据	350 000	
原材料	525 000	
材料成本差异		31 200
库存商品	1 485 000	
应收账款	1 250 000	

续表

账户名称	期初余额 借方	期初余额 贷方
预付账款	300 000	
其他应收款	128 000	
生产成本	755 500	
坏账准备		120 000
应交税费		256 000
应付职工薪酬		728 000
应付账款		1 480 000
固定资产	6 580 000	
累计折旧		1 260 000
长期待摊费用	240 000	
长期股权投资	4 800 000	
其他债权投资	820 000	
长期应收款	358 200	
无形资产	2 260 000	
短期借款		1 800 000
应付票据		450 000
预收账款		280 000
应付利息		178 000
其他应付款		87 500
实收资本		6 180 000
资本公积		1 640 000
盈余公积		560 000
本年利润		1 850 000
利润分配		1 428 500
长期借款		4 000 000
合计	22 329 200	22 329 200

东方股份有限公司2×19年发生的经济业务如下：

（1）公司收到银行通知，用银行存款支付到期的商业承兑汇票250 000元。

（2）公司购入原材料，增值税专用发票注明价款为675 000元，增值税税额为87 750元，款项通过银行支付，材料未入库。

（3）公司上个月已付款的材料本月到货，专用发票注明价税合计为210 600元，增值税税率为13%。

（4）本月购入的材料入库，两批材料的计划成本合计为880 000元，结转其计划成本和差异额。

（5）公司销售一批产品，开出的增值税专用发票注明价款为780 000元，增值税税率为13%，款项未收到。

（6）公司购入不需要安装设备一台，增值税专用发票注明价款为185 000元，增值税税额为24 050元，包装费为5 000元，设备交付车间使用，价税款通过银行支付。

（7）公司出售持有的交易性金融资产，售价为 485 000 元，该项交易性金融资产的取得成本为 450 000 元，没有发生公允价值变动，款项存入银行。

（8）公司通过银行缴纳上个月欠缴的税费 256 000 元。

（9）公司仓库发出材料，用途如下：生产产品领用材料的计划成本 425 000 元，生产车间领用材料的计划成本 18 000 元，管理部门领用材料的计划成本 5 000 元。

（10）公司转让一项专利权，获得收入 1 198 000 元，款项收存银行。

（11）公司通过现金购买车间办公用品和管理部门办公用品，分别花费 6 800 元和 4 500 元。

（12）银行转来通知，本月公司的水电费计为 24 500 元，其中车间的为 18 000 元，管理部门的为 6 500 元。

（13）公司销售一批产品，增值税专用发票注明价款为 2 220 000 元，增值税税额为 288 600 元，款项收到存入银行。

（14）公司销售一批材料，专用发票注明价款为 250 000 元，增值税税额为 32 500 元，款项存入银行。

（15）公司购入一台需要安装的设备，专用发票注明价款为 680 000 元，增值税税额为 88 400 元，设备交付车间安装，款项通过银行支付。

（16）公司持有股票的某单位宣告分派现金股利，本公司分得现金股利 680 000 元。

（17）公司通过银行支付职工工资 728 000 元。

（18）公司按给定税率计算转让专利权获得收入应缴纳的营业税。

（19）公司本月购入并投入安装的设备发生的安装费如下：领用原材料 15 000 元，应付本企业安装工人的工资 18 000 元，计提的社会保险费等 7 000 元。

（20）公司的公出人员出差归来报销差旅费 6 200 元，原借款 5 000 元，不足款项付给现金。

（21）公司分配本月职工工资 820 000 元，其中生产工人工资 600 000 元，车间管理人员工资 150 000 元，行政管理人员工资 70 000 元。

（22）公司按本月各自工资额的 20% 计提社会保险费，按 12% 计提住房公积金。

（23）公司通过银行支付罚款支出 102 510 元。

（24）公司计提短期借款利息；计提长期借款利息（包括本月偿还的部分），该笔长期借款用于的工程早已完工。同时，支付本季度短期借款和本年度长期借款利息。

（25）公司计提固定资产折旧，其中，车间设备折旧额为 59 920 元，行政管理部门设备折旧额为 25 600 元。

（26）公司月末按本月材料成本差异率结转发出材料的成本差异额（包括工程领用材料）。

（27）公司将本月发生的制造费用转入产品生产成本。

（28）本月生产的产品完工 1 200 000 元入库，结转完工产品的生产成本。

（29）公司将无法偿还的应付账款 180 000 元转账。

（30）公司月末计提坏账准备金，假设公司只对应收账款计提坏账准备金。

（31）公司摊销以前已付款的管理部门用房的房租 10 000 元。

（32）公司本月销售的产品为应税消费品，按规定的税率计算消费税。

（33）公司结转本月已销售的产品成本 2 380 000 元，已销售的材料计划成本 120 000 元，同时结转该批材料的成本差异。

（34）假如公司以前的增值税已抵扣完毕，按本月应交的增值税、消费税额计算本月的城建税和教育费附加。

（35）公司将本月实现的各项收入（收益）和支出转入"本年利润"账户。

（36）假设公司没有纳税调整项目，按给定的税率计算本月所得税并结转。

（37）公司将本年净利润转入"本年利润"账户。

（38）公司按本年净利润的10%计提法定盈余公积。

（39）公司决定将剩余净利润的40%向普通股股东分派现金股利。

（40）公司在年末结转"利润分配"所属的各个明细账户。

要求：（1）编制本月业务的会计分录。

（2）根据期初余额资料和本月业务的会计分录编制2×19年12月31日的资产负债表，其格式如表9-12所示。

（3）根据本月业务编制2×19年12月份的利润表，其格式如表9-13所示。

表9-12 资产负债表

会企01表

编制单位：　　　　　　　　　　　　年　月　日　　　　　　　　　　　　单位：元

资　产	期末余额	年初余额	负债和所有者权益（或股东权益）	期末余额	年初余额
流动资产：			流动负债：		
货币资金			短期借款		
交易性金融资产			交易性金融负债		
应收票据			应付票据		
应收账款			应付账款		
预付款项			预收款项		
			应付职工薪酬		
			应交税费		
其他应收款					
存货					
一年内到期的非流动资产			其他应付款		
其他流动资产			一年内到期的非流动负债		
流动资产合计			其他流动负债		
非流动资产：			流动负债合计		
债权投资			非流动负债：		
其他债权投资			长期借款		
长期应收款			应付债券		
长期股权投资			长期应付款		
其他权益工具投资					
投资性房地产			专项应付款		
固定资产			预计负债		
在建工程			递延收益		
			递延所得税负债		
			其他非流动负债		

续表

资产	期末余额	年初余额	负债和所有者权益（或股东权益）	期末余额	年初余额
生产性生物资产			非流动负债合计		
油气资产			负债合计		
无形资产			所有者权益（或股东权益）：		
开发支出			实收资本（或股本）		
商誉			资本公积		
长期待摊费用			减：库存股		
递延所得税资产			其他综合收益		
其他非流动资产			盈余公积		
非流动资产合计			未分配利润		
			所有者权益（或股东权益）合计		
资产总计			负债和所有者权益（或股东权益）总计		

表 9-13 利润表

会企 02 表

编制单位： 2×19 年 12 月 单位：元

项目	本期金额	上期金额
一、营业收入		
减：营业成本		
税金及附加		
销售费用		
管理费用		
财务费用		
资产减值损失		
加：公允价值变动收益（损失以"-"号填列）		
投资收益（损失以"-"号填列）		
其中：对联营企业和合营企业的投资收益		
二、营业利润（亏损以"-"号填列）		
加：营业外收入		
其中：非流动资产处置利得		
减：营业外支出		
其中：非流动资产处置损失		
三、利润总额（亏损总额以"-"号填列）		
减：所得税费用		
四、净利润（净亏损以"-"号填列）		
五、其他综合收益的税后净额		
（一）以后不能重分类进损益的其他综合收益		
1. 重新计量设定受益计划净负债或净资产的变动		
2. 权益法下在被投资单位不能重分类进损益的其他综合收益中享有的份额		
……		

续表

项　　目	本期金额	上期金额
（二）以后将重分类进损益的其他综合收益		
1．权益法下在被投资单位以后将重分类进损益的其他综合收益中享有的份额		
2．可供出售金融资产公允价值变动损益		
3．持有至到期投资重分类为可供出售金融资产损益		
4．现金流量套期损益的有效部分		
5．外币财务报表折算差额		
……		
六、综合收益总额		
七、每股收益		
（一）基本每股收益		
（二）稀释每股收益		

知识拓展题

第十章　会计信息系统与内部控制

在企业中，会计是一个系统工程。作为一个系统，就会有一个系统结构和实现或完成这个系统工作的手段。会计信息系统可以分为手工会计信息系统和计算机会计信息系统。无论哪一种会计信息系统，都必须有一定的控制手段，而且这些控制手段主要是运用于企业内部，称为内部控制。

第一节　会计信息系统

一、会计信息系统的含义

会计是一个信息系统，旨在向利害相关的各个方面提供企业的以财务信息为主的经济信息。在本书中，已经阐述了七种会计核算方法，这七种方法组合在一起就形成了一个系统。任何企业在发生经济业务时，首先要取得原始凭证，然后在开设好的账户中，用复式记账的方法，编制记账凭证，并根据原始凭证和记账凭证登记账簿，定期或不定期地进行财产清查，期末进行成本计算，在保证账证、账账、账实相符的基础上，编制会计报表，以对外提供会计信息。这些活动充分体现了对信息的某项作用。填制和审核凭证是收集信息、初步确认信息；设置账户是为了取得信息，预先设置好记录信息的框架；复式记账是对信息的分类；登记账簿是进一步确认、记录信息；财产清查是确认账面信息；成本计算是通过各种分类的方法，把有关成本信息从发生的总费用中提炼出来；编制会计报表是汇总信息。

上述所有这些活动有着紧密的内在联系，它们相互依存、环环紧扣，构成了一个有秩序的数据处理和信息生成的过程。这一过程可分为若干部分，每一部分都有各自的信息处理任务，但所有部分又相互联系、相互配合，服从于一个统一的目标，形成一个会计活动的有机整体。这个有机整体就称为会计信息系统。

所谓会计信息系统，"是一个面向价值信息的信息系统，是从对其组织中的价值运动进行反映和监督的角度提出信息需求的信息系统，即利用信息技术对会计信息进行采集、存储和处理，完成会计核算任务，并能提供为进行会计管理、分析、决策使用的辅助信息的系统"。[①]也就是说，会计信息系统是人和信息、技术和设备等资源的集合，目的在于将财

---

① 张瑞君. 会计信息系统[M]. 3版. 北京：中国人民大学出版社，2013.

务和与财务相关的数据转化为信息，并将信息发送给使用者以有助于其决策或管理。

二、会计信息处理系统

会计信息处理有一个过程，概括起来可以分为以下四个系统。

（1）装置系统。为收集、分类、储存会计数据和资料而设置的凭证组织、账户组织、账簿组织和会计报表组织等。

（2）记录系统。在装置系统确定完备后，开始对经济业务进行技术记录，即把所发生的经济业务记入到有关的装置中去。这就需要填制凭证、运用复式记账方法，登记账簿和编制会计报表等记录方法。

（3）计算系统。会计是价值管理，因此，对其记录的对象，要确定其价值数量，并进行综合计算，如资产计价、成本计算、确定财务成果等。计算是记录的前提，但有时又要以记录作为计算的基础。

（4）检查系统。为了使发生的经济业务合理、合法和有效，记录和计算的结果需要进行检查和核对。因此，审核会计凭证、进行财产清查等就是检查系统的主要内容。

这四个系统贯穿于会计核算工作的全过程。会计核算工作的主要工作程序可以分为三个阶段，即资料收集转换阶段、资料储存计算阶段和核算资料报出阶段。

在一个会计期间，所发生的全部经济业务都要通过资料收集转换阶段—资料储存计算阶段—核算资料报出阶段进行会计处理，将大量的经济业务数据转换为会计信息，提供给信息的使用者。这个过程从分析经济业务开始到会计报表编制，就是循着上述程序逐步进行的，周而复始，形成了会计循环。会计核算各阶段的主要工作内容如下所述。

（1）资料收集转换阶段。一切企业、行政、事业等单位办理任何一项经济业务，都要有原始凭证，用以证明各项经济业务已经执行或完成。原始凭证是收集会计数据的重要依据。会计部门和有关部门要审核所有的原始凭证，根据审核无误的原始凭证，通过账户进行分析、归类，并运用复式记账方法，把经济业务的原始记录转换为账簿能够接受的会计语言——会计分录，也就是将该业务应登记的对应账户名称、增加或减少的数额记录在会计专用的记账凭证上，以便连续地、系统地登记在账簿中。把发生经济业务的原始记录转换为会计分录是日常重复性的大量核算工作，是会计资料的收集与核算的开始阶段，也是会计核算的基础。

（2）资料储存计算阶段。账簿由许多账页组成。记账凭证上的会计分录都要按照账户分门别类地、连续地过入账簿，而账簿汇集的数据是各单位在一定时期的经济活动情况。账簿就像一台储存器，根据账户的编号、名称和数量开设许多储存单位，分类汇集各种核算资料。在账簿中，既要提供总括的核算指标，又要提供某些明细核算指标。账簿中的每个账户都要定期进行结账，计算出各个账户的本期增加、本期减少和结余情况，并且还要根据一定的计算对象归集的全部费用计算出各对象的总成本和单位成本。账簿的记录是否符合实际情况还要通过财产清查的结果来核对，使账实相符，为定期编制会计报表提供正确的、系统的、完整的核算资料。

（3）核算资料报出阶段。企业、单位为了定期总括地反映经济活动，分析情况和考核计划、预算的执行情况，要根据会计管理要求，对账簿系统储存和计算的核算数据进行加工整理，编制出一套完整的指标体系，并通过会计报表报告出来。会计报表所提供的各项指标，不仅是企业单位用来分析、检查计划和预算的主要依据，也是进行国民经济综合平衡所必需的参考资料。

三、会计信息处理技术的发展

会计信息处理按其所用手段（处理技术）的不同，可以分为手工处理和计算机处理两种。

（一）手工处理

手工处理就是以人的眼、耳等感觉器官作为输入器，用纸和笔把观察到的经济事实予以记录、存储下来，以算盘、计算器作为计算工具，利用一些简单的机械，如收银机、穿孔机等，按照上述各种会计处理程序，在大脑的指挥下，进行分类、记录、计算、分析、检查和编表等一系列数据处理工作。手工处理的速度受到人们阅读速度、记录速度和运算速度的制约，一般比较缓慢。这一阶段历史漫长，直至今天，仍有很多企业的会计信息停留在手工处理阶段。

（二）计算机处理

计算机处理就是以电子计算机作为工具，来进行会计数据处理。电子计算机是一种运用电子技术，设计一定的指令程序，按照人们的意图分析、处理数据，并得到预期结果的计算工具。电子计算机一般由输入、存储、算术及逻辑运算、控制、输出五个部分组成。这五部分是相互连贯的，工作时相互配合、自动运行。计算机处理的特点是：速度快、精度高；具有记忆功能；能连续工作；具有选择、判断以及做出合理决定的逻辑功能；具有多功能的输入、输出设备。

但是，电子计算机并不是没有缺陷。例如，电子计算机是可供长期使用的设备，而购置计算机需要一定的投资，有的投入数额颇大；使用电子计算机需要配备一批专门的技术人员；电子计算机的运行靠电力，如果突然停电，会打乱数据处理工作；电子计算机软件也会受到计算机病毒侵害等。

第二节　电算化会计系统

一、电子计算机在会计工作中的应用

会计是最早应用电子计算机的领域之一。电子计算机诞生不久，很快就被应用于会计数据处理。1954年，美国通用电气公司运用电子计算机计算工资，标志着会计电算时代的到来。20世纪50年代后期，西方发达国家的一些大公司率先应用第二代电子计算机进行工资、材料等方面的会计核算。在这一时期，由于计算机价格昂贵，程序设计复杂，因此，

电子计算机在会计工作中的普及与发展受到了限制。到 20 世纪 70 年代以后，随着第三代电子计算机的大量生产和计算机软件的不断改进，尤其是微型电子计算机的出现，电子计算机在会计工作中得到大规模普及。目前，西方发达国家在会计上应用计算机进行会计数据处理的企业一般在 70%以上。

将电子计算机应用于会计所进行的会计活动称为电算化会计。根据电子计算机在会计工作中的应用程度，电算化会计大体可分为以下几个层次。

（一）初级电算化会计

初级电算化会计主要是利用电子计算机仅仅完成某一方面会计数据的处理。国内外在将电子计算机应用于会计工作的初期，主要是对那些计算方法简单、重复次数多、数据量比较大的单项会计业务，如工资的计算、材料的收发等，应用电子计算机把有关数据集中起来成批处理。在会计上使用电子计算机的目的是代替手工操作，使各项业务相互独立地进行。在这种核算形式下，只要按相应的核算内容编制一个或一组程序，就可以满足会计核算的某些方面的需要。在这个阶段，各项会计业务之间在处理上没有什么联系，开发的会计核算软件覆盖面较窄，专用性很强，电子计算机强大的综合处理会计数据的功能并未充分发挥出来。

（二）中级电算化会计

中级电算化会计是将电子计算机在初级阶段的单项应用发展到系统应用，产生了电算化会计核算系统软件，即利用电子计算机对所有经济业务的全过程进行综合、系统的会计处理。从会计凭证的处理到登记账簿、计算成本，从账簿记录到编制各种会计报表、数据查询和输出等，实现了会计核算工作的连续化、一体化，可以说电算化会计已经覆盖了会计核算的全部内容。但在这个阶段，电算化会计仍属于低水平的系统应用，原因在于：一是开发的会计核算软件通用性较差，专用性仍然较强，一些较好的会计核算软件也只能在某一个行业通用，并不适用于所有的会计主体；二是会计数据的加工设计思路仍带有浓厚的手工会计核算痕迹，原则性、实时性、固化性和传统性太强，而灵活性、随机性、扩充性和创造性不足，无法充分体现会计核算手段现代化的巨大优越性。

（三）高级电算化会计

高级电算化会计是将电子计算机在中级阶段的低水平应用发展到高水平系统应用和网络应用。所谓高水平系统应用是指吸收中级电算化会计系统应用的精华，保留实时会计核算，扩充随机会计核算，并实现会计核算系统软件的全通用。网络应用就是在电算化会计核算系统中将多台计算机并联或串联形成一定的网络，实现会计数据的分散输入、集中处理。随着计算机和通信科技的发展，电算化会计还将进入远程网工作方式，相互通信，资源共享，并实现多用户、多任务的同时操作。在这个阶段，企业的各方面工作普遍将利用电子计算机进行管理，建立起集计划、生产、营销和财务会计等子系统于一体的企业经营管理信息系统，而电算化会计系统将成为整个管理信息系统的一个重要组成部分，实现信息资源共享，其功能也将得到进一步的显著增强。

二、在会计上应用计算机的重要作用

将电子计算机应用于会计领域，将起到十分重要的作用，具体表现在以下三个方面。

（一）促进会计核算手段的变革，提高会计核算工作效率

会计核算工作数据量大，对准确度要求高，要求提供会计信息的时间性强，而电子计算机具有高速度、高效率和高容量的特点，对于数据的记录、汇总排列、查询核对和存储分析等方面，比手工操作的速度能够提高成百上千倍，并可随时从中获取有关数据，因此，能够大大提高会计核算工作效率，充分保证提供会计信息的及时性。

（二）促进会计核算工作的规范化，提高会计核算工作质量

会计电算化对会计数据的搜集、核算方法的应用和数据储存的方式等都提出了一系列规范化的要求。利用计算机进行经济业务的账务处理，能够规范会计核算工作，避免手工操作带来的弊端，从而大大减少人为的差错，有利于提高会计核算工作质量。

（三）促进会计职能转变，提高会计人员的业务素质

实行会计电算化，可以将会计人员从繁重的手工记账、算账和报账中解脱出来，使会计人员可以利用更多的时间强化会计核算的基础工作，进行分析测算和考核控制等，从而促进会计职能由核算和监督向分析、预测和决策等职能转变，有利于提高会计人员的业务素质。

三、电算化会计系统的基本组成内容

电算化会计系统是由计算机硬件、软件、从业人员和规章制度几个部分共同组成的，是一个组织处理会计业务与会计数据，为企业外部的信息使用者提供会计信息并服务内部经营管理的人机系统。

（一）硬件资源

硬件资源一般是指构成计算机物质实体的装置的总称，是会计电算化的基础。它主要包括输入设备、存储设备、输出设备和处理器四个部分。输入设备是指将会计数据输入到计算机内的各种设备，如键盘、鼠标和扫描仪等。存储设备是指用于储存会计数据的各种设备，分内存和外存两种。输出设备是指将存储设备中的会计数据进行输出的各种设备，如显示器、打印机等。处理器包括运算器和控制器。运算器对输入的机器代码信息进行算术运算或逻辑运算，并在控制器的控制下与存储器交换信息。控制器产生各种信号，以控制计算机的输入设备、输出设备、存储设备和运算器，指挥整个计算机协调工作。

（二）软件资源

软件资源包括系统软件和应用软件两部分。系统软件是介于硬件与应用软件之间的程序集合，其主要作用是便于用户使用该软件开发应用软件，并在该软件的支持下运行应用软件，从而有效地利用计算机的各种资源。应用软件是各种应用程序的总称，是利用系统软件设计的，目的在于解决各种实际应用问题。会计软件就是一种应用软件，是利用系统软件设计的专门应用于会计领域的应用程序的总称。会计软件是实现会计电算化的目的、完成会计电算化任务的重要技术手段和工具，是会计电算化的核心。

（三）信息资源

会计信息是指会计数据经过加工处理后产生的为会计管理和企业经营决策所需的经济信息。会计数据文件就是一种非常重要的信息资源。会计数据是用于描述经济业务活动所需的数字、文字和专用符号，如会计中常用的"单、证、账、表"上所有形式的符号都可看作会计数据。数据文件一般包括：基础数据资源，如各类档案、会计科目内容等；经过会计信息系统加工后生成的资源，如总账文件、明细账文件等；临时文件资源。

（四）从业人员

从业人员是指参与电算化会计工作的所有人员，包括从事电算化会计软件的开发研制人员、系统维护人员、操作人员、从事电算化会计教学的人员和电算化会计的管理人员。在以上这些人员中，直接从事实际会计工作的人员是电算化会计的主体，因此，他们的专业素质会直接影响电算化会计工作的质量。

（五）规章制度

规章制度是指与会计电算化有关的所有法律和规范的总称。实行电算化会计应严格遵守《会计法》中关于电算化会计的有关规定，遵守国家颁布的《会计电算化管理办法》《会计电算化工作规范》等法规文件的有关规定。此外，还应遵守本会计主体根据上述法律和行政法规自行制定的电算化会计工作制度、操作制度以及内部控制方法。

在电算化会计这个人机系统中，硬件设备是会计数据的重要载体，系统软件和应用软件共同构成了电算化会计必不可少的物质要素，从业人员是电算化会计不可或缺的人力要素，规章制度则起到规范和协调作用，能够保证电算化会计人机系统高速而有效地运行。

四、电算化会计系统概况

电算化会计系统应实现各类经济业务的处理子系统化，并通过子系统的相互连接，进而实现全部会计信息处理过程的系统化。在制造业企业，电算化会计系统结构一般应包括账务处理子系统、固定资产核算子系统、工资核算子系统、材料核算子系统、销售核算子系统、成本核算子系统和会计报表编制子系统等。各子系统既是各自独立的，相互之间又有着密切的联系。电算化会计系统各子系统之间的相互联系如图10-1所示。

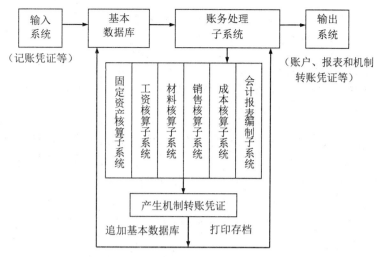

图 10-1 制造业企业的电算化会计系统

对电算化会计系统来说,其基本的工作过程是:首先,输入系统的各种凭证数据送到基本数据库储存;其次,由账务处理子系统按记账的要求处理,为其他子系统提供核算资料;最后,其他子系统核算的结果通过其产生的机制转账凭证与基本数据库和账务处理子系统连通,经过账务处理子系统的再处理和会计报表的子系统处理后输出各种结果。在整个处理过程中,账务处理子系统起到了联系其他各子系统的纽带作用。设立基本数据库是为了集中管理基本数据,减少各级账户的数据保存数量,并便于其他管理信息子系统共享。

五、电算化会计系统与手工会计系统的比较

(一)电算化会计系统与手工会计系统的共同点

1. 基本原理相同

电子计算机在会计上的应用,尽管引起了会计操作技术的变革,促进了会计手段的极大进步,但并没有改变会计的基本原理。电算化会计仍要遵循复式记账的基本原理,对发生的经济业务都要根据复式记账原理编制会计分录,登记有关账簿,编制会计报表。

2. 会计的目标相同

电子计算机在会计上的应用,提高了会计信息的加工质量,提升了会计信息的传输速度,但会计的目标并没有发生根本性的改变。无论是电算化会计信息系统还是手工会计信息系统,最终的目标都是运用会计的手段和方法加工并生成对于会计信息的使用者有用的会计信息,为会计信息的使用者利用会计信息进行经济决策服务。在这方面电算化会计信息系统比手工会计系统具有更大的优势。

3. 依据的会计理论和方法相同

会计理论是会计学科建立的基石,而会计方法是完成会计任务的重要手段。无论是电算化会计信息系统还是手工会计系统,都应遵循会计核算的一般原则、会计核算的基本前提和会计等式等基本理论,采用填制和审核会计凭证、设置账户、复式记账、登记账簿和编制会计报表等会计方法对发生的经济业务进行处理。当然,电算化会计会引起会计理论

和会计方法的变革，但这种变革是一个渐变的过程，而不是突变的过程。

4. 应遵守的会计法规和准则相同

国家制定的会计法规和会计准则，是所有会计工作都应严格遵守的规范，无论是电算化会计信息系统还是手工会计系统都应严格遵守。

5. 都必须妥善保存会计档案

会计档案是会计工作的重要历史资料，也是会计主体的重要经济档案，必须按照国家的有关规定妥善进行保管。在手工会计系统下，会计的档案多为纸介档案，看得见，摸得着，相对地易于检验与保管。在电算化会计信息系统下，会计档案则以磁介档案为主，备份消失和复制都十分容易，因此，更应注意加强保管。为保证会计档案的安全，除采用科学的方法加强磁介档案的管理外，对必要的会计档案资料，还应按照规定定期进行打印，并装订成册，妥善保管。

（二）电算化会计系统与手工会计系统的不同点

电算化会计系统与手工会计系统，不仅在记账手段上有明显差别，而且在会计科目的设置方法、会计凭证的使用、会计账簿的形式和会计报表的形成等各个方面均有不同。

1. 会计科目的设置方法不同

在电算化会计系统下，对于使用的会计科目应采用数字形式编码。这样，可以使会计科目更加系统化，方便计算机的分类、检索和排序等工作。而在手工会计系统中，则不过分强调这一点。

2. 会计凭证的使用不同

在电算化会计系统下，可以以普通日记账代替手工会计系统下的记账凭证，并输入计算机。这样，既可以减少编制记账凭证的工作量，又可以避免由于重复抄录可能发生的错误。而在手工会计系统中，记账凭证则有专用记账凭证、通用记账凭证、汇总记账凭证和科目汇总表等多种。

3. 会计账簿的形式不同

在电算化会计系统下，账簿形式有磁盘文件形式和打印文件形式两种。磁盘文件形式是将账簿所记录的内容按一定的组织结构存储在磁盘上。打印文件形式是将设置在计算机中的账户登记情况打印出来，打印出来的账页属于活页式的，需要装订成册，以便于长期保管。而在手工会计系统中，会计账簿有订本式、活页式和卡片式等种类，并有比较严格的使用方法和错账的更正方法等方面的规定。

4. 会计报表的形成不同

在电算化会计系统下，根据账簿的登记情况，可以通过计算机程序的处理，自动生成会计报表，并打印出来，装订成册进行保管或对外报送，也可通过网络系统对外发布。而在手工会计系统中，会计报表的种类和格式有比较严格的编制方法和使用方法等方面的规定。

电算化会计系统与手工会计系统的主要区别如图 10-2 所示。

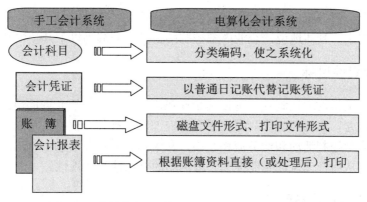

图 10-2　电算化会计系统与手工会计系统的主要区别

第三节　内部控制

控制在个人日常生活中是常见的。例如，限制车速是为了你的安全而对你的驾驶行为进行控制。当然，你也可以通过一定的手段控制别人。例如，你使用了银行的信用卡，银行每个月都会给你寄来对账单，你就可以将你的交易和信用卡对账单进行比较，查看信用卡记录中是否存在错误；或者说，你在使用信用卡时，只有输入密码，才能使用，这也是控制的手段之一。在企业工作中，员工要在上下班时打卡，以此保证员工的出勤率，并且作为计算薪金报酬的依据等。

一、内部控制的含义

关于内部控制的概念，应该说经历了一个较长时期的发展过程，特别是在我国，更是经历了从无到有、内涵逐步延伸和科学严谨性不断提高的过程。早期的内部控制实际上更多是强调会计控制，发展到今天已不再局限于会计，而是比较全面完整的内部控制含义。我国《企业内部控制基本规范》对内部控制的概念进行了诠释：内部控制是由企业董事会、监事会、经理层和全体员工实施的，旨在实现控制目标的过程。

通过上述内部控制的概念，我们可以看出，这里所指的内部控制是一种全员控制，强调了全员参与、人人有责；这里的内部控制是一种全面控制，要求内部控制的覆盖范围要足够广泛，涵盖企业所有的业务，包含每个层级和环节，而且要体现多重控制目标的要求；这里的内部控制是一种全程控制，突出了内部控制是一个完整的内部控制体系的作用，时间上包括事前控制、事中控制和事后控制，内容上包含制度设计、制度执行和制度评价等环节。

二、内部控制的目标

我国《企业内部控制基本规范》规定，内部控制的目标是合理保证企业经营管理合法合规、资产安全、财务报告及相关信息真实完整,提高经济效益和效果,促进企业实现发展战略的基本要求。具体地说,企业内部控制的目标可分解为以下几项内容。

(一)合规性目标

合规性目标是指内部控制要合理保证企业在国家法律和法规允许的范围内开展经营活动,严禁违法经营。内部控制作为存在于企业内部的一种制度安排,可以将法律法规的内在要求嵌入到内部控制活动和业务流程之中,从最基础的业务活动上将违法违规的风险降低到最小限度,从而合理保证企业经营管理活动的合法性与合规性。

(二)资产安全目标

资产安全目标是为了防止资产损失而确立的基本要求。这一目标包含两层含义:一是确保资产在使用价值上的完整性,防止货币资金和实物资产被挪用、转移、侵占、盗窃等;二是确保资产在价值量上的完整性,防止资产被低价出售,损害企业利益。

(三)报告目标

报告目标是指内部控制要合理保证企业提供真实可靠的财务信息及其他信息。要确保财务报告及相关信息真实完整,一方面应按照企业会计准则的要求如实反映经济业务,准确编制财务报告,满足会计信息的一般质量要求;另一方面则应通过内部控制制度的设计,包括不相容岗位分离控制制度、授权审批控制制度、日常信息核对制度、惩罚制度等,来防止提供虚假会计信息。

(四)经营目标

内部控制要实现的最直接也是最根本的目标就是提高企业的经营效率和效果。企业存在的根本目的在于获利,而企业能否获利往往直接取决于经营效率和效果如何。因此,企业既要确定很好的经营目标,更要有很好的内部控制作为实现经营目标的保障。

(五)战略目标

促进企业实现发展战略是内部控制的最高目标,也是终极目标。战略与企业目标相关联并且是支持其实现的基础,是管理者为实现企业价值最大化的根本目标而针对环境做出的一种反应和选择。战略目标是总括性的长远目标,而经营目标是战略目标的短期化和具体化,因此,内部控制要促进企业实现发展战略,必须立足于经营目标,着力于经营效率和效果的提高。

内部控制的各个目标之间相互联系,共同构成了一个完整的内部控制目标体系。其中,战略目标是最高目标,是与企业使命相联系的终极目标;经营目标是战略目标的细化、分解与落实,是战略目标的短期化与具体化,是内部控制的核心目标;资产目标是实现经营目标的物质前提;报告目标是经营目标的成果体现与反映;合规目标是实现经营目标的有效保证。

三、内部控制的原则

所谓原则,是指处理问题所应遵循的准绳和基本规则。内部控制要实现既定的目标,在其实施的过程中就必须遵循一定的原则。

(一)全面性原则

全面性原则是指内部控制应当贯彻决策、执行和监督的全过程,覆盖企业及其所属单位的各种业务和事项。内部控制的建立在层次上应该涵盖企业董事会、管理层全体和员工,在对象上应该覆盖各项业务和管理活动,在流程上应该渗透到决策、执行、监督、反馈等各个环节,避免内部控制出现空白和漏洞。

(二)重要性原则

重要性原则是指内部控制应当在兼顾全面的基础上突出重点,针对重要业务和事项、高风险领域和环节采取更为严格的控制措施,确保不存在重大缺陷。基于企业的资源有限的客观事实,企业在设计内部控制制度时不应平均使用资源,而应该寻找关键控制点,并对关键控制点投入更多的人力、物力和财力。

(三)制衡性原则

制衡性原则是指内部控制应当在治理结构、机构设置及权责分配、业务流程等方面形成相互制约、相互监督,同时兼顾运营效率。相互制衡是建立和实施内部控制的核心理念,更多地体现为不相容机构、岗位或人员的相互分离和制约。

(四)适应性原则

适应性原则是指在管理中要依据环境和内外部条件随机应变,灵活地采取相应的、适当的管理方法,不存在一成不变的、普遍适用的所谓最好的管理理论和方法,也不存在普遍不适用的最不好的管理理论和方法。建立内部控制制度不可能一劳永逸,而应当与其经营规模、业务范围、竞争状况和风险水平相适应,并随着情况的变化及时加以调整。

(五)成本效益原则

成本效益原则要求实施内部控制应当权衡成本与预期效益,以适当的成本实现有效的控制。它具体包括两层含义:一是努力降低内部控制的成本,在保证内部控制制度有效性的前提下,尽量精简机构和人员,改进控制方法和手段,减少过于烦琐的程序和手续,避免重复劳动,提高工作效率,节约成本;二是合理确定内部控制带来的经济效益,实施内部控制的效益并非不可计量,只是这种效益往往具有滞后性,当期效益不明显。

四、内部控制的要素

管理者要实现上述五个内部控制的目标,应当负责设计并运用好五个内部控制要素,即控制环境、风险评估、控制活动、信息与沟通和监督检查。

(一)控制环境

任何企业的控制都处于一定的控制环境之中。控制环境是指对建立或实施某项政策发生影响的各种因素,主要反映单位管理者和其他人员对控制的态度、认识和行动。控制环境的好坏直接决定着企业其他控制能否实施或实施的效果,它既可增强也可削弱特定控制的有效性。例如,人事管理中聘用了不值得信任或不具备胜任能力的员工,可能使得某项特定控制无法实施或无效。

控制环境的内容具体包括管理者思想和经营作风、单位组织结构、管理者的职能和对这些职能的制约、确定职权和责任的方法、管理者监控和检查工作时所采用的控制措施、人事工作方针及其实施、影响本单位业务的各种外部关系等。

(二)风险评估

每个企业都面临来自内部和外部的不同风险,这些风险都必须加以评估。评估风险的先决条件是制定目标。风险评估就是分析和辨认实现所定目标可能发生的风险,具体包括目标、风险、环境变化后的管理等。

(三)控制活动

企业管理阶层辨识风险后,应针对这种风险发出必要的指令。控制活动是确保管理阶层的指令得以执行的政策及程序,如核准、授权、验证、调节、复核营业绩效、保障资产安全及职务分工等。控制活动在企业内的各个阶层和职能之间都会出现,主要包括高层经理人员对企业绩效进行分析、直接部门管理、对信息处理的控制、实体控制、绩效指标的比较与分工。

(四)信息与沟通

信息与沟通是及时、准确、完整地收集与企业经营管理相关的各种信息,并使这些信息以适当的方式在企业有关层级之间进行及时传递、有效沟通和正确应用的过程,是实施内部控制的重要条件。信息与沟通主要包括信息的收集机制及在企业内部和与企业外部有关方面的沟通机制等。

(五)监督检查

监督检查是企业对其内部控制制度的健全性、合理性和有效性进行监督检查与评估,形成书面报告并作出相应处理的过程,是实施内部控制的重要保证。监督检查主要包括对建立并执行内部控制制度的整体情况进行持续性监督检查,对内部控制的某一方面或者某些方面进行专项监督检查,以及提交相应的检查报告、提出有针对性的改进措施等。

五、内部控制的设计与应用

内部控制可应用于企业的方方面面,如货币资金的控制、销售与收款的控制、采购与付款的控制、成本费用的控制等,但它们在具体应用时都从不同的角度出发、使用不同的手段。为了说明内部控制在企业中的设计与应用问题,本教材以货币资金为例。

(一)货币资金内部控制制度的意义和目标

货币资金是指企业在生产经营过程中停留在货币形态的资金,包括现金、银行存款和其他货币资金三个部分。货币资金的流动性很强,与其他经济业务有广泛的联系,容易招致非法挪用、侵吞等犯罪行为,因此,国家对货币资金的宏观管理要求非常严格。为加强货币资金的宏观管理,国务院颁布了《现金管理暂行条例》,中国人民银行发布了《银行账户管理办法》和《支付结算办法》等相关规定,财政部根据《会计法》等法律法规制定了《内部会计控制规范——货币资金》。

货币资金内部控制制度的主要目标有如下几个方面。
(1)落实货币资金的经管责任。
(2)保证货币资金的安全。
(3)真实、完整地提供货币资金的会计信息。
(4)促进生产经营业务的正常运行。

(二)货币资金内部控制制度的内容

货币资金内部控制制度的主要内容是建立货币资金的职务分离制度、授权批准制度、严格的控制程序、稽核制度和相关的岗位责任制度,最基本的要求是负责货币资金收付业务的人员应与记账人员和负责审批的人员相分离。

具体地说,货币资金内部控制制度包括以下几个方面。

1. 货币资金业务的岗位责任制度

单位应当建立货币资金业务的岗位责任制,明确相关部门和岗位的职责权限,确保办理货币资金业务的不相容岗位相互分离、制约和监督,具体包括以下几个方面。
(1)货币资金的收付及保管应由被授权批准的专职出纳人员负责,其他人员不得接触。
(2)出纳人员不能同时负责总分类账的登记和保管。
(3)出纳人员不得兼任稽核、会计档案保管。
(4)出纳人员不得兼任收入、支出、费用、债权债务账目的登记工作。
(5)单位不得由一人办理货币资金业务的全过程。

单位办理货币资金业务,应当配备合格的人员,并根据单位具体情况进行岗位轮换。办理货币资金业务的人员应当具备良好的职业道德,忠于职守,廉洁奉公,遵纪守法,客观公正,不断提高会计业务素质和职业道德水平。

2. 货币资金业务的授权批准制度

单位应当建立严格的授权批准制度，保证出纳人员与货币资金审批人员相分离，明确审批人对货币资金业务的授权批准方式、权限、程序、责任和相关控制措施，规定经办人办理货币资金业务的职责范围和工作要求。审批人应当根据货币资金授权批准制度的规定，在授权范围内进行审批，不得超越审批权限。经办人应当在职责范围内，按照审批人的批准意见办理货币资金业务。对于审批人超越授权范围审批的货币资金业务，经办人员有权拒绝办理，并及时向审批人的上级授权部门报告。

3. 货币资金业务的控制程序

货币资金的内部控制可以分为收款内部控制、付款内部控制和备用金内部控制三种。对于任何一种货币资金内部控制都应当建立严格的控制程序。

（1）货币资金收款的控制程序。企业的货币资金主要来源于营业收入。对这些营业收入，必须根据企业自身组织形式和经营业务的特点制定相应的货币资金收款控制程序，以便各职能部门相互协调、共同遵守。一般企业货币资金收款的控制程序如图10-3所示。

对于货币资金的收款，除了建立严格的控制程序以外，还应当严格控制收款日期和收款金额，保证收入及时收取并送存银行，而且所有开出的收款收据和发票都必须连续编号，并建立详细的领用和回收制度。

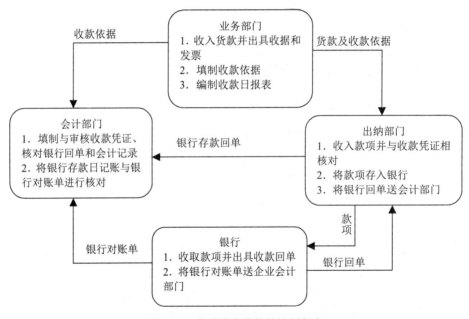

图10-3 货币资金收款的控制程序

（2）货币资金付款的控制程序。企业的货币资金主要有现金支出和银行转账支出两种方式，主要用于支付购货款、支付有关费用和支付工资等。无论是现金支出还是银行转账支出，都必须根据企业支付业务的特点制定相应的货币资金付款控制程序。一般企业的货币资金付款控制程序应经过如下几个程序。

① 支付申请。单位有关部门或个人用款时，应当提前向审批人提交货币资金支付申请，注明款项的用途、金额、预算、支付方式等内容，并附有效经济合同或相关证明。

② 支付审批。审批人根据其职责、权限和相应程序对支付申请进行审批。对不符合规

定的货币资金支付申请，审批人应当拒绝批准。

③ 支付复核。复核人应当对批准后的货币资金支付申请进行复核，复核货币资金支付申请的批准范围、权限、程序是否正确，手续及相关单证是否齐备，金额计算是否准确，支付方式、支付单位是否妥当等。复核无误后，交由出纳人员办理支付手续。

④ 办理支付。出纳人员应当根据复核无误的支付申请，按规定办理货币资金支付手续，及时登记现金和银行存款日记账。

上述货币资金付款的控制程序如图10-4所示。

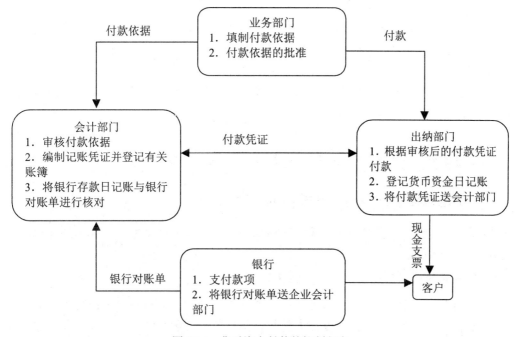

图10-4 货币资金付款的控制程序

在对货币资金付款进行控制时，还需要注意以下几个方面的问题。

① 单位对于重要货币资金支付业务，应当实行集体决策和审批，并建立责任追究制度，防范贪污、侵占、挪用货币资金等行为。

② 严格按照《现金管理暂行条例》规定的范围使用现金，尽可能多地使用银行转账方式支付款项。单位应当加强现金库存限额的管理，超过库存限额的现金应及时存入银行。现金收入应当及时存入银行，不得用于直接支付单位自身的支出。因特殊情况需坐支现金的，应事先报经开户银行审查批准。

③ 单位应当严格按照《支付结算办法》等国家有关规定，加强银行账户的管理，严格按照规定开立账户，办理存款、取款和结算；应当定期检查、清理银行账户的开立及使用情况，发现问题，及时处理；应当加强对银行结算凭证的填制、传递及保管等环节的管理与控制。

④ 单位应当严格遵守银行结算纪律，不准签发没有资金保证的票据或远期支票，套取银行信用；不准签发、取得和转让没有真实交易和债权债务的票据，套取银行和他人资金；不准无理拒绝付款，任意占用他人资金；不准违反规定开立和使用银行账户。

（3）备用金管理制度。备用金是指财会部门按企业有关制度规定，拨付给所属单位和企业内部有关业务与职能部门，用于日常业务零星开支的现金。为保证企业各有关职能部门业务管理职能的有效实施，使业务职能管理和财务报销制度有机地结合起来，企业可以实施定额备用金管理制度。在设置备用金时，应着重关注以下几个问题。

① 备用金设置的范围与定额。首先确定哪些部门需要设置备用金管理，然后根据需要事先核定一个科学合理的定额，由使用部门填制借款单一次从财会部门领取现金。

② 备用金的日常管理。备用金实际上也是现金，必须指定专人管理备用金，并明确管理人员应执行的现金管理制度，按规定的使用范围和开支权限使用，接受财会部门的管理及定期报账等。

③ 备用金的审核入账。使用部门实际使用备用金后凭审核后的原始凭证向财会部门报销，再由财会部门补足其定额。对备用金报销的所有票据，财会部门同样要进行严格审核方能付款记账。

④ 备用金的清查盘点。财会部门必须对备用金建立定期与不定期相结合的清查盘点制度，防止挪用或滥用，保证备用金的安全、完整。

六、电算化会计系统环境下的内部控制

（一）电算化会计系统内部控制的新变化

电算化会计系统的建立，使企业会计核算和会计管理的环境发生了很大的变化，主要表现在以下几个方面。

1. 计算机的使用改变了企业会计核算的环境

由于使用计算机处理会计和财务数据，会计部门的组成人员从原来由财务、会计专业人员组成，转变为由财务、会计专业人员和计算机数据处理系统的管理人员及计算机专家组成。会计部门不仅利用计算机完成基本的会计业务，还利用计算机完成各种原先没有的或由其他部门完成的更为复杂的业务活动，如销售预测、人力资源规划等。随着远程通信技术的发展，会计信息的网上实时处理成为可能，使得业务事项可以在远离企业的某个终端机上瞬间完成数据处理工作。也就是说，原先应由会计人员处理的有关业务事项，现在可以由其他业务人员在终端机上一次完成；原先应由几个部门按预定的步骤完成的业务事项，现在可以集中在一个部门甚至一个人完成。因此，要保证企业财产物资的安全与完整、保证会计系统对企业经济活动反映的正确和可靠、达到企业管理的目标，企业就要建立和完善内部控制制度。内部控制制度的范围和控制程序较之手工会计系统更加广泛，更加复杂。

2. 电算化会计系统改变了会计凭证的形式

在电算化会计系统中，会计和财务的业务处理方法和处理程序发生了很大的变化，各类会计凭证和报表的生成方式、会计信息的储存方式和储存媒介也发生了很大的变化。原先反映会计和财务处理过程的各种原始凭证、记账凭证、汇总表、分配表、工作底稿等书面形式的基本会计资料减少了，有些甚至消失了。由于电子商务、网上交易、无纸化交易等的推行，每一项交易发生时，有关该项交易的信息均由业务人员直接输入计算机，并由计算机自动记录，从而使得原先使用的每项交易必备的各种凭证、单据被部分地取消了，同时原来在核算过程中进行的各种必要的核对、审核等工作中的一部分变为由计算机自动

完成了。原来书面形式的各类会计凭证转变为文件、记录形式储存在磁性介质上，因此，电算化会计系统的内部控制与手工会计系统的内部控制制度有着很大的不同，控制的重点由对人的控制为主转变为对人、机控制为主，控制的程序也与计算机处理程序相一致。

3. 电算化会计系统管理难度加大

随着计算机使用范围的扩大，利用计算机进行的贪污、舞弊、诈骗等犯罪活动也有所增加。由于储存在计算机磁性媒介上的数据容易被篡改，有时甚至能不留痕迹地篡改，而且数据库技术的提高使数据高度集中，因此，未经授权的人员有可能通过计算机和网络浏览全部数据文件，复制、伪造、销毁企业重要的数据。计算机犯罪具有很大的隐蔽性和危害性，发现计算机舞弊和犯罪的难度相较手工会计系统更大，计算机舞弊和犯罪造成的危害和损失也可能比手工会计系统更大，因此，电算化会计系统的内部控制不仅难度大、复杂，而且还要有各种控制的计算机技术手段。

因此，电算化会计系统的内部控制制度不同于手工会计系统的内部控制制度，电算化会计系统的内部控制是范围大、控制程序复杂的综合性控制，控制的重点转变为职能部门和计算机数据处理部门并重的全面控制，是人工控制和计算机自动控制相结合的多方位控制。

（二）会计信息化对内部控制的要求

在迅猛发展的信息时代，以网络经济为核心的全球经济一体化的新形势对会计信息化的内部控制提出了更高、更新的要求。

1. 内部控制设计应具有集成性

会计信息是对企业经济活动的反映，其数据来源于业务部门。会计信息化后，大量的数据通过网络从企业各个子系统直接采集，并通过公共接口与有关外部系统（如银行、税务、经销商等）相连接，使会计系统不再是"孤岛"，绝大部分的业务信息能够实时转化，直接生成会计信息，从而使会计数据处理呈集成化趋势，而内部控制也要求与之相对应。例如，以前管理软件中的模块都是针对部门级的应用而设计的，系统与系统之间、部门与部门之间信息流通不畅，而流程控制型企业管理软件把企业作为一个整体，强调财务系统、购销系统、制造系统、人力系统以及决策支持系统的整体应用，并采用整合式设计以实现数据共享，从而实现资金流、物流和信息流的统一。此时的内部控制设计也要有集成性的特点，如软件控制、硬件和数据控制、岗位控制、档案管理控制、输入控制、处理控制等需要相互结合。

2. 内部控制制度应具有柔性

在会计信息系统下，内部控制不应该只是一个固定的、一成不变的模式，而应该随着企业内外环境的变化而变化，即符合权变原则。因此，在设计内部控制系统时，应考虑以下三个因素。

（1）软件与技术的结合。计算机信息处理的集中性、自动性，使传统职权分割的控制作用近乎消失，而信息载体的改变及其共享程度的提高，又使手工系统以记账规则为核心的控制体系失效。手工会计主要采用结构控制方法，设置相互牵制和制约的会计岗位，并通过对会计业务的多重反映或者相互稽核关系进行控制。例如，总账、明细账、日记账分别记录，结果相互验证等。而现代信息技术给企业的内部控制赋予了新的内涵，会计控制也由人工控制变为人和计算机共同控制。计算机的控制包括口令控制、数据加密、职能权限控制、访问时间权限管理、操作日志管理等。

（2）公司环境。特殊的公司环境因素决定了应采用什么样的控制系统，同时也决定了什么样的控制系统才是有效的。这些因素包括公司的地理位置分布、管理层的稳定性、公司规模和结构，以及生产部门与职能部门的关系等。

（3）公司总体管理控制系统的结构和管理哲学。总体的控制系统和管理哲学一般会限制控制系统的选择。

3. 内部控制应将安全性放在优先地位

信息化系统的网络化面临的最突出的问题就是安全问题。首先，互联网所依托的 Internet/Intranet 体系使用的是开放式的 TCP/IP 协议，它以广播的形式向外传播，易被拦截侦听、口令字试探和窃取、身份假冒。其次，网络经济的最新发展是电子商务，电子商务涉及许多电子数据，如电子货币等，也是很容易受到不法攻击的地方。再次，会计信息化必将实现财务管理和业务管理一体化，使企业的经营管理几乎完全依赖于网络系统，如果企业对网络的管理和维护水平不高或疏于管理监控，一旦网络系统瘫痪将严重影响企业的整体运作。因此，对于企业来说，内部控制极为重要。

（三）电算化会计系统内部控制的基本内容

1. 电算化会计系统的一般控制

一般控制是指任何电算化会计系统普遍适用，为系统的安全可靠而对系统构成要素（人、硬件、软件）及环境实施的控制。

（1）组织与管理控制。组织与管理控制是指通过部门的设置、人员的分工、岗位职责的制定、权限的划分等形式进行的控制。它的基本目标是建立恰当的组织机构和职责分工制度，以达到相互牵制、相互制约、防止或减少错弊发生的目的，其中较重要的岗位有系统管理和审核岗位。

① 系统管理主要负责系统的硬、软件管理工作，从技术上保证系统的正常运行，具体包括：掌握网络服务器及数据库的超级口令，负责网络资源分配，监控网络运行；按照主管人员的要求，对各岗位分配权限，对数据的安全保密负责；负责对硬件、软件、数据的管理与维护工作。系统管理岗位应保持相对稳定，若有变动应办理严格的交接手续。

② 审核岗位主要负责监督计算机及电算化系统的运行，防止利用计算机进行舞弊，具体包括：审查机内数据与书面资料的一致性；监督数据保存方式的安全性、合法性，防止发生非法修改历史数据的情况；对系统运行各环节进行审查，防止存在漏洞等。

（2）应用系统开发、建立和维护控制。

① 应用系统开发控制是针对系统开发阶段而言的，具体包括：系统开发前应进行可行性研究和需求分析；开发过程应进行适当的人员分工；按规范收集和保管有关系统的资料并加以保密等。

② 系统建立控制则是针对系统建立阶段而言的，具体包括：资源的适当配置；系统的调试应有各岗位人员的参与；新的系统应与传统系统并行一段时间并经有关部门审批后才能替代传统系统使用；严格的验收程序等。

③ 系统的维护是指日常为保障系统正常运行而对系统软硬件进行的安装、修正、更新、

扩展、备份等方面的工作。系统维护控制就是针对这些工作而实施的控制。

（3）系统操作控制。系统操作控制主要表现为操作权限控制和操作规程控制两个方面。

① 操作权限控制是指每个岗位的人员只能按照所授予的权限对系统进行作业，不得超越权限接触系统。系统应制定适当的权限标准体系，使系统不被越权操作，从而保证系统的安全。操作权限控制常采用设置口令来实行。

② 操作规程控制是指系统操作必须遵循一定的标准操作规程进行。标准操作规程包括软硬件操作规程、作业运行规程、用机时间记录规程等。

（4）系统软件控制。系统软件控制是指为保证系统软件正常运行而预先在系统软件内部设计的各种处理故障、纠正错误、保证系统安全的控制。

（5）数据和程序控制。数据和程序控制主要是指对数据、程序的安全控制。程序的安全与否直接影响着系统的运行，而数据的安全与否关系到财务信息的完整性和保密性。

① 数据控制的目标是要做到任何情况下数据都不丢失、不损毁、不泄露、不被非法侵入。通常采用的控制包括接触控制、丢失数据的恢复与重建等数据的备份是数据恢复与重建的基础，是一种常见的数据控制手段。网络中利用两个服务器进行双机镜像映射备份是备份的先进形式。

② 程序的安全控制是要保证程序不被修改、不损毁、不被病毒感染。常用的控制包括接触控制、程序备份等。接触控制是指非系统维护人员不得接触到程序的技术资料、源程序和加密文件，从而减少程序被修改的可能性，而程序备份则是指有关人员要注明程序功能后备份存档，以备系统损坏后重建安装之需。程序的安全控制还要求系统使用单位制定具体的防病毒措施，包括对所有来历不明的介质在使用前进行病毒检测，定期对系统进行病毒检测，使用网络病毒防火墙以防止日益猖獗的网络病毒侵入等。

（6）网络的安全控制。网络安全性指标包括数据保密、访问控制、身份识别、不可否认和完整性。针对这些方面，可采用一些安全技术，主要包括数据加密技术（数据的加解密、认证信息的加解密、数字签字、完整性）、访问控制技术、认证技术、隧道技术（VPN）等。数据加密技术的代表是秘密密钥系统技术和公开密钥系统技术；访问控制技术的代表是防火墙技术，特别是已融合了 VPN（虚拟专用网及隧道技术）的防火墙技术；认证技术的代表是 Kerberos 网络用户认证系统技术。其中，VPN 解决了财务信息在 Internet 上传输的安全问题。

网络传输介质、接入口的安全性也是应该引起注意的问题，应尽量使用光纤传输，对接入口进行保密。通过上述技术可确保财务信息在内部网络及外部网络传输中的安全性。

2. 电算化会计系统的应用控制

应用控制是对电算化会计系统中具体的数据处理活动所进行的控制。应用控制可划分为输入控制、计算机处理与数据文件控制和输出控制。

（1）输入控制。常用的控制方法包括：建立科目名称与代码对照文件，以防止会计科目输错；设计科目代码校验，以保证会计科目代码输入的正确性；设立对应关系参照文件，用来判断对应账户是否发生错误；试算平衡控制，对每笔分录和借贷方进行平衡校验，防止输入金额出错；采用顺序检查法，防止凭证编号重复；采用二次输入法，将数据先后两次输入或同时由两人分别输入，经对比后确定输入是否正确等。

（2）计算机处理与数据文件控制。常用的控制措施包括：登账条件检验，即系统要有确认数据经复核后才能登账的控制能力;防错、纠错控制,即系统要有防止或及时发现在处理过程中数据丢失、重复或出错的控制措施;修改权限与修改痕迹控制,即对已入账的凭证,系统只能提供留有痕迹的更改功能,对已结账的凭证与账簿以及计算机内账簿生成的报表数据,系统不提供更改功能等。

(3) 输出控制。常用的控制措施包括:只有具有相应权限的人才能执行输出操作,并要登记操作记录;打印输出的资料要进行登记,并按会计档案要求保管。

思 考 题

1. 为什么说会计是一个信息系统?
2. 会计手段在会计发展过程中大体经历了哪些阶段?各阶段的主要特征是什么?
3. 根据电子计算机在会计工作中的应用程度,电算化会计大体可分为几个层次?
4. 电算化会计系统的基本组成内容有哪些?
5. 电算化会计系统与手工会计系统的共同点主要有哪些?
6. 电算化会计系统与手工会计系统的不同点主要表现在哪些方面?
7. 你认为内部控制的定义应该如何确定?
8. 内部控制应该达到何种目标?
9. 内部控制的结构应具备哪些要素?其关系如何?
10. 货币资金内部控制制度的重要性体现在哪些方面?
11. 货币资金内部控制制度的内容包括哪些方面?如何正确设计货币资金收付的程序?
12. 备用金的内部控制制度有何特点?
13. 电算化会计系统环境下的内部控制有何变化?
14. 电算化会计系统内部控制的基本内容由哪些方面组成?

练 习 题

1. 目的: 练习货币资金支出控制程序的设计。

资料: 星海股份有限公司是一个生产汽车零部件的厂家,经常以货币资金支出的形式进行零星采购,因此建立了严格的货币资金支出控制程序。

要求: 该公司的会计部门和出纳部门各自的业务有哪些?如果这两个部门不能独立,会出现什么情况?

2. 目的: 关于手工会计系统和电算化会计系统的讨论。

资料: 以下是星海股份有限公司的会计员王波和会计主管张冰之间的一段关于会计系统的对话。

张冰: 王波,根据我们公司的实际情况,我在考虑我们应将公司的手工会计系统转换为电算化会计系统,我想你可能需要学习一下电算化会计。

王波:电算化会计系统是什么?

张冰:我也是刚接触,不太了解,但你应该准备好运用这种新的会计手段。

王波:我不能确定我们是否需要一套电算化会计系统,但我看过一些电算化软件商所提供的范例报告,我没看出它比我们现在能做更多的东西。

张冰:你能具体说说吗?

王波:我们可以看一下这些报告。这里有客户报告,反映销售情况,类似于我们的收入日记账;还有存款报告,类似于我们的现金收款日记账。区别在于,电算化系统将这些报告打印出来,比我们手工系统要清楚一些,可我真看不出运用电算化系统能给我们带来多大好处。

张冰:如果是这样,我认为电算化系统不仅仅是漂亮的报告了,我相信它能够在某些地方节省我们很多的时间和精力。

王波:为什么?我们仍然要将交易录入到计算机中,如果有差别的话,那只是增加了我们的工作量。

要求: 你同意王波的观点吗?为什么电算化会计系统要优于手工会计系统呢?

3. **目的:** 理解内部控制。

资料: 20世纪60年代,金刚砂空中货物公司最先使用坚固耐用、规格统一、可重复使用的集装箱运输货物,开创了集装箱运输货物的先河,这无疑为运输业的发展提供了便捷、快捷的条件。然而,负责集装箱运输业务的公司副总裁爱德华·费尼发现,只有45%的集装箱是完全填满的。为了保证装货质量,爱德华·费尼开始组织工人接受关于装满集装箱的专业培训,并经常派人实地督促检查集装箱是否装满,但是收效甚微。一位管理学家为其提出了一个建议:在每个集装箱内部画上一条"填满至此处"的横线。此后,完全填满集装箱的比例竟然由原来的45%上升到了95%。一条简单的横线,为什么会有如此大的控制作用呢?管理学家回答说:"画上一条横线,就有了专一的目标;有了专一的目标,就有了专一的行动;有了专一的行动,就有了实现目标的可靠保证。"

要求: 根据上述内容,请从内部控制的角度对其进行分析评述。

4. **目的:** 内部控制的再理解。

资料: "巨人"演绎了中国知识青年冲浪市场经济最惨烈的悲喜剧,最为传奇、商业史书般的财富故事。掌门人史玉柱从一穷二白的创业青年成为《福布斯》排名第八的中国富豪,继而遭受了几乎是毁灭性的失败,但他又从负债2.5亿元之巨的全国"首负"重新崛起,甚至超越过往的成绩,成长为身家500亿元的中国内地新"首富"。"其兴也勃焉,其亡也忽焉",以1997年为分界线,之前为老"巨人",高开低走、盛极而衰;之后为新"巨人",惊天逆转、涅槃重生。是宿命,还是另有玄机?

要求: 结合内部控制的具体内容谈谈你对"巨人集团"跌宕起伏的前后变化的看法。

5. **目的:** 内部控制的风险预警作用。

资料: 2008年1月24日,法国兴业银行爆出世界金融史上最大的违规操作丑闻。现32岁的权证市场交易员杰罗姆·凯维埃尔以欺诈手段从事期货买卖,其违规头寸高达500

亿欧元（约合735亿美元），至1月23日强行平仓止，造成法国兴业银行所谓直接损失近49亿欧元（约合71亿美元）。

2000年，23岁的凯维埃尔进入法国兴业银行。随后5年，他一直在银行内部不同的中台部门工作。所谓中台部门，就是管理交易员的机构。这个工作机会让他得以深入了解集团内部处理和风险控制的程序及步骤。2005年，他成为银行风险套利部门的交易员。从此，杰罗姆像蚂蚁一样开始构筑他的"期货投机帝国"。

因为法国兴业银行具有享誉全球的风险控制系统，凯维埃尔的欺诈性交易在系统中触发了多达75次警报，但是大部分预警并没有按风险控制程序得到全面、准确、可信的查证，否则要绕过多达6重风险管理程序的监控几乎是不可能的。

可能也正是因为法国兴业银行具有享誉全球的风险控制系统，所以当出现异常现象时，风险监控部门依然沉浸在过去风险控制优秀的辉煌历史中，对超乎寻常的高收益、高额现金流和高额佣金都没有要求凯维埃尔提供详细的交易信息并进行深入分析，对欧洲期货交易所的询问函没有及时了解并回复；甚至在凯维埃尔对监控部门发现的问题做出不一致的解释时，也没有做出任何反应，还默认了凯维埃尔的越权回复等。事后可以看到，无论是哪一次预警和异常，只要能及时进行深入了解和分析，都会及早发现问题，减少风险损失。例如，在最基本的休假问题上，凯维埃尔曾一年四次以不同理由拒绝休假。

要求： 结合内部控制的相关内容，谈谈你对此案例的看法。

知识拓展题

第十一章　会计工作的组织与管理

第一节　会计工作组织的意义与要求

通过前面几章内容的学习，我们已经对复式记账系统、会计循环等内容有了一个基本的了解和认识，不仅学会了如何去探索会计基础理论，还能够运用会计的基础理论去解决一些实际问题，做到理论与实践相结合。在此基础上，我们还需要学习会计工作组织的有关内容，理解和掌握在一个会计工作组织中把各种会计核算方法付诸实施需要创造的条件，以便在实践中合理安排会计工作。

一、会计工作组织的含义

会计工作是指运用一整套会计专门方法，对会计事项进行处理的活动。会计是通过会计工作对各个单位日常活动实施管理的，因此，我们说会计是经济管理的一个重要组成部分，即会计具有管理的职能。会计管理是指会计机构和会计人员按照一定的目标，为满足国家宏观调控、企业所有权人以及企业管理当局的需要，对企、事业单位的资金运动过程及结果进行控制、决策、计划、考核和分析等的总称。在不同的社会历史时期，由于所处的社会经济环境不同，作为核算和管理社会经济运行过程的会计的内容也有所不同，而且是随着社会经济的发展而发展的，经历了从简单到复杂、从低级到高级的演变过程。

会计管理职能作用的发挥离不开会计工作组织的存在及其正常运行。所谓会计工作组织就是为了适应会计工作的综合性、政策性、相关性和严密细致性的特点，对会计机构的设置、会计人员的配备、会计制度的制定与执行等项工作所做的统筹安排。

从广义上说，凡是与组织会计工作有关的事务都属于会计工作组织的内容；从狭义的角度看，会计工作组织的内容则主要包括会计工作管理体制、会计机构设置和会计人员的配备、会计职业道德以及会计档案等。

二、会计工作组织的意义

会计是一项复杂、细致的综合性经济管理活动，而会计工作又是一项系统的工作，有系统就必然存在着系统的组织和管理。只有对系统的各个组成部分进行科学、有效的组织和管理，使系统中的各个部分互相协调、合理有序，才能保证系统的正常运行。科学地组织好会计工作，对于顺利完成会计的各项任务，保证实现会计目标，充分发挥会计的职能作用，促进国民经济健康、有序发展等方面都具有十分重要的意义。具体可概括如下。

（1）科学地组织会计工作，有利于保证会计工作的质量和提高会计工作的效率。会计通过对社会再生产过程中的经济活动和财务收支情况进行反映和监督，为管理者以及社会各界提供准确、可靠的会计信息。具体来说，对于各项经济活动及财务收支，会计是通过从凭证到账簿，从账簿到报表，进行连续的记录、计算、分类、汇总并进一步分析检查的。全部过程包括了一系列的程序，需要履行各种手续。各程序及手续之间环环相扣、紧密相连，在任何一个环节上出现了差错，都必然造成整个核算结果不正确或不能及时完成，进而影响整个会计核算工作的质量和效率。因此，必须要结合会计工作的特点，科学地设置会计机构并配备高素质的会计人员，认真制定并严格执行会计法规和会计制度。只有这样，才能保证会计工作正常、高效地运行，圆满完成会计的各项工作任务。

（2）科学地组织好会计工作，有利于加强同其他经济管理工作的协调一致，提高企业整体管理水平。会计工作是企业单位整个经济管理工作的一个重要组成部分，既有独立性，又同其他管理工作存在着相互制约、相互促进的关系，可以说科学而完善的会计工作组织，需要其他经济管理工作的配合与协调，同时也能促进其他经济管理工作的顺利进行。因此，只有科学地组织好会计工作，才能处理好会计同其他经济管理工作之间的关系，做到相互促进、密切配合、口径一致，从而全面完成会计任务。

（3）科学地组织会计工作，有利于加强企业单位的内部经济责任制。前已述及，会计是经济管理的重要组成部分，而经济管理的一个很重要的手段就是实行各单位的内部经济责任制。实行内部经济责任制当然离不开会计，包括科学的经济预测、正确的经济决策，以及业绩考评等。总而言之，科学地组织好会计工作，可以促使企业单位内部各有关部门管好、用好资金，增收节支，通过提高经营管理水平，达到提高经济效益、取得最佳经济效果的目的。

（4）组织好会计工作，有利于维护好财经法纪，贯彻经济管理工作的方针政策。会计工作是一项错综复杂的系统工作，政策性又很强，必须通过核算如实地反映各单位的经济活动和财务收支，通过监督来贯彻执行国家的有关政策、方针、法令和制度。因此，科学地组织好会计工作，可以促使各单位更好地贯彻实施各项方针政策，维护好财经纪律，为建立良好的社会经济秩序打下基础。

总而言之，会计工作是一项要求极高的综合性经济管理活动，而科学、有效地组织和管理会计工作，对于贯彻执行国家的法律、法规，维护财经纪律，建立良好的社会经济秩序都具有十分重要的意义。

三、会计工作组织应符合的要求

对会计工作进行组织和管理要遵循一定的要求，或者说要遵循一定的原则。会计工作组织应符合的要求，是指组织好会计工作、提高会计工作质量和效率所应遵循的一些基本规律。它是组织好会计工作的基本保证。要保证科学、有效地组织和管理会计工作，必须遵循以下几项要求。

（一）统一性要求

统一性要求，是指组织会计工作必须按照会计法和企业会计准则以及其他相关会计法规制度对会计工作的统一要求，贯彻执行国家规定的法令制度，进行会计核算，实行会计监督，以便更好地发挥会计工作在维护社会主义市场经济秩序、加强经济管理、提高经济效益中的应有作用。

（二）适应性要求

适应性要求，是指组织会计工作必须适应本单位经营管理的特点。各单位应在遵守国家法规和准则的前提下，根据自身管理特点及规模大小等情况，制定出相应的具体办法，采用不同的账簿组织、记账方法和程序处理相应的经济业务，以适应企业自身发展的需要。

（三）效益性要求

效益性要求，是指组织会计工作时，在保证会计工作质量的前提下，应讲求效益，节约人力和物力。会计工作十分繁杂，如果组织不好，就会造成重复劳动、浪费人力和物力。因此，对会计管理程序的规定，会计凭证、账簿、报表的设计，会计机构的设置以及会计人员的配备等，都应避免烦琐，力求精简，引入会计电算化，从工艺上改进会计操作技术，提高工作效率。另外，应防止机构过于庞大、重叠，人浮于事和形式主义，否则会影响会计工作的效率和质量。

（四）内部控制及责任制要求

内部控制及责任制要求，是指组织会计工作时，要遵循内部控制的原则，在保证贯彻整个单位责任制的同时，建立和完善会计工作自身的责任制，从现金出纳、财产物资进出以及各项费用的开支等内容形成彼此相互牵制机制，防止工作中的失误和弊端。对会计工作进行合理分工，使不同岗位上的会计人员各司其职，从而使得会计处理手续和会计工作程序达到规范化、条理化。

综上所述，会计工作组织应在保证会计工作质量的前提下，尽量节约耗用在会计工作上的时间和费用。会计账、证、表的设计，各种核算程序的选择，有关措施的确定，会计机构的设置和会计人员的配备等，应做到讲成本与讲效果相结合，符合精简节约的原则，既要组织好会计工作，又要减少人、财、物的消耗。

第二节 会计机构与会计人员

建立、健全企业、事业、机关、团体等单位的会计机构，配备与会计工作要求相适应的、具有一定素质和数量的会计人员，是在空间上保证会计工作正常进行，充分发挥会计管理职能作用的重要条件。

一、设置会计机构

所谓会计机构，是指各企、事业单位内部直接从事和组织领导会计工作的职能部门。企业、行政事业单位会计机构的设置，必须符合市场经济对会计工作所提出的各项要求，并与国家的会计管理体制相适应。同时，根据设置的会计机构，制定出符合国家管理规定，适合本单位具体情况的内部会计管理制度，以最大限度地发挥会计机构以及每个会计人员在经济管理过程中的应有作用。

《会计法》第七条规定："国务院财政部门主管全国的会计工作。县级以上地方各级人民政府的财政部门管理本行政区域内的会计工作。"为此，国家财政部设立会计司，主管全国的会计工作。其主要职责是：在财政部领导下，拟定全国性的会计法令，研究、制定改进会计工作的措施和总体规划，颁发会计工作的各项规章制度，管理报批外国会计公司在我国设立常驻代表机构，会同有关部门制定并实施全国会计人员专业技术职称考评制度等。

地方财政部门、企业主管部门一般设财务会计局、处等，主管本地区或本系统所属企业的会计工作。其主要职责是：根据财政部的统一规定，制定适合本地区、本系统的会计规章制度；负责组织、领导和监督所属企业的会计工作；审核、分析、批复所属企业的财务会计报告，并编制本地区、本系统的汇总会计报表；了解和检查所属企业的会计工作情况；负责本地区、本系统会计人员的业务培训，以及会同有关部门评聘会计人员技术职称等。同时，基层企、事业单位的主管部门在会计业务上受同级财政部门的指导和监督。

由上可见，我国基层企、事业单位的会计工作，受财政部门和单位主管部门的双重领导。在每个基层单位内部，一般都需要设置从事会计工作的职能部门，以完成本单位的会计工作。《会计法》第三十六条规定："各单位应当根据会计业务的需要，设置会计机构，或者在有关机构中设置会计人员并指定会计主管人员；不具备设置条件的，应当委托经批准设立从事会计代理记账业务的中介机构代理记账"。《会计法》的这一规定是对会计机构设置所作出的具体要求，包含以下两层含义。

（1）基层企、事业单位一般应设置会计处、科、股等会计机构，在厂长、经理或单位行政领导人的直接领导下，负责组织、领导和从事会计工作。规模太小或业务量过少的单位可以不单独设置会计机构，但要配备专职会计工作人员或指定专人负责会计工作。大中型企业要设置总会计师主管本单位的经济核算和经营管理工作，直接领导本单位的财务会计工作，并且直接对厂长、经理负责。此外，单位的仓库等部门也要根据工作的需要设置专职的核算人员或指定专人负责业务核算工作。各部门的会计核算人员，在业务上都要接受总会计师或会计部门负责人的指导和监督。

（2）对于不具备设置会计机构条件的单位，应由代理记账业务的机构完成其会计工作。根据《代理记账管理暂行办法》的规定，在我国从事代理记账业务的机构，应至少有3名持有会计从业资格证书的专职人员，同时聘用一定数量相同条件的兼职从业人员。主管代理记账业务的负责人必须具有会计师以上专业技术资格。代理记账机构要有健全的代理记账业务规范和财务会计管理制度。代理记账业务的机构，除会计师事务所外，必须申请代理记账资格并经过县级以上财政部门审查批准，并领取由财政部统一印制的《代理记账许可证书》，才能从事代理记账业务。

由于会计工作与财务工作都是综合性的经济管理工作,两者的关系十分密切,因而,在我国的实际工作中,通常将处理财务与会计工作的职能机构合并为一个部门。这个机构的主要任务就是组织和处理本单位的财务与会计工作,如实地反映本单位的经济活动情况,以便及时地向各有关利益关系体提供他们所需要的财务会计资料,同时参与企业单位经济管理的预测和决策,严格执行会计法规制度,最终达到提高经济效益的目的。

二、配备会计人员

设置了会计机构,还必须配备相应的会计人员。会计人员通常是指在国家机关、社会团体、公司、企业、事业单位和其他组织中从事财务会计工作的人员,包括会计机构负责人(会计主管人员)以及具体从事会计工作的会计师、会计员和出纳员等。合理地配备会计人员,提高会计人员的综合素质,是每个单位做好会计工作的决定性因素,对会计核算管理系统的运行起到关键的作用。可以说,提高会计人员的素质是发展知识经济的需要,是中国加入WTO的需要,更是企业单位自身发展的需要。

《会计法》第三十八条规定:"从事会计工作的人员,必须取得会计从业资格证书。担任单位会计机构负责人(会计主管人员)的,除取得会计从业资格证书外,还应当具备会计师以上专业技术职务资格或者从事会计工作三年以上经历。"《会计基础工作规范》第十四条规定:"会计人员应当具备必要的专业知识和专业技能,熟悉国家有关法律、法规、规章和国家统一会计制度,遵守职业道德。"这些都是对会计人员任职资格的具体规定。

为了使会计人员充分发挥其积极性,使会计人员在工作时有明确的方向和办事准则,以便更好地完成会计的各项工作任务,应当明确会计人员的职责、权限和任免的各项规定。

(一)会计人员的主要职责

会计人员的职责也是会计机构的职责,具体包括以下几项内容。

1. 进行会计核算

会计人员应按照会计制度的规定,切实做好记账、算账、报账工作。各单位必须根据实际发生的经济业务事项进行会计核算,认真填制和审核原始凭证,编制记账凭证,登记会计账簿,正确计算各项收入、支出、成本、费用、财务成果,并按期结算、核对账目,进行财产清查,在保证账证相符、账账相符、账实相符的基础上,按照手续完备、数字真实、内容完整的要求编制和报出财务会计报告。

《会计法》第十条规定,下列经济业务事项应当办理会计手续,进行会计核算:一是款项和有价证券的收付;二是财物的收发、增减和使用;三是债权、债务的发生和结算;四是资本、基金的增减;五是收入、支出、费用、成本的计算;六是财务成果的计算和处理;七是需要办理会计手续、进行会计核算的其他事项。

2. 实行会计监督

实行会计监督,即通过会计工作,对本单位的各项经济业务和会计手续的合法性、合理性进行监督。对不真实、不合法的原始凭证不予受理;对账簿记录与实物、款项不符的问题,应按有关规定进行处理或及时向本单位领导人报告;对违反国家统一的财政制度、财务规定的收支不予受理。此外,各单位必须依照法律和国家有关规定,接受财政、审计、税务机关的监督,如实提供会计凭证、会计账簿、会计报表和其他会计资料以及有关情况。

建立、健全本单位内部会计监督制度。《会计法》第二十七条规定,单位内部会计监督制度应当符合下列要求:一是记账人员与经济业务事项和会计事项的审批人员、经办人员、财务保管人员的职责权限应当明确,并相互分离、相互制约;二是重大对外投资、资产处置、资金调度和其他重要经济业务事项的决策应相互监督和制约;三是财产清查的范围、期限和组织程序应当明确;四是对会计资料定期进行内部审计的办法和程序应当明确。

3. 编制业务计划及财务预算,并考核、分析其执行情况

会计人员应根据会计资料并结合其他资料,按照国家各项政策和制度规定,认真编制并严格执行财务计划、预算,遵照经济核算原则,定期检查和分析财务计划、预算的执行情况。遵守各项收支制度、费用开支范围和开支标准,合理使用资金,考核资金使用效果等。

4. 制定本单位办理会计事项的具体办法

会计主管人员应根据国家的有关会计法规、准则及其他相关规定,结合本单位具体情况,制定本单位办理会计事项的具体办法,包括会计人员岗位责任制度、钱账分管制度、内部稽核制度、财产清查制度、成本计算办法、会计政策的选择以及会计档案的保管制度等。

(二)会计人员的主要权限

为了保障会计人员更好地履行其职责,《会计法》及其他相关法规在明确了会计人员职责的同时,也赋予了会计人员相应的权限,具体有以下三个方面的权限。

(1)会计人员有权要求本单位各有关部门及相关人员认真执行国家、上级主管部门等批准的计划和预算,严格遵守国家财经纪律、会计准则和相应会计制度。如果发现有违反上述规定的,会计人员有权拒绝付款、拒绝报销或拒绝执行。对属于会计人员职权范围内的违规行为,在自己的职权范围内予以纠正;超出其职权范围的应及时向有关部门及领导汇报,请求依法处理。

(2)会计人员有权履行其管理职能,也就是有权参与本单位编制计划、制定定额、签订合同,参加有关的生产、经营管理会议和业务会议,并以会计人员特有的专业地位就有关事项提出自己的建议和意见。

(3)会计人员有权监督、检查本单位内部各部门的财务收支、资金使用和财产保管、收发、计量、检验等情况,各部门应该大力支持和协助会计人员工作。

会计人员在正常工作过程中的权限是受法律保护的。《会计法》第四十六条规定:"单位负责人对依法履行职责、抵制违反本法规定行为的会计人员以降级、撤职、调离工作岗位、解聘或者开除等方式实行打击报复,构成犯罪的,依法追究刑事责任;尚不构成犯罪的,由其所在单位或者有关单位依法给予行政处分。对受打击报复的会计人员,应当恢复其名誉和原有职务、级别。"由此可见,任何人干扰、阻碍会计人员依法行使其正当权利,都会受到法律的追究乃至制裁。

(三) 会计人员的任免

会计工作者既要为本单位经营管理服务，维护本单位的合法经济利益，又要执行国家的财政、财务制度和财经纪律，维护国家的整体利益，同各种本位主义行为、违法乱纪行为做斗争。针对会计的这一工作特点，国家对会计人员，特别是对会计机构负责人和会计主管人员的任免，在《会计法》和其他相关法规中作了若干特殊的规定，其主要内容包括如下几个方面。

(1) 在我国，国有经济占主导地位，为了保证国有经济顺利、健康有序发展，在国有企、事业单位中任用会计人员应实行回避制度，也就是说，"单位领导人的直系亲属不得在本单位担任会计机构负责人，同时，会计机构负责人的直系亲属也不得在本单位的会计机构中担任出纳工作。"[1]

(2) 企业单位的会计机构负责人、会计主管人员的任免，应当经过上级主管单位同意，不得任意调动或撤换。也就是说，各单位应该按照干部管理权限任免会计机构负责人和会计主管人员，即在任免这些人员时应先由本单位行政领导人提名报主管单位，待上级主管单位的人事和会计部门对提名进行协商、考核，并经行政领导人同意后，才能按规定程序任免。

(3) 会计人员在工作过程中忠于职守、坚持原则，受到错误处理的，上级主管单位应当责成所在单位予以纠正。会计人员在工作过程中玩忽职守、丧失原则，不宜担任会计工作的，上级主管单位应责成所在单位予以撤换。对于认真执行《会计法》以及其他相关会计法规，忠于职守，做出显著成绩的会计人员，应给予精神的或物质的奖励。

第三节　企业会计工作的管理

一、企业会计工作的组织形式

企业会计部门承担哪些会计工作，与企业的其他职能部门、车间、仓库等部门之间如何分工，这些都与会计工作的组织形式有关。为了科学地组织会计工作，就必须根据企业规模的大小、业务的繁简以及企业内部其他各组织机构的设置情况，来确定企业会计工作的组织形式。会计工作的组织形式一般包括集中核算和非集中核算两种。

(一) 集中核算

集中核算，就是在厂部一级设置专业的会计机构，由单位内各部门对发生的经济业务进行原始记录，编制原始凭证并进行适当汇总，定期把原始凭证和汇总原始凭证送到会计部门，由会计部门进行总分类核算和明细分类核算。采用集中核算形式，由于核算工作集中在会计部门进行，便于会计人员进行合理的分工，采用科学的凭证整理程序，在核算过

---

[1] 《会计基础工作规范》第十六条。

程中运用现代化手段，进而简化和加速核算工作，提高核算效率，节约核算费用，同时可根据会计部门的记录，随时了解企业内部各部门的生产经营活动情况，但是各部门领导不能随时利用核算资料检查和控制本部门的工作。

（二）非集中核算

非集中核算又称分散核算，是指企业单位内部各部门核算自身发生的经济业务，包括凭证的整理、明细账的登记、成本的核算、有关会计报表（特别是内部报表）的编制和分析等工作，而会计部门只是根据企业内部各部门报来的资料进行总分类核算、编报全厂综合性会计报表，并负责指导、检查和监督企业内部各部门的核算工作。采用非集中核算形式，可以使企业内部各部门随时利用有关核算资料检查本部门工作，随时发现问题，解决问题。但是，采用这种核算组织形式，对企业会计部门而言，不便于采用最合理的凭证整理办法，并在一定程度上限制会计人员的合理分工；就整个企业来看，会使核算的工作总量有所增加，核算人员的编制加大，相应地，核算费用增多。

在实行内部经济核算制的情况下，企业所属各部门和车间，特别是业务部门，都由企业拨给一定数量的资金，都有一定的业务经营和管理的权利，负有完成各项任务的责任，并可按照工作成果取得一定的物质利益。这些部门和车间为了反映和考核各自的经营成果，可以进行比较全面的核算，单独计算盈亏，按期编报会计报表。但这些部门和车间不能单独与企业外部其他单位发生经济业务往来，也不能在银行开设结算账户。

对于一个企业单位而言，采用集中核算组织形式还是非集中核算组织形式并不是绝对的，可以单一地选用集中核算或非集中核算形式，也可以两者兼而有之，即对某些业务采用集中核算而对另外的业务采用非集中核算。但是，无论采取哪一种组织形式，企业采购材料物资、销售商品、结算债权债务、现金往来等对外业务都应由厂部会计部门办理。企业单位在确定应采用的会计工作组织形式时，既要考虑能正确、及时地反映企业单位的经济活动情况，又要注意简化核算手续，提高工作效率。具体地说，应注意以下几个方面的问题。

（1）考虑本单位规模大小、业务繁简以及相关核算条件的要求。

（2）在保证会计核算质量的前提下，力求简化会计核算手续，及时、正确地提供会计核算资料，节约人力和物力。

（3）全面考虑企业单位会计人员的数量和业务素质的适应能力。

（4）各相关部门之间要做到相互配合，有关会计核算资料的确定应口径一致。

二、会计工作岗位责任制

（一）会计工作岗位责任制的含义

会计工作岗位责任制就是在财务会计机构内部按照会计工作的内容和会计人员的配备情况，进行合理的分工，使每项会计工作都有专人负责，每位会计人员都能明确自己的职责的一种管理制度。

《会计基础工作规范》第八十七条规定："各单位应当建立会计人员岗位责任制度。主要内容包括：会计人员的工作岗位设置；各会计工作岗位的职责和标准；各会计工作岗位的人员和具体分工；会计工作岗位轮换办法；对各会计工作岗位的考核办法。"为了科学地组织会计工作，应建立、健全会计部门内部的岗位责任制，将会计部门的工作划分为若干个工作岗位，并根据分工情况为每个岗位规定其各自的职责和要求。分工可以一岗多人、一岗一人，也可以一人多岗。各个岗位的会计人员，既要认真履行本岗位职责，又要从企业全局出发，相互协作，共同做好会计工作。

（二）会计岗位责任制的具体内容

不同的企业单位，可以根据自身管理的需要、业务的内容以及会计人员配备情况，确定各自的岗位分布。《会计基础工作规范》第十一条规定，会计工作岗位可以分为会计机构负责人、出纳、财产物资核算、职工薪酬核算、成本费用核算、财务成果核算、资金核算、往来核算、总账报表、稽核、档案管理等。

1. 会计机构负责人工作岗位

该岗位负责组织领导本单位的财务会计工作，完成各项工作任务，对本单位的财务会计工作负全面责任；组织学习和贯彻党的经济工作的方针、政策、法令和制度，并根据本单位的具体情况，制定本单位的各项财务会计制度、办法，并组织实施；组织编制本单位的财务成本计划、单位预算，并检查其执行情况；组织编制财务会计报表和有关报告；负责财会人员的政治思想工作；组织财会人员学习政治理论和业务知识；负责对财会人员的工作考核等。

2. 出纳工作岗位

该岗位负责办理库存现金收付和银行结算业务；登记库存现金、银行存款日记账；保管库存现金和各种有价证券；保管有关印章、空白收据和空白支票。

3. 财产物资核算工作岗位

该岗位按财务会计的有关法规的要求，会同有关部门制定本企业材料物资核算与管理办法；负责审查材料物资供应计划和供货合同，并监督其执行情况；会同有关部门制订和落实储备资金定额，办理材料物资的请款和报销业务，计算确定材料物资采购成本；严格审核材料物资入库、出库凭证，进行材料物资明细核算，参与库存材料、物资的清查盘点工作；对于固定资产的核算，负责审核、办理有关固定资产的购建、调拨、内部转移、盘盈、盘亏、报废等会计手续，配合固定资产的管理部门和使用部门建立固定资产管理制度；进行固定资产的明细核算，参与固定资产清查，按规定正确计算、提取固定资产折旧，以真实地体现固定资产价值；制订固定资产重置、修理计划，指导和监督有关部门管好、用好固定资产。

4. 职工薪酬核算工作岗位

该岗位负责计算职工的各种薪酬，办理职工的薪酬结算，并进行有关的明细核算，分析职工薪酬总额计划的执行情况，控制职工薪酬总额支出，参与制订职工薪酬总额计划。在由各车间、部门的工资员分散计算和发放工资的组织方式下，还应协助企业劳动工资部门负责指导和监督各车间、部门的职工薪酬计算和发放工作。

5. 成本费用核算工作岗位

该岗位负责编制成本、费用计划,并将其指标分解落实到有关责任单位和个人;会同有关部门拟定成本费用管理与核算办法,建立、健全各项原始记录和定额资料,遵守国家的成本开支范围和开支标准,正确地归集和分配费用,计算产品成本,登记费用成本明细账,并编制有关的会计报表,分析成本计划的执行情况。

6. 财务成果核算工作岗位

该岗位负责编制收入、利润计划并组织实施;随时掌握销售状况,预测销售前景,及时督促销售部门完成销售计划,组织好销售货款的回收工作,正确地计算并及时地解交有关税费;负责收入、应收款和利润的明细核算,编制有关收入、利润方面的会计报表,并对其进行分析和利用。

7. 资金核算工作岗位

该岗位负责资金的筹集、使用和调度;随时了解、掌握资金市场的动态,为企业筹集生产经营所需资金并满足需要,同时合理安排调度使用资金,本着节约的原则,运用好资金,以尽可能低的资金耗费取得尽可能好的效果。

8. 往来结算工作岗位

该岗位负责随时清理结算各种应收、应付、暂收、暂付等往来款项,应收的抓紧催收,应付的及时偿付,暂收、暂付款项要督促清算;负责备用金的管理和核算,负责其他应收款、应付款和备用金的明细核算;管理其他应收、应付款项的凭证、账册和资料等。

9. 总账报表工作岗位

该岗位负责总账的登记与核对,并与有关的日记账和明细账相核对,依据账簿记录编制有关会计报表和报表附注等相关内容;负责财务状况和经营成果的综合分析,收集、整理各方面经济信息以便进行财务预测,制订或参与制订财务计划,参与企业的生产经营决策等。

10. 稽核工作岗位

该岗位负责确立稽核工作的组织形式和具体分工,明确稽核工作的职责、权限,审核会计凭证和复核会计账簿、报表。

11. 档案管理工作岗位

该岗位负责制定会计档案的立卷、归档、保管、查阅和销毁等管理制度,保证会计档案的妥善保管、有序存放、方便查阅,严防毁损、散失和泄密。

上述会计工作岗位的设置并非是固定模式,企业单位可以根据自身的需要合并或重新分设。总而言之,应做到各项会计工作有岗有责,各司其职,必要时可以将各岗位人员进行适当的轮换,以便提高会计人员的综合能力,促进各岗位之间的相互协调与配合。开展电算化会计和管理会计的单位,可以根据需要设置相应的工作岗位,也可以与其他工作岗位相结合。

第四节 会计职业道德

会计行业作为市场经济活动的一个重要领域，主要为社会提供会计信息或鉴证服务，其服务质量的好坏直接影响着经营者、投资人和社会公众的利益，进而影响着整个社会的经济秩序。会计工作者在提供信息或鉴证服务的过程中，除了必须将本职工作置于法律、法规的约束和规范之下外，还必须具备与其职能相适应的职业道德水准。市场经济越发展，对会计工作的职业道德水准要求越高。正确认识和分析我国会计职业道德现状，建立、健全会计职业道德规范体系，广泛开展会计职业道德宣传教育，全面提高会计职业素养和执业质量，是新时期以德治国、建立和谐社会和会计工作发展的需要。

一、会计职业道德的含义

道德是一定调节社会人际关系的行为规范的总和。职业道德是指人们在职业生活中应遵循的基本道德，即一般社会道德在职业生活中的具体体现，是职业品德、职业纪律、专业胜任能力以及职业责任等的总称，属于自律范畴。它通过公约、守则等对职业生活中的某些方面加以规范。职业道德既是本行业人员在职业活动中的行为规范，又是行业对社会所负的道德责任和义务。

社会的经济发展水平决定着人们的行为方式、生产方式和消费方式，也影响着人们的职业道德观念。社会生产力的不断发展丰富了会计职业活动的内容，使会计职业关系日趋复杂，也使人们对会计职业行为的要求不断更新，从而推动着会计职业道德的不断发展和完善。国外一些经济发达国家和国际组织先后对会计职业道德提出了明确的要求，如1980年7月，国际会计师联合会职业道德委员会拟订并经国际会计师联合会理事会批准，公布了《国际会计职业道德准则》，规定了正直、客观、独立、保密、技术标准、业务能力、道德自律等七个方面的职业道德内容。会计职业道德规范来源不同，其约束机制也必然有差别。在职业主义特色较浓的国家，职业道德准则的制订和颁布机构就是会计职业团体，其制约能力很大程度上也来源于职业团体，属于行业自律性。这样的制约机制在问题的处理过程中灵活、独立性强，很少受其他组织的影响，便于适应不同情况的发生，但是，在约束力、惩治力方面略显不足。在法律控制特色较浓的国家，职业道德起源于法律规定，其制约力也会在很大程度上依靠法律，属于政府管理型。这样的制约机构惩罚力度大，约束力比较强，只是不利于职业团体发挥其职能和作用。我国的《会计法》《会计基础工作规范》、中国注册会计师协会颁布的《中国注册会计师职业道德基本准则》和《中国注册会计师职业道德规范指导意见》等都对会计职业道德提出了若干明确要求。

会计职业作为社会经济活动中的一种特殊职业，其职业道德与其他职业道德相比具有自身的特征：一是具有一定的强制性，如为了强化会计职业道德的调整职能，我国会计职业道德中的许多内容都直接纳入了会计法律制度之中；二是较多关注公众利益。会计职业的社会公众利益性，要求会计人员客观公正，在会计职业活动中，发生道德冲突时要坚持准则,把社会公众利益放在第一位。

二、会计职业道德与法律的关系

我国实行改革开放以来,确立了社会主义市场经济体制,市场经济的发展迫切需要建立、健全社会主义法制。在市场经济中,生产、流通、分配与消费是靠市场主体间的契约联结在一起的。为了保证这些契约的公正和得到遵守,就需要有完备的法律制度。另一方面,市场经济的负面效应使社会转型时期的道德失范现象比较严重,导致目前人们对道德的认识相当混乱。因此,有必要对会计职业道德与会计法律之间的关系加以充分的认识。

(一)会计职业道德与会计法律制度的联系

会计职业道德与会计法律制度的根本目标一致,在作用上相互补充,在内容上相互渗透、相互重叠、相互吸收,在实施相互作用、相互促进。两者之间的联系主要表现在以下几个方面。

1. 根本目标一致

会计职业道德是通过调整会计工作中的人际关系,激发会计人员的工作热忱,把提高会计职业水平作为自身的道德责任,达到为单位、国家更好地聚财、理财、用财、生财的目的。同样,会计法律制度也是旨在通过稳定会计工作秩序和保证社会再生产过程顺利进行,提高会计工作效率,从而达到为单位和国家更好地聚财、理财、用财、生财的目的。

2. 在作用上相互补充

在规范会计行为中,我们不可能完全依赖会计法律制度的强制功能而排斥会计职业道德的教化功能,因为会计行为不可能都由会计法律制度进行规范。不需要或不宜由会计法律制度进行规范的行为,可以通过会计职业道德规范来实现。会计法律只能对会计人员不得违法的行为作出规定,不宜对他们如何勤勉敬业、提高技能、强化服务等提出具体要求。但如果会计人员缺乏工作的热情和态度,没有必要的职业技能和服务意识,则很难保证会计信息达到真实、完整的法定要求。显然,会计职业道德对会计法律制度起着重要的辅助和补充作用。

3. 在内容上相互渗透、相互重叠、相互吸收

会计法律制度中含有会计职业道德规范的内容,同时,会计职业道德规范中也包含会计法律制度的某些条款。可以说,会计法律制度是会计职业道德的最低要求。在一般情况下,凡是会计法律制度不允许的行为,都是会计职业道德要谴责的行为;而会计法律制度所规定的行为,又都是会计职业道德所倡导的行为。

4. 在实施上相互作用、相互促进

会计职业道德是会计法律制度正常运行的社会和思想基础,而会计法律制度则是促进会计职业道德规范形成和遵守的重要保证。

（二）会计职业道德与会计法律制度的区别

1. 性质不同

会计法律制度是从工作业务角度对会计人员的会计行为做出规范，是在总结会计工作实践经验的基础上，由国家立法部门或行政管理部门颁布的对会计人员的工作行为的具体规定。而会计职业道德作为行为规范主要是从品行角度对会计人员的会计行为做出规范。会计职业道德对会计人员基本上是非强制执行的，对他们的行为只产生约束作用，主要依靠社会舆论和会计从业人员的自觉性，具有很强的自律性。

2. 作用范围不同

会计法律制度侧重于调整会计人员的外在行为和结果，具有较强的客观性。会计职业道德不仅要求调整会计人员的外在行为，还要求调整会计人员内在的精神世界，要求他们的动机高尚和纯洁，具有较强的主观性。一般来说，会计法律制度的各种规定是会计职业关系得以维系的最基本条件，是对会计从业人员行为的最低限度的要求，用以维持现有的会计职业关系和正常的会计工作秩序。会计职业道德处在会计行为规范的较高层次上。在会计职业活动的实践中，虽然有很多不良的会计行为在违反了会计法律制度的同时也违反了会计职业道德，但也有的不良会计行为只是违反了会计职业道德而没有违反会计法律制度。

3. 实现形式不同

会计法律制度是通过一定的程序由国家立法部门或行政管理部门制定的，其实现形式是具体的、明确的、正式形成文字的成文规定。而会计职业道德出自会计人员的职业生活和职业实践，日积月累，约定俗成。会计职业道德要求的是"应该"，对违背会计职业道德规范的应予以舆论谴责，并引起违背良心的内疚和行为的反思。

4. 实施保障机制不同

会计法律制度不仅仅是一种权利和义务的规定，而且为了达到有法必依、执法必严、违法必究的目的，还需要一套实施保障机制。会计法律制度的这种保障机制不仅体现在其法律规范的内容中具有明确的制裁和处罚条款，而且体现在设有与之相配合的权威的制裁和审判机关，由国家强制力保障实施。而会计职业道德既有国家法律的相应要求，又需要会计人员的自觉遵守。当人们对会计职业道德上的权利与义务发生争议时，并没有权威机构对其中的是非曲直作出明确裁定，或者即使有裁定也是舆论性质的，缺乏权威机构对裁定执行的保障。

三、会计职业道德的基本内容

会计职业道德规范是指一定的社会经济条件下，对会计职业行为及职业活动的系统要求或明文规定。它是社会道德体系的一个重要组成部分，是职业道德在会计职业行为和会计职业活动中的具体体现。尽管不同的国家因经济发展程度不同，社会制度和经济体制各异，其会计职业道德有一定的差异，但也有许多共同点，只是实施和管理方式不同而已。根据我国会计工作和会计人员的实际情况，结合国际上对会计职业道德的一般要求，我国会计人员职业道德的内容可以概括为爱岗敬业、诚实守信、廉洁自律、客观公正、坚持准则、提高技能、参与管理和强化服务。

（一）爱岗敬业

爱岗敬业包含"爱岗"和"敬业"两个方面的要求。爱岗就是热爱自己的工作岗位，热爱本职工作。爱岗是对人们工作态度的一种普遍要求。热爱本职工作，就是职业工作者以正确的态度对待各种职业劳动，努力培养对自己所从事的工作的幸福感、荣誉感。一个人，一旦爱上了自己的职业，他的身心就会融合在职业工作中，就能在平凡的岗位上做出不平凡的事业。所谓敬业就是用一种严肃的态度对待自己的工作，勤勤恳恳、兢兢业业、忠于职守、尽职尽责。如果一个从业人员不能尽职尽责、忠于职守，就会影响整个企业或单位的工作进程，严重的还会给企业和国家带来损失，甚至还会在国际上造成不良影响。会计职业道德中的敬业，要求从事会计职业的人员充分认识到会计工作在国民经济中的地位和作用，以从事会计工作为荣，敬重会计工作，具有献身于会计工作的决心。

爱岗与敬业总的精神是相通的，是相互联系在一起的。爱岗是敬业的基础，敬业是爱岗的具体表现，不爱岗就很难做到敬业，不敬业也很难说是真正的爱岗。爱岗敬业是会计人员干好本职工作的基础和条件，是其应具备的基本道德素质。爱岗敬业需要有具体的行动来体现，即要有安心会计工作与献身会计事业的工作热情、严肃认真的工作态度、勤学苦练的钻研精神、忠于职守的工作作风。

（二）诚实守信

诚实守信就是忠诚老实，信守诺言，是为人处事的一种美德。所谓诚实，就是忠诚老实，不讲假话。诚实的人能忠实于事物的本来面目，不歪曲，不篡改事实，同时也不隐瞒自己的真实思想，光明磊落，言语真切，处事实在。诚实的人反对投机取巧，趋炎附势，吹拍奉迎，见风使舵，争功诿过，弄虚作假，口是心非。所谓守信，就是信守诺言，说话算数，讲信誉，重信用，履行自己应承担的义务。诚实和守信两者意思是相通的，是互相联系在一起的。诚实是守信的基础，守信是诚实的具体表现，不诚实很难做到守信，不守信也很难说是真正的诚实。诚实侧重于对客观事实的反映是真实的，对自己内心的思想、情感的表达是真实的。守信侧重于对自己应承担、履行的责任和义务的忠实，毫无保留地实践自己的诺言。

市场经济越发达，职业越社会化，道德信誉就越重要。市场经济是"信用经济""契约经济"，注重的就是"诚实守信"。可以说，信用是维护市场经济步入良性发展轨道的前提和基础，是市场经济社会赖以生存的基石。

诚实守信的基本要求是：首先，做老实人，说老实话，办老实事，不弄虚作假。做老实人，要求会计人员言行一致，表里如一，光明正大。说老实话，要求会计人员说话诚实，如实反映和披露单位经济业务事项。办老实事，要求会计人员工作踏踏实实，不弄虚作假，不欺上瞒下。其次，执业谨慎，信誉至上。诚实守信，要求会计人员在执业中始终保持应有的谨慎态度，维护职业信誉及客户和社会公众的合法权益。最后，保密守信，不为利益所诱惑。在市场经济中，秘密可以带来经济利益，而会计人员因职业特点经常接触到单位和客户的一些秘密，因而，会计人员应依法保守单位秘密，这也是诚实守信的具体体现。

（三）廉洁自律

廉洁自律是中华民族的一种传统美德，也是会计职业道德规范的重要内容之一。在会计职业中，廉洁要求会计从业人员公私分明、不贪不占、遵纪守法，经得起金钱、权利、美色的考验，不贪污挪用、不监守自盗。保持廉洁主要靠会计人员的觉悟、良知和道德水准，而不是受制于外在的力量。所谓自律是指会计人员以一定的具体标准作为具体行为或言行的参照物，进行自我约束、自我控制，使具体的行为或言论达到至善至美的过程。自律包括两层意思：一是会计行业自律，是会计职业组织对整个会计职业的会计行为进行自我约束、自我控制的过程；二是会计从业人员的自我约束，会计从业人员的自我约束是靠其科学的价值观和正确的人生观来实现的。如果每个会计从业人员的自律性都强，则整个会计行业的自律性也强。

廉洁自律的基本要求可以概述如下：第一，公私分明，不贪不占；第二，遵纪守法，抵制行业不正之风；第三，重视会计职业声望。

（四）客观公正

客观是指按事物的本来面目去反映，不掺杂个人的主观意愿，也不为他人意见所左右，既不夸大，也不缩小。公正就是公平正直，没有偏袒，但不是中庸。在会计职业中，客观公正是会计人员必须具备的行为品德，是会计职业道德规范的灵魂。客观要求会计人员在处理经济业务时必须以实际发生的交易或事项为依据，如实反映企业的财务状况、经营成果和现金流量情况。公正要求会计人员在履行会计职能时，摒弃单位、个人私利，不偏不倚地对待有关利益各方。客观公正，不只是一种工作态度，更是会计人员追求的一种境界。

客观公正的基本要求是：首先，端正态度。做好会计工作，不仅要有过硬的技术和本领，也需要有实事求是的精神和客观公正的态度。其次，依法办事。当会计人员有了端正的态度和知识技能基础之后，他们在工作过程中必须遵守各种法律、法规、准则和制度，依照法律规定进行核算，并做出客观的会计职业判断。最后，实事求是，不偏不倚，保持独立。客观公正，一是要求保持会计人员从业的独立性，独立性有实质上的独立性和形式上的独立性；二是要求会计人员保持客观公正的从业心态。

（五）坚持准则

坚持准则，要求会计人员在处理业务的过程中，严格按照会计法律制度办事，不为主观或他人意志左右。这里所指的"准则"不仅指会计准则，而且包括会计法律、会计行政法规、国家统一的会计制度以及与会计工作相关的法律制度。会计法律是指《会计法》；会计行政法规是指由国务院发布的《企业财务会计报告条例》《总会计师条例》，以及经国务院批准、财政部发布的《企业会计准则》等；国家统一的会计制度是指国务院财政部门根据《会计法》制定的关于会计核算、会计监督、会计机构和会计人员以及会计工作管理的制度，包括规章和规范性文件，如《财政部门实施会计监督办法》《会计基础工作规范》《会计从业资格管理办法》《会计档案管理办法》等。会计人员应当熟悉和掌握准则的具体内容，并按会计准则的要求对经济业务事项进行确认、计量、记录和报告，为政府、企业、单位和其他相关当事人提供真实、完整的会计信息。

坚持准则的基本要求是：首先，熟悉准则。会计工作不单纯是进行记账、算账和报账，在记账、算账和报账过程中会时时、事事、处处涉及政策界限、利益关系的处理，需要遵守准则、执行准则、坚持准则。只有熟悉准则，才能按准则办事，才能保证会计信息的真实性和完整性。其次，坚持准则。在企业的经营活动中，国家利益、集体利益与单位、部门以及个人利益有时会发生冲突，这时就需要会计人员坚持准则。《会计法》规定，单位负责人对本单位会计信息的真实性和完整性负责。也就是说，单位的会计责任主体是单位负责人。会计人员坚持准则，不仅是对法律负责，对国家、社会公众负责，也是对单位负责人负责。

（六）提高技能

会计是一门不断发展变化、专业性很强的学科，与经济发展有密切的联系。近年来，随着市场经济体制的日益完善和经济全球化进程的加快，需要会计人员提供会计服务的领域越来越广泛，专业化、国际化服务的要求越来越高，会计专业性和技术性日趋复杂，对会计人员所应具备的职业技能要求也越来越高。会计职业技能的内容主要包括：一是会计专业基础知识；二是会计理论、专业操作的创新能力；三是组织协调能力；四是主动更新知识的能力；五是提供会计信息能力等。提高技能，是指会计人员通过学习、培训等手段提高职业技能，以达到足够的专业胜任能力的活动。

提高技能的基本要求是：首先，增强提高专业技能的自觉性和紧迫感。会计人员要适应时代发展的步伐，就要有危机感、紧迫感，要有不断提高专业技能的自觉性。只有具备专业胜任能力，才能适应会计工作以及会计职业道德的要求。其次，勤学苦练、刻苦钻研。现代会计是集高科技、高知识于一体的事业，会计理论不断创新，新的会计学科分支不断出现，如跨国公司会计、国际税收会计、金融工具及衍生工具会计、知识产权会计以及会计电算化和网络化的发展，都要求会计人员去不断地学习与探索。

（七）参与管理

参与管理，就是为管理者当参谋，为管理活动服务。会计工作或会计人员与管理决策者在管理活动中分别扮演着参谋人员和决策者的角色，承担着不同的职责和义务。会计人员在参与管理的过程中，并不直接从事管理活动，只是尽职尽责地履行会计职责，间接地从事管理活动或者说参与管理活动。

会计人员要树立参与管理的意识，积极主动地做好参谋。具体说，应积极主动地做好以下几方面的工作。

（1）在做好本职工作的同时，努力钻研相关业务。做好本职工作，要求会计人员有扎实的基本功，使自己的知识和技能适应所从事工作的要求，从而做好会计核算的各项基础工作，确保会计信息真实、完整。

（2）全面熟悉本单位的经营活动和业务流程，主动提出合理化建议，协助领导决策，积极参与管理。会计人员要充分利用掌握的大量会计信息去分析单位的管理，从财务会计的角度渗透到单位的各项管理中，找出经营管理中的问题和薄弱环节，把管理结合在日常工作之中，从而使会计的事后反映变为事前的预测分析，真正起到当家理财的作用，成为决策层的参谋助手，为改善单位内部管理、提高经济效益服务。

（八）强化服务

强化服务是现代经济社会对劳动者所从事职业的更高层次的要求，表现为人们在参与对外工作交往和组织内部协调运作过程中，人与人之间人际关系的融洽程度和与之相对应的工作态度。强化服务要求会计人员树立服务意识，提高服务质量，努力维护和提升会计职业的良好社会形象。

强化服务的基本要求是：首先，树立服务意识。会计人员要树立服务意识，不论是为经济主体服务，还是为社会公众服务，都要摆正自己的工作位置。其次，提高服务质量。提高服务质量，并非无原则地满足服务主体的需要，而是在坚持原则、坚持会计准则的基础上尽量满足用户或服务主体的需要。最后，努力维护和提升会计职业的良好社会形象。会计人员服务的态度直接关系到会计行业的声誉和全行业运作的效率。会计人员服务态度好、质量高，做到讲文明、讲礼貌、讲诚信、讲质量，坚持准则，严格执法，服务周到，就能提高会计职业的信誉，维护和提升会计职业的良好社会形象，增强会计职业的生命力；反之，就会影响会计职业的声誉，甚至直接影响到全行业的生存和发展。

以上八项是每一个会计从业者从事会计工作应具备的基础职业道德，会计从业者应在实践中自觉遵循、不断充实和发扬光大。

第五节 会计档案管理与会计工作交接制度

一、会计档案管理

会计信息的载体包括会计凭证、会计账簿、会计报表，而这些载体以及其他的会计资料就构成了会计档案的内容。

（一）会计档案的概念

会计档案是指"单位在进行会计核算等过程中接收或形成的，记录和反映单位经济业务事项的，具有保存价值的文字、图表等各种形式的会计资料，包括通过计算机等电子设备形成、传输和存储的电子会计档案。"[1]由此可见，会计档案是机关团体和企事业单位在其日常经营活动的会计处理过程中形成的，并按照规定保存备查的会计信息载体，以及其他有关财务会计工作应予集中保管的财务成本计划、重要的经济合同等文件资料。

会计档案是国家经济档案的重要组成部分，是企业单位日常发生的各项经济活动的历史记录，是总结经营管理经验、进行决策所需的主要资料，也是检查各种责任事故的重要依据。各单位应当加强会计档案管理工作，建立和完善会计档案的收集、整理、保管、利用和鉴定等管理制度，采取可靠的安全防护技术和措施，保证会计档案的真实、完整、可用、安全。

---

[1] 2015年12月11日财政部和国家档案局联合发布的《会计档案管理办法》第三条。

(二)会计档案的具体内容

按照《会计档案管理办法》的规定,企业单位的会计档案包括以下具体内容。

1. 一般会计档案

(1) 会计凭证类,包括原始凭证、记账凭证。

(2) 会计账簿类,包括总账、明细账、日记账、固定资产卡片及其他辅助性账簿。

(3) 财务报告类,包括月度、季度、半年度、年度财务会计报告。

(4) 其他会计资料类,包括银行存款余额调节表、银行对账单、纳税申报表、会计档案移交清册、会计档案保管清册、会计档案销毁清册、会计档案鉴定意见书及其他具有保存价值的会计资料。

2. 电子会计档案

对于单位内部形成的属于归档范围的电子会计资料,同时满足以下几个条件的,可仅以电子形式保存,形成电子会计档案。

(1) 形成的电子会计资料来源有效,由计算机等电子设备形成和传输。

(2) 使用的会计核算系统能够准确、完整、有效接收和读取电子会计资料,能够输出符合国家标准归档格式的会计凭证、会计账簿、财务会计报表等会计资料,设定了经办、审核、审批等必要的审签程序。

(3) 使用的电子档案系统能够有效接收、管理、利用电子会计档案,符合电子档案的长期保管要求,并建立了电子会计档案与相关的其他纸质会计档案的检索关系。

(4) 采取有效措施,防止电子会计档案被篡改。

(5) 建立会计档案备份制度,能够有效地防范自然灾害、意外事故和人为破坏的影响。

对于单位从外部接收的电子会计资料,附有符合《中华人民共和国电子签名法》规定的电子签名的,可仅以电子形式归档保存,形成电子会计档案。

(三)会计档案管理的基本内容

为了加强会计档案的科学管理,统一全国会计档案管理制度,有效地保护和利用会计档案,国家财政部、国家档案局于 2015 年修订并发布了《会计档案管理办法》,自 2016 年 1 月 1 日起执行。该办法共 31 条,统一规定了会计档案管理的基本内容和要求。

1. 总体要求

《会计档案管理办法》第四条规定:"财政部和国家档案局主管全国会计档案工作,共同制定全国统一的会计档案工作制度,对全国会计档案工作实行监督和指导。县级以上地方人民政府部门和档案行政管理部门管理本行政区域内的会计档案工作,并对本行政区域内会计档案工作实行监督和指导。"

2. 具体要求

(1) 立卷。各单位的会计机构或会计人员所属机构按照归档范围和归档要求,负责定期将应当归档的会计资料整理立卷,编制会计档案保管清册。

(2) 保管。各单位当年形成的会计档案,在会计年度终了后,可由单位会计管理机构临时保管一年，再移交单位会计档案管理机构保管。因工作需要确需推迟移交的，应当经单位档案管理机构批准。

单位会计管理机构临时保管会计档案最长不超过三年。临时保管期间，会计档案的保管应当符合国家档案管理的有关规定，且出纳人员不得兼管会计档案。

会计档案的保管期限分为永久、定期两类。定期保管期限一般分为10年和30年。会计档案的保管期限，从会计年度终了后的第一天算起。

企业和其他组织会计档案的具体保管期限如表11-1所示。

表11-1 企业和其他组织会计档案保管期限表

序号	档案名称	保管期限	备注
一	会计凭证		
1	原始凭证	30年	
2	记账凭证	30年	
二	会计账簿		
3	总账	30年	
4	明细账	30年	
5	日记账	30年	
6	固定资产卡片		固定资产报废清理后保管5年
7	其他辅助性账簿	30年	
三	财务会计报告		
8	月度、季度、半年度财务会计报告	10年	
9	年度财务会计报告	永久	
四	其他会计资料		
10	银行存款余额调节表	10年	
11	银行对账单	10年	
12	纳税申报表	10年	
13	会计档案移交清册	30年	
14	会计档案保管清册	永久	
15	会计档案销毁清册	永久	
16	会计档案鉴定意见书	永久	

（3）移交。各单位会计管理机构在办理会计档案移交时，应当编制会计档案移交清册，并按照国家档案管理的有关规定办理移交手续。

纸质会计档案移交时应当保持原卷的封装。电子会计档案移交时应当将电子会计档案及其元数据一并移交，且文件格式应当符合国家档案管理的有关规定。特殊格式的电子会计档案移交应当与读取平台一并移交。

单位之间移交会计档案时，移交双方应当办理会计档案移交手续。移交会计档案的单位，应当编制会计档案移交清册。

（4）查阅。各单位应当严格按照相关制度规定利用会计档案，在进行会计档案查阅、复制、借出时履行登记手续，严禁篡改和损坏。

单位保存的会计档案一般不得对外借出。确因工作需要且根据国家有关规定必须借出的，应当严格按照规定办理相关手续。会计档案借用单位应当妥善保管和利用借入的会计档案，确保借入会计档案的安全、完整，并在规定时间内归还。

（5）鉴定。各单位应当定期对已到保管期限的会计档案进行鉴定，并形成会计档案鉴定意见书。经鉴定，仍需继续保存的会计档案，应当重新划定保管期限；对保管期满，确无保存价值的会计档案，可以销毁。

会计档案鉴定工作应当由单位档案管理机构负责牵头，组织本单位会计、审计、纪检监察等机构或相关人员共同完成。

（6）销毁。会计档案保管期满，经鉴定可以销毁。销毁会计档案应当按照以下程序办理。

① 本单位档案管理机构需要编制会计档案销毁清册，列明拟销毁会计档案的名称、卷号、册数、起止年度、档案编号、应保管期限、已保管期限和销毁时间等内容。

② 单位负责人、档案管理机构负责人、会计管理机构负责人、档案管理机构经办人、会计管理机构经办人在会计档案销毁清册上签署意见。

③ 单位档案管理机构负责组织会计档案销毁工作，并与会计管理机构共同派员监销。监销人在会计档案销毁前，应当按照会计档案销毁清册所列内容进行清点核对；在会计档案销毁后，在会计档案销毁清册上签名或盖章。

电子会计档案的销毁还应当符合国家有关电子档案的规定，并由单位档案管理机构、会计管理机构和信息系统管理机构共同派员监销。

保管期满但未结清的债权债务会计凭证和涉及其他未了事项的会计凭证不得销毁。其中，纸质会计档案应当单独抽出立卷，而电子会计档案应单独转存，保管到未了事项完结为止。

会计档案保管人员调动工作，应按照规定办理正式的交接手续。

二、会计工作交接

会计工作交接，是会计工作中的一项重要内容。办好会计工作交接，有利于保持会计工作的连续性，以及明确各自的责任。

会计人员调动工作或者离职时，与接替人员办清交接手续，可以使会计工作前后紧密衔接，保证会计工作连续进行，防止因会计人员的更换而出现会计核算混乱的现象，同时可以分清移交人员和接替人员的责任。关于会计工作交接问题，有关的会计法规都做了明确的规定。《会计法》第四十一条规定："会计人员调动工作或者离职，必须与接管人员办清交接手续。"《会计基础工作规范》也有相关的规定。

（一）会计工作交接的要求

《会计基础工作规范》对会计工作交接作了比较具体的规定，其内容包括以下几个方面。

（1）会计人员工作调动或因故离职，必须与接替人员办理交接手续，并将本人所经管的会计工作在规定期限内移交清楚。会计人员临时离职或因事、因病不能到职工作的，会计机构负责人、会计主管人员或单位领导必须指定人员接替或代理其工作。没有办清交接手续的，不得调动或者离职。

（2）接替人员应认真接管移交的工作，并继续办理移交的未了事项。移交后，如果发现原经管的会计业务有违反财会制度和财经纪律等问题，仍由原移交人负责。接替的会计人员应继续使用移交的账簿，不得自行另立新账，以保持会计记录的连续性。

（3）交接完毕后，交接双方和监交人要在移交清册上签名或者盖章，并应在移交清册上注明单位名称、交接日期、交接双方及监交人的职务和姓名、移交清册页数，以及需要说明的问题和意见等。移交清册一般应填制一式三份，交接双方各执一份，存档一份。

（4）单位撤销时，必须留有必要的会计人员，会同有关人员办理清理工作，编制决算，未移交前，不得离职。接收单位和移交日期由主管部门确定。

（二）会计工作交接的程序

1. 移交前的准备工作

会计人员办理移交手续前，必须做好以下各项准备工作。

（1）对已经受理的经济业务，应全部填制会计凭证。

（2）尚未登记的账目，应登记完毕，并在最后一笔余额后加盖经办人员印章。

（3）整理应移交的各项资料，对未了事项写出书面材料。

（4）编制移交清册，列明移交的凭证、账表、公章、库存现金、有价证券、支票簿、发票、文件、其他会计资料和物品等内容。

2. 移交

移交人员按移交清册逐项移交，接替人员逐项核对点收，具体内容包括如下几个方面。

（1）库存现金、有价证券等要根据账簿余额进行点交。库存现金、有价证券必须与账簿余额一致。不一致时，移交人应在规定期限内负责查清处理。

（2）会计凭证、账簿、报表和其他会计资料必须完整无缺，不得遗漏。如果有短缺，要查明原因，并在移交清册中注明，由移交人负责。银行存款账户余额要与银行对账单核对相符；各种财产和债权、债务的明细账余额要与总账有关账户的余额核对相符，必要时，可抽查个别账户余额，与实物核对相符或与往来单位、个人核对清楚。

（3）移交人经管的公章和其他实物，也必须交接清楚。

（4）会计机构负责人、会计主管人员移交时，除按移交清册逐项移交外，还应将全部财务会计工作、重大的财务收支和会计人员的情况等向接管人员详细介绍，并对需要移交的遗留问题写出书面材料。

3. 监交

会计人员办理交接手续，必须有监交人负责监交。其中，一般会计人员办理交接手续，由会计机构负责人（会计主管人员）监交；会计机构负责人（会计主管人员）办理交接手续，由单位负责人监交，必要时主管单位可以派人会同监交。通过监交，不仅能保证双方都按照国家有关规定认真办理交接手续，防止流于形式，也能保证会计工作不因人员变动而受影响，还能保证交接双方处在平等的法律地位上分清各自应承担的义务，不允许任何一方以大压小、以强凌弱，或采取不正当乃至非法手段进行威胁。移交清册应当经过监交人员审查和签名、盖章，作为交接双方明确责任的证据。

交接工作完成后，移交人员应当对所移交的会计资料的真实性、完整性负责。

思 考 题

1. 企业会计工作组织包括哪些基本内容？
2. 会计人员有哪些职责和权限？
3. 在我国《会计法》中对各单位会计机构的设置做了哪些具体的规定？
4. 比较集中核算与非集中核算的优缺点。
5. 什么是会计职业道德？
6. 简要说明会计职业道德与法律的关系。
7. 我国会计职业道德的基本内容有哪些？
8. 会计岗位责任制包括哪些具体内容？
9. 会计工作交接的程序及其具体内容有哪些？
10. 会计档案包括哪些基本内容？应怎样保管会计档案？

练 习 题

1. 目的：练习销售收入的确认、会计职业道德内容的掌握。

资料：王磊是新达公司的销售员，为新达公司销售产品，这种产品需要经过安装程序。新达公司设定了 6 250 000 元的销售限额，如果王磊的销售额超过了这一限额，就能得到奖金。为了对这一限额进行计量，新达公司为每个销售员开设了独立的账户，在销售员与客户签订安装合同时贷记该销售人员的账户。在本月 25 日以前，王磊已经签署了 4 750 000 元的合同。

启隆公司处于破产的边缘，该公司在 26 日与王磊联系，希望能购买并安装一台新达公司的产品。王磊预计这一合同能为公司带来 2 000 000 元的销售收入，而且加上这笔销售额之后，他就能获得超过限额的奖金。但是，王磊认识到启隆公司在安装本公司的产品后，将无法支付合同规定的款项，而且他还知道另外一家竞争对手因为这一原因已经拒绝给启隆公司安装这一产品。经过一番考虑之后，王磊认为自己的任务就是销售产品，而收款则应当由其他人员负责，于是他与启隆公司签订了这一合同，并因此而获得了奖金。王磊将有关的凭据交给了公司的会计，并将启隆公司的现状也作了部分说明，而新达公司的会计则与王磊持同样的观点。

要求： 你认为王磊和公司会计的做法符合职业道德吗？结合我国会计准则中关于收入的确认要求予以说明，同时为新达公司设计一套控制程序来阻止这种行为的发生。

提示：

在本题中，销售员王磊与启隆公司签订的销售合同属于不当行为，因为在已经确切地了解到启隆公司即将破产、本公司（新达公司）无望收回货款的情况下，仅仅为了完成个人的销售限额，以期获得奖金，而置公司的利益于不顾，与启隆公司签订销售合同，且金额高达 2 000 000 元，这是不符合销售人员职业道德的，也不符合销售收入确认要求。新达公司的会计人员在听了王磊对启隆公司现状的说明之后，应该立即制止王磊的签约行为，并想办法对已经发生的内容进行适当的补救。而公司的会计人员却与王磊持同样观点，这是错误的，违背了会计职业道德中的"诚实守信"和"参与管理"的要求，这必然会给公司带来经济损失和其他损失。在本题中，其直接经济损失就是无法收回的 2 000 000 元的销货款，另外还有其他的经济损失，如付给王磊的奖金等。

新达公司应在给每个销售人员制定销售限额时，同时确定其相关的要求，包括客户信誉、收款时间、回款质量等，而不能仅仅以销售额度的大小来衡量销售人员的业绩，并以此作为发放奖金的唯一标准。也就是说，在与销售额相当的款项没有收回之前，是不应当兑现其相关人员的奖金的。

2. 目的： 练习财务报告与会计职业道德的相关内容。

资料： 刘欣于 2×19 年 1 月 1 日投资开办了时利和公司，经营房地产业务。公司在会计核算过程中采用权责发生制作为确认损益的基础。在 2×19 年年末，公司由于业务发展的要求，需要增加新的资金投入，于是，刘欣以时利和公司的名义向当地一家银行申请贷款 4 500 万元，并吩咐公司的会计编制了相关的会计报表。银行对该公司报送的会计报表进行了全面的审查，认为这笔贷款风险过大，最终拒绝了刘欣的申请。

刘欣收到银行的拒绝贷款通知书之后，对拒绝的理由进行了研究，发现银行拒贷的主要原因就是其会计报表反映的公司财务状况、经营成果不是很好，特别是在公司提供给银行的会计报表中反映的公司债务大于债权 1 200 多万元，资产的流动性也不是非常理想。于是，刘欣要求公司会计按照收付实现制为基础重新编制了一份财务报表。在这份报表中，一方面将该公司以前已经收现（收款）但没有实现的预收款转为本年的收入，以改善公司的盈利状况、减少债务的额度；另一方面，还将 2×19 年 10 月 12 日公司在一次房展会上与客户签署的一项意向性协议（2020 年 10 月才可能生效）所包含的协议款列为债权（应收款）。经过这样的调整，在重新编制的会计报表中出现了比较理想的财务状况和经营成果。

刘欣带着这份被修饰了的会计报表又向另一家银行申请贷款，并且刘欣还在申贷会上声称，本公司在以往的贷款活动中从来没有被拒绝过。

要求：（1）运用所学的会计知识对刘欣及其公司的行为展开讨论，发表自己的见解。

（2）你认为第二家银行会怎样处理时利和公司的申贷要求？

提示：

该案例是供大家讨论的，所以在此只给出一个分析思路：

（1）时利和公司在第一家银行被拒贷，其直接原因就是公司账面的债务过多，近期偿债能力又不强（资产的流动性弱），而且公司目前的经营状况会直接影响到未来的发展潜力和获利空间。这些因素对第一家银行而言都意味着产生风险的可能性。

（2）对于第二家银行而言，被修饰的报表能否被发现，取决于银行会计人员的专业知识和职业判断能力。刘欣一再声称"从未被拒贷过"，职业素养高的会计人员就会从中觉察出异常（为何不继续在没被拒贷过的银行贷款等）。另外，银行会计人员还要从该公司的往来款项入手进行仔细的审查，"收现"和"实现"在权责发生制会计处理基础下，意义绝不相同；意向性的协议书在会计上是不能作为原始凭证的，将未来的一种可能性等同于现实是错误的。

（3）本题涉及会计处理基础（主要是权责发生制和收付实现制）、收入的确认计量、会计凭证、会计报表、会计职业道德等会计核算的相关知识。

3. 目的：练习企业账簿系统的设计及经营成果的确定。

资料：孙东海在2×19年1月1日以每月29 000元的租金从朋友处租用了一间店铺，投资创办了得利有限公司，主要经营各种服装的批发和零售业务。1月1日，得利有限公司在当地一家银行开立基本账户，同时将孙东海个人积蓄1 450 000元存入银行账户，作为个人投入资本，用于得利有限公司的日常经营。自此，得利有限公司成立并开始了服装的批发和零售业务。公司成立初期，尽管没有前期客户资源的积累、缺乏营销渠道等，但由于孙东海此前在相关领域接触过类似业务，有一些经验，加之孙东海及其员工服务意识较强，广告效应运用得当，因此，公司的业务开展还是比较令孙东海满意的。一个月下来，孙东海希望了解一下公司的经营结果和财务状况。由于孙东海没有学过会计，而且由于种种原因，公司没有聘请专门的会计人员，因此，公司经营的第一个月没有记账，只是把公司这一个月发生的业务涉及的发票等单据全部保存了下来。月末，孙东海发现公司的银行存款反而减少，由月初的1 450 000元减少到月末的855 311.5元，另外，公司现金柜里还有现金9 323.5元。公司与供货商和顾客之间尚存往来：公司欠供应商的货款为153 120元，顾客欠本公司的货款为192 850元。孙东海又对公司的仓库和营业柜台存放的服装进行了实地盘点，盘存的服装价值为374 100元。针对上述结果，孙东海弄不明白公司经过一个月的经营到底结果如何，特别是银行存款的减少让孙东海心中对投资办公司这一选择产生了疑问。于是，孙东海聘请了正在学习会计课程的李红来帮助他解答心中的疑惑，以便于明确公司下一步工作的方向和需要改进的地方。如果公司有必要继续经营下去，那么应该如何健全会计核算工作，如何建账，以及如何完善会计核算的基础工作，这些都是孙东海想了解的。

李红来到公司后，首先对孙东海保存的有关单据进行了全面整理，归纳出公司经营的第一个月的业务如下：

（1）公司收到并存入银行的存款为1 450 000元。
（2）公司通过银行购入一批服装，价值510 400元。
（3）公司购入服装，价值510 400元，其中30%货款未付，其余通过银行付清。
（4）公司对租入的店铺进行装修，通过银行支付装修费174 000元。
（5）公司通过银行支付办公用品费116 000元。
（6）公司通过银行支付店铺当月租金29 000元。
（7）公司通过银行支付本月水电费等11 063.5元。
（8）公司本月零售服装获得收入562 600元，款项存入银行。

（9）公司本月批发服装获得收入 375 115 元，其中 182 265 元收款存入银行，其余赊销。

（10）公司本月从银行提取现金共计 11 310 元，以备零星开支用。

（11）公司从银行提取现金 72 500 元，支付员工的工资。

（12）公司从银行提取现金 58 000 元，用于孙东海个人的生活开支。

（13）公司用现金 1 986.5 元报销员工的差旅费。

要求：（1）根据公司本月发生的经济业务，编制会计分录。

（2）帮助孙东海计算公司本月的经营成果，即利润或亏损。

（3）为得利有限公司设计一套账簿系统，解答孙东海的疑惑。

知识拓展题

参 考 文 献

[1] 中华人民共和国财政部. 企业会计准则（合订本）[M]. 北京：经济科学出版社，2019.

[2] 财政部会计司编写组.《企业会计准则第 22 号——金融工具确认和计量》应用指南 2018[M]. 北京：中国财政经济出版社，2018.

[3] 财政部会计司编写组.《企业会计准则第 14 号——收入》应用指南 2018[M]. 北京：中国财政经济出版社，2018.

[4] 财政部会计司. 企业会计准则第 9 号——职工薪酬[M]. 北京：中国财政经济出版社，2014.

[5] 财政部会计司. 企业会计准则第 30 号——财务报表列报[M]. 北京：中国财政经济出版社，2014.

[6] 财政部会计司. 企业会计准则第 39 号——公允价值计量[M]. 北京：中国财政经济出版社，2014.

[7] 全国人民代表大会常务委员会. 中华人民共和国公司法[M]. 北京：中国法制出版社，2018.

[8] 陈国辉，迟旭升. 基础会计[M]. 6 版. 大连：东北财经大学出版社，2018.

[9] 陈国辉. 基础会计[M]. 2 版. 北京：中国财政经济出版社，2008.

[10] 陈文铭，张娆. 基础会计[M]. 长沙：湖南大学出版社，2013.

[11] 陈红，姚荣辉. 基础会计[M]. 北京：清华大学出版社，2014.

[12] 吴水澎，叶少琴. 会计学原理[M]. 北京：经济科学出版社，2011.

[13] 葛家澍，刘峰. 会计学导论[M]. 2 版. 上海：立信会计出版社，1999.

[14] 孙光国. 基础会计[M]. 大连：大连出版社，2011.

[15] 刘峰，潘琰，林斌. 会计学基础[M]. 3 版. 北京：高等教育出版社，2009.

[16] 刘永泽，陈文铭. 会计学[M]. 6 版. 大连：东北财经大学出版社，2018.

[17] 刘永泽，陈文铭. 会计学概论[M]. 2 版. 北京：高等教育出版社，2019.

[18] 王振武，刘媛媛. 会计信息系统[M]. 5 版. 大连：东北财经大学出版社，2016.

附录 A 会计循环综合案例

对"基础会计"课程内容的学习暂告一段落,你一定想知道自己对会计基本原理学习和掌握的程度。虽然这是一门阐述会计基础理论与基本方法的课程,但也不乏实务操作的内容,况且任何理论都应付诸实践进而指导实践,这也正是我们学习理论的目的之一。正是基于这一想法,我们精心设计了这套"会计循环综合案例",旨在帮助初学者运用所学过的会计理论知识解决某些实际问题,以达到进一步巩固、理解所学的会计理论知识的目的。这个案例综合了会计循环的大部分内容,从经济业务的确认、计量开始,到财务会计报告的编制为止。不仅如此,我们还将一些常见错误隐藏于案例内容之中,这就要求面对案例的你必须将发生的错误予以纠正,才能完成案例的实际操作过程。因此,发现错误并改正错误就成为本案例不同于平常按部就班学习的特有之处。应该说,这个案例基本上将我们所学过的会计核算方法的主要内容作了一个连贯,当你从容地将这个案例的各个要求完成之后,相信你会有所收获。

目的: 练习各种会计核算方法的运用以及会计循环综合业务的会计处理。

资料: 京连股份有限公司为一般纳税人企业,公司采用权责发生制作为会计处理基础,对于原材料、产成品的收发均按照实际成本计价。适用的税率分别为:增值税税率为13%,消费税税率为10%,城建税税率为7%,教育费附加提取率为3%,所得税税率为25%。发出存货的计价方法采用全月一次加权平均法。从银行取得的临时借款的年利率为6%,利息按月计算提取。

2×19年11月份,由于公司原会计于娜工作调动(截至11月末的经济业务已全部处理完毕),直到12月末才找到合适的会计刘达,因而公司12月份的所有经济业务在月末之前都没有进行处理。而且,由于原会计于娜调动工作时离开得比较匆忙,与新来的会计刘达没有办理会计交接手续。因此,刘达来到公司之后,提出要对公司11月份的有关账簿记录进行核对,以明确各自的责任,并将原会计于娜临时叫回公司共同核对有关账目以便补办会计交接手续。

刘达首先列出了公司11月30日总账有关账户的余额,如表A-1所示。

表 A-1 总分类账户期初余额表

2×19年11月30日   单位:元

账户名称	借方	贷方
库存现金	32 400	
银行存款	8 469 000	
原材料	12 673 800	
其他应收款	686 718	

续表

账户名称	借方	贷方
生产成本	2 092 500	
固定资产	40 958 100	
应收账款	8 640 000	
预付账款	5 625 000	
长期待摊费用①	108 000	
累计折旧		7 110 000
短期借款		3 600 000
应付账款		1 719 000
其他应付款		412 218
应付利息		43 200
预收账款		1 890 000
盈余公积		2 466 000
实收资本		45 000 000
资本公积		8 325 000
利润分配		6 075 000
本年利润		6 390 000

在对表 A-1 有关账户余额进行核对的过程中，刘达发现公司总账账户余额（11 月末的余额，也就是 12 月初的余额）存在问题（借方余额合计不等于贷方余额合计）。经过刘达和于娜的共同查找，初步确定问题在于出纳员代为保管会计账簿过程中，致使账簿中某些总账账户记录受损，包括"库存商品"账户和"应交税费"账户（只有这两个账户受损）。于是刘达对与其相关的 11 月份的有关资料进行整理，确定了下列内容。

（1）公司 11 月初库存商品余额为 5 512 500 元。

（2）公司 11 月份该种商品的销售总收入为 12 600 000 元。

（3）公司按销售收入的 70%结转销售成本。

（4）公司在 11 月份生产的产品（包括月初在产品和本月投产的产品）在月末有 80%完工入库。

（5）公司 11 月份按销售收入的 10%计算销售税金，其他欠交的税金计为 57 600 元（包括以前欠交的税金）。

于娜将所缺账簿记录资料进行了处理，补齐了账簿记录，并按规定程序与刘达办理了交接手续。

接下来刘达开始介入公司的会计核算工作。出纳员何萍将她所保管的公司 12 月份发生的经济业务的有关凭证交给刘达，经过刘达的整理，列出了京连股份有限公司 12 月份的经济业务内容（刘达归纳的）：

（1）12 月 1 日，公司开出现金支票从开户银行基本户提取现金 22 500 元，以备零星开支用。

（2）12 月 2 日，公司用银行存款 450 000 元预付给友谊工厂订购丙材料。

（3）12 月 3 日，公司接受某投资人的投资 22 500 000 元，存入银行，已办完各种手续。

---

① 自本月起两年内摊销完毕。

（4）12月3日，签发并承兑商业汇票购入丁材料，发票注明价款为1 575 000元，增值税进项税额为204 750元。另外，公司用银行存款26 100元支付丁材料的运杂费，材料尚未到达。

（5）12月4日，上述丁材料到货并验收入库，结转成本。

（6）12月4日，公司用银行存款购入甲材料6 000千克，单价为135元，价款共计810 000元，并购入乙材料3 500千克，单价为90元，价款共计315 000元，材料尚未到达企业。

（7）12月5日，公司用银行存款32 400元预付明后两年的房租。

（8）12月6日，公司的公出人员出差归来报销差旅费7 560元，余款补足现金（原借款6 750元）。

（9）12月8日，公司从某商店购入一台需要安装的设备，其买价为1 170 000元，增值税税额为152 100元，包装运杂费等为21 600元，款项通过银行支付，设备投入安装。

（10）12月9日，公司用银行存款34 200元支付本月购入的甲、乙材料的外地运杂费，按材料的重量比例分配。材料验收入库，结转入库材料成本。

（11）12月10日，公司开出现金支票从银行提取现金2 556 000元，直接发放工资。

（12）12月12日，公司向某客户销售一批产品，价款为3 825 000元，增值税销项税额为497 250元。另外，公司用银行存款代客户垫付运杂费29 250元。全部款项收到一张已承兑商业汇票。

（13）12月12日，公司本月购入的设备在安装过程中发生的安装费如下：消耗的原材料价值46 800元，应付本企业安装工人的工资216 000元，福利费30 240元。设备安装完工交付使用，结转工程成本（假设工程领用的原材料不涉及增值税）。

（14）12月13日，公司的仓库发出原材料，用途如下：生产产品耗用甲材料成本2 925 000元、乙材料成本1 710 000元，车间一般性耗用甲材料成本126 000元、乙材料成本162 000元，行政管理部门耗用乙材料成本63 000元。

（15）12月14日，公司用现金5 400元购买行政管理部门办公用品。

（16）12月16日，公司职工报销市内交通费2 700元，付给现金。

（17）12月17日，公司赊销一批产品，发票注明的价款为5 760 000元，增值税税额为748 800元，款项未收到。另外，公司用银行存款22 500元为购买单位垫付运杂费。

（18）12月19日，公司月初预付货款的丙材料到货，随货附来的发票注明材料价款为2 700 000元，增值税进项税额为351 000元，不足款项当即通过银行支付，材料入库结转成本。

（19）12月20日，公司对资产进行盘查，发现一台设备盘亏。该设备的账面取得成本为562 500元，累计已提折旧126 630元（未提减值准备）。

（20）12月21日，公司收到开户银行转来的付款通知，本公司职工的住院费16 560元已全部支付。

（21）12月23日，公司按合同规定预收某商店订购本公司产品的货款2 250 000元，存入银行。

（22）12月25日，公司接受某单位投资投入的一台设备，价值3 960 000元，设备直接投入使用。

（23）12月28日，公司收到银行的通知，本月的水电费54 000元，其中，车间的水电费为36 900元，行政管理部门的水电费为17 100元。

（24）12月30日，公司用银行存款90 000元支付罚款支出。

（25）12月31日，公司提取本月固定资产折旧，其中，车间设备折旧额为110 250元，行政管理部门设备折旧额为54 000元。

（26）12月31日，公司分配本月职工工资，其中，生产工人的工资为1 170 000元，车间管理人员工资为832 500元，行政管理人员的工资为337 500元。

（27）12月31日，公司本月发生的职工福利费为：生产工人福利费163 800元，车间管理人员发生的福利费116 550元，行政管理人员发生的福利费47 250元。

（28）12月31日，公司按规定的税率计算本月的消费税、城建税和教育费附加。假如本公司销售的产品为应税消费品。城建税额=（消费税额+增值税应交额）×税率。教育费附加的计算与城建税的计算方法相同（假如公司以前月份的增值税已全部抵扣完毕）。

（29）12月31日，公司取得一笔罚款收入200 700元存入银行。

（30）12月31日，公司将本月发生的制造费用转入产品生产成本。

（31）12月31日，公司本月生产的产成品完工，价值5 940 000元，验收入库，根据产品成本计算单结转其实际生产成本。

（32）12月31日，公司结转本月已销产品成本6 709 500元。

（33）12月31日，公司董事会批准将本月盘亏的设备按常规进行处理。

（34）12月31日，公司确证应付某单位的货款360 000元，已无法偿还，予以处理。

（35）12月31日，公司将本月实现的各项"收入"转入"本年利润"账户。

（36）12月31日，公司将本月发生的各项"支出"转入"本年利润"账户。

（37）12月31日，公司按照25%的税率计算本月的所得税并予以结转。

（38）12月31日，公司按照董事会的决议，按全年净利润的10%提取盈余公积金。

（39）12月31日，公司董事会决定分配给股东现金股利2 610 000元。

（40）12月31日，公司年末结转本年净利润。

由于时间关系，公司的新任会计刘达在对本月（12月）发生的经济业务进行了处理之后，没有完成全部的结账工作（主要是按权责发生制会计处理基础应予调整的账项），就根据有关记录和计算编制了公司的利润表（简表）。公司12月份的利润表如表A-2所示。

表A-2 利润表

会企02表

编制单位：京连股份有限公司　　　　2×19年12月　　　　　　　　　　单位：元

项　目	本期金额	上期金额
一、营业收入	9 585 000	
减：营业成本	6 709 500	
税金及附加	598 320	
减：销售费用		
管理费用	534 510	略
财务费用		
资产减值损失		

续表

项　　目	本 期 金 额	上 期 金 额
加：公允价值变动收益（损失以"-"号填列）		
投资收益（损失以"-"号填列）		
其中：对联营企业和合营企业的投资收益		
二、营业利润（亏损以"-"号填列）	1 742 670	
加：营业外收入	560 700	
其中：非流动资产处置利得		
减：营业外支出	525 870	
其中：非流动资产处置损失		
三、利润总额（亏损总额以"-"号填列）	1 777 500	
减：所得税费用	444 375	
四、净利润（净亏损以"-"号填列）	1 333 125	
五、其他综合收益的税后净额		
（一）以后不能重分类进损益的其他综合收益		
1．重新计量设定受益计划净负债或净资产的变动		
2．权益法下在被投资单位不能重分类进损益的其他综合收益中享有的份额		
……		
（二）以后将重分类进损益的其他综合收益		
1．权益法下在被投资单位以后将重分类进损益的其他综合收益中享有的份额		
2．可供出售金融资产公允价值变动损益		
3．持有至到期投资重分类为可供出售金融资产损益		
4．现金流量表套期损益的有效部分		
5．外币报表折算差额		
……		
六、综合收益总额	1 333 125	
（一）基本每股收益		
（二）稀释每股收益		

另外，会计刘达在编制资产负债表和其他报表之前，还编制了总分类账户的发生额及余额试算平衡表。恰逢税务专管员到本公司检查纳税情况，根据有关人士提供的资料得知该公司本年度核定的计税工资为 29 250 000 元，其中 12 月份为 2 160 000 元（不含工程人员工资）。经过简单的查对和计算，税务专管员认为刘达计算出来的本公司 12 月份的所得税 444 375 元是错误的，利润表中的有关项目的确定也存在错误。另外，由于时间比较匆忙，会计刘达编制的试算平衡表也不平衡（由于刘达发现试算表中的期初余额和本期发生额合计数均不平衡，所以刘达就没有填列试算表中的期末余额栏目）。其不平衡的试算平衡表如表 A-3 所示。

表 A-3　总分类账户发生额及余额试算平衡表

2×19年12月　　　　　　　　　　　　　　　　　　　　　　　　　　　　　　单位：元

会计科目	期初余额 借方	期初余额 贷方	本期发生额 借方	本期发生额 贷方	期末余额 借方	期末余额 贷方
库存现金	32 400		2 578 500	2 564 910		
银行存款	846 900		26 266 950			
原材料	12 673 800		5 418 000	5 032 800		
其他应收款	686 718			6 750		
库存商品			5 940 000	6 709 500		
生产成本	2 092 500		7 353 000	5 940 000		
固定资产	40 958 100		5 444 640	562 500		
应收账款	8 640 000		6 761 700			
预付账款	5 625 000		450 000	450 000		
累计折旧	7 110 000		126 630	164 250		
短期借款		3 600 000				
应付账款		1 719 000		360 000		
应付利息		43 200				
应交税费			918 000	4 239 945		
预收账款		1 890 000		2 250 000		
盈余公积		2 466 000		117 607.5		
资本公积		8 325 000				
利润分配		6 075 000	2 729 092.5	4 085 325		
本年利润		6 390 000	12 680 316	12 680 316		
在途物资			2 760 300	2 760 300		
长期待摊费用	108 000		32 400			
应付职工薪酬			2 572 560	2 913 840		
在建工程			1 484 640	1 484 640		
制造费用			1 381 320	1 381 320		
主营业务收入			9 585 000	9 585 000		
主营业务成本			6 709 500	6 709 500		
税金及附加			1 105 605	1 105 605		
营业外支出			525 870	525 870		
其他应付款		412 218				
营业外收入			560 700	560 700		
所得税费用			2 012 175	2 012 175		
应付股利				2 610 000		
实收资本		45 000 000		26 460 000		
管理费用			534 510	534 510		
合计						

会计刘达针对税务专管员提出的问题,对所得税的计算过程进行了全面检查,在此基础上又查找了试算平衡表不平衡的原因。

关于所得税的计算错误,有两个主要原因:一是计税依据的确定存在错误(提示:所得税的计税依据是应纳税所得额,而应纳税所得额是在会计利润的基础上结合各项调整因素确定的,京连股份有限公司涉及一项纳税调整因素);二是在会计期末没有对下列需要调整的事项按照权责发生制假设进行全面的调整。

(1) 本月应付短期借款利息未入账。

(2) 上个月末已付款的房租(租住的房屋本月开始使用)本月未摊销入账。

(3) 以前已经预收款的劳务 742 500 元本月已提供完毕,但未调整入账(为简化起见,该项收入不考虑税金问题)。

关于试算平衡表不平衡,刘达怀疑是在对本月业务的处理过程中,银行存款、应付账款、累计折旧等账户的记录、计算有误,而且试算表中漏列了个别账户,如"应收票据"等。

要求:(1) 帮助刘达确定毁损账簿记录金额("库存商品"账户和"应交税费"账户),然后找出所得税的计算错误,并予以更正。

(2) 在对本月业务进行正确的处理、完成调整账项并对发生的错误进行改正的基础上,帮助刘达编制正确的试算平衡表(在前述试算表中进行修改补充即可)同时,分析刘达错误产生的原因。

(3) 在将有关错误全部纠正完毕,完成试算平衡表中所缺项目填列的情况下,编制京连股份有限公司 12 月份的利润表(在前述利润表中进行修改即可)和 12 月末的资产负债表。资产负债表的格式如表 A-4 所示。

表 A-4 资产负债表

会企 01 表

编制单位: ____年____月____日 单位:元

资产	期末余额	年初余额	负债和所有者权益(或股东权益)	期末余额	年初余额
流动资产:			流动负债:		
货币资金			短期借款		
以公允价值计量且其变动计入当期损益的金融资产			以公允价值计量且其变动计入当期损益的金融负债		
应收票据			应付票据		
应收账款			应付账款		
预付款项			预收款项		
应收利息			应付职工薪酬		
应收股利			应交税费		
其他应收款			应付利息		
存货			应付股利		
一年内到期的非流动资产			其他应付款		
其他流动资产			一年内到期的非流动负债		
流动资产合计			其他流动负债		

续表

资　产	期末余额	年初余额	负债和所有者权益（或股东权益）	期末余额	年初余额
非流动资产：			流动负债合计		
可供出售金融资产			非流动负债：		
持有至到期投资			长期借款		
长期应收款			应付债券		
长期股权投资			长期应付款		
投资性房地产			专项应付款		
固定资产			预计负债		
在建工程			递延收益		
工程物资			递延所得税负债		
固定资产清理			其他非流动负债		
生产性生物资产			非流动负债合计		
油气资产			负债合计		
无形资产			所有者权益（或股东权益）：		
开发支出			实收资本（或股本）		
商誉			资本公积		
长期待摊费用			减：库存股		
递延所得税资产			其他综合收益		
其他非流动资产			盈余公积		
非流动资产合计			未分配利润		
			所有者权益（或股东权益）合计		
资产总计			负债和股东权益总计		

案例解答思路

京连股份有限公司会计刘达在其会计处理过程中所发生的错误、遗漏及其需要纠正的内容应该包括以下几个部分。

（1）11月末（即12月初）有关总账账户余额不平衡的原因是缺少"库存商品"和"应交税费"两个账户的记录。这两个账户的余额可以根据11月份的资料（题中已给出）分析确定：

① 关于"库存商品"账户余额，对于每个账户而言，都存在等式"期末余额=期初余额+本期增加发生额-本期减少发生额"。这里的期初余额题中已给出，增加发生额可以根据"生产成本"账户记录确定（结转完工入库成本），减少发生额可以根据11月份实现的收入及其结转比例确定。

② 关于"应交税费"账户的余额的确定比较简单，这里不再赘述。

（2）所得税的计算错误是由多个原因造成的。首先，要明确所得税费用的计算原理。所得税费用是根据应纳税所得额与所得税税率计算出来的，而应纳税所得额等于利润总额加或减各项调整因素而得。其次，在计算利润总额时要注意各项收入的确认是否准确。本题中企业在本月实现的收入包括营业收入和营业外收入，内容比较简单，只是别忘了对月末应调整的"应计预收收入"进行调整。在确定利润总额时更要注意各项支出的计算，包括营业成本、营业税金及附加、期间费用中的管理费用、财务费用、销售费用以及营业外支出等，这些支出有的是由很多具体内容构成的，必须认真计算，特别是月末结账时需要按权责发生制假设对有关的收入、费用进行相应的调整。再次，对于企业涉及的某些税金（影响损益额）在计算时要慎重。京连股份有限公司本月业务涉及消费税、城建税和教育费附加，其中消费税=应税收入×消费税税率，城建税=（消费税额+营业税额+增值税应交额）×城建税税率，教育费附加=（消费税额+营业税额+增值税应交额）×教育费附加提取率。在消费税正确计算出来的基础上，由于题中已经明确本公司不涉及营业税，因而只要保证了增值税应交额的计算正确，也就可以正确地计算城建税和教育费附加。而增值税应交额是由增值税的销项税额减去增值税进项税额确定的，所以增值税进、销项税额的准确确定是计算城建税和教育费附加的关键。这里要注意企业购入货物的增值税税额不一定都能作为进项税额去抵扣销项税额。如果利润总额的计算无误，接下来还要检查各项调整因素。本题中主要涉及的就是计税工资的问题。具体如下：

① 月末结账时的调整业务漏记。根据题中已给出的内容可以看出，包括"应计未付费用的调整"（利息=3 600 000×6%÷12）漏记；"应计预付费用的调整"（摊销额=108 000÷24=4 500）漏记；"应计预收收入的调整"（劳务收入742 500元）漏记。

② 京连股份有限公司12月份实际计列工资超过计税工资180 000（2 340 000-2 160 000）元，应予以调增应纳税所得额。

（3）计算提取盈余公积金时，要考虑"本年利润"账户前11个月的内容。

（4）关于试算平衡表的不平衡，应该从多个方面查找错误。

① 期初余额的方向填列错误，如"累计折旧"账户等。

② 本期发生额的记录和计算存在错误，需要对本月发生的全部经济业务正确地进行账务处理，也就是要保证编制的会计分录不出错误，并将这些会计分录正确地登记到账簿中去，在此基础上正确地计算各个账户的发生额和余额。这样，根据各个账户的余额（包括期初余额和期末余额）以及发生额编制的试算平衡表才是正确的。根据会计刘达的怀疑，对银行存款、应付账款以及累计折旧等账户的记录（包括期初余额、期末余额和本月发生额）进行全面检查，观察是否存在漏记、重记、方向颠倒等错误，找出问题所在，并予以更正，就可以编制出正确的试算平衡表。

（5）利润表错误的查找，主要在于对本期业务的处理，即对本期各项收入和支出的确认、计量、记录是否正确。因此，要纠正利润表的错误，只要将前面的有关错误查找、改正之后，利润表也就自然地可以修改了。

（6）计算盈余公积金不能仅仅按12月份实现的净利润提取，而应该考虑全年实现的净利润。

特 别 提 醒

关于京连股份有限公司本期发生的各项经济业务的处理，需要注意以下内容。

（1）根据我国颁布、修订的增值税暂行条例的规定，购入固定资产的增值税税额可以抵扣。

（2）接受捐赠资产和无法偿还的应付款均属于企业的营业外收入。

(3) 期末结账时，不仅要按照配比原则结清各损益类账户，还要按照权责发生制会计处理基础对预收款的收入、应收款的收入以及预付款的费用、应付款的费用进行调整。

(4) 计入产品成本的费用和计入当期损益（期间费用）的费用界限要区分清楚。

(5) 应纳税所得额的确定要准确。

(6) 进行利润分配，是对全年的净利润进行分配，而不仅仅是 12 月份的净利润。

会计循环综合案例参考答案

本案例涉及的内容比较多，包括会计处理基础、会计核算基本前提和一般原则（如权责发生制、配比、划分收益性支出与资本性支出原则等）、账户结构（账户所记录的四个金额之间的等量关系、余额的方向等）、会计等式（资产=负债+所有者权益、收入-费用=利润）、成本的计算、财务成果的构成（形成、分配）、财产清查、会计报表的编制等一系列的会计基础知识，需要把前后学习的基本内容（基本理论、基本方法和基本技能）连贯起来，逐步进行解答。

1. 关于"库存商品"和"应交税费"账户的缺失金额

由于本月应结转的商品销售成本为 8 820 000（12 600 000×70%）元，本月完工入库的商品成本为 8 370 000（2 092 500÷20%×80%）元，因此，"库存商品"账户的 12 月初余额应为 5 062 500（5 512 500+8 370 000-8 820 000）元；11 月份的销售税金为 1 260 000（12 600 000× 10%）元，因此，"应交税费"账户的 12 月初余额应为贷方 1 317 600（1 260 000+57 600）元。

2. 对公司本月发生的经济业务进行账务处理（包括未列出的调整账项）

(1) 借：库存现金　　　　　　　　　　　　　　　　22 500
　　　贷：银行存款　　　　　　　　　　　　　　　　　22 500

(2) 借：预付账款——友谊工厂　　　　　　　　　　450 000
　　　贷：银行存款　　　　　　　　　　　　　　　　450 000

(3) 借：银行存款　　　　　　　　　　　　　　　22 500 000
　　　贷：实收资本　　　　　　　　　　　　　　　22 500 000

(4) 借：在途物资——丁材料　　　　　　　　　　1 601 100
　　　　应交税费——应交增值税（进项税额）　　　204 750
　　　贷：应付票据　　　　　　　　　　　　　　　1 779 750
　　　　　银行存款　　　　　　　　　　　　　　　　26 100

(5) 借：原材料——丁材料　　　　　　　　　　　1 601 100
　　　贷：在途物资——丁材料　　　　　　　　　　1 601 100

(6) 借：在途物资——甲材料　　　　　　　　　　　810 000
　　　　　　　　——乙材料　　　　　　　　　　　315 000
　　　　应交税费——应交增值税（进项税额）　　　146 250
　　　贷：银行存款　　　　　　　　　　　　　　　1 271 250

(7) 借：长期待摊费用　　　　　　　　　　　　　　32 400
　　　贷：银行存款　　　　　　　　　　　　　　　　32 400

(8) 借：管理费用		7 560
贷：其他应收款		6 750
库存现金		810
(9) 借：在建工程		1 191 600
应交税费——应交增值税（进项税额）		152 100
贷：银行存款		1 343 700
(10) 借：在途物资——甲材料		21 600
——乙材料		12 600
贷：银行存款		34 200
借：原材料——甲材料		831 600
——乙材料		327 600
贷：在途物资——甲材料		831 600
——乙材料		327 600
(11) 借：库存现金		2 556 000
贷：银行存款		2 556 000
借：应付职工薪酬——工资		2 556 000
贷：库存现金		2 556 000
(12) 借：应收票据		4 351 500
贷：主营业务收入		3 825 000
应交税费——应交增值税（销项税额）		497 250
银行存款		29 250
(13) 借：在建工程		293 040
贷：原材料		46 800
应付职工薪酬——工资		216 000
——职工福利		30 240
借：固定资产		1 484 640
贷：在建工程		1 484 640
(14) 借：生产成本		4 635 000
制造费用		288 000
管理费用		63 000
贷：原材料——甲材料		3 051 000
——乙材料		1 935 000
(15) 借：管理费用		5 400
贷：库存现金		5 400
(16) 借：管理费用		2 700
贷：库存现金		2 700
(17) 借：应收账款		6 531 300
贷：主营业务收入		5 760 000
应交税费——应交增值税（销项税额）		748 800
银行存款		22 500

（18）借：原材料——丙材料　　　　　　　　　　　　2 700 000
　　　　　应交税费——应交增值税（进项税额）　　　　351 000
　　　　　贷：预付账款——友谊工厂　　　　　　　　　　450 000
　　　　　　　银行存款　　　　　　　　　　　　　　2 601 000
（19）借：待处理财产损溢——待处理固定资产损溢　　435 870
　　　　　累计折旧　　　　　　　　　　　　　　　　126 630
　　　　　贷：固定资产　　　　　　　　　　　　　　　562 500
（20）借：应付职工薪酬——职工福利　　　　　　　　　16 560
　　　　　贷：银行存款　　　　　　　　　　　　　　　　16 560
（21）借：银行存款　　　　　　　　　　　　　　　2 250 000
　　　　　贷：预收账款　　　　　　　　　　　　　　2 250 000
（22）借：固定资产　　　　　　　　　　　　　　　3 960 000
　　　　　贷：实收资本　　　　　　　　　　　　　　3 960 000
（23）借：制造费用　　　　　　　　　　　　　　　　36 900
　　　　　管理费用　　　　　　　　　　　　　　　　17 100
　　　　　贷：银行存款　　　　　　　　　　　　　　　54 000
（24）借：营业外支出　　　　　　　　　　　　　　　　90 000
　　　　　贷：银行存款　　　　　　　　　　　　　　　　90 000
（25）借：制造费用　　　　　　　　　　　　　　　　110 250
　　　　　管理费用　　　　　　　　　　　　　　　　54 000
　　　　　贷：累计折旧　　　　　　　　　　　　　　　164 250
（26）借：生产成本　　　　　　　　　　　　　　　1 170 000
　　　　　制造费用　　　　　　　　　　　　　　　　832 500
　　　　　管理费用　　　　　　　　　　　　　　　　337 500
　　　　　贷：应付职工薪酬——工资　　　　　　　　2 340 000
（27）借：生产成本　　　　　　　　　　　　　　　　163 800
　　　　　制造费用　　　　　　　　　　　　　　　　116 550
　　　　　管理费用　　　　　　　　　　　　　　　　47 250
　　　　　贷：应付职工薪酬——职工福利　　　　　　　327 600
（28）消费税=(3 825 000+5 760 000)×10%=958 500（元）
增值税应交额=(497 250+748 800)-(204 750+146 250+152 100+351 000)=391 950（元）
城建税=(391 950+958 500)×7%=94 531.5（元）
教育费附加=(391 950+958 500)×3%=40 513.5（元）
　　　　借：税金及附加　　　　　　　　　　　　　　1 093 545
　　　　　　贷：应交税费——应交消费税　　　　　　　958 500
　　　　　　　　　　　　——应交城建税　　　　　　94 531.5
　　　　　　　　　　　　——应交教育费附加　　　　40 513.5
（29）借：银行存款　　　　　　　　　　　　　　　　200 700
　　　　　贷：营业外收入　　　　　　　　　　　　　　200 700
（30）借：生产成本　　　　　　　　　　　　　　　1 384 200
　　　　　贷：制造费用　　　　　　　　　　　　　　1 384 200

（31）借：库存商品 5 940 000
　　　　贷：生产成本 5 940 000
（32）借：主营业务成本 6 709 500
　　　　贷：库存商品 6 709 500
（33）借：营业外支出 435 870
　　　　贷：待处理财产损溢——待处理固定资产损溢 435 870
（34）借：应付账款 360 000
　　　　贷：营业外收入 360 000

对于本月漏列的调整业务在此进行处理：

本月负担的借款利息为 18 000（3 600 000×6%÷12）元：
　　　　借：财务费用 18 000
　　　　　　贷：应付利息 18 000

本月应摊销的房租为 4 500（108 000÷24）元：
　　　　借：管理费用 4 500
　　　　　　贷：长期待摊费用 4 500

本月应确认的劳务收入为 742 500 元：
　　　　借：预收账款 742 500
　　　　　　贷：其他业务收入 742 500

（35）借：主营业务收入 9 585 000
　　　　其他业务收入 742 500
　　　　营业外收入 560 700
　　　　贷：本年利润 10 888 200
（36）借：本年利润 8 885 925
　　　　贷：主营业务成本 6 709 500
　　　　　　税金及附加 1 093 545
　　　　　　管理费用 539 010
　　　　　　财务费用 18 000
　　　　　　营业外支出 525 870
（37）本期应纳税所得额=10 888 200-8 885 925+180 000=2 182 275（元）
本期应纳所得税额=2 182 275×25%=545 568.75（元）
　　　　借：所得税费用 545 568.75
　　　　　　贷：应交税费——应交所得税 545 568.75
　　　　借：本年利润 545 568.75
　　　　　　贷：所得税费用 545 568.75
（38）全年的净利润=6 390 000+(2 002 275-545 568.75)=7 846 706.25（元）
提取的盈余公积金=7 846 706.25×10%=784 670.625（元）
　　　　借：利润分配——提取法定盈余公积 784 670.625
　　　　　　贷：盈余公积——法定盈余公积 784 670.625
（39）借：利润分配——应付普通股现金股利 2 610 000
　　　　贷：应付股利 2 610 000

（40）借：本年利润　　　　　　　　　　　　　　7 846 706.25
　　　　贷：利润分配——未分配利润　　　　　　　　　　7 846 706.25

由以上的处理可以看出，公司会计刘达计算出的所得税之所以错误，有两个原因：一是纳税调整因素中的计税工资应调增会计利润 180 000 元，但会计刘达在计算所得税时对此未予考虑；二是未提利息 18 000 元、未摊房租 4 500 元、未计劳务收入 742 500 元。合计影响应纳税所得额 900 000（742 500+180 000-4 500-18 000）元，因而少计所得税 225 000（900 000×25%）元。

关于试算表不平衡，其原因主要是由于其中的几个账户的记录处理错误，另外，还要考虑"库存商品""应交税费"账户的期初余额未列以及相关账户期初余额列表错误。

（1）"库存商品"账户的期初余额为 5 062 500 元；"应交税费"账户的期初余额为 1 317 600 元；"累计折旧"账户的期初余额应为贷方 7 110 000 元，而在试算表中将其方向颠倒。

（2）关于本期发生额，在试算平衡表中的错误比较多，具体如下：

① "银行存款"账户贷方发生额全部漏记，而且将贷方的 1 316 250 元错记入借方，导致借方多记 1 316 250 元，也就是"银行存款"账户的借方发生额应为 24 950 700 元，贷方发生额应为 8 549 460 元。

② "应付利息"账户由于漏记调整业务（预提利息）而少记 18 000 元。

③ "应交税费"账户由于几项漏记调整业务而导致所得税少记 225 000 元，进而"应交税费"账户贷方少记 225 000 元，即"应交税费"账户贷方发生额应为 2 885 163.75 元。

④ "预收账款"账户由于漏记调整业务而使其借方发生额少记 742 500 元。

⑤ "盈余公积"账户由于净利润计算错误而使得其贷方发生额错误，应为 784 670.625 元。

⑥ "利润分配"账户同样由于净利润错误导致利润分配的错误，进而"利润分配"账户的记录发生错误，即"利润分配"账户借方发生额应为 3 394 670.625 元，贷方发生额应为 7 846 706.25 元。

⑦ "本年利润"账户由于漏记调整业务而使得贷方发生额少记 742 500 元，借方发生额的错误是多种原因造成的，包括漏记调整业务、所得税错误、年末结转净利润错误等，合计少记 7 132 500［4 500+18 000+225 000+（900 000-225 000）-180 000+6 390 000］元，即"本年利润"账户的贷方发生额应为 10 888 200 元，借方发生额应为 17 278 200 元。

⑧ "长期待摊费用"账户由于漏记摊销房租业务而使得其贷方发生额少记 4 500 元。

⑨ "财务费用"账户由于漏记调整业务而使得其借方发生额少记 18 000 元（预提利息）。

⑩ "所得税费用"账户由于漏记调整业务（包括应付利息 18 000 元，未摊房租 4 500 元，未计收入 742 500 元）以及在计算所得税时未考虑调整因素（计税工资）等而少记所得税 225 000 元。

⑪ "管理费用"账户由于漏记调整业务（房租）而少记 4 500 元。

（3）本期发生的经济业务中还涉及"应收票据"和"应付票据"两个账户，而会计刘达却未将其列入试算平衡表中，因此，应将"应收票据"账户的借方发生额 4 351 500 元、"应付票据"账户的贷方发生额 1 779 750 元列入试算表的发生额栏中。

（4）在将各个账户的期初余额填列正确，本期发生额计算正确的情况下，就可以依据公式"期末余额=期初余额+本期增加发生额-本期减少发生额"确定各个账户的期末余额。编制的正确的试算平衡表如表 A-5 所示。

表 A-5 总分类账户发生额及余额试算平衡表

2×19 年 12 月   单位：元

会计科目	期初余额 借方	期初余额 贷方	本期发生额 借方	本期发生额 贷方	期末余额 借方	期末余额 贷方
库存现金	32 400		2 578 500	2 564 910	45 990	
银行存款	8 469 000		24 950 700	8 549 460	24 870 240	
原材料	12 673 800		5 460 300	5 032 800	13 101 300	
其他应收款	686 718			6 750	679 968	
库存商品	5 062 500		5 940 000	6 709 500	4 293 000	
生产成本	2 092 500		7 353 000	5 940 000	3 505 500	
固定资产	40 958 100		5 444 640	562 500	45 840 240	
应收账款	8 640 000		6 531 300		15 171 300	
预付账款	5 625 000		450 000	450 000	5 625 000	
应收票据			4 351 500		4 351 500	
累计折旧		7 110 000	126 630	164 250		7 147 620
短期借款		3 600 000				3 600 000
应付账款		1 719 000	360 000			1 359 000
应付利息		43 200		18 000		61 200
应交税费		1 317 600	854 100	2 885 163.75		3 348 663.75
预收账款		1 890 000	742 500	2 250 000		3 397 500
应付票据				1 779 750		1 779 750
盈余公积		2 466 000		784 670.625		3 250 670.625
资本公积		8 325 000				8 325 000
利润分配		6 075 000	3 394 670.625	7 846 706.25		10 527 035.625
本年利润		6 390 000	17 278 200	10 888 200		
在途物资			2 760 300	2 760 300		
长期待摊费用	108 000		32 400	4 500	135 900	
应付职工薪酬			2 572 560	2 913 840		341 280
待处理财产损溢			435 870	435 870		
在建工程			1 484 640	1 484 640		
制造费用			1 384 200	1 384 200		
主营业务收入			9 585 000	9 585 000		
其他业务收入			742 500	742 500		
主营业务成本			6 709 500	6 709 500		
财务费用			18 000	18 000		
税金及附加			1 093 545	1 093 545		
营业外支出			525 870	525 870		
其他应付款		412 218				412 218
营业外收入			560 700	560 700		
所得税费用			545 568.75	545 568.75		
应付股利				2 610 000		2 610 000
实收资本		45 000 000		26 460 000		71 460 000
管理费用			539 010	539 010		
合计	84 348 018	84 348 018	1 114 805 704.375	1 114 805 704.375	117 619 938	1 117 619 938

3. 京连股份有限公司 12 月份的利润表（见表 A-6）和 12 月末的资产负债表（见表 A-7）

表 A-6　利润表

会企 02 表

编制单位：京连股份有限公司　　　　2×19 年 12 月　　　　　　　　　　单位：元

项　　目	本期金额	上期金额
一、营业收入	10 327 500	
减：营业成本	6 709 500	
税金及附加	1 093 545	
销售费用	0	
管理费用	539 010	
财务费用	18 000	
资产减值损失	0	略
加：公允价值变动收益（损失以"-"号填列）	0	
投资收益（损失以"-"号填列）	0	
其中：对联营企业和合营企业的投资收益	0	
二、营业利润（亏损以"-"号填列）	1 967 445	
加：营业外收入	560 700	
其中：非流动资产处置利得	略	
减：营业外支出	525 870	
其中：非流动资产处置损失	略	
三、利润总额（亏损总额以"-"号填列）	2 002 275	
减：所得税费用	545 568.75	
四、净利润（净亏损以"-"号填列）	1 456 706.25	
五、其他综合收益的税后净额	0	
（一）以后不能重分类进损益的其他综合收益	0	
1. 重新计算设定受益计划净负债或净资产的变动	0	
2. 权益法下在被投资单位不能重分类进损益的其他综合收益中享有的份额	0	
……		
（二）以后将重分类进损益的其他综合收益	0	
1. 权益法下在被投资单位以后将重分类进损益的其他综合收益中享有的份额	0	
2. 可供出售金融资产公允价值变动损益	0	
3. 持有至到期投资重分类为可供出售金融资产损益	0	
4. 现金流量套期损益的有效部分	0	
5. 外币财务报表折算差额	0	
……		
六、综合收益总额	1 456 706.25	
（一）基本每股收益	略	
（二）稀释每股收益	略	

表 A-7 资产负债表

会企 01 表

编制单位：京连股份有限公司　　2×19 年 12 月 31 日　　单位：元

资产	年初余额	期末余额	负债和所有者权益（或股东权益）	年初余额	期末余额
流动资产：			流动负债：		
货币资金		24 916 230	短期借款		3 600 000
交易性金融资产			交易性金融负债		
应收票据		4 351 500	应付票据		1 779 750
应收账款		15 171 300	应付账款		1 359 000
预付款项		5 625 000	预收款项		3 397 500
			应付职工薪酬		341 280
			应交税费		3 348 663.75
其他应收款		679 968			
存货		20 899 800			
一年内到期的非流动资产			其他应付款		3 083 418
其他流动资产			一年内到期的非流动负债		
流动资产合计	略	71 643 798	其他流动负债	略	
非流动资产：			流动负债合计		16 909 611.75
可供出售金融资产			非流动负债：		
持有至到期投资			长期借款		
长期应收款			应付债券		
长期股权投资			长期应付款		
投资性房地产			专项应付款		
固定资产		38 692 620	预计负债		
在建工程			递延收益		
工程物资			递延所得税负债		
固定资产清理			其他非流动负债		
生产性生物资产			非流动负债合计		
油气资产			负债合计		16 909 611.75
无形资产			所有者权益（或股东权益）：		
开发支出			实收资本（或股本）		71 460 000
商誉			资本公积		8 325 000
长期待摊费用		135 900	减：库存股		
递延所得税资产			其他综合收益		
其他非流动资产			盈余公积		3 250 670.625
非流动资产合计		38 828 520	未分配利润		10 527 035.625
			所有者权益（或股东权益）合计		93 562 706.25
资产总计		110 472 318	负债和所有者权益（或股东权益）总计		110 472 318

附录 B 《基础会计》模拟试题

模拟试题（一）

一、单项选择题（共 20 题，每题 1 分。每题只有一个正确的答案，请将正确答案的字母填在题后的括号内）

1. 对于双重性质账户的期末余额，下列说法中正确的是（   ）。
   A．一定有借方余额   B．一定有贷方余额
   C．同时有借、贷方余额   D．可能为借方余额，也可能为贷方余额
2. 把账户分为借贷两方，哪一方记增加数，哪一方记减少数，取决于（   ）。
   A．记账形式   B．记账方法
   C．账户性质   D．记账规则
3. 下列不属于未达账项的是（   ）。
   A．开户单位已收、银行未收的账项 B．开户单位已付、银行未付的账项
   C．银行已收、开户单位未收的账项 D．银行已付、开户单位已付的账项
4. 关于应付款与预付款，下列说法中正确的是（   ）。
   A．应付款是资产，预付款是负债   B．应付款是人欠我，预付款是我欠人
   C．应付款是支出，预付款是收入   D．应付款是债务，预付款是债权
5. 会计的基本职能是（   ）。
   A．记录和计算   B．确认和计量
   C．反映和监督   D．分析和考核
6. 下列各项中，属于原始凭证的是（   ）。
   A．实物盘存单   B．银行存款余额调节表
   C．购货合同书   D．往来款项对账单
7. 借贷记账法发生额试算平衡法的理论依据是（   ）。
   A．会计平衡公式   B．借贷记账法的记账规则
   C．平行登记规则   D．借贷记账法的账户结构
8. 企业将现金存入银行应编制的专用记账凭证是（   ）。
   A．现金收款凭证   B．现金付款凭证
   C．银行存款收款凭证   D．银行存款付款凭证

9. 年末编制的"资产负债表"中需要根据几个总分类账户的期末余额计算分析填列的项目是（　　）。
   A．未分配利润　　　　　　　　　　B．货币资金
   C．实收资本　　　　　　　　　　　D．应付职工薪酬
10. "其他应收款"明细账应采用的账页格式是（　　）。
    A．三栏式　　　　　　　　　　　　B．多栏式
    C．数量金额式　　　　　　　　　　D．任意格式
11. 按照我国会计准则的要求，企业编制的资产负债表应采用的结构格式为（　　）。
    A．报告式　　　　　　　　　　　　B．混合式
    C．账户式　　　　　　　　　　　　D．任意式
12. 下列每组账户中，属于经济内容不同而用途结构相同的是（　　）。
    A．"固定资产"账户和"利润分配"账户
    B．"累计折旧"账户和"利润分配"账户
    C．"累计折旧"账户和"固定资产"账户
    D．"本年利润"账户和"利润分配"账户
13. 按照我国会计准则的要求，企业单位采用的会计事项处理基础是（　　）。
    A．实地盘存制　　　　　　　　　　B．永续盘存制
    C．权责发生制　　　　　　　　　　D．收付实现制
14. 采用记账凭证核算形式登记总分类账的依据是（　　）。
    A．原始凭证　　　　　　　　　　　B．记账凭证
    C．多栏式日记账　　　　　　　　　D．科目汇总表
15. 某企业本期产品销售收入 2 610 万元，产品销售成本 1 232.5 万元，销售税金 145 万元，发生管理费用 290 万元、财务费用 145 万元、销售费用 72.5 万元，实现投资收益 217.5 万元、营业外收入 116 万元，则填入利润表中的营业利润为（　　）。
    A．1 015 万元　　　　　　　　　　B．942.5 万元
    C．1 058.5 万元　　　　　　　　　D．1 131 万元
16. 反映了会计基本要素之间的数量关系，表明了企业资产的产权归属关系的会计等式是（　　）。
    A．资产=负债+所有者权益　　　　　B．资产=债权人权益+负债
    C．资产=权益+利润　　　　　　　　D．收入-费用=利润
17. 在复合会计分录"借：固定资产 50 000；贷：银行存款 30 000，应付账款 20 000"中，"银行存款"账户的对应账户是（　　）。
    A．"应付账款"账户　　　　　　　　B．"银行存款"账户
    C．"固定资产"账户　　　　　　　　D．"固定资产"和"应付账款"账户
18. 一般来说，一个账户的增加方发生额与该账户的期末余额应该记在账户的（　　）。
    A．借方　　　　　　　　　　　　　B．贷方
    C．相同方向　　　　　　　　　　　D．相反方向
19. 确定会计核算工作空间范围的前提条件是（　　）。
    A．会计主体　　　　　　　　　　　B．持续经营
    C．会计分期　　　　　　　　　　　D．货币计量

20．采用实地盘存制，平时账簿记录中不能反映（　　）。
　　A．财产物资的购进业务　　　　　B．财产物资的增加数额
　　C．月份内财产物资的使用资金数额　D．财产物资的减少及结存数额

二、多项选择题（共10题，每题1分。在每小题的五个备选答案中，选出2~5个正确答案，填在题后的括号内）

1．采用专用记账凭证的企业，其现金日记账的登记依据可能是（　　）。
　　A．转账凭证　　　　　　　B．银行存款收款凭证
　　C．现金付款凭证　　　　　D．银行存款付款凭证
　　E．现金收款凭证

2．借贷记账法下，账户的贷方登记（　　）。
　　A．资产的减少　　　　　　B．负债的增加
　　C．所有者权益的增加　　　D．费用的增加
　　E．收入和利润的增加

3．下列内容应在"制造费用"账户核算的有（　　）。
　　A．车间的办公用品费　　　B．车间生产用设备的折旧费
　　C．车间管理人员的薪酬　　D．行政管理人员的薪酬
　　E．材料采购人员的差旅费

4．银行存款日记账与银行对账单的余额不一致，其原因可能有（　　）。
　　A．银行记账错误　　　　　B．企业记账错误
　　C．双方记账均有错误　　　D．存在未付款项
　　E．存在未达账项

5．根据企业编制的利润表可以了解到的会计信息有（　　）。
　　A．实现的营业收入　　　　B．发生的营业成本
　　C．营业利润　　　　　　　D．税前会计利润
　　E．税后会计利润

6．对账工作的具体内容一般包括（　　）。
　　A．账证核对　　　　　　　B．账项核对
　　C．账账核对　　　　　　　D．账表核对
　　E．账实核对

7．概括地说，经济业务发生后，引起会计等式中资产、负债、所有者权益变化的类型可能有（　　）。
　　A．资产项目内部的此增彼减　　B．权益项目内部的此增彼减
　　C．资产项目与权益项目同增　　D．资产项目与权益项目同减
　　E．资产项目增加与所有者权益项目减少

8．以下各项内容中，属于会计核算方法的有（　　）。
　　A．设置会计科目和复式记账　　B．填制和审核凭证
　　C．登记账簿　　　　　　　　　D．成本计算和财产清查
　　E．编制会计报表

9. 企业编制的下列报表中，属于对外报表的有（　　）。
   A．资产负债表　　　　　　　　B．利润表
   C．所有者权益变动表　　　　　D．商品产品成本表
   E．期间费用表
10. 下列账户中，月末一般没有余额的有（　　）。
   A．"生产成本"账户　　　　　　B．"制造费用"账户
   C．"管理费用"账户　　　　　　D．"应付职工薪酬"账户
   E．"财务费用"账户

三、判断题（共 10 题，每题 1 分）

1. 面值为 1 680 000 元，年利率为 6%，期限为 80 天的商业汇票，其到期值为 1 704 200 元。（　　）
2. 通过"银行存款余额调节表"可以了解企业当月银行存款收支情况和月末可动用的银行存款实有数。（　　）
3. 应付账款是企业购买材料物资等应支付给供货单位的款项，应以实际收到货物的时间作为其入账的时间。（　　）
4. 一般来说，会计主体一定是法律主体，但法律主体并不一定是会计主体。（　　）
5. 按权责发生制会计处理基础的要求，企业收到货币资金不一定意味着本期收入的增加。（　　）
6. 企业与银行核对银行存款账目时，对已发现的未达账项，应当编制银行存款余额调节表进行调节，并进行相应的账务处理。（　　）
7. 企业对于确实无法支付的应付账款，应增加企业的营业外收入。（　　）
8. 对于预收货款业务不多的企业，可以不单独设置"预收账款"账户，其发生的预收货款通过"应收账款"账户核算。（　　）
9. 企业应当合理地计提各项非货币资产的减值准备，必要时，也可以计提秘密准备。（　　）
10. 利润表是反映企业某一特定日期经营成果情况的会计报表。（　　）

四、简答题（共 2 题，每题 5 分）

1. 什么是商品销售收入？其确认的基本步骤有哪些？

2. 什么是对账？账账核对的主要内容有哪些？

五、计算题（共2题，每题5分）

1．某企业采用永续盘存制，有关甲材料的收发情况如下：

（1）6月1日结存甲材料200件，单价40元。
（2）6月4日购进甲材料380件，单价42元。
（3）6月8日发出甲材料260件。
（4）6月12日购进甲材料420件，单价40元。
（5）6月18日发出甲材料400件。
（6）6月22日购进甲材料600件，单价39元。
（7）6月27日发出甲材料500件。

要求：计算先进先出法下发出甲材料的成本、一次加权平均法下加权平均单价和一次加权平均法下发出甲材料的成本。

2．企业某年度的有关资料如下：

（1）主营业务收入4 640 000元，主营业务成本1 761 750元，税金及附加181 250元，销售费用87 000元。
（2）其他业务收入348 000元，其他业务成本217 500元。
（3）营业外收入55 100元，营业外支出185 600元。
（4）管理费用311 750元，财务费用123 250元。
（5）所得税税率为25%，盈余公积金提取比例为10%，向投资者分配利润435 000元。
（6）年初未分配利润725 000元（不参加本年利润分配）。

要求：根据上述资料，计算企业的营业利润、利润总额、净利润和年末未分配利润。

六、业务处理题（共20题，每题2分）

要求：根据资料编制本月业务的会计分录。

1．收到华北公司发来的原材料，发票注明的买价为507 500元，增值税进项税额为65 975元，运杂费为13 050元，上个月曾预付购货款217 500元，不足款项通过银行支付。

2．向东方公司销售产品 150 件，单价为 1 740 元，增值税税率为 13%，款项未收到。另外，用银行存款支付代垫运费 14 500 元。

3．上项销售的产品单位生产成本为 1 160 元，结转已销产品成本。

4．某公出人员报销差旅费 8 560 元，原借款 10 000 元，余款退回现金。

5．用银行存款 145 000 元支付罚款支出。

6．用银行存款购买一台全新设备，价款为 350 000 元，增值税税率为 13%，设备交付生产车间使用。

7．用现金购买行政管理部门的办公用品 1 820 元。

8. 按合同规定预收某单位订购本企业产品的货款 450 000 元，存入银行。

9. 前已盘亏的材料 15 000 元，现将原因查明，并做出处理决定：其中 1 500 元由仓库保管人员赔偿，800 元属于非常损失，其余属于管理不善造成（不考虑增值税）。

10. 管理部门租用办公楼，租期 2 年，以银行存款支付全部租赁费 240 000 元，其中应由本月负担 10 000 元。

11. 仓库发出材料，用途如下：

单位：元

用 途		甲 材 料	乙 材 料	丙 材 料	合 计
生产产品耗用	A 产品	725 000	145 000	29 000	899 000
	B 产品	290 000	261 000	14 500	565 500
车间一般消耗				58 000	58 000
合 计		1 015 000	406 000	101 500	1 522 500

12. 分配本月工资，其中，A 产品生产工人工资为 145 000 元，B 产品生产工人工资为 130 500 元，车间管理人员工资为 60 900 元，厂部管理人员工资为 87 000 元。

13. 本月发生的职工福利费分配如下：产品生产成本负担 38 570 元（其中：A 产品负担 20 300 元，B 产品负担 18 270 元），制造费用负担 8 526 元，管理费用负担 12 180 元。

14. 经计算，本月销售产品应缴纳的消费税为 145 000 元。

15. 提取本月固定资产折旧，其中：车间 116 000 元，厂部 58 000 元。

16. 用银行存款 1 450 000 元偿还银行临时借款。

17. 预提应由本月负担的临时借款利息 13 050 元。

18. 签发并承兑商业汇票用以抵付前欠货款 217 500 元。

19. 当期实现的净利润 1 603 700 元，按 10%提取法定盈余公积金，并向投资者分配利润 551 000 元。

20. 年末结转本年净利润。

模拟试题（二）

一、单项选择题（共 20 题，每题 1 分。每题只有一个正确的答案，请将正确答案的字母填在题后的括号内）

1. 某股份有限公司 2×19 年 7 月 1 日负债总额为 6 670 万元，所有者权益总额为 10 150 万元，7 月份发生了以下几笔与权益有关的经济业务：(1) 接受投资人投资 145 万元，款项存入公司账户；(2) 从银行取得借款 72 万元，存入公司账户；(3) 用银行存款偿还应付款 1 015 万元，则 7 月 31 日公司的资产总额为（　　）。
    A．16 022 万元　　　　　　　　B．18 052 万元
    C．15 587 万元　　　　　　　　D．16 820 万元
2. 下列内容中不属于企业存货的是（　　）。
    A．产成品　　　B．原材料　　　C．在产品　　　D．机器设备
3. 下列各项中，通过试算平衡能够发现的错误是（　　）。
    A．经济业务漏记　　　　　　　B．会计科目用错
    C．经济业务重记　　　　　　　D．将借方金额计入贷方
4. 企业建造工程借入长期借款，工程达到预定可使用状态后发生的利息支出应计入（　　）。
    A．管理费用　　　　　　　　　B．财务费用
    C．固定资产　　　　　　　　　D．在建工程
5. 对于无法查明原因的现金长款，报经批准后应该（　　）。
    A．增加管理费用　　　　　　　B．增加营业外收入
    C．冲减管理费用　　　　　　　D．冲减营业外收入
6. 反映企业在一定期间内的经营成果情况的会计报表是（　　）。
    A．利润表　　　　　　　　　　B．现金流量表
    C．资产负债表　　　　　　　　D．发出材料汇总表
7. 在下列各项中，不能确认为本企业收入要素的内容是（　　）。
    A．主营业务收入　　　　　　　B．其他业务收入
    C．代收的税款　　　　　　　　D．投资收益
8. 可以不采用订本式账簿的是（　　）。
    A．库存现金日记账　　　　　　B．银行存款日记账
    C．原材料明细账　　　　　　　D．总账
9. 年末未分配利润的金额等于（　　）。
    A．年初未分配利润金额
    B．年初未分配利润加上本年实现的税后利润
    C．年初未分配利润加上本期实现的税后利润，减去提取的盈余公积和分配的利润
    D．所有者权益的年末余额

10．企业购入原材料，支付价款 100 000 元，增值税 13 000 元，铁路运费 1 200 元（不考虑增值税），保险费 300 元，设该公司为增值税一般纳税人，该原材料的采购成本为（   ）。
　　A．113 000 元　　　　　　　　　　B．101 500 元
　　C．100 000 元　　　　　　　　　　D．114 500 元

11．配比原则是指（   ）。
　　A．收入与支出相互配比　　　　　　B．收入与营业费用相配比
　　C．收入与产品成本相配比　　　　　D．收入与其相关的成本费用相配比

12．下列经济业务应编制转账凭证的是（   ）。
　　A．车间领用材料　　　　　　　　　B．收回出售材料款
　　C．支付材料运杂费　　　　　　　　D．支付购买设备价款

13．按我国现行会计规范的要求，应收票据的入账金额为（   ）。
　　A．票据面值　　　　　　　　　　　B．票据到期值
　　C．票据面值加利息　　　　　　　　D．票据贴现值净额

14．《企业会计准则第 1 号——存货》规定，企业发出存货时不得使用的成本计价方法是（   ）。
　　A．个别计价法　　　　　　　　　　B．后进先出法
　　C．先进先出法　　　　　　　　　　D．月末一次加权平均法

15．企业销售人员的工资在月末分配时应列支的会计账户是（   ）。
　　A．“销售费用”账户　　　　　　　B．“管理费用”账户
　　C．“制造费用”账户　　　　　　　D．“财务费用”账户

16．企业提取盈余公积金会导致（   ）。
　　A．利润总额减少　　　　　　　　　B．留存收益减少
　　C．所有者权益减少　　　　　　　　D．未分配利润减少

17．采用账结法的企业，"本年利润"账户年内贷方余额表示（   ）。
　　A．利润总额　　　　　　　　　　　B．亏损总额
　　C．未分配利润额　　　　　　　　　D．累计净利润额

18．“应付账款”账户所属明细账户如有借方余额，反映在资产负债表上的项目是（   ）。
　　A．预收款项　　　　　　　　　　　B．预付款项
　　C．应收账款　　　　　　　　　　　D．应付账款

19．企业在年末计提了坏账准备以后，"坏账准备"账户的余额（   ）。
　　A．可能在借方　　　　　　　　　　B．一定在借方
　　C．一定在贷方　　　　　　　　　　D．可能在借方或贷方

20．下列各项中，不能作为登记总账直接依据的是（   ）。
　　A．记账凭证　　　　　　　　　　　B．原始凭证
　　C．科目汇总表　　　　　　　　　　D．汇总记账凭证

二、多项选择题（共 10 题，每题 1 分。在每小题的五个备选答案中，选出 2～5 个正确答案，填在题后的括号内）

1．下列票据属于应付票据账户核算范围的有（   ）。
　　A．商业承兑汇票　　　　　　　　　B．现金支票

C. 银行承兑汇票　　　　　　　　D. 银行汇票

E. 转账支票

2. 一般情况下，在账户中的借方登记的内容有（　　）。

A. 资产的增加　　　　　　　　　B. 负债的减少

C. 收入的增加　　　　　　　　　D. 费用的增加

E. 利润的增加

3. 下列各项内容中，属于企业无形资产的有（　　）。

A. 专利权　　　　　　　　　　　B. 著作权

C. 商标权　　　　　　　　　　　D. 非专利技术

E. 应收账款

4. 下列账户中属于损益类账户的有（　　）。

A. 无形资产　　　　　　　　　　B. 主营业务成本

C. 应付职工薪酬　　　　　　　　D. 财务费用

E. 所得税费用

5. "坏账准备"账户贷方反映的内容有（　　）。

A. 发生坏账冲抵的准备金　　　　B. 首次计提的准备金

C. 以后年度补提的准备金　　　　D. 以后年度冲销多提的准备金

E. 已转销坏账又收回而恢复的准备金

6. 下列各账户在期末时应将其发生额结转入"本年利润"账户借方的有（　　）。

A. 主营业务成本　　　　　　　　B. 资产减值损失

C. 营业外收入　　　　　　　　　D. 主营业务收入

E. 管理费用

7. 下列负债项目中，属于流动负债项目的有（　　）。

A. 应付股利　　　　　　　　　　B. 应付票据

C. 应付账款　　　　　　　　　　D. 应付债券

E. 应付职工薪酬

8. 在下列财务报告要素中，反映企业财务状况的要素有（　　）。

A. 资产　　　　　　　　　　　　B. 负债

C. 收入　　　　　　　　　　　　D. 利润

E. 所有者权益

9. 以下项目属于所有者权益包括的内容有（　　）。

A. 实收资本　　　　　　　　　　B. 资本公积

C. 应收股利　　　　　　　　　　D. 盈余公积

E. 未分配利润

10. 下列项目中，属于收益性支出的内容有（　　）。

A. 购买办公用品支出　　　　　　B. 本月的职工薪酬

C. 本月水电费支出　　　　　　　D. 购置无形资产支出

E. 购置固定资产支出

三、判断题（共 10 题，每题 1 分）

1. 企业年初所有者权益总额为 2 000 万元，年内资本公积增加 160 万元，本年实现利润总额 500 万元，所得税税率为 25%，企业按 10%提取盈余公积，企业决定向投资人分配利润 100 万元。则企业年末的所有者权益总额为 2 345 万元。（   ）
2. "应交税费"账户与"税金及附加"账户性质不同。（   ）
3. 实地盘存制和永续盘存制在确定存货数量时，处理方法相同。（   ）
4. 虽然融资租入固定资产的所有权不属于企业，但仍应确认为企业的资产。（   ）
5. 从谨慎性原则考虑，可以把购置的固定资产作为当期的收益性支出。（   ）
6. 一定期间全部账户的借方发生额等于贷方发生额，说明账户记录完全正确。（   ）
7. 企业分派现金股利属于利润分配的一部分内容。（   ）
8. 企业费用的发生会导致所有者权益减少。（   ）
9. 按照权责发生制的要求，企业收到货币资金一定意味着收入的增加。（   ）
10. 负债减少的同时必然是资产的减少。（   ）

四、简答题（共 2 题，每题 5 分）

1. 什么是未达账项？未达账项有哪些类型？

2. 什么是财务会计报告？财务会计报告由哪些内容构成？财务会计报告有什么作用？

五、计算分析题（共2题，每题5分）

1. 某企业本月生产费用资料如下表所示。

产品名称	本月发生的生产费用		
	直接材料	直接人工	制造费用
甲产品	217 500	391 500	123 250
乙产品	174 000	333 500	

要求：（1）计算制造费用分配率、甲产品应分配的制造费用和乙产品应分配的制造费用，其中制造费用按直接人工费为标准进行分配。

（2）甲产品期初在产品成本为72 500元，期末在产品成本为101 500元，甲产品完工产品为200件，计算甲产品完工产品单位成本。

（3）乙产品期初在产品成本是29 000元，期末没有在产品，乙产品完工产品为100件，计算乙产品完工产品单位成本。

2. 某公司年初负债总额为2 000万元，实收资本为1 600万元，资本公积为160万元，盈余公积为120万元，未分配利润为120万元。本年发生亏损400万元，用盈余公积弥补亏损80万元。年内实收资本和资本公积没有变化，年末资产总额为3 900万元。

要求：计算年末未分配利润总额、年末所有者权益总额和年末负债总额。

六、业务处理题（共 20 题，每题 2 分）

要求：根据下列经济业务编制会计分录。

1. 企业接受投资者投入的设备一台，原价为 120 000 元，双方评估作价为 90 000 元，设备交付使用。

2. 本月 1 日，向银行申请取得期限为 9 个月的借款 1 160 000 元，已存入银行。

3. 按规定预提应由本月负担的上述短期借款利息 8 700 元。

4. 用银行存款偿还前欠东方工厂的货款 72 500 元。

5. 购买设备一台，不需要安装，价款为 500 000 元，增值税税额为 65 000 元，款项用银行存款支付。

6. 从 M 公司购进甲材料，发票注明的价款为 290 000 元，增值税进项税额为 37 700 元，运费为 7 250 元。材料尚未验收入库，材料价款、税款及运费尚未支付。

7. 购入一项专利权，价款和其他支出共计 100 000 元，用银行存款支付。

8. 本月"发出材料汇总表"显示：生产产品耗用材料 87 000 元，车间一般性材料消耗 8 700 元。

9. 按合同规定用银行存款 50 000 元预付给 C 公司订货款。

10. 计算确定本月应付职工工资 290 000 元。其中，生产工人工资 145 000 元，车间管理人员工资 87 000 元，厂部管理人员工资 58 000 元。

11. 清查发现现金短款 1 600 元，无法查明原因，做批准前、批准后的会计处理。

12. 计提本月固定资产折旧 58 000 元。其中，生产车间使用的固定资产提取的折旧为 36 250 元，厂部使用的固定资产提取的折旧为 21 750 元。

13. 向银行申请取得期限为 2 年的借款 5 700 000 元，已存入银行。

14. 计提坏账准备金 29 000 元。

15. 销售给 D 公司一批产品，发票注明价款为 290 000 元，增值税税额为 37 700 元，收到一张银行承兑汇票。

16. 本月销售产品为应税消费品，应缴纳消费税 29 000 元，暂未缴纳。

17. 用现金 2 900 元购买生产车间使用的办公用品。

18. 将本月已生产完工的产品验收入库，生产成本为 188 500 元。

19. 将主营业务收入 290 000 元转入"本年利润"账户。

20. 按规定提取法定盈余公积 54 810 元。

模拟试题(一)参考答案

模拟试题(二)参考答案